El último juglar
Memorias de Juan José Arreola

El último juglar
Memorias de Juan José Arreola

ORSO ARREOLA

EDITORIAL DIANA
MEXICO

Portada:
Fotografía / *Rubén Orozco*
Diseño / *Rosana Sánchez*

PRIMERA EDICIÓN, AGOSTO DE 1998

Editorial Diana, SA de CV
Roberto Gayol 1219
03100 México D.F.

ISBN 968-13-3103-6

Impreso en México
Printed in Mexico

A mi padre en sus ochenta años
de vida apasionada y fecunda.

A mi esposa María Fernanda.

A mis hijos Sara y Juan José,
José María y Alonso,
para que no lo olviden.

Índice

Libro Tercero

Libro Cuarto

Nunca creí querer tanto a Zapotlán. En mi pueblo he sufrido mucho y no he podido nunca pasear por sus calles el estandarte de un gran amor. ¿Me creerá usted si le cuento que algunas noches sufro por Zapotlán más de lo que sufrí en la más acerba noche que me proporcionó un desengaño amoroso? Zapotlán ha resultado para mí la novia más difícil de olvidar...

Juan José Arreola

PALABRAS LIMINARES

Este libro es el fruto de una primera aproximación a la vida interior de Juan José Arreola, el actor, escritor y maestro. Ha sido concebido como un diario que inicia en 1937, con su llegada a la ciudad de México, y concluye hacia 1968, año que divide la vida de Arreola y marca el inicio de una nueva generación.

El hilo conductor es la voz de Juan José Arreola, oral y escrita, que recrea mi memoria y la traduce con base en algunos fragmentos de diarios escritos en su juventud, cartas familiares y documentos que se hilvanan en el texto para darle veracidad y continuidad a la narración.

Toda memoria es un laberinto, y yo me perdí en la memoria y el olvido de mi padre, me convertí, como dice Lope de Vega, en "monstruo de su laberinto". No lo sé. No sé si el lector atento hallará la salida o se perderá en el laberinto buscando a mi padre. Lo más probable es que se encuentre con el monstruo.

Cuando las sirenas cantaron en mis oídos, me alejé de ellas orientado por la brújula de la poesía, la que me salvó de muchos naufragios y me reveló los mundos enamorados y soñados de Juan José Arreola.

Escribo porque la literatura es un código secreto. Para descifrar a mi padre tuve que interpretar sus actos, traducirlos. La pasión es enemiga de la pluma, y reconozco que he puesto pensamientos y palabras en la boca de mi padre que él jamás ha pronunciado, pero que leí en su manera de ser y de vivir. Esta es la lenta y difícil traducción que hacemos los hijos de los padres.

La historia que cuento se comenzó a escribir antes de que yo naciera, simplemente la he continuado. Todo lo que se dice es verdad, y en todo caso me atengo al gaucho Martín Fierro cuando dice: "Olvidar lo malo es también tener buena memoria".

Cuento la vida de mi padre con sus propias palabras, porque tengo el raro privilegio de recibir su herencia de palabras, palabras razonadas con oro y no con metales bajos, palabras quintadas por la ley del espíritu, monedas que brillan como soles iluminando mis recuerdos.

En este libro mi padre es el ciego y yo soy su lazarillo, en este libro mi padre es don Quijote y yo soy Sancho. Todo empezó aquel día que escuché su canción en Zapotlán y luego lo vi vestido de juglar divirtiendo a las gentes.

Todo artista tiene dos vidas, la propia y la de su obra. El escritor siempre estará conmigo, pero el hombre ¿quién era?, ¿quién es? Más que un escritor, mi padre es un artista, y todo arte es difícil, por eso Juan José Arreola sigue creyendo en la belleza como su discípulo Andrea Salaino.

Yo tan sólo soy un aprendiz en el taller del maestro, pero he querido pintar para ustedes el retrato del último juglar que ha representado para todos nosotros la vieja comedia de la cultura occidental.

Orso Arreola
Guadalajara, Jalisco
invierno de 1997

Libro Primero

Amanecer en la ciudad de México

Hoy es el último día del año de 1936. Esta noche viajo por primera vez a la ciudad de México. El ambiente en el vagón del tren se siente pesado, lleno de rumores. Llegan a mis oídos trozos de conversaciones y todo se ha impregnado de humo de tabaco. Afuera sigue lloviendo y la noche es fría. Para poder hacer el viaje vendí mi único patrimonio: la máquina de escribir Oliver que me regaló mi padre cuando cumplí catorce años y la escopeta de retrocarga calibre 24 que le compré a Daniel Zúñiga. Después de pagar el boleto me sobraron trece pesos, que es todo lo que tengo para llegar a México. También traigo muy bien resguardada la carta que me dio mi padre dirigida a José Manzano, en la que le dice que soy su hijo, que soy un hombre de bien, trabajador y honrado, que viajo con autorización paterna y que no voy huido de mi casa. José Manzano era hijo de don Juan Manzano, dueño de la hacienda de La Media Luna. Recuerdo que mi primo Daniel, el Borrego, me escribió en un papel un nombre de mujer y una dirección: Rosita Montenegro, 5 de Mayo 62. Viajo en segunda clase, el asiento es duro como una silla de montar. Tras nueve horas de camino apenas vamos a la mitad del recorrido y ya me duele la espalda. Tengo una gran inquietud y no puedo conciliar el sueño. En la oscuridad de la noche, el tren se ha convertido en un

Felipe Arreola Mendoza, padre de J.J. Arreola

lento dragón dispuesto a devorar todo lo que encuentra a su paso: hombres, árboles, montañas y pueblos enteros. Siento nostalgia. Entre el golpeteo de las ruedas de acero, escucho la voz de mi madre que me colma de bendiciones. Recuerdo sus ojos negros como los míos mirándome con una fe que no alcanzo a comprender. Poco a poco la tierra despierta, respira su vaho mineral mientras el cielo abre su único ojo. El paisaje se llena de nubes, de campo en madrugada, de luces que anuncian la llegada del día. Con el aire delgado de la mañana se recobra mi cuerpo adolorido, me pongo de pie lentamente tratando de estirar las piernas, que tengo entumidas; pronto todos mis huesos se acomodan: el cuello, la espalda, la cintura y los brazos vuelven a su sitio. Tengo dieciocho años y mi corazón late con fuerza. Siento la emoción del viajero que llega a la tierra prometida. Yo soy ese joven lleno de sueños y de amenazas que todos los días llega a las ciudades del mundo para cumplir con un destino. Soy ese joven que camina como iluminado por los andenes de una estación desconocida. Soy ese joven que no conoce a nadie, pero que no teme estar en un mundo distinto. Soy ese joven torpe y balbuceante que transpone las puertas de la ciudad en busca de una forma de vida.

El tren hizo su entrada triunfal en la antigua estación Colonias. Me invadió una inmensa alegría, bajé del tren y caminé entre gritos y olores alimenticios. Los pasajeros de segunda nos mezclamos con los de primera y creció la confusión de los equipajes. Los cargadores llevaban todo tipo de bultos y mercaderías. Sacos de azúcar, jau-

"El tren hizo su entrada triunfal en la antigua Estación Colonias, el 1º de enero de 1937."

las con animales, muebles, cajas de fruta. El tren parecía un cuerno de la abundancia. La estación Colonias era muy grande y alegre, no se parecía en nada a la de Zapotlán, que siempre me pareció triste y abandonada. Con mi velís a cuestas, atravesé la estación y como por instinto encontré la salida. Ya en la calle, descansé un momento y me puse a recordar las indicaciones que me dio mi primo. "Sales de la estación por la puerta principal y caminas todo derecho como tres calles grandes, luego luego te vas a topar con Paseo de la Reforma, es ancha, tiene muchos árboles y camellón. Para ir en dirección del centro tienes que atravesarla y tomar un camión que diga: Juárez-Loreto-Alameda. Ése te lleva hasta San Juan de Letrán..." Traté de seguir sus indicaciones al pie de la letra, pero al llegar a la Alameda todo me pareció extraordinario. No pude resistir la tentación de bajarme a caminar para ver de cerca los edificios y los monumentos. Quedé deslumbrado ante la majestuosidad del Palacio de Bellas Artes. Su portada principal con su frontispicio integrado al conjunto escultórico de las nueve musas, sostenido por las esbeltas columnas de mármol blanco de Carrara, sus pilastras y cornisamentos del más puro estilo *art nouveau*. Su cúpula monumental cubierta de cristales y rematada por un águila imperial de bronce. Las decoraciones florales, con sus puertas y

"Los pasajeros de segunda nos mezclamos con los de primera..."

ventanas ondulantes, me hicieron recordar los palacios europeos que había visto en las ilustraciones de los libros. Permanecí extasiado sin dejar de mirarlo. En esos momentos no sabía que una parte esencial de la vida que estaba por iniciar transcurriría en las entrañas del hermoso Palacio. Abrumado por las sorpresas y maravillas con que me recibió la ciudad, caminé sin rumbo esperando llegar a la plaza mayor del Zócalo. La gente iba vestida de manera elegante, bellas y misteriosas mujeres que parecían como salidas de la pantalla de un cine, pasaban ante mí con la indiferencia de los maniquíes de los aparadores. Sus tacones altos y sus medias de hilo negro hacían juego con sus bolsas de piel de cocodrilo. Llevaban sacos con grandes hombreras, entallados a la cintura. Sombreros con un discreto velo perfumado, que dejaban ver las sombras de los ojos y la boca pintada. Mujeres que con paso enérgico entraban y salían de los edificios, como si ningún hombre las percibiera, como si esas mujeres estuvieran acostumbradas a las miradas de millones de hombres. La multitud se movía frenética, abordaban autobuses, subían y bajaban siempre con la misma actitud indiferente. Los hombres vestían con trajes de casimir a rayas, anchas corbatas, zapatos lustrosos de dos tonos y sombreros borsalinos. Subían a automóviles, tranvías y autobuses, con paso y ademanes marciales. Era lunes, el primer día de enero de 1937. La ciudad empezaba a moverse por todas partes. Creí que me saludaba con sus miles de manos y que despertaba ante mis ojos con toda la fuerza de que era capaz. Casi sin darme cuenta llegué al número 62 de la calle 5 de Mayo. Era un edificio de noble fachada. No se trataba de una casa como yo me imaginé. Llamó mi atención un negocio que estaba en la planta baja con un enorme letrero que decía: "Consígase la novia, yo le pongo la casa". La verdad sea dicha, para un joven en mis circunstancias el letrero resultaba muy sugestivo, creo que hasta influyó en mi futura vida sentimental. Toqué a la puerta y al poco rato apareció una señora de aspecto jovial que me invitó a pasar. Ya dentro de la casa le dije: "Soy Juan José Arreola Zúñiga, vengo de Zapotlán recomendado por mi primo Daniel Zúñiga, quien estuvo como huésped el año pasado". La señora me indicó que esperara en una salita, mientras le hablaba a la dueña de la casa. Más tarde llegó Rosita Montenegro saludándome de manera efusiva, con la cordialidad de quien recibe a un antiguo conocido, que además es paisano de Jalisco. Rosita era hermana del pintor Roberto Montenegro, quien ya gozaba de merecidos reconocimientos en el medio intelectual y artístico. Recorrí con Rosita todas las habitaciones que tenía disponibles para rentarme. Elegí la más barata: una que estaba en el último piso y daba a la calle. Con gran prisa me instalé lo mejor que pude. Después de tomar un baño, que resultó medicinal por lo reconfortante, salí con nuevos bríos a la calle con ánimo de recorrer toda la ciudad. Dirigí mis pasos hacia el Castillo de Chapultepec; llegué de nuevo a Paseo de la Reforma, me fui caminando por la señorial avenida hasta la entrada del bosque conocida como la Puerta de los Leones. Seguí caminando por el bosque hasta encontrar la subida al Castillo, la cual ascendí lentamente parándome por momentos para tomar aire y disfrutar el paisaje de los entornos del Castillo, al que llegué fatigado pero deseoso de recorrerlo de punta a punta. Desde una de sus terrazas contemplé la ciudad por vez primera. Un cielo claro y redondo me permitió apreciar la inmensidad del valle y distinguir los perfiles de las montañas coronadas por la majestuosidad del Popocatépetl y el Iztaccíhuatl. Vista desde la altura parecía más pequeña, no tenía edificios altos, salvo algunos en el centro. A lo largo del Paseo de la Reforma, principal avenida de acceso al Castillo, había grandes casas de estilo neoclásico de clara herencia porfiriana, rodeadas de jardines. La colonia Roma era la más aristocrática. Del otro lado del Paseo, a la altura del Ángel de la Independencia, la colonia Cuauhtémoc comenzaba a crecer. La arquitectura de sus casas era una mezcla de estilos en la que predominaban el colonial californiano y el *art déco*. La mayoría de las construcciones reflejaban la funcionalidad de los modelos arquitectónicos de Le Corbusier. De vuelta a mi casa, al caer la tarde, me encontré con parejas de novios confundidas en el follaje del bosque. Estaban como estatuas vivas, ensimismadas en la tranquilidad piadosa de la naturaleza. Al verme pasar, sentían temor de que los expulsara de su pequeño paraíso. La oscuridad de la noche me obligó a retornar a mi morada. Por un momento tuve miedo de perderme en las calles lejanas y vacías de una ciudad desconocida. Llegué tarde a mi casa, saludé a la señora Rosita y subí a mi cuarto para caer rendido sobre la cama. Al poco rato tocaron a mi puerta y me ofrecieron un vaso de leche y una pieza de pan. Antes de acostarme, me puse a forrar las ventanas con papel periódico para disminuir el frío de la madrugada. Cuando terminé, sentí muchas ganas de escribirle una carta a mi padre y tomé un lápiz y un papel.

Mis primeros días de estancia en México los dediqué a buscar información sobre la Escuela de Teatro, me entrevisté con el secretario particular de Santiago R. de la Vega, director del Instituto Nacional de Bellas Artes, quien me recomendó pasara a las oficinas de la Escuela de Teatro, que pertenecía al Instituto y cuyas instalaciones estaban en el quinto piso. Recuerdo que un día antes entré a un teatro del centro de la ciudad para pedir información sobre la escuela y me dijeron que el director era el señor Fernando Wagner, a quien finalmente localicé. Wagner me inspiró confianza, pero también cierto temor, su aspecto de extranjero y su fuerte acento alemán me dejaron impresionado. En nuestra primera entrevista me señaló los requisitos que debía cumplir para ingresar a la escuela. Atendiendo sus indicaciones, pude inscribirme finalmente alrededor del 7 de enero de 1937.

Fernando Wagner acababa de llegar de Alemania y tenía poco tiempo de haber asumido la dirección de la escuela. Me entrevisté con él un viernes y me citó el lunes siguiente para empezar a ensayar. No podía creer que en tan poco tiempo hubiera logrado el anhelo más grande de mi vida: estudiar teatro. Me puse feliz de que mi vida en la ciudad de México ya tuviera un sentido, una razón de ser para mí y para mi familia.

En mi primera clase le recité a Wagner algunos poemas que me sabía de memoria, él me criticó con dureza mi sonsonete y mi entonación pueblerina, casi a gritos me corrigió muchos vicios que tenía; al principio me desconcertó, pero con sabios argumentos me convenció de que yo no sabía decir versos y que necesitaba modificar radicalmente mi estilo de declamador. Mis triunfos en Zapotlán quedaron atrás, allá me conocían desde niño como "Juanito el recitador", pero eso aquí no valía nada; tuve que ceder ante mi orgullo lastimado; no obstante, mi necesidad y ganas de aprender eran tantas que dejé a un lado mis sentimientos y me puse a aprender una nueva técnica de declamación.

Poco a poco hice amistad con Fernando Wagner; a la semana de conocerlo logré lo increíble: que me diera clases de dicción en su casa del Callejón del Sapo. Lo más curioso era que el fuerte acento alemán de Wagner le impedía pronunciar correctamente el español, pero entendí muy bien el sentido de sus correcciones y consejos. Entre los dos logramos que yo pudiera pronunciar mi lengua natal. Desde entonces guardo una gran estimación por este hombre notable que canjeó una vida de negocios con mucho futuro por la extraña vida del teatro. Su abuelo fundó la Casa Wagner, una sólida empresa familiar dedicada a la difusión de la música clásica. Fernando vivió muchos años en Alemania, tal vez por eso conservó toda su vida el acento. Allá estudió teatro y literatura, tenía un profundo conocimiento de la cultura europea. Recuerdo que en las clases que me dio en su casa me gritaba exacerbado: "¡Arreola, por Dios, dan ganas de pegarle a usted de bofetadas! ¡Yo soy una persona decente, pero usted acaba con la paciencia de un santo!".

Gracias a Wagner tuve noticias de lo que era el mejor teatro de Europa: el francés, el ruso y el alemán. Por él supe de Meyerhold, Stanislavski, Grigorievich Dachenco y Richard Bolewslavski, a los que más tarde se agregaron otros célebres nombres que Rodolfo Usigli me ayudó a completar. Me enteré con alegría y sorpresa de los nombres de estos personajes de quienes yo no tenía idea; del

"La venta de sandalias fue mi primer empleo en México, en 1937."

único que sabía un poco era de Konstantin Stanislavski, autor de los libros *Mi vida en el arte* y *Un actor se prepara*. Wagner me abrió las puertas de un mundo maravilloso y desconocido. Entre lo que más valoro de su amistad es que me reveló la poesía de Rainer María Rilke. Me habló de poetas menos conocidos, como Richard Dehmel (Klabund). Por mi parte, le ayudé a corregir algunas traducciones; él hacía su primera versión directa y luego yo le ponía a la versificación algo de música.

Por desgracia, mi relación con él se tornó difícil; hechos ajenos a nuestra incipiente amistad contribuyeron a que nos distanciáramos. Aunque Wagner me había tratado con dureza, no le guardaba rencor; en honor a la verdad, creo que el único problema personal que tuve con él fueron los celos que me despertó la manera como trataba a Cora, mi compañera de escuela, de la que más tarde me enamoré perdidamente, lo que tal vez él ni siquiera advirtió. Esta primera época de amistad con Fernando duró sólo poco más de un año, todo 1937 y principios del 38, cuando Wagner dejó la dirección de la escuela en manos de Rodolfo Usigli. Lamentablemente, todo esto influyó también en mi ruptura con Wagner, el hombre que me abrió las puertas del mundo del teatro y la cultura europea. Por fortuna, años más tarde nos reencontramos varias veces y lo saludé con el mismo afecto que mantuve siempre para el que fuera mi primer gran maestro de teatro. Recuerdo que lo fui a ver en 1945 para pedirle una carta de apoyo para mi beca a Francia; le dio mucho gusto saber que me iba a París a seguir estudiando teatro. Luego, en otra época de mi vida, fuimos compañeros de cátedra en la Facultad de Filosofía y Letras de la Universidad Nacional Autónoma de México. En nuestros últimos encuentros me habló de su hija Margot Aimée; me dijo que ella debía tener las fotos que nos tomó en la Escuela de Teatro a él y a mí un periodista alemán en 1937, y una en la que aparezco vendiendo sandalias de Colima, mi primer empleo en México. Lo curioso es que este empleo lo encontré buscando en el periódico, sin saber que los dueños del negocio eran amigos míos de Zapotlán. Cuando me presenté a pedir el trabajo me recibió Odilón Ochoa Galindo, quien dijo: "Inmediatamente aceptado, Arreolita". Sin saber lo que me esperaba, me sentí feliz, pues tenía necesidades urgentes por cubrir y muchas deudas por pagar. Ante la falta de liquidez, me había tenido que mudar de casa tres veces.

Primera foto en la Ciudad de México, 1937.

Odilón no sólo me dio el trabajo, también me prestó algo de dinero para comprar mi primer traje, el cual se pasaba más tiempo en el empeño que conmigo. Mi primera foto en la ciudad de México la tomó un fotógrafo ambulante; aparezco muy elegante, con mi "señor traje", caminando por la calle de Monte de Piedad.

Dejé la casa de asistencia de Rosita Montenegro porque me resultó cara la renta. De allí me cambié a Monte de Piedad, casi esquina con Tacuba, donde viví con mi hermano Rafael y mi primo Carlos Arreola Chávez.

Recuerdo que Odilón me dijo riéndose a carcajadas: "Mira, Arreolita, aquí hay que empezar con el rigor del palo, ese es el lema de nuestro negocio. Tienes que aprender a cargar el zarzo con las sandalias durante ocho horas; lo rudo del asunto es que tienes que caminar por toda la ciudad con el zarzo. Otra cosa que debes aprender es a correr con velocidad, ya que los perros serán tus principales enemigos. Si es necesario utiliza el zarzo como arma defensiva". Después de recibir entrenamiento y capacitación, me lancé a conquistar las calles de una ciudad hostil sólo en apariencia, ya que la mayoría de las personas eran amables y solidarias. Era un México más humano, en el que la mayoría de las gentes que hacíamos el trabajo pesado habíamos llegado de la provincia a la ciudad en busca de una vida mejor.

Por sólo cargar el palo, Odilón me pagaba 50 centavos diarios. Trabajaba de las ocho de la mañana a las cuatro de la tarde, luego me iba a la escuela. De enero a septiembre del 37 me desempeñé con gran éxito en este cruel pero redituable trabajo, en el que resulté ser un vendedor estrella y logré vivir y comer de la venta de sandalias. Hubo domingos en que llegué a ganarme veinte pesos. Y no fue un mes ni dos, sino como ocho. A los tres meses ganaba un peso diario nomás por cargar el zarzo, después Odilón me ascendió a vendedor con zona de reparto, lo que significaba que ya no tenía que cargar ni sentir la dureza del palo. La única ventaja que tenía a mi favor era que únicamente vendía sandalias para dama y, como es lógico, cuando la "cenicienta" lo ameritaba, de manera personal y diligente calzaba a la doncella en el interior de su hogar y la dejaba que caminara e hiciera una prueba ante el espejo, no sin antes darle una amena charla introductoria sobre lo saludable que era para sus hermosos pies el uso de las sandalias de Colima, las que, entre otros poderes mágicos, eran medicinales por estar fabricadas cerca del mar... Sea como fuere, logré convencer a docenas de clientas que quedaron felices y satisfechas con su compra. Pero el problema empezaba cuando sus esposos se negaban a pagar. El negocio era de lo más encabronado, ya que se perdía

"Para que no crean que vivimos a media calle. En el edificio del fondo tienen su pobre casa", 1938.

mucho de lo que se ganaba, y ante esa situación de quiebra, Odilón me aceptó una cartera vencida que ningún banco nacional o extranjero hubiera admitido. Le hice a Odilón un reconocimiento de deuda, pero se negó a aceptarlo y me dijo otra de sus frases salomónicas: "Mira, Arreolita, los que pagan, pagan también por los que no pagan". De todos modos liquidé lo que le debía y le prometí ayudarle a cobrar las cuentas de algunas de las muchachas que quería volver a ver.

Mucho tiempo después, en Zapotlán, saludé a los papás de Odilón: a don Alberto Ochoa y doña Emilia Galindo, quien a sus noventa años era una gran conversadora y tenía una memoria notable; recordamos juntos mi primer trabajo en México con su hijo Odilón.

Al terminar la dura faena de vendedor callejero, pasaba a mi domicilio de Avenida del Ejido, en uno de los nuevos conjuntos habitacionales de la ciudad, subía hasta la azotea en donde tenía mi cuarto, me daba un baño, generalmente con agua fría, y me ponía mi único trajecito: mi pantaloncito y mi saquito, camisa y corbata, me ponía, como se dice, fifí y me iba, a veces sin comer, a la escuela.

Entre mis compañeros destacaba una joven y guapa actriz, a la que seguido encontraba platicando con Fernando Wagner, quien un día me la presentó. Se llamaba Carmen Hermosillo. En la escuela se comentaba que era de origen austriaco. Sus facciones eran más bien de tipo europeo, creo recordar que tenía ascendencia judía. Alguien me llegó a comentar que un pintor austriaco de apellido Drexler, que se abría paso en México, había traído a esta bella mujer, que podía ser su hija u otra cosa. Carmen Hermosillo era su nombre artístico, sus otros apellidos nunca los supimos.

Carmen, al igual que yo y otros compañeros, comenzó a ir a la escuela en enero del 37. Pronto se convirtió en la estrella de lo que podríamos llamar la Compañía Wagner, incluso entre Fernando y ella había una amistad de tiempo atrás; según supe, Fernando era muy amigo del pintor Armando Drexler y los tres se consideraban medio paisanos.

Carmen Hermosillo y yo nos hicimos amigos, poco antes de que apareciera Cora en el escenario de la escuela y de mi vida...

Un día Carmen me dijo: "Mira, si quieres yo te llevo a la escuela en mi coche, es más fácil para ti ir a mi casa que irte desde tu casa a la escuela, además me acompañas para que no me pase nada en la calle". No sé si en verdad su casa estaba más cerca, ella vivía en la Avenida Álvaro Obregón, pero eso era lo de menos, lo que me encantaba de su propuesta era la posibilidad de acompañarla todos los días.

Mi vida cambió radicalmente: de mis tremendos recorridos por barrios pobres, vecindades y lugares inhóspitos pasaba al pequeño paraíso que había inventado en una parte de la ciudad. Para mí la casa de Carmen en la colonia Roma era como un oasis. Subir a su coche, verla manejando el precioso convertible color azul, me parecía un sueño. Llegar a la escuela acompañado de Carmen Hermosillo, la mujer más codiciada de toda la escuela, me hacía sentir que los dos éramos actores famosos de Hollywood. La gente nos veía pasar por la calle, mis maestros y compañeros, todos, absolutamente todos, pensaban que éramos las más grandes estrellas del cine nacional. Como cualquier joven actor, soñé con ser en verdad una gran estrella de cine, un galán de fama internacional.

La amistad con Carmen llegó a su clímax cuando me invitó a una velada literaria en su casa. Aquel lejano día tuve uno de los grandes estremecimientos de mi vida. Recuerdo la voz de Carmen cuando, estando solos en uno de los salones de clase, me dijo mirándome a los ojos: "Te invito esta noche a mi casa, quiero que me escuches tocar el piano y que tú me recites unos poemas de Pablo Neruda...". Me quedé sin aliento, deslumbrado por la sinceridad de su invitación. Recuperado del soponcio, le contesté: "Claro que te recito los *Veinte poemas de amor y una canción desesperada*, y todos los poemas que quieras. Allí estaré puntual".

Me recibió con una bata de noche, de seda azul. La vi más guapa que nunca. Me invitó a pasar a la sala y me ofreció una copa de vino blanco, luego se sentó frente al piano en un banco de terciopelo y comenzó a tocar una sonata de Liszt. Todo aquello me pareció como un cuadro de Alfredo de Musset. El reloj de su sala marcaba las ocho, y entre frases vagas y tenues suspiros, no nos dimos cuenta del paso del tiempo. Mientras ella tocaba, me recargué sobre el piano con una actitud romántica y soñadora, y reproduje sin querer la típica escena del enamorado, vi sus manos revoloteando por el teclado como dos mariposas y en un momento toda la sala se impregnó de un perfume misterioso, fino. Casi al terminar la sonata, Carmen interrumpió bruscamente su inspirado concierto y con voz entrecortada gritó: "¡Mi marido!". No hubo tiempo de nada, cuando escuchó que la puerta de la calle se abría, tomó mi copa y me la dio, me agarró con fuerza del brazo y, dándome un jalón, me llevó a una recámara que estaba al lado, abrió la puerta del armario y pácatelas, me encerró. Parecía que estábamos ensayando una escena real de *El esposo* de Bernard Shaw, obra que por esos días estábamos montando en la escuela.

Ni yo ni nadie sabíamos que estuviera casada, así que mi sorpresa fue doblemente grande, me enteré justo en el momento en que ya no podía hacer nada, ni siquiera reprochárselo. Aquello fue un susto mayúsculo, cometí el error de todo principiante, pero ni modo, ya estaba allí, en una situación sin salida, esperando un desenlace fatal.

Desde el armario, alcancé a escuchar, sin entender a ratos, una conversación áspera que por momentos subía de tono, en la que el esposo, o lo que fuera, yo me imaginaba una bestia peluda, le pedía que dejara la escuela en un tono más que imperativo. Al parecer, los estudios de teatro de Carmen eran el tema central de aquella discusión; en un momento él le dijo: "Vamos a tu recámara" —a mis diecinueve años pensé que las cosas iban a ponerse color de hormiga—. Hábilmente, antes de subir la escalera principal, Carmen le invitó a su marido una copa de coñac, y le dijo que se la tomara mientras ella arreglaba su recámara; increíblemente, el hombre aceptó sin sospechar que alguien estuviera arriba. Carmen llegó a la habitación, abrió el armario, con el dedo índice sobre mi boca me pidió que guardara silencio y en un abrir y cerrar de ojos yo estaba ya en una pequeña azotea, de la que por medio de una escalera de caracol se podía bajar a un patio donde había una puerta que daba a la calle. Pero antes, ella me dio una instrucción precisa y prometedora: "¡Espérame!". Así que decidí aguardar.

Me quedé con la esperanza de que todo se arreglara de la mejor manera; que despachara a ese hombre que decía que era su marido, pero que en realidad ya no lo era, porque parecía que estaban en el tramo final de una relación de la que Carmen quería escaparse. Por eso me aguanté a lo macho, con el riesgo de que la cosa pasara a mayores. Transcurrió un largo rato de incertidumbre. Escuché que la discusión seguía y que no llegaban a ningún acuerdo. Después de casi una hora, más o menos, el supuesto marido se fue de la casa dando gritos y golpeando las puertas. No me moví para nada. Cuando el silencio se hizo, llegó Carmen toda asustada y me abrazó, lo único que me dijo fue: "Perdóname...", y me acompañó a la puerta de la calle sin darme ninguna explicación. Nos despedimos esa noche y nunca más volví a verla. Más tarde supe que había filmado tres películas.

Carmen Hermosillo desapareció de la escena y de la Escuela de Teatro, y como por arte de magia apareció Cora, una muchacha modesta cuyo principal atributo era su juventud. Su sencillez me resultaba inquietante, sobre todo después de haber estado al lado de una luminaria. Me costó trabajo volver a mi antiguo anonimato, mi relación con Carmen le había dado a mi vida un halo glamoroso y triunfal que no estaba dispuesto a perder de la noche a la mañana. Cora estudiaba danza, y el teatro para ella resultaba más bien un complemento, no la esencia de su formación.

Debo confesar que la primera vez que la vi me resultó antipática, le faltaba el carisma que debe tener una buena actriz; en mi caso, sabía que no era guapo, pero siempre me ayudó la persona-

El próximo martes 31 del actual, a las 7 p. m. en punto, en el Edificio de la calle de las Estaciones No. 38, se efectuará la primera representación de

"NUESTRA NATACHA"

de

ALEJANDRO CASONA

que los alumnos de la Escuela de Teatro del Palacio de Bellas Artes dedican fraternalmente a los profesores y alumnos de la

UNIVERSIDAD OBRERA DE MEXICO

El Consejo Directivo de esta Institución y la Dirección del Palacio de Bellas Artes se complacen en invitar a usted.

México, D. F. Agosto de 1937.

Programa de una de las primeras obras en que participó J.J. Arreola como actor, 1937.

lidad que tengo. Cora llegaba a la escuela con sus pantaloncitos cortos y unas mallas negras que dejaban ver un cuerpo femenino en formación. Todavía recuerdo aquel día en que Fernando Wagner la tomó de la cintura y la puso en el marco de un ventanal para que le tomaran una fotografía. Su desparpajo me molestó, tenía una especie de facilidad para molestarme y yo no estaba acostumbrado a ese tipo de mujer.

La veía muy desenvuelta para su edad, en mi pueblo una mujer así era mal vista; por momentos me parecía una muchacha muy pura, pero luego su trato con los maestros y compañeros me desconcertaba. Reconozco que de alguna manera Cora me ayudó a recuperarme de la pérdida de Carmen, poco a poco ocupó su lugar, pues la amistad entre nosotros fue creciendo sin darme cuenta.

Todo 1937 me lo pasé estudiando teatro por las tardes, en las mañanas trabajaba. A fines de ese año, con la recomendación de mi primo Enrique entré a mi primer trabajo serio en México, en la oficina del señor José de Jesús Galindo, uno de los colaboradores más cercanos de don Salvador Ugarte, director del Banco de Comercio. José de Jesús Galindo era de Zapotlán y conocía a algunos de mis primos mayores, y recordaba sobre todo a mis tíos sacerdotes: a José María y Librado Arreola Mendoza, hombres queridos y respetados en Zapotlán, Tamazula, Guadalajara y México. Cuando entré a trabajar con el señor Galindo mi vida cambió; entre otras cosas positivas, me ayudó a mudarme a los edificios de Avenida del Ejido, donde instalé mi primer estudio —*garçonnière*— y también pude acomodar en otra habitación a mi hermano Rafael y a mi primo Carlos.

En la Escuela de Teatro, desde el inicio del curso, Fernando Wagner nos puso a ensayar algunas escenas de *Nuestra Natacha*, obra del dramaturgo español Alejandro Casona, que por aquellos días tenía fama en España —su tierra natal—, en Hispanoamérica y, en cierto momento culminante de su carrera, en casi toda Europa. Alejandro Casona estuvo varios meses en México. En junio de 1937 su obra *Prohibido suicidarse en primavera* se estrenó en el teatro Arbeu, conocido entonces como "El coliseo de la antigua calle de San Felipe Neri". La obra, escrita en México según declaraciones del autor, se estrenó con clamoroso éxito; los actores principales fueron Pepita Díaz, Manolo Collado y Paco Hernández y fue puesta en escena y dirigida por el propio Casona.

Luego de ensayar algunas escenas de *Nuestra Natacha*, Wagner nos pidió a mis compañeros Cora y Arturo y a mí, que hiciéramos los fragmentos de la obra *Anatol*, del escritor y dramaturgo austriaco Arthur Schnitzler, autor, entre otras obras de *La señorita Elsa*. Meses después, presentamos *Nuestra Natacha*, en la Universidad Obrera, bajo la dirección de Fernando Wagner. Fue la primera obra de teatro en la que trabajé en México.

A propósito de esta actuación en la ciudad de México, le escribí a mi padre una carta para narrarle mi experiencia:

> México, D.F., sábado 4 de septiembre de 1937
> Papá:
>
> He recibido oportunamente sus dos cartas gratísimas y el valiosísimo envío que nos hicieron nuestras inolvidables mamá y hermanitas. Rafael me ha pedido que una a los míos sus saludos y agradecimientos. También he tenido mucho gusto en recibir en una de sus cartas el ejemplar de *El Mutualista*, donde he apreciado su prosa y su buen gusto en las selecciones que llenan las columnas del pequeño pero jugoso *Mutualista*. Ojalá y usted siga desarrollando en este periódico una labor para la que siempre ha tenido espíritu y facultades. He recibido asimismo su envío con doña Pilar, que agradezco infinitamente.
>
> Su última carta ha sido una de las que más me han hecho gozar en su lectura, pues además de sus gratas noticias, está henchida de

optimismo y de entusiasmo, cualidades inagotables de que usted, para fortuna nuestra, lleva impregnado el espíritu.

Felicito a mi mamá por su viaje a Guadalajara, que seguramente le habrá hecho muy bien, como una tregua de distracción en su vida admirable de abnegación y trabajo.

Respecto a mis posibilidades de encontrar chamba, le diré que tengo varias, pues los amigos y compañeros de estudio se interesan por mí y algunos de ellos tienen manera de ayudarme en esto. Yo podría estar ya trabajando, pero entonces me sería imposible asistir a nuestro querido doce de septiembre, que estoy esperando hace dos meses con ansiedad y que sólo la circunstancia de que usted tendrá que hacer un desembolso para ayudarme a lograrlo, me ensombrece un poco.

Por lo que respecta al teatro, ahí sí no he tenido ningún contratiempo y sigo progresando mucho. Ahora estamos en un período de extraordinaria actividad, pues estamos empezando una serie de representaciones en todos los Centros Obreros y escolares de importancia, que abarcará los meses de septiembre y octubre. La primera representación de *Nuestra Natacha* en la Universidad Obrera fue un éxito completo, pues además de ser muy aplaudida, tuvimos con nosotros nada menos que a la figura de más relieve en el teatro español contemporáneo: Alejandro Casona, autor de la obra, quien estuvo verdaderamente jovial y complacido, regalándonos autógrafos a algunos de los intérpretes de su obra maestra.

Estamos representando tres veces a la semana, y por tal motivo el maestro Fernando Wagner ha hecho una modificación en las fechas, para que yo pueda realizar mi viaje.

Tengo muchas cosas que contarles, especialmente a Elenita, a quien recordé mucho el día de su cumpleaños y le ruego me perdone, creo que lo hará porque en Andalucía "casi" todos somos así.

He leído mucho en estos días, pues la principal intención de vivir en esta olla de grillos es instruirme, y creo que lo voy logrando poco a poco. La Biblioteca Nacional es el refugio de mis horas de ocio, que por tal motivo dejan de serlo.

Rafael ya está dándole al clavo en lo del chicle, y ultima todos los detalles para el logro del viaje. Pensamos salir de ésta el viernes 10 del corriente llevando sólo nuestras correspondientes humanidades, pero eso sí, llenos de afecto para todos ustedes.

Así que con saludos para usted, mamá y hermanos me despido hasta el día once, si todo va bien.

Su hijo Juan José.

En el mismo año de 1937 montamos otra obra de Arthur Schnitzler titulada *A la cacatúa verde*, la cual presentamos en la cárcel de mujeres de la ciudad de México como parte de un programa de apoyo cultural al sistema penitenciario. Fue una experiencia doblemente difícil, ya que nunca me imaginé que iba a actuar para las mujeres presas. Fernando Wagner quiso ponernos a prueba, además de que siempre nos enviaba a donde requerían la presencia de los alumnos de la Escuela de Teatro. Lo mismo pasó cuando nos invitaron a la estación de radio del Departamento Autónomo de Publicidad y Propaganda de la Secretaría de Educación Pública —conocido como el DAPP—, a la Universidad Obrera y a otros centros educativos y foros en sindicatos. En esta época, yo colaboraba en forma paralela en un programa de recitales de poesía organizados por la Liga de Escritores y Artistas Revolucionarios, conocida como la LEAR. Los recitales se presentaban en el teatro Hidalgo. Allí, en una ocasión memorable, me presentaron al poeta cubano Nicolás Guillén, quien visitó nuestro país en esos años llenos de luchas obreras e ideales socialistas, a los que los estudiantes de la Escuela de Teatro no estábamos ajenos.

En medio de todos estos quehaceres y ya felizmente trabajando en la oficina del señor Galindo, mi amistad con Cora fue creciendo sin que yo me diera cuenta. El encuentro que tuvimos en la escuela fue, por decirlo de alguna manera, grave. Ella tenía dieciocho años y yo diecinueve; yo estaba muy lejos de pensar que esa joven mujer de apariencia frágil y trato sencillo, modificaría mi vida en tal forma que nunca volvería a ser el mismo. Cuando uno conoce a una mujer nunca sabe lo que le puede pasar.

Un día Fernando Wagner tuvo la feliz idea de proponernos que Cora y yo ensayáramos juntos los fragmentos de la obra *Anatol*. Al mismo tiempo, todos los alumnos trabajábamos en el montaje de otra obra del mismo autor: *A la cacatúa verde*, en la que Cora hacía el papel de Filipot, una muchacha, como decimos, del partido y yo el de un joven tímido de nombre Latrémouille, quien era invitado por dos hombres más que maduros a una taberna, La cacatúa verde, en la que trabajaba nada menos que Filipot. La trama se desarrollaba en uno de los barrios del París del siglo XVIII, un poco antes de que estallara la Revolución francesa. La taberna era frecuentada asiduamente por miembros de la nobleza, a quienes les

En *A la cacatúa verde*, obra de A. Schnitzler, 1937.

gustaba participar en las funciones de teatro arrabalero que allí se presentaban, en las que recibían todo tipo de insultos tanto de los actores, como del público, entre los que estaban mezclados algunos hampones, que también se peleaban con los actores. El caso es que nunca se sabía si los pleitos eran de verdad o provocaciones de los actores al público y de éste a los actores. El resultado de este desorden convertía a la obra en una pieza muy animada que se prestaba para realizar un montaje extraordinario. Esto entusiasmó mucho a Fernando Wagner, quien, además, nos consiguió un vestuario de primera calidad que pertenecía a Bellas Artes.

Mi papel del joven Latrémouille tenía chiste, pues acompañaba a dos nobles que me llevaban a la taberna con la idea de ver cómo reaccionaba un joven tímido en un medio hostil, desordenado y pervertido. Precisamente, el primer acto de provocación consistía en introducirme a la taberna gracias a sus influencias, puesto que no podían entrar los jovencitos como yo. La obra reflejaba el ambiente de cierta descomposición social, previa a la Revolución francesa. Los personajes eran gentes que con sus formas de vida y actitudes críticas propiciaban de manera inconsciente la levadura germinal de toda revolución.

En una escena de la obra, Cora, que hacía el papel de Filipot, una de las prostitutas de la taberna, tenía que seducir al joven Latrémouille, así que en todos los ensayos me seducía y se sentaba en mis piernas. Yo me excitaba mucho. Ante la mirada oblicua de Fernando Wagner, que en esos momentos la hizo de "Celestina", comenzó el despertar sexual de mi compañera Cora y el mío, de Filipot y de Latrémouille. No supe en qué momento el teatro sustituyó a la realidad, pero en los ensayos de esta obra y en los de *Anatol*, que hacíamos al mismo tiempo bajo la misteriosa dirección de Wagner, quedé como hechizado. La verdad es que con Cora pasé de la antipatía inicial que sentí por ella cuando la conocí, a una especie de adoración, de encantamiento. Estas dos obras de teatro de Schnitzler me hicieron salir de mi realidad para entrar a otro mundo desconocido para mí, el del deseo erótico y la pasión.

En los ensayos de *Anatol*, Wagner nos dijo a Cora y a mí que para no distraernos con los otros alumnos nos pusiéramos a trabajar en un pequeño vestíbulo al final de la escalera. Ese lugar fue inolvidable y al mismo tiempo casi terrorífico, porque allí supe por primera vez lo que era sentir la presencia y la cercanía de una mujer. Durante nuestros diálogos, Cora y yo teníamos que hacer movimientos; yo de cuando en cuando la tomaba de la cintura, la abrazaba, la tomaba de las manos porque así nos lo había indicado Wagner.

Cuando la conocí me cayó mal. Ni en Zapotlán ni en Guadalajara había tenido contacto con mujeres como ella. Cora era desenvuelta, hacía bromas con todos los hombres, coqueteaba con Fernando y conmigo; se vestía de una manera muy atrevida; le gustaba la danza para exhibir su cuerpo menudo; yo no la entendía, pero por culpa del teatro me enamoré de ella.

Una vez en un ensayo me dijo sorpresivamente: "¿Por qué me trata usted así?" Yo simplemente le respondí: "Usted me cae muy mal, usted es la negación de lo que yo entiendo por una muchacha". Entonces Wagner, como si supiera mi aversión por Cora, nos puso a ensayar a los dos solos, fuera del grupo, los siete actos que componen la obra *Anatol*, en los que en cada fragmento aparece una mujer diferente, siempre caracterizada por Cora, y dos personajes masculinos que hacía yo: el de Anatol, figura principal, y el de Max, su amigo fiel y acompañante en sus aventuras amorosas.

Esta obra resulta un ejercicio notable para una actriz y para un actor, pues la primera tiene que caracterizar a siete mujeres diferentes, y el segundo seducir a cada una de ellas, de lo que resulta un mosaico de posibilidades infinitas, tantas como los actores sean capaces de matizar en cada una de las escenas.

El campo para enamorarse de Cora no podía ser mejor cultivado. Pronto pasé de la cruel detestación a la pasión más viril. Sin poder evitarlo caí en la fascinación y la magia del teatro, en cuyas redes se fue gestando la que iba a convertirse en la primera pasión de mi vida juvenil. Para completar el cuadro, ya no sé si con doble intención o no, Fernando Wagner nos puso a ensayar a Cora y a mí la obra *El esposo*, de Bernard Shaw. Y allí fue donde... Porque también en esta obra había momentos de abrazos y todo lo demás...

No pude calibrar el alcance de la situación, me fui perdiendo, me fui verdaderamente enajenando con Cora en cada ensayo. Cuando tenía que tomarla de la mano ya no podía hacerlo con naturalidad, era tal la emoción que sentía de tenerla en mis manos, tocarla, acariciarla y abrazarla, que poco a poco fui perdiendo la cabeza.

En una ocasión, Fernando nos pidió con mucho empeño que en atención a la Secretaría de Educación Pública participáramos con la presentación de la obra *Anatol* en la estación de radio del Departamento Autónomo de Prensa y Publicidad, el famoso DAPP, que había fundado Lázaro Cárdenas, cuyo director era Agustín Arroyo Chávez, más tarde conocido como Arroyo Che. Con él trabajaba Adolfo López Mateos, quien era el jefe de la estación de radio, y que llegó a ser el mejor locutor de México en esa época. López Mateos trabajaba al mismo tiempo en la mejor radiodifusora de aquellos años, la XFO, en la que también laboraba Humberto Romero Pérez. Muchos años después, siendo ya alguien en la literatura, tuve amistad con Adolfo López Mateos y con Humberto Romero Pérez. Con este último colaboré a mi regreso de Cuba, en 1961, en la Coordinación de Ediciones de la Presidencia de la República.

Recuerdo que cuando dejé la dirección de La Casa del Lago —de la que fui director fundador bajo los auspicios del rector Nabor Carrillo, siendo secretario el doctor Efrén C. del Pozo, director de Difusión Cultural Jaime García Terrés y subdirector Benjamín Orozco, gran amigo mío— Humberto Romero me ofreció todo su apoyo, pero yo le comenté que viajaría a La Habana, Cuba, atendiendo a una invitación de la Casa de las Américas. Todo esto sucedió entre 1960 y 1961, así que sobre ello se hablará más adelante. Lo que quiero recordar ahora es mi gratitud a Adolfo López Mateos y Humberto Romero Pérez, quienes, en 1963, me brindaron su apoyo para que pudiera operarme de una úlcera mortal que me había diagnosticado mi médico de cabecera, el poeta Elías Nandino; finalmente el doctor Conrado Zukerman y su hijo me operaron. Guardo grata memoria de ambos, no sólo porque me salvaron la vida: llevo viviendo más de treinta y cinco años con un estómago nuevo, gracias al que superé muchas enfermedades gastrointestinales que padecí desde mi primera juventud.

Volviendo a la estación de radio del DAPP, Fernando Wagner dirigió con mucho cuidado los ensayos de *Anatol*; para que nuestra participación fuera todo un éxito, seleccionó a los mejores actores: a Alicia Espinosa de los Monteros y a su novio Fernando Leal, a José Lazo, a Cora y a mí. Lo grave del caso es que durante los ensayos con Cora "me seguí hundiendo". Lo peor de todo fue que ella, con su gran sensibilidad e intuición, se dio cuenta de lo que me estaba pasando. Como la traté mal al principio de nuestra relación, pensé que se vengaría, y así fue, comenzó a hacerse la desentendida, me trataba con indiferencia y continuamente me decía: "¿Qué te pasa? Tú y yo nada más somos actores de una misma obra, compañeros de escuela. No creas que porque me tienes en tus brazos durante los ensayos ya somos otra cosa. ¡Déjame en paz!".

Comencé a enloquecer, a veces la tenía en mis brazos... Era mía. Luego, en la realidad, me despreciaba. No pude aceptar ese doble juego de los actores, de saber entrar y salir de la realidad, esa cualidad que se aprende mediante una técnica y convierte al actor en un ser insensible, en alguien peligroso que no es capaz de sentir humanamente. Como venía a México a cumplir mi destino de actor, sentía que el teatro era todo para mí, y Cora era una parte que le hacía falta a mi vida, el complemento ideal de un actor, de un hombre solo como yo que para poder vivir en el teatro del mundo necesitaba con urgencia su amor.

En estos días tormentosos, escribí uno de mis primeros sonetos, reflejo del amor y la desdicha que sentía por aquella mujer. El soneto no tiene título y dice así:

Pasajera fugaz de un claro día
como la nube que deshace el viento;
vuelta hacia mí, me pareció un momento
que la vida en tus labios sonreía.

¡Amor, amor! el corazón decía
inflamando los aires de su acento.
De tan grande y hermoso sentimiento
quedó poco después mi alma vacía.

¡Qué juego cruel de especie lisonjera
hiciste del amor, novia de juego!
Hiere la voz tu nombre si lo nombra.

Detuviste ante mí, planta viajera;
señalaste al amor... Me diste luego
en barreras de luz reino de sombra.

Durante las presentaciones de la obra *Anatol* en la estación de radio del DAPP, Cora se comportó profesionalmente como mi *partenaire*, todos sus papeles los hizo muy bien, pero recuerdo que la primera vez que estuvimos en el estudio, en una parte álgida de uno de los diálogos en los que el personaje que yo hacía, Anatol, estaba hipnotizándola para preguntarle si le era fiel, Cora, que hacía el papel del mismo nombre, cometió el error de decirme: "Oye, Anatol, cuando me pasas los ojos por la mano..." en lugar de decir: "Oye, Anatol, cuando me pasas la mano por los ojos...". Este leve error, que para muchos de los radioescuchas podía haber pasado inadvertido, se convirtió en una bomba dentro del estudio. Cora, Juan y yo, que estábamos actuando ante el micrófono al aire, estallamos en carcajadas y risas incontenibles, lo mismo que un grupo de músicos notables que estaban con nosotros en el estudio; los técnicos en la cabina apagaron el micrófono y pusieron música tratando de hacer un corte natural en la transmisión. En aquellos tiempos, los errores de los locutores y de los actores llegaron a ser famosos. Recuperados de la risa, continuamos como si nada hubiera ocurrido.

Recuerdo que un locutor de la XEW cometió un error que dejó al público sorprendido, cuando al anunciar una tienda famosa que en época de navidad vendía pavos, lechones y cabritos, dijo llanamente: "Compre los mejores pavos, lechitos y cabrones para esta navidad...". Esta anécdota se comentó por muchos años entre los locutores de la radio.

Otra experiencia similar a la que tuvimos en el DAPP, me sucedió meses más tarde cuando entré a trabajar a la estación XEJP, en la que un actor se equivocó de tal manera que casi acaba con el programa de zarzuelas que pasábamos al aire los domingos en horario estelar. En la zarzuela yo hacía los diálogos hablados de un joven y apuesto galán. En un momento crucial de la representación, el actor dijo: "¡Venimos a pedir la mamá de Mariquita!", en lugar de: "¡Venimos a pedir la mano de Mariquita!...". En aquella ocasión nos tiramos al suelo muertos de la risa, algunos corrieron lejos del micrófono, pero no se pudo evitar que el público escuchara las risas y los comentarios. Lo peor del caso es que don Daniel Morales, dueño de la estación, nos estaba escuchando en su casa. En esta misma estación, una mañana, tres locutores en cabina, sin darse cuenta que estaban al aire, se pusieron a comentar que no les pagaban, que la situación estaba muy difícil, que ya casi no había patrocinadores ni anunciantes... Todo pasó al aire, la mayoría del auditorio se enteró de los problemas de la estación y don Daniel, entre otras medidas, corrió a los locutores. Estos accidentes y más ocurrían con frecuencia en la radio de los años treinta.

La mano de Dios, ayudada por Wagner, dispuso que me enamorara de Cora. Después de los largos ensayos y de las representaciones de *Anatol*, acabé seducido por ella. En la vida real todo sucedió al revés de lo que pasaba en la trama de la obra. En el papel de Anatol, yo seducía a Cora, que era el papel que hacía Cora, mi *partenaire*, pero en la realidad yo había sucumbido, estaba noqueado como los boxeadores, pero no por *nocaut* técnico, sino por los golpes de "a devis" que me propinó mi contrincante. Luego de esta tremenda paliza teatral, Cora culminó su venganza convirtiéndome en su trapeador. No cabe duda que me trabajó inteligentemente. Cuando me levanté de la lona extenuado y tembloroso, me abrazó y me dio un beso, y pensé que ya me había salvado, porque finalmente me correspondió en amores. Pero fue una salvación relativa, porque luego me hizo sufrir de la manera más espantosa como ningún otro ser en este mundo.

En la estación de radio del DAPP conocí a varias personas que con el tiempo fueron importantes en la música, la política y la radio. Los músicos que nos acompañaron en el primer programa eran profesionales con prestigio. Integraban un sensacional trío de música clásica: al piano tocaba nada menos que Isauro Cantú Pinó, concertista de grandes obras sinfónicas, al violín estaba Higinio Ruvalcaba, que durante mucho tiempo fue el primer violín de la Orquesta Sinfónica Nacional. Todos los directores nacionales y extranjeros reconocieron sus grandes dotes musicales. Higinio Ruvalcaba fundó, en compañía de otros músicos notables de su tiempo, el Cuarteto Lener, que llegó a tener fama internacional. Con él mantuve una larga amistad desde 1937. En una ocasión viajamos juntos por Jalisco.

También conocí en el DAPP a Salvador Carrasco, El Monje Loco, que se hizo famoso con ese personaje en todo México. Trabajaba como primer locutor de esa estación de radio. En uno de los programas me dijo: "Oye, muchacho, tienes buena voz ¿te gustaría trabajar en la radio?" Yo le contesté: "¡Claro, de mil amores!" Salvador fue mi "padrino", pues gracias a él ingresé a la plantilla de locutores de XEJP, ubicada en la calle Ernesto Pugibet. El dueño de la estación era don Daniel Morales, un español casado con Manola, una cantante de zarzuela que dejó su brillante carrera artística para contraer nupcias con él. Desgraciadamente, el matrimonio en vez de ir para arriba, iba para abajo, igual que los negocios de don Daniel, quien no le dedicaba el tiempo necesario a la estación. La mayoría de los anunciantes eran abarroteros españoles, como don Ramón Galicia, cuya publicidad decía: "Leche La Vaquita, sabrosa hasta la última gotita". Yo repetía cada aviso docenas de veces y llegué a saberme de memoria todos los anuncios de la estación. Antes de llegar a la quiebra, don Daniel le traspasó la XEJP a don Ramón Galicia. La estación inauguró su nueva programación transmitiendo pura música española durante todo el día. Recuerdo al gran cantante asturiano El Pescador que era un barítono extraordinario. A Estelita Castro, a Triana y a los mejores cantantes de la música popular española en esos años, ensombrecidos trágicamente por la guerra civil española. Desperté a la vida política y asumí la bandera republicana. El asesinato de Federico García Lorca me marcó para toda la vida. Y al igual que muchos de mis amigos del exilio español, juré no viajar a España mientras Franco estuviera vivo. Mi amistad con los intelectuales del exilio fue permanente, es una parte esencial de mi formación como hombre y escritor. Puedo decir con certeza que no sería lo que soy si no hubiera leído, aprendido y convivido con los poetas y los filósofos que llegaron a México a trabajar en el Fondo de Cultura Económica, en La Casa de España, en El Colegio de México y en la Universidad Nacional Autónoma de México.

Son tantos amigos y tantos años de luchas y sueños compartidos, que resultaría imposible recordarlos a todos, más adelante hablaré de algunos de ellos como un homenaje humilde de quien tanto los admiró y quiso.

Al llegar a la XEJP tuve la suerte del novato, ya que la plantilla de locutores estaba muy mal organizada y el rol de locutores se alteraba constantemente. Hubo días en los que trabajé de las ocho de la mañana a las once de la noche, me la pasaba todo el día en la estación. Recuerdo a un locutor que desde que lo conocí me pareció misterioso, se llamaba Adolfo Sequeiro. Allí me encontré de pronto con otro hombre un poco mayor de nombre Marco Antonio Alburquerque, uno de los locutores estrella de la XEJP que en ese tiempo abandonó sus estudios de medicina para dedicarse por completo a la radio. Pronto nos hicimos amigos; era un hombre culto que había leído todas las obras de Sigmund Freud, y yo acababa de leer varias de sus obras en la Biblioteca Nacional. Freud en esos días se había convertido en mi lectura favorita. Marco Antonio se sorprendió de que un joven de diecinueve años leyera tanto a Freud y le gustara. Él era un freudiano total que decidió estudiar medicina con la idea de ser psiquiatra. Lo más curioso es que utilizaba todos sus conocimientos para su actividad favorita: la seducción de mujeres por medio del micrófono, en la que llegó a ser un maestro famoso. Marco Antonio era de origen austriaco, sus apellidos, probablemente judíos, los cambió nada menos que por el de Alburquerque. Era un hombre de muy buena presencia, nariz alargada y fina, parecía más bien un actor de teatro, y siempre vestía elegante para representar con puntualidad su papel de seductor.

Marco Antonio me prestó varios libros que me sirvieron para ampliar mi cultura psicoanalítica, de Karl Gustav Jung y Alfred Adler, de autores poco conocidos, como Mariano Mariani, que escribió *Pobre Cristo*, lectura desconcertante para mí. Hablábamos de nuestros temas preferidos: los sueños, el erotismo, el inconsciente y el subconsciente, la religión y la filosofía. Ahora que lo recuerdo, pienso que Tony me simpatizó por su gran parecido con Anatol, personaje de la obra de teatro de Arthur Schnitzler, que ha sido una constante en mi vida. Tony hacía en realidad lo mismo que Anatol en la obra: seducir mujeres.

Un domingo asistimos a una representación en el teatro Arbeu y a media función comenzó a temblar. El teatro estaba lleno, pues se trataba de la obra *Prohibido suicidarse en primavera*, de Alejandro Casona. Mantuvimos la calma y yo le platiqué a Tony de los espantosos temblores de Zapotlán, donde vi muchas veces que la tierra se ondulaba, como si fueran olas. Por fortuna no pasó nada y continuó la representación.

Cuando estaba de guardia en la cabina de transmisión de la XEJP, recibía cantidad de llamadas telefónicas de mujeres que querían hablar con Tony. Las mujeres lo seguían como si fuera el célebre flautista de Hamelin. La mayor parte de sus programas se la pasaba pegado al teléfono. Con voz tranquila y tono grave decía: "Alicia, ¿es usted? ¿Cómo está usted vestida..., Alicia? Quisiera ver sus ojos para descifrar los secretos de su alma de niña. Alicia, ¿me escucha...? No me deje hablar solo". Marco Antonio utilizaba el micrófono igual que los pescadores el anzuelo, todos los días ponía la carnada y ¡zas! cuando menos lo pensaba mordían el micrófono las sirenas. La verdad, me fascinaba escuchar y ver cómo seducía a las radioescuchas. Llegó a ser un ídolo para mí y, como es natural, comencé a imitarlo. Contestaba las llamadas con una voz parecida a la de él y me ponía a decirles versos y a invitarlas a tomar café. Concerté algunas citas cerca de la estación, pero no todas fueron gratas, porque Tony no me había revelado algunos de sus secretos. Como los buenos cocineros, sólo me dio una parte de su receta y la otra la tuve que inventar yo. Cuando contestaba las llamadas, les decía que Tony no estaba, pero que yo era su ayudante. Las mujeres quedaban sorprendidas cuando les hablaba como él. Hacía la cita en un lugar conocido, por ejemplo afuera de un cine, y les preguntaba cómo irían vestidas. Ya que me daban el santo y seña, les decía cómo iba a ir vestido yo, pero pronto descubrí que me tomaban el pelo, porque yo llegaba a la cita a la hora fijada y no se aparecía la invitada. En una ocasión descubrí a la interfecta, quien asistió a la cita pero con otra vestimenta, ya que quería verme primero y luego decidir si se identificaba o no. El problema es que casi todas las mujeres eran mayores que yo y esperaban encontrarse con un hombre de su edad. Cuando veían a un joven tímido y delgado, se desconcertaban, porque por teléfono fingía una voz de hombre mayor. A las mujeres de esta época, y creo que de todas las épocas, les gustan los hombres maduros, ricos y elegantes. Al llegar a la cita y encontrarse con un joven inquieto y nervioso, decían no, mejor no le entro. Así que sin saberlo yo era sutilmente evaluado y descalificado. Disgustado por la situación, abandoné esta táctica, por perjudicial y molesta.

Traté de cambiar la estrategia. En el interrogatorio telefónico, las obligaba a confesar su edad, lo que en la mayoría de los casos tenía consecuencias nefastas, a la hora de formalizar la cita me salían con una y un pedazo. Mientras hablábamos por teléfono todo iba muy bien y las mujeres no veían a qué le iban tirando, pero ya en vivo durante las entrevistas, las cosas se me ponían harto difíciles.

Un día Marco Antonio Alburquerque dejó de trabajar en la XEJP, la razón: falta de pago. El señor Morales, dueño de la estación, se encontraba en una crisis financiera y no nos podía pagar a varios de los locutores, a mí de vez en cuando me daba dos o tres pesos a cuenta de mis salarios caídos. Recuerdo que en una ocasión me ofreció cinco pesos, por los que tuve que ir hasta su casa en plan persecutorio. Allí me recibió la esposa de don Daniel, Manola Morales, una española muy atractiva de cuyas dotes histriónicas como cantante de zarzuela y bailarina ya hablé. De tanto ir a casa del señor Morales a cobrarle, hice amistad con su señora, incluso ella me presentó a la esposa de Rafael Pérez y Pérez, hombre de radio que trabajaba en la XEW. Gracias a la intervención de las dos señoras, Rafael Pérez me recomendó en la W para que me hicieran un examen como actor y locutor. Lo pasé y pronto empecé a trabajar en los estudios haciendo papeles de galán por mi buena voz y mis estudios de teatro. Meses más tarde, ingresé a la XEQ en la que me desempeñé de una forma más profesional haciendo diversos papeles para todas las radionovelas de la estación al lado de la famosa actriz Blanca Estela Pavón, en el programa *El rancho del edén*, que era una producción de Pedro Camacho Vega, conocido como Pedro de Urdimalas.

La XEW y la XEQ eran las principales estaciones privadas de radio. Don Emilio Azcárraga Vidaurreta, su propietario, comenzaba a ser uno de los más grandes empresarios de México. Su labor de promoción y difusión de la cultura mexicana ha sido, sin duda, en este siglo que termina, una parte esencial en el desarrollo de México.

A Marco Antonio Alburquerque lo volví a ver en varias ocasiones. Una vez lo busqué para que me ayudara a tramitar una credencial de locutor. No tuve éxito a pesar de que Tony fungía ya como secretario de una especie de asociación de locutores. Luego, en 1940, nos vimos en el Teatro de Medianoche, que era la compañía de Rodolfo Usigli, en la que yo trabajaba como actor de tiempo completo. Desafortunadamente, la amistad con Tony se interrumpió para siempre, pues nuestras vidas tomaron caminos diferentes. Tuvimos una amistad breve, pero importantísima para mí por todo lo que hablamos de literatura, psicoanálisis y mujeres. Por esos tiempos, Tony inició la más brillante etapa de su carrera, que por muchos años, casi cuarenta, lo mantuvo como el locutor nocturno más famoso de México. Por amigos comunes supe que Juan Rulfo se aficionó tanto al programa de Tony, "La hora del tango", que surgió una gran amistad entre los dos y viajaron juntos a Buenos Aires, en las excursiones que con gran éxito organizaba cada año. También mi esposa Sara era su fiel admiradora a principios de los años sesenta. En homenaje a su bella amistad, reconozco que en mis primeras etapas como actor y locutor me dediqué a imitarlo, sobre todo en mi trato con las mujeres. Creo que lo sigo haciendo hasta el día de hoy, a mis ochenta años.

Algunas de mis primeras lecturas las compartí con Alburquerque, como las obras de Sigmund Freud. Recuerdo que cuando llegué a México traía solamente trece pesos y en la primera visita que hice a la antigua Librería Robredo, en las calles de Argentina, pregunté si tenían el libro *La canción de Rolando*, y el empleado que me atendió me dijo simplemente: "¿La quiere en español o en francés?". Yo me quedé pensando y le dije a secas: en francés. Al poco rato apareció Genaro Legaria con un hermoso ejemplar en las manos que puso sobre el mostrador. Leí sin dificultad el título *La Chanson de Roland*, luego seguí leyendo los datos de la portada, entre los que recuerdo el de Joseph Bedier, traductor de la versión antigua al francés moderno; la edición incluía la versión original en francés antiguo, además de un prólogo, introducción y notas del erudito filólogo e investigador. La edición me pareció maravillosa, el texto estaba finamente impreso en caracteres Didot sobre un papel grueso de algodón que parecía lino. Al abrirlo sentí el olor del papel y el aroma de la tinta, me quedé pensando en aquel libro, ya ni siquiera pregunté cuánto costaba, el librero me trató como si yo fuera un bibliófilo, erudito en literatura francesa. No me quedó más remedio que pagar los siete pesos, y sólo me quedaron seis para vivir. Desde entonces sigo con déficit. Nunca he podido nivelar la balanza de pagos. El librero y yo nos hicimos amigos, luego supe que Genaro Legaria sabía de libros tanto o más que los propios dueños del establecimiento.

El primer libro que solicité en la Biblioteca Nacional fue *Residencia en la tierra*, de Pablo Neruda; el bibliotecario me lo prestó, lo tomé y me fui a sentar a la mesa de lectura, al comenzar a leer los primeros versos...

Como cenizas, como mares poblándose,
en la sumergida lentitud, en lo informe,
o como se oyen desde lo alto de los caminos
cruzar las campanadas en cruz,
teniendo ese sonido ya parte del metal,
confuso, pensando, haciéndose polvo
en el mismo molino de las formas demasiado lejos,
o recordadas o no vistas,
y el perfume de las ciruelas que rodando a tierra
se pudren en el tiempo, infinitamente verdes.

...preferí detenerme, antes que seguir leyendo sin comprender. En Zapotlán había leído *Crepusculario*, que contiene los primeros poemas juveniles de Neruda, y conocía algunos poemas sueltos del libro *Veinte poemas de amor y una canción desesperada*. También el poema "Farewell" que recité en numerosas veladas literarias en Zapotlán. Pero los poemas de *Residencia en la tierra* me parecieron ilegibles a mis dieciocho años. Tratando de iniciarme en la lectura con un gran autor, después de mi fracaso con Neruda, solicité al bibliotecario *Por los caminos de Swan*, primer tomo de la obra *En busca del tiempo perdido*, de Marcel Proust. Comencé a leerlo con empeño, pero volví a fracasar totalmente. Mi error fue pensar que Proust se parecía en algo a Paul Bourget, escritor del que ya había leído algunas obras, como *El discípulo*. Mi primo Salvador Arreola me prestó en Zapotlán algunas obras de Bourget y yo leí en *Revista de Revistas* un extenso artículo sobre literatura francesa en el que se hablaba de Proust y de Bourget, como si los dos fueran los mejores escritores de la lengua francesa. Mi escasa cultura y mi modesta formación de lector de buena literatura, no me permitieron apreciar la calidad de *Residencia en la tierra* y *En busca del tiempo perdido*, obras que posteriormente leí con verdadera devoción y forman parte de mi ser y mi literatura.

Curiosamente, las lecturas de los libros de Freud, como *La interpretación de los sueños*, *La psicopatología de la vida cotidiana*, *El chiste y sus relaciones con el inconsciente*, *Una teoría sexual* y otros ensayos, me resultaron gratas y esclarecedoras de mundos que necesitaba conocer y explorar.

La psicopatología de la vida cotidiana, en particular, me apasionó y la disfruté más que ninguna otra. Creo que dos de las obras de Bourget: *El discípulo* y *André Cornelis*, reforzaron mi lectura de Freud. Intenté leer a Marcel Proust por un comentario que apareció en una nota de *Revista de Revistas*, en el sentido de que era un gran escritor de los entresijos de la mente, tema por el que yo tenía un gran interés desde antes de viajar a México. Hubo otros libros de Freud, como *La histeria*, que me resultaron muy áridos y nunca pude terminar.

En estos primeros años de formación, tan importantes en mi vida, tuve la suerte de que en mi primer trabajo formal en México mi oficina estuviera al lado de la que ocupaba el señor José de Jesús

Galindo, mi jefe en el Banco de Comercio. Tenía un librero en el que descubrí tres preciosos tomos de cuentistas rusos, entre los que estaban las obras de Leónidas Andreiev, las que me puse a leer cotidianamente. En ese momento me pareció que se detenía el reloj de mi ser y que por fin mi vida se decidió por la literatura. Leí *Las tinieblas y otros cuentos*, *Espectros* y luego *Sasha Yegulev*.

Leí a Alexander Kuprin, Iván Bunin, Vladimir Korolenco, Averchenco, Abdenco, Leonid Leonov y a Máximo Gorki. A la mayoría de los cuentistas rusos los leí en las modestas ediciones de los Clásicos Universales de Espasa Calpe. Lamento que ningún editor los haya vuelto a publicar. Todas estas lecturas fundamentales las compartí con mi hermano Rafael, con quien viví en México en esa época. Fue precisamente en 1938, a los diecinueve años, cuando entré al mundo de la literatura rusa. También era ya un lector experto en Sigmund Freud. Más adelante me di cuenta de que no me había entendido a mí mismo, no sabía quién era hasta que Freud me lo dijo. Yo fui un niño freudiano, por eso al leer a este autor me sentí liberado. Me ayudó a darme cuenta de que yo no era un monstruo, sobre todo un monstruo único, sino que en el mundo había muchas personas como yo, que no estaba solo como yo me sentía, que había quien me comprendiera y me acompañara. Tuve el honroso privilegio de que, por mediación de sus libros, el célebre psiquiatra de Viena se convirtiera en mi médico de cabecera.

En 1938, Fernando Wagner dejó definitivamente la dirección de la Escuela de Teatro del INBA. Para mí fue el inicio de una segunda etapa de mi vida en México, que comenzó de una manera difícil con una especie de ruptura con el que fuera mi único maestro en ese tiempo. Creo que hasta Cora tuvo que ver en ese extraño rompimiento entre Fernando y yo. En numerosas ocasiones, Cora y el maestro Wagner me hicieron sentir mal por la forma en que me trataban. Cuando comencé a ser novio de Cora sentí celos del maestro, pero además él me trató con dureza.

La llegada de Rodolfo Usigli a la dirección de la escuela me hizo pensar en la posibilidad de mejorar mi relación con Cora y realizar nuevos proyectos personales. Un cambio inesperado como ese contribuyó a que también cambiara mi vida. Debo confesar que mi amistad con Wagner se resquebrajó tanto que llegué a pensar en salirme de la escuela.

Louis Jouvet en la película *Los bajos fondos*, 1936.

A principios de 1938, siendo ya novios, Cora me dejó plantado hasta tres domingos seguidos. Cuando yo había hecho verdaderos sacrificios para sacar mi único traje del empeño en el Monte de Piedad y con el más duro trabajo había reunido unos centavos para llevarla a un buen cine. Cada domingo llegué a estar parado más de cuatro horas en la esquina de Avenida Juárez y San Juan de Letrán, afuera de la tienda de regalos Nieto. No me resignaba a irme. Unas veces no llegaba y otras se me aparecía de pronto, como salida de la nada. Esto me lo hacía seguido, creo que para vengarse del desprecio que le tuve los primeros días en que nos conocimos.

Siempre que podía invitaba a Cora a los mejores cines, a los del primer circuito como el Rex, el Regis, el Palacio y el Alameda. También con ella llegué a ir a los cines de barriada como el Fausto, donde vimos *Los bajos fondos*, el Majestic, que estaba en la Alameda de Santa María, a donde iba la clase media. Los del segundo circuito estaban más lejos del centro. Eran el Encanto, el Máximo, que era muy popular y estaba sobre Puente de Alvarado, el Orfeón, que sigue estando en Luis Moya. También fuimos al Claudio Bernard, que, como su nombre lo indica, estaba en la colonia Doctores. A Cora la inicié en el cine francés, la llevé a ver, entre otras películas, *Gibraltar*, *Yoshiwara*, *Los visitantes de la noche* y *Entrada de artistas*, filmadas antes de la segunda guerra mundial.

Nos gustaba ir con frecuencia a pasear a los viveros de Coyoacán. Allí fue donde la cosa comenzó a ponerse color de hormiga... Una vez la besé, Cora se quedó como dormida sobre el zacate fresco. Me recosté junto a ella y nos pusimos a ver las formas de las nubes bajo la clara sombra de los árboles.

DIARIO ÍNTIMO

1938*

Al recordar a Cora me invadió la nostalgia. Busqué entre mis papeles más viejos una libreta en la que escribí mi diario de 1937 a 1939. Allí cuento la historia de mi primer amor en México, de mi primera pasión, de la tragedia de dos jóvenes que se amaron cruelmente.

Al abrir por azar una página del diario, fijo la mirada en una fecha: lunes 1 de agosto de 1938. Comienzo a leer con una curiosidad mezclada con sentimientos tristes que me han hecho traer a la memoria un verso de Dante: "No hay mayor dolor que recordar el tiempo feliz en la miseria". Yo no viví feliz mi relación con Cora, me hizo sufrir mucho y creo, como el poeta Louis Aragon, que "no hay amor feliz", que toda pareja lleva en sí misma el germen de su propia destrucción, así como la vida lleva de la mano a la muerte.

Hace sesenta años escribí en mi diario lo que voy a transcribir ahora con la fidelidad del copista, para recordarme a mí mismo cómo era mi alma, para tratar de reconstruir mi rostro desfigurado por el tiempo, para decir como el filósofo Hebbel: "El que soy saluda con tristeza al que podría ser...". Ya no reconozco los rasgos de mi letra manuscrita:

* Adaptación de fragmentos de los diarios de Juan José Arreola (1938-1940).

Lunes 1º de agosto. Pedirle perdón a Cora me pareció lo más natural del mundo. Me consolaba la idea de ofrecerle disculpas por las cosas tan groseras que le tuve que decir. Luego decidí no hablarle y me indigné conmigo mismo por el solo hecho de haber pensado en llamarle por teléfono para pedirle disculpas. Todo el día me lo pasé henchido de vergüenza hasta las más hondas cavidades de mi espíritu.

Finalmente, le hablé a Cora: ¡sí, fui capaz de hacerlo! Todavía no alcanzo a comprender mi debilidad.

No quiero que Cora se sienta obligada a perdonarme, tampoco espero un perdón provocado por mí. Yo reconozco que soy el culpable y el ofensor. Sé que la realidad se encargará de truncar todas mis esperanzas de verme perdonado. Las primeras frases de la conversación con Cora, si no me dieron paz, me hicieron creer que pronto llegaría. Pero cuando agotadas las formalidades del saludo se acabaron las palabras y un silencio se adueñó de la situación creando un angustioso suspenso, saqué fuerzas y le lancé lleno de sinceridad mi imploración... Tal vez mi actitud desbordada fue la causa de mi derrota. Cora me contestó sin piedad utilizando palabras brutales, llenas de dignidad ofendida, nacidas en el fondo de su alma. Sus palabras me incendiaron la cara de vergüenza.

Fuera de mis casillas, pensé que Cora me chantajeaba con la idea terrible de su dignidad ofendida, por un momento creí que se trataba del último ardid de la mujer coqueta que busca salir airosa de un reclamo de su amante. Pero no, no, yo estaba ofuscado, no me di cuenta de que el tono y las palabras de Cora eran mesuradas y estaban en su sitio, bien dichas, en cambio yo lo único que hice fue seguir implorando sin darme cuenta de que mis pensamientos eran ya presa de la insensatez. Cora me colgó el teléfono y se cortó de tajo la conversación. Tuve una reacción inesperada, me poseyó una tranquilidad indescriptible. Bajé las escaleras cantando y riéndome solo. Luego caminé por las calles mojadas como si volviera de una entrevista feliz. Esta calma tan fuera de lugar era inquietante, se trataba más bien del exceso de las emociones del día que culminaron con una especie de embotamiento.

Miércoles 3. Cora es el *ritornello* constante de mi angustia. Sueño con la idea de escuchar su voz tranquila y amorosa mientras la esperanza sigue vegetando en mi espíritu a costa del arrepentimiento. No me quiero defraudar a mí mismo, sé que volveré a alcanzarla así tenga que valerme de mi último esfuerzo. Sólo necesito que pasen unos días. Hoy por la tarde asistí a un concierto de coros y órgano en la Catedral Metropolitana que incluyó obras de Juan Sebastián Bach y sólo la música logró calmar mi atormentado espíritu.

Un pequeño dolor que se agudiza por momentos en mi plexus solar, es la muestra material del sufrimiento que no me ha abandonado en todo el día. Me invade una horrible impresión de vacío y soledad. Es como si la expresión moral de mi sufrimiento se manifestara en una enfermedad.

Jueves 4. Me pasé la tarde en la Escuela de Teatro, ensayando una obra con mis compañeras Luisa y Josefina. Tuve momentos de alegría que me resultaron falsos e incoherentes. Durante el ensayo noté que hablaba rápidamente y perdía a cada momento la cabeza, pero logré distraerme y olvidar mi pena.

Por la noche me vino la idea a la cabeza de que pronto tendré una bella reconciliación con Cora. Siento una fe ciega, a pesar de que también temo un desengaño demoledor; veo con pánico que la duda está agazapada bajo el optimismo. Hoy decidí llamarle a Cora el lunes.

Viernes 5. Este diario no podrá revelar nunca el carácter verdadero de mis impresiones actuales. Tampoco será el reflejo real de mis emociones. Un estado como el mío sólo se puede describir cuando ya se mira desde lejos, cuando ya no es uno quien se dibuja, sino otro distinto a quien el tiempo ha cambiado y que mira desde la distancia al otro y no es capaz de comprenderlo. Hacer la descripción al mismo tiempo que se vive el drama resulta imposible. El egoísmo y el orgullo le quitarían a los hechos su valor real, los harían aparecer como parciales y equívocos.

En ocasiones me trato con un desprecio feroz, otras veces me enaltezco y me perdono. Entre este aborrecerme y venerarme, se pierde la sinceridad, que sería tal vez el único mérito de este diario. De todos modos algún día podré reconstruir, gracias a este archivo de fechas y de mal descritas situaciones, a ese muchacho sentimental, apasionado y estúpido que fui a los veinte años. Apenas ahora puedo comprender mi enamoramiento de Clementina hace cinco años.

Todo el día me lo pasé ensayando en la escuela. Estoy nervioso, pero tengo la certeza de que triunfaré el lunes en mi entrevista con Cora. Por si las dudas, reservo también un poco de resignación para el caso de que Cora ya no quiera volver conmigo.

Sábado 6. Casi toda la semana he estado pensando en Cora, quisiera saber cómo ha estado su ánimo durante estos días de ruptura. Por mi parte, creo que cometí un grave error al hablarle el lunes pasado. Ella estaba naturalmente ofendida por nuestro altercado del domingo fatal. Todavía el lunes que la llamé la encontré sumamente alterada. Creo que mi intento prematuro de reconciliación sólo le sirvió de pretexto para ofenderme y establecer cierta igualdad de culpa, que le puede resultar muy útil en el futuro, si es que nuestra relación llega a restablecerse.

Por la tarde asistí a un recital de la declamadora Berta Singerman, en el que tuve el gusto de encontrarme con María Luisa y Fernando Leal, con quienes pasé largas horas de confidencia y de sinceridad. He bebido mucha cerveza desde las siete; son ya las doce y estoy completamente borracho.

Domingo 7. He pasado un día pintoresco. Toda la mañana anduve paseando por el mercado de La Lagunilla, donde adquirí una especie de relicario antiguo cuya autenticidad no he podido poner en claro, ya que no obstante lo primitivo de su factura y lo hermoso de sus grabados, no me es posible fecharlo. Por la tarde fui al cine Máximo y vi una gran película rusa: *Los trece*.

Hace apenas ocho días del desastre y aunque casi he recobrado mi entereza, tengo gran inquietud por la entrevista que pretendo realizar mañana con Cora, como un último esfuerzo de acercamiento. Mañana sentirán estas páginas mi angustia o mi alegría; no me atrevo a hacer más augurios porque ninguno tendría sinceridad. Estoy entre la duda y la fe, sólo por momentos se impone alguna de las dos.

Lunes 8. La intensidad dramática de la película que vi ayer y el abatimiento acumulado en toda esta semana dolorosa, me hicieron despertar lleno de tristeza en el día señalado para el intento conciliador.

A medida que la hora se acercaba mi estómago se deshacía y la bilis me subía hasta la boca. Por la tarde asistí a la Escuela de Teatro, pero no tuvimos ensayo. Tomé una clase de danza en el colmo de la desesperación. No hubo un solo detalle que por un instante me liberara de la angustia, salí temprano de la clase y para matar el tiempo caminé por la Alameda. Me sentí tan decaído y débil del cuerpo y del espíritu que varias veces pensé en no hablarle a Cora.

Caminaba con pasos extraviados diciendo lentamente y en voz baja versos y palabras incoherentes, como si fuera un suicida que anduviera buscando un sitio para matarse. Así de trágico y de cursi era yo caminando esta tarde por la Alameda. En los pocos momentos que tuve de lucidez, logré construir largas y sólidas frases llenas de seducción que examinaba con escrúpulo, como si mis palabras fueran algo material que yo pudiera tocar y oprimir con mis manos para convencerme de su fuerza. Luego vinieron los atroces minutos que precedieron a la resolución.

Cuando marcaba los números en el teléfono temblé con todas las fibras de mi cuerpo; mi expectación llegaba hasta el vértigo, pero la voz tranquila de Cora me volvió a la conciencia. Me saludó con una voz desprovista de rencor y mis palabras comenzaron a salir quién sabe de dónde. Llenas de elocuencia se agrupaban sólidamente cargadas de ideas; fluyeron de mi boca como un río, se desbordaron apasionadas y violentas. La voz de Cora suena cada vez más suave y sus silencios están impregnados de emoción. Siento que me escucha y me comprende. Yo lo único que quiero es que mis palabras no dejen de brotar y de llenarlo todo, que no dejen ni un solo hueco donde pueda nacer la incertidumbre, que sean el incontenible venero que todo lo inunda.

Ocho días de silencio prepararon este exceso que duró más de una hora. Cora hablaba con gracia y con ternura, llenando los silencios con noticias pequeñas y entretenidas. Cuando nos despedimos su voz era tan honda y trémula que todos mis sufrimientos desaparecieron como por arte de magia.

Lástima que no haya podido escribir nada digno en esta noche en que la felicidad ha vuelto y ya no tengo palabras para describirla.

Martes 9. Cora estaba enferma y abatida. Me siento cansado y no puedo reanimarla, es todavía el eco de la última angustia, siento que mis existencias verbales están fuertemente desfalcadas.

He dejado por un momento la literatura rusa y vuelvo a ocuparme de Freud. Las últimas novelas que leí fueron *Crimen y castigo*, de Dostoievsky, y *Así pasó el amor*, de Iván Turgueneff. Estoy leyendo a Freud con más provecho que nunca. Recuerdo las experiencias descritas en su libro *Psicopatología de la vida cotidiana*, que es el que más me ha gustado de los que llevo leídos. Pienso extender mis conocimientos hasta donde mi capacidad me lo permita.

Miércoles 10. Por fin pude ver a Cora. La encontré como la deseaba; no podía haber estado más alegre, contenta y feliz. A las seis de la tarde pude saludarla y charlamos animadamente mientras caminábamos rumbo a la escuela. A pesar de toda la felicidad, noté en ella un poco de desaliento. Pasé a recogerla a las nueve a su salón y me encontré con que su carácter ya había mejorado. Seguimos hablando mucho y con facilidad. Me siento dichoso de haber acariciado de nuevo sus manos y de haber oído sus palabras llenas de amor.

Cuando regresé a mi casa, comencé a experimentar un fuerte desencanto, me asaltó la idea de que Cora se comportó de una manera artificial en nuestra entrevista, atribuyo esta reacción tan arbitraria a mi estado nervioso que aún no se normaliza. Contribuyó a mi desgaste la lectura cada vez más grata de Freud.

Jueves 11. A pesar de *une chutte érotique*, pasé un día agradable y sencillo. Por la tarde continué mi lectura de Freud con un interés constante que va en aumento desde el primer día. En la clase, Usigli nos leyó una obra suya de trama política, de una ironía que llega a ser la sátira más perfecta y original que yo haya conocido.

Al salir de la escuela, Usigli me regaló un boleto para un concierto del cuarteto Coolidge, al que asistí y tuve el gusto de escuchar la música más perfecta que conozco hasta el momento.

Viernes 12. Es de esos días en que Cora se olvida de toda seriedad y toma el poco edificante aspecto de muchacha vulgar y mentirosa. Su conversación es pícara y sin sentido, hasta el tono de su voz adquiere sonidos agudos y desagradables que me molestan al oído y me deshacen los nervios.

Atropella constantemente las frases unas sobre otras, contradiciéndose a cada momento y tomando un aire de niña boba y mimada, verdaderamente repulsivo. Se propone hacer su papel de *enfant terrible* y sólo consigue aparecer ridícula. La única cosa que disculpa esta actitud neurótica es su desequilibrio de carácter intermitente, causado por el exceso de actividades nerviosas.

Sábado 13. He estado durmiendo toda la tarde y he tenido sueños de una claridad extraña y misteriosa. Mi inclinación inconsciente al análisis por mis constantes lecturas freudianas, ha podido descifrar algunos símbolos, pero lamento no haber leído todavía *La interpretación de los sueños*.

Domingo 14. Con algún retraso, pero llena de simpatía, Cora llegó a la cita de hoy y entre los dos borramos la huella de aquel penoso día. No se pudieron evitar algunas cosas desagradables al principio de la conversación, pero al poco tiempo nos encontrábamos completamente felices. Paseamos por la Alameda hasta las ocho. La conduje hasta un sitio propicio y traté de besarla aprovechando la oscuridad de la noche. Cora se negó de manera radical al grado que tuve que usar la violencia verbal. Cora se enojó y sostuvo su resistencia, yo no sé cómo pude convencerla, al final de la lucha estaba fastidiado, pero mi dolor fue tan real que la hizo ceder. Después del largo beso, sostuvimos una conversación inolvidable en la intimidad de la Alameda. Un árbol fue testigo fugaz de nuestro contrato espiritual.

Lunes 15. Hoy Cora ha sido igual a la de todos los lunes. La siento diferente y artificiosa, casi me atrevería a establecer una teoría sobre la reacción defensiva del decoro que ha sido estropeado en la víspera.

Jueves 18. Estoy abrumado, las clases en la Escuela de Teatro han llegado a la más completa bancarrota. De todo el brillante programa establecido a principios de año, sólo se llevó a efecto una parte pequeñísima en la que no he tenido forma de participar. Qué distinto soy ahora en comparación con aquel optimista ciego que veía en el teatro su camino de salvación. Hoy hablé mucho con Cora y aunque tuvimos una discusión sobre el para mí odioso tema de su Escuela de Danza, quedé satisfecho de mi novia, no tengo la menor duda de que Cora es y seguirá siendo el mayor atractivo de mi vida. Al final de nuestra conversación me cantó muchas canciones que nunca olvidaré.

He recibido una carta desconsoladora de mi padre que me ha hecho sufrir.

Domingo 21. Cora y yo estuvimos en la matiné más contentos de lo que creí. Cora ha estado muy linda, estrenó un traje acinturado que le iba muy bien, su saco entallado y su falda recta combinaban con el color de sus zapatos. En el cine y en la calle hubo detalles que no suceden a menudo; Cora me abrazó y me besó en plena avenida Juárez. Me sentí especialmente tímido ante la mirada escrutadora de los transeúntes. Lo único malo es que por momentos la conversación de Cora era vana y mentirosa, sentí cierta tristeza, sobre todo cuando tuve que dejarla al mediodía en su casa, porque saldría con otra amiga a una fiestecita de cumpleaños que naturalmente se convertirá en bailecito familiar, pero lleno en el fondo de peligrosas insinuaciones toleradas.

Lunes 22. Sentí una gran felicidad al hablar con Cora por teléfono. Parecía una conversación sencilla y habitual, su resultado será, sin duda, hondo y perdurable. Sentí la dulce tranquilidad del amor cuando se asoma a nuestros corazones de manera sincera y natural, los que se aman no necesitan de grandes frases para justificar su amor. Cora es infantil y soñadora y eso me confunde a mí que soy un lector consumado de Freud. Cora suple la escasa realidad personal y familiar que la rodea con su abundante fantasía. Además para mi alegría y fortuna, Cora me dijo que volvió a su casa temprano de la fiesta de ayer, y que no bailó con nadie; me devolvió la tranquilidad y me llenó de luz y de fe con sus palabras amorosas.

Martes 23. Sufro un fuerte ataque de gripe que me tiene en un estado deplorable, estoy pasando un día oscuro y desprovisto de vida, me deprime la idea de que ya no puedo contar con la Escuela de Teatro como fuente de vida y motivo principal de mi estancia en México. Ahora sólo tengo a Cora como única causa existencial para permanecer aquí, tan lejos de mi familia. Soñé a Cora toda la noche.

Miércoles 24. Hoy sí pude hablar largamente con Cora por teléfono y estoy muy contento del resultado. Me ha prometido una entrevista personal para el día de mañana y me va a dar por fin un retrato suyo. Es una lástima que de nuevo y como casi todos los días me encuentre prácticamente en la miseria.

Jueves 25. "No te pido que recuerdes nuestra franca amistad, porque sé que no la olvidarás." Así ha escrito Cora en el reverso de un pequeño retrato que me regaló en un gesto de gracia y sinceridad. Advierto que a sus palabras les falta ese romanticismo que llamamos cursi, al que son afectas la mayoría de las muchachas de su edad, que siempre buscan un efecto conmovedor y literario. En el caso de la dedicatoria de Cora no existe la menor tentativa que pudiera interpretarse como sentimentalismo barato, pienso que hasta peca de frialdad, tuvo el cuidado de no escribir mi nombre en el retrato, lo que le da a la dedicatoria un carácter impersonal y no es finalmente un documento que pruebe la liga de nuestra relación sentimental, tampoco representa un testimonio fiel de unión espiritual, por lo que está condenado a que el tiempo lo pueda desmentir con facilidad. Lo único que me gustó de la dedicatoria fue la sustitución de la palabra "amor" por la de "amistad", creo que revela un sentido de previsión y reduce al mínimo la dosis de mentira... "Porque sé que no la olvidarás" es una frase admirable para decirme un elogio sin que éste lo parezca. Para mí, es como la clave de la dedicatoria, ya que en ella se reúnen la confianza que se tiene de merecer un afecto y la seguridad de que yo no seré capaz de olvidarlo. Ella pudo escribir simplemente: "Sé que no me olvidarás", al no escribirlo así excluyó todo personalismo; puso todo el valor del recuerdo dirigido hacia la amistad y no a su condición de mujer, que es la que encierra el misterio como un todo. Seguramente, Cora pensó que al redactar así la dedicatoria, nunca perderá su veracidad.

Viernes 26. Después de un buen día de trabajo y estudio, cuando me proponía cerrarlo con broche de oro con un telefonema a Cora, para el que había urdido una media docena de frases que estaba seguro que tendrían un efecto redituable, me sorprendió su mamá al contestar mi llamada, con una información penosa y desagradable; en tono afligido, misterioso y con rodeos, me dijo que Cora no había llegado a la casa, que no regresó de la ETIC a la hora acostumbrada, que eran las seis de la tarde, que ya eran las nueve y no llegaba, me suplicó que la ayudara a descubrir el paradero de su hija con palabras llenas de temor y de gratitud anticipada. Como yo le estaba hablando desde la escuela de teatro, bajé en un minuto la escalera y entré a la escuela de danza, donde se me informó que la niña no había ido a clases. Su mamá pensó que después de la ETIC Cora se había ido a la Escuela de Danza del INBA.

Tomé de nuevo el teléfono y le llamé a la señora para comunicarle el resultado de mi pesquisa, pero me encontré con la grata noticia de que Cora ya estaba en su casa.

Su mamá me puso al teléfono a Cora y a pesar de que no reñimos, la conversación fue un desastre; Cora estaba recién reprendida por su madre y además no le gustó que su mamá me comunicara su tardanza. La disculpa que me dio fue que dedicó la tarde a pasearse con una amiguita por el centro de la ciudad. Yo estaba nervioso, alterado por una situación inesperada que me hizo conocer por teléfono a su mamá en condiciones anómalas, nos peleamos finalmente y en tono exaltado le dije sólo estupideces.

Sábado 27. Ahora estoy más sereno y satisfecho. He hablado con Cora y me dio la razón por mi actitud de ayer disipando los temores que tenía yo por la conversación que sostuve con su mamá. Me ofreció que nos veremos mañana. También estoy contento con el resultado de mis lecturas; ya casi he terminado *El chiste y sus relaciones con el inconsciente*, libro que me ha permitido espigar multitud de conocimientos con los que puedo familiarizarme cada vez más con el estilo del filósofo de Viena.

Domingo 28. Es una lástima que el recuerdo de este domingo, que debió ser grato y acariciador, se empañe por ciertos detalles penosos que ocurrieron en nuestra entrevista del día de hoy. Estuvimos contentos en el cine, hablamos mucho y no hubo sombras ni disgustos. Me permití algunas libertades que Cora toleró a medias. En uno de los pasillos del cine le di un beso casi por fuerza y tuve una impresión distinta a la que he experimentado en otras ocasiones. Sentí un placer que se extinguió luego dando paso al arrepentimiento.

Lunes 29. El día pasa devastador sobre el espíritu con sus horas llenas de angustia y desasosiego, espero con ansias la noche para encontrar un poco de paz dentro del sueño. Sigo siendo víctima de la pobreza. Hace poco tiempo hablé con Cora largamente y eso me resarció de mis sufrimientos; este de hoy es el primer lunes en que no se destruye lo vivido el domingo, sino que se amplía y se torna más precioso gracias al afecto contenido en las palabras, que les quita la trivialidad y las vuelve redondas y felices. Dejé atrás los remordimientos porque entendí que mis actos estaban desprovistos de maldad, comprendí que son manifestaciones naturales de mi ser masculino, de eso que Freud llama la libido y, por lo tanto, son inevitables. Cora ha sido ahora más *charmante* que nunca.

Martes 30. Esta noche Cora se ve linda, trae los cabellos despeinados y su cara sin pintar. Tiene un atractivo extraño y maravilloso; nunca la había visto tan radiante, su juventud me deslumbró. Gocé de su presencia por pocos minutos, pero me colmaron de felicidad, parecía que estuviera largo tiempo estrechando sus manitas con las mías, mirando sus ojos brillantes en los que se reflejaban las luces de la ciudad. Y pensar que estuve a punto de perderlo todo. Esta noche, lúbrica de sueños, busqué el amor pero no lo encontré. Me salvó una admirable casualidad.

Miércoles 31. Hoy me invitaron a una representación de una compañía de teatro judío que se realizará en el Teatro del Pueblo. Hablé brevemente con Cora, por lo que me quedé un poco triste por tener que interrumpir una conversación que hubiera sido larga y placentera. Espero poder continuarla mañana en el mismo tono cordial y armonioso.

Los actores de la obra hablan naturalmente en *yiddish*, sin comprender su lengua pude apreciar su calidad profesional y su gran mérito, pasé un rato admirable. Algunos alumnos de la Escuela de Teatro, entre los que espero estar yo, presentaremos una temporada en el mismo teatro.

Sábado 10 de septiembre. Este sábado ha sido magnífico, después de mucho tiempo pude vestirme como tanto lo había deseado. Me compré buena ropa y me siento transformado. Una camisa blanca con rayas azules, un pantalón gris de casimir, un saco azul oscuro y una corbata color vino han cambiado por completo mi aspecto de estudiante flaco y pobre.

Por la tarde me entrevisté con Cora y me regaló un precioso retrato, estoy contentísimo. En el retrato los ojos de Cora tienen un raro atractivo, su pequeña naricita está linda y graciosa. Me cantó muchas canciones y me dijo frases que me tienen lleno de íntima satisfacción. ¡Este día ha sido de los grandes!

Domingo 11. De los días que llevo viviendo en México, este domingo ha sido, sin lugar a dudas, el que más he gozado. Nunca sentí como ahora desbordarse el amor y la alegría. Casi todo el tiempo lo pasé con Cora, en misa, en el cine y paseando por la Alameda. No hubo sombras, todo fue luminoso. Jamás habían tenido sus manos igual belleza; las acaricié largo tiempo, es como si en este momento que escribo las siguiera sintiendo. Le robé uno de sus mejores besos y la tuve entre mis brazos. Me dispensó sus más suaves caricias con gracia inolvidable y sus palabras temblaban de sinceridad.

La amo con todo el impulso de mi esperanza, la adoro con todo el fervor de mi juventud.

Lunes 12. Me duele mucho que después de un día tan dichoso como el de ayer, no haya podido hablar con Cora. Me quedé con las ganas de comprobar si efectivamente se desterró de nuestra relación "el complejo del lunes", que tanto daño nos hace a los dos. Necesito pruebas contundentes de que Cora dejó de ser aquella niña caprichosa que tanto me hizo sufrir con sus volubilidades. Cuando recuerdo sus gestos de ayer pienso que sí ha cambiado.

Miércoles 14. Cora resolvió la duda en forma ideal. No irá al baile de mañana, por lo que el 16 nos iremos al campo con Leal y Luisa, si es que nada inesperado ocurre. Sigo creyendo en la enmienda de Cora, quien con sus nuevas actitudes hizo a un lado los horribles artificios que usaba siempre para hacerme rabiar y que me hicieron escribir en este diario verdaderas atrocidades.

Lo que ahora me tiene angustiado es un terrible desastre económico que pone un fondo dramático a mi actual felicidad y que envuelve mis dulces pensamientos en amargas reflexiones. También sufro al pensar que mañana es la representación de la obra cómica *Las cosas de Gómez* y que Cora va a asistir y verá el ridículo papel que me tocó hacer.

Jueves 15. Los presentimientos negativos del día de ayer desaparecieron durante la presentación de la obra. Logré hacer mi papel cómico con naturalidad y alegría, quedé plenamente satisfecho de poder caracterizar a un personaje que pensé que no era para mí. Nos aplaudieron mucho y todos se expresaron con elogio de mi actuación. Cora presenció el espectáculo y a la salida dimos un espléndido paseo por el Zócalo en compañía de su amiga Conchita.

La verbena del 15 de septiembre estaba en su apogeo, llena de luz y de alegría. Cora se veía maravillosa en el ambiente tumultuoso de la feria. Si Dios es servido con ello, mañana daremos por fin el tan esperado paseo al Desierto de los Leones, a donde Cora me ofreció hoy que irá vestida de manera encantadora.

Viernes 16. Salimos al Desierto de los Leones a las nueve de la mañana, el traslado resultó mejor de lo que esperaba. Maravillosos paisajes vistos a través del prisma encantado del amor. Conversaciones llenas de afecto, sueños e ilusiones compartidas, lentos y largos besos nunca imaginados. Cora y yo caminando solos por el bosque lleno de fragancias, entre la humedad de la tierra y el musgo aterciopelado de los árboles. Cora quiso montar a caballo y la tomé de la cintura y la llevé conmigo, todavía escucho sus gritos nerviosos durante los breves galopes que permitía lo abrupto del terreno. Atravesamos el bosque para llegar hasta el viejo monasterio, recorrimos los jardines que lo rodean y entramos a los subterráneos tenebrosos... No olvidaré los preciosos momentos pasados en el desolado ambiente de las minas. Este día marca nuestro amor con una sensualidad franca y abierta, a pesar de que mi espíritu se llenó de gozo, en este día primigenio y paradisiaco predominó la idea del fruto prohibido, la idea del pecado original.

Muchas veces sentí desfallecer a Cora y el deseo físico de poseerla me mantuvo enardecido. Nuestras caricias cálidas y prolongadas nunca llegaron a la indecencia. Yo no conocía el abandono de una mujer en los brazos de un hombre, su cuerpo languidecía lacio y descoyuntado como si perdiera la firmeza de sus músculos.

Son los eternos instantes en que se pierde toda conciencia, y la pudicia naufraga ante el deseo. Algo de lo que hoy puedo vanagloriarme es que nunca tuve la idea de transponer el umbral de lo prohibido aunque la ocasión se prestase para ello. Además de los actos, nuestras palabras experimentaron un cambio y nos dijimos frases de ignorada ternura y otras en las que nos ligaron las promesas, casi todo el día fue un suspiro, un beso y un abrazo. Nunca mi sensibilidad había sido tan fuertemente excitada.

Y ahora hay que salvar el amor, que no se pierda su esencia, hay que rescatarlo de lo puramente sensual, hay que hacer un paréntesis de pureza en nuestro noviazgo, lo siento tan necesario como este día de septiembre en que nos embriagamos los sentidos hasta quedar vacíos de soledad como una botella de vino inteligente que Dios nos dio a beber.

Sábado 17. Es increíble la intensidad de mis escrúpulos, durante este día me he dedicado a recordar detalle por detalle cada uno de los incidentes de ayer.

Estoy lleno de reflexiones y llego a pensar seriamente si mi amada Cora es realmente una chica inocente y buena o una víctima del modernismo que ha sabido engatusarme y engañarme. Nuestra conversación de hoy fue por teléfono y resultó breve y sin sustancia. Extrañamente no comentamos casi nada de lo de ayer y ella no utilizó el artificio conocido de tratar de borrar con su acostumbrada altivez los hechos que pudieran alterar su integridad, desacreditar su conducta de ayer. Es probable que nos veamos en misa, pero Cora no me ha dado ninguna seguridad, me dijo que mañana se irá con su familia a Xochimilco.

Domingo 18. Hasta hoy me di cuenta de que lo ocurrido el viernes ha influido en mí más de lo que yo pensaba. Tengo la impresión de que Cora y yo empezamos a rodar por la pendiente del erotismo, pienso que ya estoy a la orilla del desastre. Sólo me queda la esperanza de una reacción negativa de Cora. Por mi parte, me he hecho el sano propósito de no propiciar nuevas ocasiones en las que pueda crecer y prosperar la lujuria. En caso contrario, todo se perderá en el pantano del deseo físico. Yo no quiero que suceda nada de esto, estoy resuelto a evitar a cualquier precio todas las entrevistas y los paseos comprometedores que puedan ofrecer un atractivo erótico, con lo que espero quitarme esta obsesión de la cabeza. Porque desde el momento que sentí palpitar bajo mis manos aquellas formas que nunca debí tocar, siento que un impulso devastador se ha despertado en mis sentidos, de continuo llevo asociado el recuerdo de Cora a mis más brutales instintos, facilitados por la abstinencia en la que vivo. Lúbricas fantasías emergen de mi pensamiento de manera continua y siempre aparece la imagen de mi novia. Esto me duele mucho y hace que me arrepienta de mi comportamiento ilícito. Todos mis escrúpulos provienen del temor que tengo de que esta claudicación vaya a degenerar en costumbre y nos lleve cada vez más lejos en aviesas direcciones, donde lo más puro del amor se pierde y se degrada. Si en largos intervalos de rectitud y castidad vienen de vez en cuando períodos de erotismo, no creo que exista ningún peligro manifiesto, ya que no cultivo la idea del platonismo y quiero dar gusto a mis sentidos al igual que a mis sueños. Yo sólo quiero la justa medida, el equilibrio que evite los extremos. Sería conveniente intentar hacer un análisis de la lubricidad que tiene por objeto a Cora, así como una descripción clara de las caricias que en los momentos de intimidad excitan el cuerpo de mi novia, su tipo, frecuencia y reacciones logradas. Creo que hoy me he extendido mucho, pero no dejaré de realizar esta idea ya que sólo así sabré controlar mis sentidos y manejar de una forma menos peligrosa la relación con Cora.

Sólo el examen minucioso de mis acciones puede alertarme del fin al que me pueden conducir para bien o para mal.

Cora no asistió a la cita de hoy. A pesar de mis deseos de verla no lo lamento, tengo la intención de no verla en toda la semana. Estoy triste. Cuando le hablé hoy a Cora me dijo que ella también se sentía triste, me sentí mejor después de que le llamé. Cora me dio muestras evidentes de afecto que me ayudaron a disipar mis escrúpulos. Con sus palabras sinceras y conmovidas, me contó que no fue siempre el domingo a Xochimilco por encontrarse fatigada del paseo del viernes y me dijo que no estaba arrepentida, antes bien, se sentía contenta y feliz con los recuerdos agradables de todo lo que hicimos.

Lunes 19. Me siento liberado de los remordimientos, tengo la agradable impresión de que nuestro noviazgo se ha salvado. Cora me ha dispensado por primera vez su confianza y me ha contado sus penas familiares, que por desgracia no han sido pocas. Nada menos ayer la causa de su tristeza fue un serio disgusto entre sus padres. Comprendo mejor que nunca su carácter infantil y disculpo todos sus defectos de cuyo origen ella es inocente. Hablamos durante hora y media y me ha dado las más grandes pruebas de cariño. Nunca su voz estuvo tan conmovida como hoy.

Martes 20. Lo de ayer fue algo emocionante; se desbordaron los sentimientos y Cora me dio la más completa idea del amor. Hoy tuvimos una fuerte discusión, me apena pensar y describir la pequeñez que causó nuestro disgusto y me encuentro molesto y abatido. Pude evitar el problema, pero tengo la intención de no dejar pasar en blanco las pequeñeces, ya que Cora puede volver a tener regresiones a conductas insufribles. Estoy pensando no hablarle mañana a pesar de ser mi cumpleaños y de haberle ofrecido que iríamos juntos a celebrarlo a alguna parte. Ella trató de poner las cosas en su sitio y de pasar por alto el molesto incidente, pero yo se lo impedí.

Miércoles 21 de septiembre de 1938. Hoy cumplo veinte años. Ayer no pude anotar un ingrato y curioso detalle que me ha hecho confirmar una de las teorías de Freud. Es el siguiente: mientras ajustaba el retrato de Cora a un marco, destruí inconscientemente la dedicatoria, no supe como fui capaz de hacerlo, este accidente me apenó mucho, pero no puedo negar que tal vez lo hice adrede, reconozco que la dedicatoria de Cora nunca me gustó.

Pensaba escribir mucho sobre mis veinte años cumplidos hoy. Este ha sido un día más triste que mi propia vida y llegué a la noche con el ánimo deshecho. No le hablé a Cora y con esa actitud se vinieron por tierra cuantos proyectos habíamos concertado para celebrarlos. Me encuentro desconsolado y lleno de incertidumbre gracias a una banalidad que no deseo recordar.

Jueves 22. Todo se resolvió de la manera más inesperada y agradable. Me llevé una verdadera sorpresa cuando Cora me llamó por teléfono a las diez de la mañana para citarme a la hora de la salida de su escuela. Se disculpó de no haberme felicitado ayer diciéndome que yo había quedado de llamarle y me reprochó delicadamente que no hubiera hecho nada para intentar comunicarme con ella. Estuve a la hora fijada y Cora me sorprendió entregándome un hermoso reloj como regalo de cumpleaños, en el que ha sido el más impensado de sus gestos. Quedé completamente encantado con esta acción que ni remotamente imaginaba. La llevé a su casa y en el camino sostuvimos una grata conversación en la que el afecto y la sinceridad de Cora fueron definitivos. Le he dado las gracias con mis mejores palabras, ya que su obsequio me pareció encantador.

Domingo 25. Yo, que en días anteriores expresé el temor de que Cora se dejara llevar por la sensualidad, y que me propuse observar durante algún tiempo una conducta intachable para enderezar el camino, estuve hoy a punto de provocar una nueva caída que por fortuna Cora evitó con violencia excesiva.

Me llevé una dura lección plenamente merecida. La cosa ha sido de un gusto tan ocre que no bastaron las palabras amables con que Cora me dio su perdón. Siento un profundo descontento de mí, de la pérdida de este día que pudo ser de los mejores y en que todo se me vino abajo gracias a mi falta de tacto. Por fortuna todo sigue normal. La vi desde las ocho de la mañana para ir a Xochimilco tal como habíamos quedado. Como es natural, esperaba pasar un día feliz. Subimos a una de esas preciosas trajineras adornadas con flores que hacen el recorrido a través de los canales llenos de vegetación, desde donde uno puede ver las chinampas en todo su esplendor, dedicadas al cultivo de flores y de vegetales. Un cielo profundamente azul nos acompañó toda la mañana y pudimos apreciar en la desnudez del horizonte la majestad dormida del Popocatépetl y del Iztaccíhuatl. Con emoción contenida, traté de besar a Cora, pero ella lo impidió suavemente; no adiviné que ella trataría de impedir a toda costa cualquier intento amoroso que nos condujera de nuevo a un callejón sin salida. Me quedé en el intento, que es la peor situación que conozco. En un descuido lamentable, Cora olvidó un ramo de claveles rojos que le había regalado, pero a cambio de su olvido dejó en mi poder un chal blanco y perfumado, vaya lo uno por lo otro. Al despedirnos, me prometió que si mañana iba por ella a la Escuela de Danza cedería a mis deseos. Aunque me cuesta trabajo hacerlo, no pienso aceptar su oferta en virtud de que no quiero volver a ese lugar.

Lunes 26. Como no asistí a ninguna de las dos citas que acordamos hoy, la de las dos y media de la tarde para devolver el chal y la de pasar por ella en la noche a Bellas Artes, abrigué justos temores de que Cora no contestaría a la llamada telefónica que pensaba hacerle a las nueve de la noche. Finalmente, la llamé a esa hora y me contestó con una voz triste y opaca, con frases adorables me dijo que no estaba molesta por mi conducta de ayer en Xochimilco. Encontró que mi actitud de enojo del día de hoy estaba plenamente justificada. Ya casi al terminar la conversación, una pequeñez inapreciable hizo girar el escenario de la conversación y las palabras se desbordaron, le dije cosas nuevas que la sorprendieron, le hablé de mi falta de sinceridad y de mi hipocresía, con increíble vivacidad critiqué sus estados de sequedad amorosa y le di pruebas de tener demasiado abiertos los ojos de mi razón.

Martes 27. Cora se quejó de que en los últimos días ha notado que cuando estoy con ella siente como si una gran tristeza me poseyera. Le dije que yo no me daba cuenta de eso, pero creo que tiene razón. Se despidió de mí con su dulce: *Bon soir, mon fiancé,* que en la tesitura de su voz me parece una maravilla.

Viernes 1º de octubre. Cora llegó muy tarde a la cita y la primera impresión fue desastrosa. No puedo concebir cómo poco tiempo después nos encontrábamos en una situación verdaderamente feliz. Necesito fingir un poco para lograr su sinceridad, mi actuación del miércoles pasado dio buenos y maduros frutos. Gracias a mis previsiones, Cora estuvo afable y amorosa el día de hoy. Estoy dichoso y cambiado.

Sábado 2. Son las dos de la mañana y acabo de llegar de una reunión que organizó Leal para festejar a su novia Luisa. La reunión en realidad terminó a las once de la noche, pero después Leal y yo seguimos platicando por nuestra cuenta. El motivo de la celebración fue la aparición de un libro escrito por Luisa. Creo que se nos pasaron un poco las cucharadas a juzgar por estos desaliñados renglones. Cora estuvo sencillamente maravillosa, todos los amigos estuvieron contentos y confidenciales. Mi estado, que no es precisamente de absoluta lucidez, me impide hacer una descripción exacta de las escenas más agradables de esta simpática velada.

Domingo 3. La cita con Cora era a las cuatro, pasé media hora angustiosa antes de que apareciera. Llegó cuando yo estaba a punto de estallar. Fuimos a tres cines sin que pudiéramos entrar a ninguno por falta de localidades, nos tuvimos que conformar con ver la película *Noches de gloria* en un cine de segunda categoría.

Cuando salimos la acompañé algunas calles para tomar el camión. Por el camino aventuré alguna caricia un poco excesiva que ella toleró de momento, pero que luego eludió delicadamente. Quise besarla y no lo permitió, se lo rogué varias veces sin obtener su consentimiento, por lo que empecé a molestarme sin desistir totalmente de mi propósito. En un momento de distracción le di un rápido beso en la mejilla. La obligué a detenerse y con cierta violencia que me sorprendió a mí mismo, la besé en la boca. Ella dijo muy seria: "Lo has tomado a la fuerza y nunca más me dejaré besar de ti". Sus palabras me dolieron, pero pronto logré persuadirla y las retiró casi en seguida. Se despidió con ternura antes de abordar el camión, yo me quedé desconcertado y aturdido a la orilla de la calle. Este largo beso despertó en mí sentimientos desconocidos, parecía que mi deseo se desdoblaba y sentí esa culpa que nace súbitamente cuando cometemos un acto censurable. Lo cierto es que en mi espíritu se ha desencadenado una potencia desconocida, algo que no puedo pintar ni concebir, que siento crecer dentro de mí como algo nuevo y terrible.

Lunes 4. Cora no fue hoy a la escuela, hablé a su casa y me contestó su mamá en una forma vaga y titubeante que me dejó intrigado. Más tarde supe que había ido a casa de una amiga; esto me lo dijo Luisa en la escuela. Me siento incómodo y pienso volver a hablar a casa de Cora para tranquilizarme. Me molesta la idea de no saber todavía cómo librarme de estas anómalas situaciones que Cora fabrica artificiosamente.

Martes 5. Una pérdida de dinero en el despacho; una clase muy aburrida y desprovista de entusiasmo y una actitud insoportable de Cora han aniquilado mi espíritu. Reconozco en este día a los horribles días negros que me son bien conocidos. Estoy compensando con mi dolor sin esperanza, toda la dicha que disfruté el domingo. Una sorda desilusión va amargando los últimos días vividos en los que en todo me ha ido mal. Mis ideales más inconmovibles se derrumban como cosas frágiles y absurdas; todo a mi alrededor se destruye ante mi mirada impotente.

Miércoles 6. Hoy Cora se portó mal, muy mal. Me prometió en la escuela que esperaría a que yo terminara de ensayar mi papel, pero supe que se marchó con Leal poco antes de que yo terminara. Me quedé lleno de tristeza y justamente indignado. Cuando Cora se marchaba, casi ante sus ojos fui a sentarme al lado de una chica que ha ingresado hace poco a la escuela como alumna de Usigli. Pasó algo milagroso, nos entendimos a la perfección y platicamos mucho, fui a dejarla a su casa en compañía de unos de sus compañeros. Se llama Feza Levitán, no se pinta la cara y le gusta leer buenos libros.

Jueves 7. Estoy extrañado porque Cora no asistió a la escuela. Pero no lo lamento como antes, porque Feza y yo pudimos platicar toda la tarde, lástima que un necio admirador suyo echó a perder la mejor parte de la noche. No obstante este intruso, advierto que la amistad va por buen camino.

Luisa ha visto con buenos ojos mi interés por Feza y me aconseja que en vista de los problemas que tenemos Cora y yo, trate de dar un nuevo cauce a mis afectos. Esta actitud me asombra en Luisa, pero la encuentro razonable, ojalá sea para bien. Creo que es tiempo de que se resuelva mi situación con Cora para bien o para mal.

Viernes 8. Con Feza Levitán las cosas progresan, hoy sostuvimos una plática en la que participó Cora, pues resulta que las dos asisten a la misma preparatoria por la mañana y son condiscípulas; la actitud amable de Cora duró poco tiempo, al poco rato descubrió que en mi actitud hacia Feza había algo más que un simple afán amistoso y perdió la frialdad inicial por los celos que la traicionaron al grado de que por poco estalla en una escena que hubiera sido demoledora, a no ser por la presencia de los compañeros que estaban cerca de nosotros. Se despidió muy alterada y me dijo que le llamara más tarde por teléfono, cosa que hice después de llevar a Feza hasta su casa.

Sábado 9. La larga conversación de ayer con Cora y el natural efecto que produjo, propició que por momentos nos acercáramos de nuevo, sentí tristeza y nostalgia y varias veces durante la entrevista pensé que esta sincera y desgarradora entrevista era el punto final, imborrable de nuestra vida. Creo desgraciadamente que ella no lo comprendió así, pues al despedirnos lo hizo como en nuestros mejores días, como si tuviera la seguridad de que yo la seguía amando como siempre. Cora no sospechó que ha empezado a salirse de mi corazón. Todavía le queda la confianza que mi amor le inspiró; este amor nuestro que se alimentó de dolor, comienza a morir en la soledad de esta noche transparente de octubre.

Domingo 10. Toda la tarde me la pasé en el teatro. Primero asistí al Arbeu para ver a María Conesa, que estuvo maravillosa como siempre, cantó con gran éxito el cuplé del papelero en la obra *Las musas latinas*. Más tarde vi actuar a los alumnos del grupo de Garay, que interpretaron el drama de Luis Octavio Madero *Los alzados*, obra que ya conocía porque Fernando Wagner la montó en forma deficiente. De esto me pude dar cuenta por la perfecta armonía del conjunto de actores, así como por el concienzudo estudio de los detalles escenográficos que logró el maestro Garay.

Lunes 11. Es admirable cómo podemos Feza y yo comprendernos mientras charlamos de nuestras vidas y de nuestros ideales. Con gran sinceridad me ha referido la vida azarosa de sus padres, los que vivieron todo el horror de la Revolución rusa. Me dijo que es judía y con palabras iluminadas por sus ojos evocó todo el genio y la miseria de su raza, sus palabras conmovidas siguen sonando en mis oídos como gotas de cristal. Yo le dije que siempre he sentido una gran admiración por lo que en el pueblo judío hay de grande y doloroso. Ella hablaba con orgullo cuando describía lo inmenso de este dolor y lo inaudito de esta grandeza. De mi raza ha salido lo mejor y lo peor de los hombres, me decía emocionada Feza Levitán, dando muestras de una madurez poco común en una joven de su edad, me dijo que tenía diecisiete años.

Al hablar de literatura me sorprendió que algunos de los más brillantes escritores del pasado y del presente acudieron a los labios de mi amiga, quien ha leído lo mismo a Emile Zola que a Rómulo Gallegos, lee con gran interés a Jack London y admira con fervor a Romain Rolland. Me ofreció prestarme libros, mañana quedó de traerme *El fuego*, de Henri Barbusse.

Martes 12. Hoy tuvo Feza un fuerte disgusto con el señor Usigli, por este extraño motivo se suspendió nuestra entrevista de hoy. No pude disipar su mal humor. No me atrevo a puntualizar nada respecto a su actitud. Me comentó que tal vez mañana no asistiría a la escuela, pero me ofreció que iría el jueves.

Por la tarde hablé por teléfono con Cora, pero nuestra conversación se dispersó sin que pudiéramos resolver algo en definitiva; yo pensé que ella aprovecharía la ocasión para terminarme, pero dejó las cosas en suspenso hasta mañana.

Miércoles 13. Un estado de tremenda miseria y grandes problemas económicos me tienen sorbidos los pocos sesos que me quedan. Hoy no fueron a la escuela ni Feza ni Cora; traté de hablar con Cora, pero me informaron que no se encontraba en su casa. Por la noche tuve sueños eróticos, que los malentendidos atribuyen al canto de Onán.

Jueves 14. Feza Levitán tampoco fue hoy a la escuela. Me enteré de que por disposición del Departamento de Teatro del INBA los cursos están a punto de suspenderse, por lo que temo no volver a ver a Feza en los ensayos. Mañana es el último día en que puedo esperar algo de ella, hace tres días yo me sentía más seguro que nunca. Por la noche llamé a Cora, sin lograr siquiera un poco de paz para mi espíritu; al final de este primer día de vacaciones me encuentro desilusionado y aburrido.

Viernes 15. Al mediodía tuve un encuentro accidental con Cora y su amiga Margarita; me saludaron con amabilidad, pero yo tuve una actitud de indiferencia que molestó a Cora; me invitaron a la iglesia y yo acepté acompañarlas unos minutos; al llegar a la iglesia me senté lejos de ellas, cerca de la puerta, con la idea de que no se notara mi salida; desde lejos pude apreciar el gesto de disgusto en el rostro de Cora. Por la noche la llamé a su casa para disculpar mi actitud de hoy y para invitarla mañana al cine Encanto. Me asombré mucho cuando se rehusó de una manera harto fingida, pero entendí que era la respuesta natural a las actitudes que últimamente he tenido con ella. Cora creyó que igual que en anteriores ocasiones yo insistiría hasta obtener su consentimiento, pero en vez de hacerlo corté la conversación por lo sano y me despedí con brusquedad. Hoy busqué a Feza en su casa y en la escuela sin tener éxito. Mañana voy a dedicarme todo el día a localizarla, pues no quiero resignarme a que nuestras inolvidables entrevistas se conviertan sólo en bellos recuerdos. Dentro de mí hay algo que ha nacido desde mi primer encuentro con ella y que ya no puede extinguirse.

Sábado 16. En todo el día no pude encontrar a Feza, tendré que esperar hasta el lunes para ir a buscarla a la preparatoria a la hora que entra a clases, no puedo explicarme por qué no ha ido a la Escuela de Teatro. Estoy inquieto al recordar su actitud del miércoles en que noté frialdad en sus palabras. Casi temo que Cora le haya contado algo de nuestra relación que la hizo alejarse de mí. Este día ha sido el más tedioso de los últimos tiempos.

Domingo 17. Anoche sufrí una tremenda indigestión que por poco me hace fallecer. Pasé el día en un estado de depresión física lamentable, como si estuviera convaleciente de una larga enfermedad. En un rato de salud que tuve por la tarde, fui al cine y tuve la suerte de ver a dos grandes actores franceses: Charles Vanel y Danielle Darrieux en *Abuso de confianza*, una magnífica película que me hizo olvidar un poco mis sufrimientos. Pienso ir mañana temprano a buscar a Feza.

Lunes 18. A las siete de la mañana ya estaba esperándola cerca de su escuela. La vi aparecer poco después y me turbé muchísimo. Ella pareció alegrarse de verme, pero su actitud en los pocos minutos que hablamos me dejó desconcertado, sólo la promesa de que hoy iría a la Escuela de Teatro me alentó un poco. El tono general de la breve conversación volvió a ser frío y desinteresado por parte de Feza, pero a cambio de esta actitud dejó un poco abierta la puerta al decirme que hoy sí iría a la escuela, lo que me llenó de alegría y confianza. Finalmente, Feza no se presentó a la cita en la tarde y su ausencia provocó en mí una actitud insospechada.

Inesperadamente, Cora fue hoy a la escuela, me notó algo raro y se puso a platicar conmigo tratando de revivir los buenos tiempos, pero yo decidí ponerme duro y hostil. Ella acudió a la coquetería, utilizó sus conocimientos de actriz para seducirme, creyó que era un momento propicio para reconciliarnos, a base de orgullo me mantuve inalterable. Cora siguió disculpándose de haberse negado a ir conmigo al cine. A la salida la acompañé un poco y ella con palabras suaves me insinuó su cariño. Su actitud me sirvió para crecerme, para seguir sosteniendo mi actitud de indiferencia; con la mayor tranquilidad del mundo le expliqué que lo único que yo deseaba de ella era la separación absoluta. Ella me miraba con asombro al oír mis palabras duras y desprovistas de afecto, pero absolutamente seguras y claras. Sus ojos brillaban de furia contenida, en un último esfuerzo me pidió que le devolviera sus retratos.

Martes 19. Ni Feza ni Cora asistieron a la escuela, llegué muy contento y ensayé con gusto mi papel, que creo me salió bien. Mis maestros quedaron satisfechos de mi actuación y esto me puso más alegre, por desgracia toda mi alegría se disipó más tarde cuando hablé con Cora para decirle que le había llevado sus retratos. Cora se disculpó diciendo que se sentía tan mal que ni a la Escuela de Danza pudo ir. Le ofrecí enviarle las fotos por correo, pero ella me pidió que nos viéramos mañana. Antes de acostarme, tomé la decisión de buscar otra vez a Feza.

Miércoles 20. Lo de Feza ya se ha extinguido, hoy por la mañana me trató con insoportable indiferencia. Es algo inexplicable, pero desgraciadamente verdadero. Tuve un día feliz en la oficina y en la escuela estuve encantado y estudioso, lleno de ardor y de entusiasmo. Por fin pude devolverle a Cora sus retratos y su carta; ella se mantuvo con dignidad, pero noté que sufría intensamente. Al salir de la escuela, hizo pedazos la carta y la arrojó en medio de la calle. Su acción no me impresionó, me despedí de ella con frialdad y ella lo hizo con afectuoso dolor.

Jueves 21. He tenido que tomar una tableta de adalina, después de sostener una tremenda conversación con Cora que duró más de cuarenta minutos, hablé desde el teléfono de la escuela y varios de mis compañeros se aprendieron frases de memoria. No recuerdo haber hablado antes como lo hice hoy, ofendí a Cora en lo más hondo de su vanidad, fui sarcástico hasta el cinismo, usé una elocuencia insospechada, todas mis palabras fueron un vitriolo corrosivo y feroz. Llegué hasta la vehemencia más encarnizada y lo más doloroso fue que ella se humilló y me dio la razón en todo, pero me pidió que no le hablase más.

Viernes 22. Estoy solo, mi situación es dificilísima, sufrí un ataque de debilidad, creo que la conversación de ayer con Cora me ha hecho un grave efecto, pues hoy he reaccionado en una forma completamente inesperada.

Necesito buscar otro amor. Temo volver a caer en manos de Cora, después de todos los incidentes pasados me parecería penoso y ridículo. Ayer tuve un derrame de bilis y sigo sufriendo las consecuencias, mi situación es desastrosa, pero tengo esperanzas de salir pronto de ella.

Sábado 23. Hoy es cumpleaños de mi mamá, espero que ya le haya llegado la carta que le escribí llena de nostalgia y remembranzas. Acabo de llegar de Bellas Artes, donde asistí a una conferencia sobre Goethe dictada por Vicente Lombardo Toledano, quien tuvo conceptos y frases admirablemente logradas con las que hizo una magnífica y justa apología del genial autor de *Fausto*.

Empiezo a desquiciarme, no sé qué hacer para impedir que esta lamentable debilidad no me arruine por completo. No logro más que pensar en Cora a pesar de que continuamente me exhorto a olvidarla.

Domingo 24. He estado muy triste, no puedo resistir la pérdida de Cora, necesito algo que me asegure o que me aleje de ella definitivamente. Quizá mañana se presente algún incidente favorable, lo espero con angustia, porque he sufrido mucho desde la conversación del jueves, con la que pretendí sellar nuestra ruptura y no hice más que abrir una nueva perspectiva a mi inagotable amor. Creí haberme desprendido de Cora en una forma radical, lo sentí y lo he expresado varias veces en este diario. Al leer lo que he escrito quedé sorprendido de mi frialdad y de la pasmosa seguridad con que la traté en forma indiferente y cruel.

Lunes 25. Llegué a un grado tal de desesperación durante la clase, que no recuerdo haber sentido nada semejante. Feza fue hoy a la escuela, traté de platicar con ella, pero la entrevista estuvo por demás incolora y desabrida, no puedo sacar ningún tipo de conclusión de su actitud. También asistió Cora y hablé mucho con ella, no pude impedir que se me fuera un poco la lengua, a tal grado que nos dimos muchas disculpas y nos hicimos miles de censuras. Me pidió que le perdonase el haberme pedido los retratos y me ofreció devolvérmelos mañana. Ella quiere volver conmigo y la sensación de la derrota desapareció de mi espíritu, pero no quiero hacer pronósticos porque conozco mis flaquezas.

Martes 26. Cora no estuvo a las siete como me dijo ayer, poco después supe que se había ido al cine y ya más tarde llamó preguntando por Luisa; yo hablé con ella y me conduje con cierta displicencia insultante, pues no le reclamé su impuntualidad ni le hablé de los retratos, le dije en cambio que me encontraba con Lilian y otras muchachas con quien ensayábamos escenas de amor, le dije esto sin intención de ofenderla; luego Cora me pidió que le pasara a la señorita Luján, con quien habló largo rato, yo estaba pensando que al terminar Cora de hablar con la señorita Luján, solicitaría seguir hablando conmigo, no fue así, en un momento dado la señorita colgó el teléfono y me quedé viendo estrellitas. Cora me castigó por mi comportamiento inicial, su gesto, aunque justificado, lastimó mi frágil vanidad. Con cierta suspicacia femenina, la señorita Luján me dijo que Cora le había dicho algo desagradable a propósito de mí; yo le rogué a la señorita que me dijera lo que Cora le comentó. Después de insistir un poco, me contó que Cora le había dicho que no tenía la menor gana de seguir hablando conmigo y le dijo que yo era un patán. Sus expresiones me dolieron hondamente, pero mi dolor es tranquilo y resignado. Es como el regreso a la atonía después de haber llegado al límite de mi resistencia.

Miércoles 27. No tuvimos clase, me pasé la tarde platicando con mi maestra. Es una mujer madura con una cultura extraordinaria, hablamos de teatro y de literatura; como ha viajado por muchos países, su conversación está llena de reminiscencias y ofrece las singularidades de un espíritu pleno de experiencia que se ha nutrido en la civilización cosmopolita.

Al escribir en mi diario estas líneas, sigo creyendo que el único remedio para borrar el recuerdo permanente de Cora de mi conciencia, es la búsqueda de otra mujer que reúna las cualidades de inteligencia, juventud y belleza, en proporciones regulares. Le llamé a Cora para decirle qué estaba pensando.

Jueves 28. Hoy Cora llegó puntual a nuestra cita, nos fuimos al cine Rex a ver *La noche es nuestra*. La verdad casi no vimos la película, nos la pasamos en inolvidables devaneos, caricias turbadoras y besos tomados por asalto. No obstante todas estas peligrosas circunstancias, no hemos reincidido formalmente, al contrario, en algunos momentos hubo frases cortantes; el nombre de Feza salió a relucir varias veces en una forma que anuncia los celos y el despecho que siente Cora por ella. Se me quedó grabada en la memoria una frase en la que Cora se me insinuó completa y delicadamente, la tengo muy presente y la repaso con fruición.

Viernes 29. Hoy me porté indiferente con Cora, creo que ayer caí totalmente en la seducción que ella me tendió como una red sutil y atrayente que no supe esquivar a tiempo; me preocupa sentir que no soy el dueño de mis actos y que la fuerza de voluntad me abandona. Mi actitud de este día puede denunciar mi amor, es posible que mañana observe los efectos de esta medida, que me pareció apropiada para librarse de un nuevo ataque de coquetería.

Cuando llegué a la escuela me invitó a sentarme junto a ella y me trató con delicada amabilidad; seguramente anoche no estuve tan débil como yo creía. En un descuido de Cora, aproveché la oportunidad para huir de su lado, cuando ella se despidió de mí, yo ya estaba conversando animadamente con una linda muchacha. Estoy impaciente por lo que vendrá.

Domingo 31. El sábado no supe nada de Cora, le llamé en la mañana y luego en la tarde, pero no la encontré; se me ocurrió buscarla en la tarde en el mismo lugar donde nos citamos el domingo pasado, con la esperanza de que movida por un presentimiento acudiera al mismo sitio. Como es natural, no se presentó por ahí, la esperé mucho tiempo hasta que me aburrí de esperar y mejor me fui al cine a donde pensaba llevarla. Vi dos películas estupendas: *Nina Petrovna ha mentido* y *Don Quintín el amargado*, francesa la primera y española la segunda; además, en el intermedio, oí cantar a El Angelillo, famoso intérprete del arte flamenco, quien actuó acompañado por el maravilloso guitarrista Posadas. Guardé un grato recuerdo de estos dos grandes artistas a quienes ya conocía a través de algunos discos que teníamos en la estación de radio en la que trabajaba, la XEJP.

La situación con Cora no es tan fatal como yo la creía, sólo siento que cada vez se aparta más de mí. A veces quisiera actuar radicalmente cortando por lo sano, pero es imposible, puesto que ella es alumna de la escuela y tendré que seguirla viendo me guste o no. El recuerdo de anteriores intentos de ruptura me obliga a no proceder con violencia, tiene que ser poco a poco, que yo pueda librarme de este embarazoso noviazgo que inconscientemente, debo reconocerlo, he tratado inútilmente de salvar.

Viernes 18 de noviembre. Desde hace dos meses hice planes para salir el día de hoy a Zapotlán y estar en la celebración familiar que se ha preparado para festejar las bodas de plata de mis padres. Mi hermano Rafael, contra lo que yo pensaba, decidió no ir. Me dijo que era muy pronto para volver a "zopilotear" el nido. Que él irá al pueblo hasta que tenga ahorros considerables. Para eso se la pasa haciendo economías en todo. Viste con ropas de obrero.

Me pasé toda la tarde platicando con Leal, y luego pasé a la casa para hacer mi maleta. Se ha portado muy solidario conmigo en estos días en que mi relación con Cora entró en un callejón sin salida. El recuerdo de Cora me persigue por todos lados. En los momentos en que consigo dormitar, no hago sino soñarla. Todas mis reflexiones y mis fantasías se dirigen a ese punto doloroso.

Hoy vuelvo a Zapotlán después de casi dos años de ausencia. No le llevo ningún regalo a mis padres ni a mis hermanos. Sólo llevo el regalo de mi persona, y un montón de palabras que son mi única alcancía.

Son las doce de la noche y estoy escribiendo estas líneas en el tren, mientras un pelma infernal estropea mis horas de vigilia; infatigable y colectivo, opera a la mitad del vagón. Sus vecinos

"Mi hermana Elena fue como mi madre en mi primera infancia."

sucumben. Dejé de escribir y opuse a su taladro verbal el blindaje de la lectura y la muralla del ensimismamiento.

Las cabezas de algunos pasajeros quedaron perforadas, huecas, rodaban por los asientos y el sueño tomaba en sus brazos los cuerpos inertes de los viajeros, los rescataba como un mago bienhechor llevándolos a sus castillos lejanos. Pero el pelma roía infatigable y colectivo, como gusano delirante. Pronto todo un lado del vagón quedó deshecho, como un fruto roído a la mitad. Cuando el tren paraba en las estaciones, el pelma se convertía en piloto de guerra y enfocaba su ametralladora sobre víctimas inocentes. Sostenía conversaciones odiosas con las vendedoras, les hacía perder el tiempo y no les compraba nada. Hubo un momento en que este llenador de cabezas no tuvo un oyente en ocho asientos a la redonda. Desde entonces mi admiración por Job ha disminuido. En un momento de locura, el pelma se puso a repasar el alfabeto y a contar en voz alta con un sonsonete que habría derrumbado los muros de Jericó. Entonces sentí cómo mi cuerpo se deshacía en el sueño, igual que un soldado de plomo en el fuego.

Sábado 19. Ha muerto mi hermana Elena. Mis primos Alfonso y Enrique me lo dijeron al llegar a Guadalajara. Tan rudo e inesperado golpe paralizó todas mis sensaciones, al grado que me vi presa de una tranquilidad atónita. Llegué a Zapotlán al mediodía. Mis hermanos me abrazaron enloquecidos de dolor y mi mamá se desmayó al verme. Ha sido horrible. La enterramos a las cinco en punto de la tarde... Asistieron todos los parientes, los amigos.

He pasado largos días de sufrimiento y muchas horas llenas de dolor, pero el Señor me ha sostenido, pues dejé un mundo de miserias por una eternidad de Paz.

TOBIAS 21,

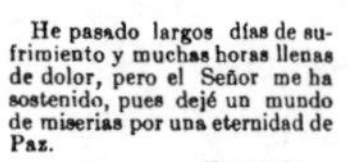

Tú nos la prestaste ¡oh Señor!, ahora la reclamas y te la volvemos con el corazón hecho pedazos.

HOY

a las 3 horas, falleció en el amoroso Seno de nuestra Santa Madre la Iglesia Católica, Apostólica, Romana, confortada con todos los auxilios espirituales, la señorita

Elena Arreola.

Sus inconsolables padres, hermanos y demás personas de su familia, lo participan a Usted con profundo dolor, y le ruegan eleve a DIOS NUESTRO SEÑOR las oraciones que su piedad le dicte, por el eterno descanso del alma de la finada.

Favor por el que le vivirán agradecidos.

Ciudad Guzmán, Jal., Noviembre 19 de 1938.

El duelo se recibirá hoy a las 17 horas, en la casa Nº. 77 de la calle de Juan N. Gonzáles, para conducir su cadáver al Panteón Municipal, donde se inhumará.

IMPRENTA FUENTES - C. GUZMÁN, JAL.

Se le dijo una bellísima oración fúnebre. No consigo todavía darme cuenta exacta de la magnitud de esta tragedia. Mi papá conserva una serenidad estoica y reina en toda la casa una calma dolorida que se sale por las ventanas y las puertas, inundando toda nuestra calle, y llega a la parroquia y sale a la plaza y se desparrama por todo el pueblo, y sube al cielo como una pregunta.

Estamos consternados, la visita de los tíos y de los primos hizo menos amarga esta dura jornada contra la muerte.

Sí, mi hermana Elena ha muerto; mi amiga y confidente, mi maestra de escuela, la que me hizo mi trajecito de torero, la que todas las noches me contaba un cuento para que me durmiera, me ha dejado solo. Hace apenas una semana recibí en México su última carta, en la que me decía: "Recuerdas las serenatas de la Feria de Octubre: el olor de los perones y la luz de la iglesia? Todas las noches salimos a pasear al jardín. El otro día tu 'Gustav' me preguntó por ti, entre la luminosa algarabía de las gentes. Traía puestos su saquito anaranjado, su faldita de lona harinera y su brazalete fatal que tanto te gustaba... En tu próxima carta quiero que me hables de tu detalle, quiero saber cómo es Cora y si se parece a las mujeres de por acá, acuérdate que 'la mejor de todas no vale ni un centavo', como decía el soldado en el cuento de Van Tricht: no vayas a pagar el pato a precio de cisne...".

Mi hermana Elena fue como mi madre en mi primera infancia, era la hermana mayor. Me contó las leyendas de Bécquer, me recitaba poemas de Rubén Darío y de Gabriela Mistral. Fue la que me enseñó a leer y a escribir. Cada semana me escribía a México. Mi hermana Elena ha muerto y está tan muerta que parece que despierta y viene a mi recámara, y me acaricia los cabellos como cuando era niño.

Con su hermana Elena, antes de partir a la Ciudad de México, 1936.

Domingo 20. Le he enviado una esquela a Cora, aunque mi resolución era no escribirle. Me vine a Zapotlán sin despedirme de ella, creo que si me escribe y me dice algo que me consuele, daré por terminado todo disgusto entre nosotros. La enorme pena que sufro me ha hecho olvidar la ofensa que me infligió Cora.

Me encuentro poseído por una serenidad que me resulta inexplicable. Toda mi vida recibí de Elena comprensión y cariño, me cuidó en todas mis enfermedades, con afecto más de madre que de hermana. Pierdo con ella a quien más supo entenderme y perdonarme.

Lunes 21 y martes 22. Ayer recibí un afectuoso telegrama de Cora. Estos dos últimos días han sido parecidos, llenos de tranquilidad y de melancolía. En el íntimo escenario de la casa, he reconstruido muchas imágenes de mi niñez. He sostenido gratas y cálidas conversaciones con mi padre, en las que me trató como su amigo y nos hicimos mutuas confidencias. No recuerdo haber hablado con él en el tono en que lo hicimos ahora. Sus palabras me han hecho un gran bien. Me contó de su juventud, de sus noviazgos y de sus proyectos de matrimonio. Yo le describí ampliamente a Cora y le conté mis planes a futuro; él me escuchó y me comprendió.

Hoy sentí ganas de escribirle una carta a Cora. Quisiera recibir aquí en Zapotlán una carta de ella.

Miércoles 23. No he recibido carta alguna y sé que esto es natural. Cora se ha situado de nuevo en la expectativa, no dará disculpas de propio impulso, pero aguardará a que le facilite la ocasión.

Durante estos días de duelo no he salido de la casa, estoy un poco enfermo y me paso los días charlando con mis hermanos mayores, y jugando con mis hermanos más pequeños: Berta, Esperanza y Virginia; Felipe, Librado, Antonio y Roberto.

En algunos momentos, siento como si nunca hubiera estado fuera de mi casa, todo me es conocido y familiar. Recuerdo a Cora siempre de manera agradable. Pienso que a mi regreso a México será fácil para los dos sepultar el incidente que me ha impedido escribirle y que en momentos tan difíciles para mí vino a perturbar la buena marcha de nuestra relación. Mi papá, primos y hermanos han encontrado muy bien a Cora en sus retratos.

Jueves 24. Pensar en Cora no me causa dolor, antes más bien, hablo de ella con entusiasmo y tengo la esperanza de que esta situación llegará a su fin cuando la vea en México. Nuestro distanciamiento ocurrió lamentablemente dos días antes de que yo saliera de México.

Las tormentas que han caído me obligaron a permanecer dentro de la casa, propiciando encuentros agradables. Una parte de la mañana la dedico a ordenar mis papeles viejos y constantemente me tropiezo con recuerdos a veces hermosos y a veces tristes. Sobre todo con hechos y cosas que ya había olvidado. Por las tardes me escapo a la biblioteca y las noches me sorprenden en la lectura, la que interrumpo para dar una vuelta por el jardín, con la esperanza de encontrar a "Gustav" o a alguna muchacha conocida. Cuando regreso a la casa la mayoría de mis hermanos ya están dormidos. Me pongo a platicar en el comedor con mis hermanos mayores: Rafael, Cristina y Victoria, mientras me preparan un rico chocolate hecho en la casa según la más antigua tradición familiar, y me como un par de picones dorados y olorosos, también hechos en casa. Me siento feliz de estar con mi familia, a pesar de la tristeza que nos embarga; la alegría se desborda por momentos, no obstante lo amargo de nuestra pena.

Hoy recibí una sencilla, dulce y cariñosa carta de Cora, en la que la ternura no ha necesitado de grandes palabras para expresarse. En toda la carta hay un sentimiento de vago temor, de que el disgusto pasado todavía obrara dentro de mí. Me promete una explicación y me ofrece el consuelo de su amor para mitigar un poco la pena que me produjo la muerte de mi hermana Elena. ¡Cuánto bien me ha hecho esta carta! Sinceramente no esperaba que Cora venciera su orgullo, esta carta es la mejor prueba que tengo del afecto que nos une. Quisiera tener a Cora cerca de mí, besar sus manos, sentir el ritmo suave de su aliento y ver en sus ojos el reflejo inefable de su amor. Creo en su sinceridad, estoy enamorado, lo confieso.

Sábado 26. He estado muy triste, a ratos me siento cerca de la desolación. Hace ocho días acompañamos a mi hermana Elena a ese lugar del que nadie vuelve jamás; a Elena que todo lo disculpaba y comprendía en mí, a ella, a quien no supe mostrarle mi amor fraternal por todo el cariño de hermana que me brindó. Estoy doblemente apesadumbrado. Mañana parto para México. Esta es la última noche que estaré en mi casa. Extrañaré estas noches calladas, cuyos silencios son tan grandes que uno los puede oír y tocar como si fueran la piel de la noche.

Domingo 27. Parto para México. Allá me esperan Cora, los amigos Alicia y Ernesto, de quienes hoy recibí cartas llenas de cariño. Me espera el señor Galindo, mi trabajo. En medio de la tristeza y del ahora más duro trance del adiós, estoy amando a Cora con todo el impulso de mi dolor y espero para mi pena el consuelo de nuestra felicidad.

Lo bueno es que el camino del tren es de fierro. ¿Cuántas veces recorreré este mismo camino? Atrás quedó mi pueblo enlutado. Hoy Zapotlán me pareció más triste que nunca. Me voy con mi dolor a cuestas, pero llevo en mi corazón una esperanza. El hombre es su esperanza, no hay más.

El tren se detuvo en Guadalajara más tiempo que el normal, y el conductor nos dijo que estaríamos como dos horas en la estación, que podíamos bajar y visitar la ciudad para aprovechar el tiempo. Casi sin pensarlo, decidí buscar a una muchacha mayor que yo, que fue mi novia cuando yo tenía quince años y vivía en Guadalajara. Pasé a buscarla a su casa y la encontré. Platicamos de mi pena y de mis estudios de teatro en México. Hacía cosa de tres años que no veía a Clementina, a Tina, me pude dar cuenta que no ha olvidado del todo nuestro noviazgo. No le platiqué de Cora para no herirla. Le dije que lo nuestro fue maravilloso, que nunca lo olvidaría, pero que yo pensaba radicar largo tiempo en México, hasta terminar mis estudios de teatro. Me sentí contento de verla hecha toda una mujer. Nos despedimos con la promesa de escribirnos. Cuando llegué a la estación, la máquina del tren ya comenzaba a moverse, nada más tuve tiempo de brincar al cabús. Me quedé viendo cómo el tren se alejaba de la estación y comprendí que mi amor estaba en otra parte.

Diciembre de 1938. Una noche de teatro, al salir de una representación de Xavier Villaurrutia en la que yo participé, que pudo haber sido *El barco tenacidad*, de Charles Vildrac, abordé a Armando Ramírez Domingo y nos pusimos a platicar de teatro y de libros. Sin que nadie nos presentara y de manera accidental, inicié una bella amistad que dura todavía hasta el día de hoy. Armando es el amigo más antiguo que conservo de la ciudad de México.

La misma noche en que nos encontramos, Armando me presentó a su amigo Manuel Calvillo, con quien también estuvimos platicando. Al despedirnos los tres, Armando me invitó para el día siguiente a una reunión en casa de unos amigos suyos: los herma-

De izquierda a derecha: J.J. Arreola, primero; Xavier Villaurrutia, cuarto; durante los ensayos de la obra *El barco tenacidad*, 1938.

nos Quintila y Edmundo Báez Félix, que vivían en 20 de Noviembre 170.

Quedamos de vernos en la nevería de los hermanos Báez, ubicada en la calle 5 de Febrero. Esta nevería era el punto de encuentro de un selecto grupo de amigos de los Báez, los que dos veces por semana, al cerrar la nevería, se trasladaban a su casa de 20 de Noviembre para participar en una agradable tertulia. Allí en su casa conocí a Juan Soriano, a Paco de la Maza, a Manuel Calvillo, a Salvador Moreno, un músico excelente que compuso canciones preciosas con base en los poemas de Federico García Lorca.

Con Armando Ramírez, primer amigo que tuvo en México, 1947.

La casa de Quintila y Edmundo fue la primera capilla literaria a la que asistí en mi vida. Nos reuníamos todas las semanas para hablar de teatro, leer poesía, comentar nuestras lecturas, pero sobre todo para irnos al cine. Muy pronto les contagié mi admiración por Louis Jouvet y no nos perdíamos ningún estreno de sus películas.

Formábamos un grupo francófono, pero sobre todo francófilo. Desgraciadamente, me separé de ellos cuando me fui a Manzanillo y a Zapotlán a mediados de 1940.

Seguí en contacto con el grupo por medio de mis amigas de Guadalajara, Xóchitl y Guadalupe Díaz de León, quienes se hospedaban en la casa de los hermanos Báez Félix cuando viajaban a México y viceversa.

Desde el año 41, cuando pasé por Guadalajara, retome la amistad con Lupe y Xóchitl, a quienes conocí en México en casa de los Báez. En enero del 43 me establecí en Guadalajara y a partir de entonces las traté y frecuenté en su casa de Pedro Moreno 1000, donde tenían instalada la farmacia Rex, otro de los lugares importantes en mi vida, que se convirtió en mi capilla literaria de Guadalajara. Allí conocí nada menos que a Arturo Rivas Sainz, Adalberto Navarro Sánchez, Octavio G. Barreda, Carlos Enrigue, al dibujante Alfonso Medina y a Ricardo Serrano, quien por esta época le comentó a Juan Rulfo sobre nuestras reuniones, ya que ambos se conocían de tiempo atrás. Serrano le recomendó a Rulfo que me llevara alguno de sus cuentos a mi oficina en *El Occidental*, para ver si se lo publicábamos en la revista *Pan*.

DIARIO-EPISTOLARIO

1939*

Lunes 8 de enero. Hoy puse un paquete en el correo, en el que le envío a mi mamá las distintas variedades de gladiola que me encargó que le comprara. Anduve buscando en las tiendas especializadas la variedad conocida como gladiola roja disciplinada, que es la que más le interesaba a mi madre, pero no la encontré. En Hortelanos me habían ofrecido la semilla para hoy, pero la tendrán hasta dentro de unos días. En Trifolyum, donde se compran ventajosamente estas semillas, tardarán algo más en adquirirla.

Se la enviaré tan pronto como pueda hacerme de ella. Espero haber acertado en las otras variedades de gladiola que encontré, para que mi madre quede contenta y ya no insista más en el asunto de las flores.

Hasta este frío día de enero pude hacer la remesa que preparé desde hace cuatro días. En lugar de la tal flor, tuve la ocurrencia de agregar al envío una cajita de madera con higos de Esmirna; son pocos, pero alcanzan a degustarse y hasta llegan a hacer sentir simpatía por la exótica patria de Astartuk.

Martes 15 de enero. Hace unas semanas publiqué en *Vigía* un artículo que firmé con el seudónimo Tartufo, para escudar en este

* Transcripción y adaptación de cartas escritas por Juan José Arreola.

personaje, símbolo de la hipocresía, mi primer engendro periodístico. Lo expresado en ese artículo no tiene ningún valor ideológico o literario. Espero que su contenido desconcierte a esa media docena de persignados que dirigen ese periódico, y a sus más fieles lectores.

Mi trabajo ha sido manufacturado con frases que llevan el sello inconfundible de lo doctrinario, digno solamente de los otros semanarios católicos de Zapotlán: *Omega* y *Hombre libre*.

Es casi una burla para mí mismo haber consentido en escribir algo semejante, pero llevo dentro de mí la certeza de que solamente lo hice como un gesto de humor para desconcertar a los que me han oído hablar lo contrario. Me tiene sin cuidado la buena acogida dispensada por los censores de *Vigía* a mis gateaduras periodísticas. Tan es así que he aceptado de buena gana seguir diciendo idioteces por el estilo en las columnas del mencionado diario.

Más que politiquerías, me interesa escribir sobre otros asuntos menos vulgares y mucho más serios, pero por lo pronto no me siento con la capacidad para escribir algo que vaya más allá de lo mediano. Para medianías prefiero meterme con los tópicos de vacua actualidad que todos profanan, y así dejo intacto el terreno de la verdadera literatura, al que quiero penetrar a sabiendas de mi fortuna.

Jueves 18 de febrero. Rafael ha decidido regresar a Zapotlán. Aquí no le va mal, pero piensa que con la experiencia adquirida en dos años, logrará desenvolverse con más seguridad por aquellas tierras. Está casi dispuesto a marcharse esta semana.

Su compañía fue muy importante para mí, sobre todo durante los primeros meses que vivimos en la ciudad. Lo voy a extrañar, lo único que me consuela es que le va a ayudar mucho a mi padre en sus duras faenas.

Su carácter ha mejorado notablemente. Creo que le dolió mucho no estar con nosotros en los trágicos días de la muerte de nuestra hermana Elena, por eso está ansioso de ver a la familia y de ayudarlos a salir adelante. Tiene el propósito de entrar a trabajar al taller de nuestro tío Daniel Zúñiga Chávez, hermano de mi madre. Quiere seguir los caminos que ya tiene diseñados en su cabeza de matemático.

A diferencia de mi hermano Rafael, yo quiero agotar un poco más las fuentes en las que me estoy nutriendo; hablando claro,

Arreola (de pie, derecha), en una obra dirigida por Xavier Villaurrutia, 1938.

todavía no me siento capaz de decir a dónde voy ni cuál es la ruta que seguiré. Estoy seguro de que en breve tiempo lo sabré. Por ahora me la paso entre la monotonía del trabajo en mi oficina, y la sucesión cambiante y deslumbrante de los sueños.

Martes 22 de marzo. Mañana es cumpleaños de mi madre. Desde hace varios años no he hecho otra cosa que disculparme cada vez que el calendario me recuerda la inolvidable fecha de mañana.

En estos meses experimenté serios trastornos que es mejor callar que describir, y estoy colocado sobre una especie de islote, donde si bien no me hunden las mareas, tampoco llegamos a sobresalir de aquel penoso nivel en que reina la medianía.

Sea por mi falta de orden, o simplemente porque no puedo hacer otra cosa, sigo en mi famosa y eterna "cuarta pregunta", de la que apenas me resuelvo a salir quitándome de encima muchos escrúpulos y deseos.

En estos últimos tiempos, la vida en la ciudad es cada vez más cara, la ropa sube tanto de precio que da pánico ver cómo se deshila el cuello de la camisa, y cómo las sábanas ganan cada día más en sutileza.

Experimento cierta desesperanza por ver que el dinero no resulta suficiente para cubrir los gastos de una vida como la mía, que después de todo es reducida y modesta.

El teatro sigue siendo mi mejor tónico y mi único espejismo.

Viernes 28 de marzo. Tomamos en serio la pantomima de la vida, porque sentimos que el diablo del final ya nos incinera el rabo con la antorcha de la desesperación.

Hoy recibí una carta de mi padre, en la que juega con la verdad y la teje entre las frases ágiles del epigrama. Los colores rojo, negro y blanco son como los espejos eternos donde de continuo se refleja la pureza y la maldad, ya en uno o en otro, ya disfrazada o descubierta, ya mezcladas las dos, sin que acierten a descubrir el límite de los ojos hipócritas del moralista.

Odio a las personas que desprecia mi padre, entre los que se encuentran algunos de los lectores más asiduos de *Vigía* y que yo "papinicé" en un artículo con la sola intención de burlarme de los que me creyeron sincero. Creo que ningún líder o cacique merece sinceridad.

Estoy un poco desavenido con Tartufo, sobre todo por su hipocresía, que me produce una especie de asco moral. Quiero empezar por otro camino, pues esa tomadura de pelo no creo que traiga grandes resultados y, además, miro a la política con un desprecio cada día mayor. Lo que me ha causado más repugnancia en estos últimos tiempos es la intolerable sed de grandeza de los que dicen ser hombres y no son sino piratas y capataces, cuando no son muñecos o charlatanes como los que pintó José Clemente Orozco en sus murales.

Quiero hacer una incursión literaria diferente a la del periódico. Me sentaré a esperar la inspiración. Hoy tengo ganas de asestarles unas bofetadas en sus lozanas mejillas de burgueses convencieros y piadosos.

La risa, cuando no es natural, se convierte en un gesto lastimoso. Yo quisiera reírme siempre, pero la risa de Tartufo ya no me entusiasma. Que finjan los que tengan necesidad o los que se hallan entre bambalinas.

No hay amor feliz

1939

En vísperas de la Semana Santa de 1939, me puse a pintar y a decorar la habitación en que vivía. Quise transformarla en una especie de estudio, tal vez en la anhelada *garçonnière* que sueña tener todo hombre ¿soltero o casado? Me propuse darle un aire si no de belleza, de cierto decoro. Compré una tela de color violeta con la idea de confeccionar una cortina y un cubrecama, que serían los elementos principales de la nueva decoración.

Habilité como pude una mesita de noche y un librero que consistía de tres tablas de madera natural sostenidas por ladrillos rojos en los extremos.

Tuve la suerte de que por esos días Xavier Villaurrutia se estaba cambiando de casa, y me ofreció un pequeño escritorio de madera, diseñado por él, en el más puro estilo *art-déco*. Estaba pintado en dos tonos, recuerdo que el color blanco predominaba.

Xavier Villaurrutia nos daba clases de teatro en un local del Sindicato Mexicano de Electricistas. Con este grupo montamos dos obras de Xavier: *En qué piensas* y *Napoleón*. Las estrenamos en el teatro Orientación de la Secretaría de Educación Pública.

Conocí a Xavier Villaurrutia gracias a Rodolfo Usigli, quien me presentó con él con la idea de que me diera trabajo como actor, ya que Xavier coordinaba las actividades culturales del Sindicato. Mi

Xavier Villaurrutia. Foto de Lola Alvarez Bravo.

encuentro con Xavier fue importante en muchos aspectos: se convirtió en uno de los primeros lectores que tuve en mis inicios de escritor. Desde Zapotlán y Guadalajara le envié mis primeros cuentos.

Volviendo a los arreglos de mi estudio, recuerdo que a los primeros que quería impresionar era a Rafael mi hermano y a mi primo Carlos Arreola Chávez, que vivían en un cuarto contiguo al mío, en condiciones parecidas a las que vive un soldado en campaña. Ellos dos se pasaban criticando mi estilo de vida, no entendían cómo de joven campesino que fui, pasé a ser un pequeñoburgués ilustrado.

Mi vida en la ciudad de México mejoró notablemente cuando, gracias a la recomendación de mi primo Enrique Arreola, entré a trabajar a la oficina del señor José de Jesús Galindo, cercano colaborador de don Salvador Ugarte, en ese entonces director del Banco de Comercio. La oficina del señor Galindo estaba en la calle Venustiano Carranza 43. Este domicilio es importante en mi vida por varias razones: allí tuve mi primer trabajo digno en la ciudad de México, gracias al cual pude estabilizarme y cambiarme a una casa mejor en la Avenida del Ejido 37. Además, en este edificio leí a los mejores cuentistas rusos y por esas lecturas me decidí por la literatura, encontré mi vocación. Desde este edificio, en la oficina del señor Galindo, me comunicaba todas las tardes con mi novia Cora. Sin un teléfono privado mi noviazgo hubiera naufragado. Hablar por teléfono costaba dinero, y nunca podía uno hablar con intimidad, ni mucho menos hasta una hora como yo lo hacía, que me perdone el Banco de Comercio, pero gracias a su capital mi inversión sentimental logró grandes utilidades...

Recuerdo que una tarde le hablé a Cora. Estaba solo en la oficina, fuera del horario de trabajo, tranquilo y relajado, sentado en el escritorio del señor Galindo. Precisamente, el tema de mi conversación era nada menos que el arreglo de mi cuarto. Le detallé a Cora con minuciosidad cada una de las mejoras que había realizado.

Le dije que lo único que me faltaba para completar el cuadro, eran unos cojines con sus fundas. Estaba yo contándole todo con la mayor inocencia, cuando inesperadamente Cora me va diciendo: "No te preocupes tanto por eso, yo te hago los cojines al tamaño que quieras, con la misma tela que utilizaste para las cortinas. Ya verás, te van a encantar, no te vas a arrepentir. Me van a quedar preciosos". Al escucharla tan entusiasmada, yo dije: "!Qué maravilla!, ya se resolvió el problema y me va a salir más barato". Me quedé pensando en lo hermoso que se iban a ver los cojines sobre la cama, dándole un aire de sofá cama. Luego, para redondear la acción, le comenté: "Oye, voy a ver de qué tamaño conviene hacerlos para que se vean bien, no los quiero chicos". No acababa yo de decirlo cuando Cora me vuelve a interrumpir: "No, no te van a quedar bien, lo mejor es que yo vaya a tu cuarto a tomar las medidas, además puedo ver el tamaño de la cama, y el estilo de la decoración que hiciste. Con eso me doy idea para hacerlos bien". Al oír esto me quedé estupefacto... Se me cayó el teléfono de las manos, dio un golpazo contra el vidrio del escritorio, me asusté y me cercioré de que no se hubiera roto. Luego, apenado por lo ocurrido, tomé el teléfono y traté de hablar en un tono seguro como diciendo aquí no ha pasado nada.

Del otro lado del auricular, escuché la voz inquieta de Cora: "¿Qué pasa, qué te pasó? ¿Estás bien?" Le respondí: "Sí, estoy bien, lo que pasó es que el cable del teléfono es demasiado largo y me tropecé con él". Para distraerla le dije: "Qué te parece que nos veamos el Viernes Santo, así me das tiempo de terminar algunos detalles". Cora me contestó: "Claro, me gustaría que fuéramos a misa al templo de San Felipe, aunque sea un ratito, y luego pasamos a tu casa". No tuve más remedio que aceptar su propuesta.

Camino a mi casa me sentí inquieto. Cuando me acosté no podía conciliar el sueño. Al día siguiente sentí que algo me faltaba. No estuve tranquilo hasta el día de la cita.

Ese Viernes Santo de 1939 es uno de los días que más han calado en mi vida. Durante muchos años me persiguió el recuerdo de ese día. El recuerdo de ese Viernes Santo se volvió insoportable.

Lo recuerdo todo perfectamente. Pasé por Cora a su casa y de allí nos fuimos caminando al templo de San Felipe. Antes de llegar, le regalé a Cora un pequeño librito de poemas de Gerardo Diego, en el que venía incluido su poema "Viacrucis", el cual leímos los dos juntos en voz baja, como si rezáramos con mucho fervor:

Jesús sentenciado a muerte.
No bastan sudor, desvelo,
cáliz, corona, flagelo,
todo un pueblo a escarnecerte.
Condenan tu cuerpo inerte,
manso Jesús de mi olvido,
a que, abierto y exprimido,
derrame toda su esencia.
Y a tan cobarde sentencia
prestas en silencio oído...

Salimos del templo como iluminados. El entorno religioso volvió más terrible la experiencia de ese día. Caminamos por Madero en dirección de mi casa, atravesamos San Juan de Letrán bajo un crepúsculo sombrío. Pasamos frente al Palacio de Bellas Artes. Dentro del hermoso edificio estaba nuestra Escuela de Teatro, donde Cora y yo nos conocimos. Seguimos caminando por la Alameda, nos sentamos en una banca cercana a la preciosa escultura en mármol *Malgré tout* de Federico Contreras. La desnudez de la estatua es tan bella que el mármol me pareció carne viva. Sentí la fuerza de lo erótico en el paisaje. Me pareció que no era dolor, sino placer lo que reflejaba el rostro de la estatua. Animado ya por pensamientos voluptuosos, caminé con dificultad hacia mi casa en compañía de Cora.

Faltando dos calles para llegar a nuestro destino, sentí que las piernas ya no me sostenían. No sé cómo pude caminar el tramo que me faltaba. Finalmente, nos paramos frente a la puerta. En el momento en que saqué las llaves para abrir, Cora me detuvo el brazo y me dijo: "Creo que no está bien que yo suba contigo".

Su actitud me desconcertó y le respondí: "Muy bien, te doy las llaves, sube sola la escalera hasta la azotea, del lado de enfrente, a la izquierda, está el cuarto número siete. Allí vivo. Abre la puerta y pasa con confianza, enciende la luz y tómate todo el tiempo que quieras, te espero aquí, anda, no te preocupes por mí".

Al oír todas mis indicaciones, Cora guardó silencio por unos instantes y se me quedó viendo a los ojos. Luego con voz decidida me dijo: "No, mejor subimos los dos". Dicho esto, me sentí más tranquilo. Abrí por fin la puerta y subimos por las escaleras. Esta subida me pareció milagrosa, ya que estuve a punto de caerme varias veces. Logré disimular mi estado de ánimo. Recuerdo que cuando era jovencito, cuando andaba noviando, dizque iba yo platicando normalmente, y de pronto ¡pácatelas!, rodaba así nomás por los suelos.

Se me hizo eterna la subida, llegamos a la puerta de mi cuarto en el momento en que el crepúsculo agonizaba entre azules profundos, grises, y una que otra llamarada. Cruzamos el umbral acompañados por la última luz de la tarde.

Ya dentro, intenté mostrarle algunos libros, los arreglos de mi cuarto, pero no pude, como de golpe se me acabaron las palabras, se me trabó el mecanismo oral y me quedé preso de una extraña turbación. Cora me dijo con voz suave: "¿Qué te pasa, te sientes mal?". No pude contestarle, me quedé callado. Cora en ese instante me parecía un ser mitológico, un ser verdaderamente sublime. Ese algo que no puedo descifrar me dejó anonadado, pocas veces he sentido ese terror que acompaña los momentos más sublimes del ser, eso que se llama el sentimiento de lo sagrado, que alude a esa presencia que está por encima de todo y de todos.

En un momento dado, Cora se volvió hacia mí. La abracé y la besé como nunca antes lo había hecho. Giró sobre sí misma y cayó sobre la cama boca arriba. A mis veinte años yo no sabía qué hacer ni qué decir. Sólo se me ocurrió decir: "Mira, Cora, yo te quiero mucho, pero antes de tener relaciones contigo, quiero que me prometas que te vas a salir de tu Escuela de Danza". Cora se me quedó viendo un tanto sorprendida y me contestó a secas: "No me salgo de la Escuela de Danza".

Ya fuera de mis casillas le propuse: "Salte de la Escuela de Danza y yo me caso contigo". Ella repitió lo mismo: "No me salgo de la Escuela de Danza".

Traté en vano de hacerla cambiar de opinión, pero ella cada vez me contestaba casi gritando: "No me salgo de la escuela, ni me caso contigo". Cora se dio cuenta que yo estaba trastornado, y que tan sólo dándome la misma respuesta, no corría ningún peligro.

Su respuesta negativa era su mejor defensa. Estuvimos mucho tiempo repitiendo lo mismo, sin poder romper ese diálogo absurdo. La verdad es que su actitud me inhibió. Quedé bloqueado mentalmente. La situación me había rebasado con creces. Nunca en mi vida me había enfrentado a una circunstancia semejante. Con mi actitud provoqué una situación absurda en la que era imposible que yo consumara mi deseo de poseerla o que hiciera válida mi palabra de que si no se salía de la Escuela de Danza, yo no me casaría con ella.

Así terminó aquel Viernes Santo. Esta experiencia me dejó un remordimiento espantoso que me acompañó muchos años de mi vida y que contribuyó a alimentar la neurosis que todavía padezco.

Ya era tarde cuando salimos de mi cuarto. Estábamos cansados y aturdidos. Me sentía culpable de haber creado una situación tan desagradable, en un momento que prometía ser feliz. Este encuentro tan esperado se convirtió por mi culpa en una especie de rompimiento definitivo.

Encaminé a Cora a su casa, y al despedirme de ella le aseguré que no nos volveríamos a ver hasta que pudiéramos casarnos.

No le hablé ni el Sábado de Gloria ni el Domingo de Resurrección, pero el lunes ya no pude aguantar y le llamé a su casa todo hecho pedazos. Le pedí perdón y le dije que no volvería a salir con ella ni a la esquina, que de ahora en adelante sólo le hablaría por teléfono. Cuando yo pronuncié esto con voz trágica, Cora me interrumpió diciéndome: "No, Juan José, no te guardo ningún tipo de resentimiento", en ese momento "se me fue el santo al cielo". Al escuchar lo que Cora me dijo, reaccioné como debió haberlo hecho ella: arrepentido y ofendido. Pero ella me perdonó. Yo no lo esperaba. Traté de sostenerme en la actitud de que lo mejor para los dos era dejarnos de ver por un tiempo. Al despedirnos, Cora me dijo: "De todos modos, voy a hacerte los cojines y las fundas, cuando los tenga listos te hablo a tu oficina para ponernos de acuerdo y entregártelos".

Pasaron quince largos y angustiosos días para que nos volviéramos a ver, con el pretexto de que me entregara los cojines.

Quedamos de vernos un sábado por la mañana. La llevé al bosque de Chapultepec con la idea de que pudiéramos platicar más tranquilos.

Anduvimos paseando por la avenida principal, nos acercamos al Castillo y, finalmente, nos pusimos a descansar en una fuente rodeada de rosales. Le platiqué que mi madre me había enviado algunos manjares de Zapotlán, que me gustaría que los probara. Mi madre me enviaba alimentos con frecuencia para que no olvidara la buena mesa del hogar. La invité a comer a mi casa y Cora aceptó de buen grado. Entretenidos y alentados por el sano propósito de comer, entre bromas y chistes sobre mi experiencia de cocinero, llegamos otra vez a mi ya célebre estudio de la colonia Tabacalera. Esa tarde de la primavera de 1939, sin más preámbulo que nuestra maravillosa juventud, nos hicimos amantes y dejamos de ser aquella pareja inocente y atormentada que quedó dibujada en las páginas oxidadas de mi diario de juventud, como si fuera el boceto de una obra inconclusa jamás terminada por el tiempo, ese artista fugaz que todo lo construye y lo destruye sin que nos demos cuenta.

Rodolfo Usigli y el Teatro de Medianoche

A fines de 1939 me fui a vivir a una casa de asistencia de postín, ubicada en la calle Madero, propiedad de la señora Emma Fink, hermana del cineasta Agustín Fink y amiga de Rodolfo Usigli. La señora Fink era actriz y promotora de teatro.

Le facilitaba un espacio de su casa a Rodolfo Usigli para que nos diera clases todas las tardes. Cuando se trataba de hacer un ensayo más serio, nos prestaba la sala. En esta casa, Rodolfo fundó su taller de teatro, que más tarde se convertiría en el Teatro de Medianoche. Yo dejé mis estudios de teatro en la escuela de Bellas Artes para seguir a Rodolfo. Lo mismo hicieron otros compañeros y algunos actores profesionales.

Rodolfo organizó la compañía Teatro de Medianoche de la mejor forma posible. Gracias a sus relaciones, logró que le prestaran el cine Rex todos los sábados a las doce de la noche, después de la última función de cine, para presentar allí la primera temporada de su compañía. Constituyó un patronato de primer orden, al que invitó tanto a personas representativas del arte escénico, como intelectuales y hombres de negocios.

Reunió un elenco de calidad, con actores profesionales como: Julián Soler, Ignacio Retes, Federico Ochoa, Carlos Riquelme, Víctor Velázquez, Rodolfo Landa (Echeverría), José Elías Moreno, a quien apodábamos Kinicot, Clementina Otero, Emma Fink, Ana María Covarrubias y José Crespo, entre otros actores ya conocidos que simpatizaron con la iniciativa teatral de Rodolfo. Algunos de los alumnos del taller participábamos por primera vez junto a actores profesionales. Recuerdo a un joven inteligente y educado, a quien le pusimos el sobrenombre de Canica, se llamaba Luis Sánchez Navarro.

Los decorados y la realización técnica estuvieron a cargo de Dorothy Bell y Harry Altner. El vestuario era de Vázquez Chardy. El mobiliario lo prestaba la mueblería De la Peña y Lascuráin. Las pieles para las actrices las proporcionó El Palacio de Hierro. En el traspunte estaba Jorge López Cárdenas y, a cargo de la publicidad, el poeta veracruzano Neftalí Beltrán.

Un aspecto novedoso del Teatro de Medianoche, fue que cada una de las representaciones era transmitida en directo por la estación de radio XEQ. Como parte de cada escenografía se presentaron obras de artistas plásticos; para la inauguración se contó con obra de Armando Valdés Peza y de Agustín Lazo. El costo del boleto fue de un peso con cincuenta centavos, para que fuera accesible a todo público.

La primera temporada estuvo solventada por el trabajo de todos. Participamos de manera entusiasta y todo marchó muy bien, a pesar de la inquina de algunos críticos en contra de Rodolfo. El público respondió sin importarle lo inusitado de la hora en que se presentaban las obras: las doce de la noche de cada sábado.

A pesar de la calidad de las obras y del esfuerzo realizado, algunos críticos y periodistas se ocuparon de hacernos censuras faltas de toda razón, amañadas e injustas. El público, que es el verdadero crítico, se mostró satisfecho y nos brindó el reconocimiento y el aplauso que todos esperábamos.

Por primera vez en mi vida trabajé junto a actores profesionales y ante un público conocedor. Lo hice además en una buena obra: *Las siete en punto*, de Neftalí Beltrán. Tuve un magnífico papel, cuya interpretación me valió que me tomaran un poco más en cuenta. Puedo decir que hice mi debut por la puerta grande.

Las obras que se presentaron en la primera temporada fueron, entre otras: *Ha llegado el momento* y *El solterón* de Xavier Villaurrutia, *A las siete en punto* de Neftalí Beltrán, *La crítica de la mujer no hace milagros* y *Vacaciones* de Rodolfo Usigli, *Antes del desayuno* de Eugene O'Neill, *La voz humana* de Jean Cocteau, *Vencidos* de G. Bernard Shaw, *Reunión de familia* de T.S. Eliot y *El canto del cisne* de Antón Chejov. La mayoría de las obras escritas por autores extranjeros fueron traducidas por Rodolfo Usigli.

Entre los concurrentes a la primera temporada estuvieron varios artistas y hombres de letras, como Alfonso Reyes, Diego Rivera, Enrique Díez-Canedo, José Bergamín, Alejandro Quijano, Fernando Soler y, desde luego, los dramaturgos de casa: Rodolfo Usigli, Xavier Villaurrutia y Luis G. Basurto. Recuerdo de manera especial la asistencia de dos personas: mi amigo el locutor de radio Tony Alburquerque y una hermosa mujer de belleza singular, ojos soñadores y plena de juventud, Pita Amor, que años después fue mi amiga y ahora es conocida como la Undécima Musa, poetisa y declamadora excelente de Sor Juana Inés de la Cruz y de todos los poetas del Siglo de Oro.

El primer programa que se presentó incluyó dos obras breves: *Ha llegado el momento*, de Villaurrutia, y *La pregunta al destino*, de Arthur Schnitzler. Las dos obras recibieron comentarios elogiosos de parte del público. En esta función inaugural tuvimos teatro lleno y el éxito esperado. La velada fue maravillosa, luego nos fuimos a celebrar al restaurante Manolo, de donde salimos ya tarde, y algunos trasnochados se fueron a seguirla al cabaret de moda en aquella época, Le Rossignol.

En esa época, Rodolfo Echeverría me presentó con su hermano Luis, y nos consiguió a los dos un trabajo en la XEQ. Trabajé en varios capítulos de una radionovela y también colaboré en el programa "El monje loco", con Salvador Carrasco, a quien conocí dos años atrás y fue mi padrino para que yo ingresara a la estación XEJP, donde conocí a Tony Albuquerque.

Volviendo a mi encuentro con Luis Echeverría, en ese entonces andaba cortejando a una hija de Diego Rivera y de mi paisana Lupe Marín; no recuerdo a cuál de sus dos hijas pretendía Luis, pero el caso es que en varias ocasiones lo acompañé a Coyoacán al domicilio del matrimonio Rivera Marín. Llegábamos hasta la puerta de la casa, a la que no recuerdo haber entrado nunca, y nos sentábamos en la acera de enfrente a esperar a que saliera la muchacha que le interesaba a Luis. Hubo ocasiones en que estuvimos largo tiempo, sin tener éxito. La cosa era grave para mí, ya que Luis propuso que nos fuéramos caminando desde el centro de la ciudad hasta Coyoacán, y lo mismo de regreso. Él usaba unos zapatos de suela de goma especiales para caminar y yo zapatos normales, pero como fui vendedor ambulante, estaba acostumbrado a caminar. En esa época ni me imaginaba que Luis se fuera a casar con María Esther Zuno. El padre de ella, don Guadalupe, fue muy amigo de mi tío José María Arreola, incluso escribió una semblanza sobre la vida de mi tío. Muchos años después, en su casa de San Jerónimo, María Esther me contó que cuando era niña el único cura que era bien recibido en su casa era mi tío, y que cuando él iba de visita, ella se sentaba en sus piernas. Con Luis tengo anécdotas memorables de tiempos pasados, mucho antes de que fuera presidente. Una vez nos encontramos en casa de un pariente de Sara, mi esposa, al médico urólogo José Moreno Sánchez, que atendía a José Clemente Orozco. El doctor Moreno era vecino del matrimonio Echeverría, en San Jerónimo. En una ocasión María Esther me dijo: "Vente con tu familia a vivir a San Jerónimo, aquí hay mucho espacio". En ese tiempo ella tenía una granja y criaba pollos, actividad a la que yo me dedicaba en Zapotlán. Me gusta recordar todo esto porque mucha gente creyó que mi amistad con Luis Echeverría inició cuando él fue presidente.

La primera temporada del Teatro de Medianoche duró nada más tres meses y pronto dio señales de agotamiento, por lo que Rodolfo Usigli, con la ayuda de Emma Fink, comenzó a organizar una gira por el centro del país, que iniciaría en Celaya, Guanajuato, tierra natal de la señora Fink. Contaba además con el apoyo del presidente municipal. Con este prometedor panorama nos convencieron de las bondades del proyecto y nos invitaron a constituirnos en una sociedad cooperativa, en la que cada uno de los miembros aportaríamos una cantidad inicial de 500 pesos. En tanto se organizaba la gira y se reunían los recursos técnicos y financieros, Rodolfo continuó dándonos clases en casa de Emma Fink. Nos leía todos los días fragmentos de un libro de Richard Boleslawski, discípulo de Konstantin Stanislavski. Rodolfo tradujo algunos pasajes de este libro que nos hicieron conocer el maravilloso mundo del teatro. Luego nos recomendó *Cartas a un joven poeta*, de Rainer María Rilke.

Siguiendo la sugerencia de Rodolfo, busqué en las librerías esta obra. Luego de varias "inmersiones", encontré una bella edición crítica editada por el Instituto Argentino de Cultura Germánica. Yo no sabía lo que era una edición crítica, quedé sorprendido de las notas a pie de página, de los comentarios y los datos biográficos del autor. Este libro me permitió ingresar a ese otro mundo que yo ni siquiera imaginaba: el mundo académico y erudito de los rigurosos análisis del lenguaje, el reino de la semántica y la estilística. Años más tarde, compartí con Antonio Alatorre el gusto aristocrático por las ediciones críticas. Gracias a él ingresé al Colegio de México y conocí a Raimundo Lida y a su hermana Rosa María Lida de Malkiel, a quien Ernesto Mejía Sánchez bautizó malévolamente como la Malkielida, jugando con el título de la obra de Jacinto Benavente *La malquerida*. De ello hablaré más adelante.

Volviendo al Teatro de Medianoche, Usigli escribió, para incluirla en el repertorio de la primera temporada, la obra *Vacaciones*, cuyo papel principal, según me dijo, era para mí. Aquí sucedió algo digno de contarse. Rodolfo me tenía un afecto mezclado con un resentimiento irracional, que surgió cuando le presenté a Josette Simó, su primera esposa, a quien conocí en la Escuela de Teatro; en ese entonces Rodolfo era el director y yo su alumno. Por este hecho fortuito me guardaba ciertos celos y una especie de rencor, que condenó de manera arbitraria, a través del tiempo, nuestra amistad.

Esta animadversión llegó tan lejos que Rodolfo me desplazó cruelmente del papel que había escrito para mí en la pieza *Vacaciones*, en la que yo iba a representar a un joven escritor que conocía a una actriz famosa, a la que iba a caracterizar Josette Simó, y me puso nada menos que como apuntador, puesto que yo me sabía de memoria toda la obra por haberle ayudado Rodolfo a corregirla y ponerla en limpio. Creo que Rodolfo hacía muchas de estas cosas por interés. Creía que tenía muy buen ojo para escoger a cada uno de los actores que le convenían para actuar en sus obras. Por desgracia, a la hora de la hora sus planes no le salieron como él pensó, ya que se le ocurrió llamar al actor Víctor Urruchúa, quien no dio la caracterización del personaje principal de *Vacaciones*, por la edad, y lo peor, porque se estaba quedando calvo.

Con la idea de superar el fracaso del Teatro de Medianoche, Rodolfo y la señora Fink continuaron los preparativos de la gira a Guanajuato. De acuerdo con sus planes, allá contaríamos con todo el apoyo necesario para el buen éxito de nuestra empresa. Finalmente, con grandes sacrificios pudimos sufragar los gastos iniciales para partir, con buen ánimo y deseosos de triunfo, a la ciudad de Celaya. Nos acompañó Federico Ochoa, Firulais, uno de los mejores actores que he conocido, quien, entre otras cualidades, tenía la habilidad de vestirse como un *gentleman*; él hizo que mi atención se fijara en el bastón como elemento primordial de la elegancia masculina. Tan es así que en la actualidad tengo una colección de bastones que sin duda adquirí por la influencia del recuerdo de este gran actor nacido en Zapotlán.

Increíblemente, Rodolfo tuvo una fantasía inconcebible para mí. En una actitud de celos irracionales, por segunda vez consecutiva me quitó el papel del escritor en *Vacaciones*, obra con la que abríamos en Celaya la función inaugural. En forma inesperada y sorpresiva, contrató al chicano Tito Ronaldo, así como se oye, quien lo único que podía dar era la edad del personaje, porque no tenía ningún talento como actor.

"Federico Ochoa hizo que me fijara en el bastón, como elemento primordial de la elegancia masculina."

Con esto, Rodolfo inauguraba esa tendencia malsana que continúa hasta el día de hoy en el teatro, pero sobre todo en el cine, donde se eligen a las actrices y actores por sus "caritas" y no por su talento.

Con la actitud hostil de Rodolfo, con todo el trabajo realizado en el Teatro de Medianoche, y con la preocupación de haber invertido 500 pesos que no tenía y que sufrí mucho para conseguirlos, partí a Celaya con la idea de que me jugaba la vida en Guanajuato, estado en el que, según la canción, "la vida no vale nada". Toda esta situación incómoda presagiaba lo que iba a venir después.

En la perspectiva del tiempo, que es grande y generosa, creo que Rodolfo salió huyendo de una situación difícil de sostener en la ciudad de México, después de naufragar el Teatro de Medianoche. A la par de esto, Rodolfo, ya maduro, se había enamorado perdidamente de Josset y no encontraba la forma de hacerla una actriz de por lo menos fama nacional, antes de casarse con ella. Este viaje le brindaba la oportunidad de madurar su relación sentimental y sostener su prestigio de hombre de teatro.

La primera vez que vi a Rodolfo en México, antes de tratarlo en la Escuela de Teatro, me impresionó gratamente. Lo conocí al final de la representación de su primera obra de éxito: *Medio tono*. Recuerdo que cuando cayó el telón apareció en escena un hombre delgado, calvo y con bastón, al que el público le dio un fuerte y caluroso aplauso. Se me quedó grabada en la memoria la imagen de Rodolfo como la de un dramaturgo de éxito.

A él le gustaba hablar de su amistad con artistas famosos, como Dolores del Río y José Mojica, entre otros que ya sonaban mucho en el cine de México. Este último, por cierto, lo ayudó a salir de muchos apuros, entre ellos, el que nos pasó en Celaya y que a continuación se narra.

Llegamos a la luminosa ciudad de Celaya, contentos y felices. Llenos de vida y esperanza nos instalamos en un buen hotel. Como era de esperarse, nos guisaron una rica comida, la que compartimos con todos los parientes y amigos de la señora Fink y con las autoridades municipales. Llegada la hora, nos dirigimos al teatro para ver los arreglos de iluminación y montar la escenografía de la mejor forma posible. Había que preparar todos los detalles previos a la función inaugural. En un momento dado, Rodolfo se acercó a mí y me ordenó en tono serio: "Tienes que ir a hablar con el presidente municipal para que nos apoye el día de hoy, dile que invite a todas sus amistades y de ser posible que pase anuncios en la radio local. Quiero prevenirte de lo siguiente para que no te tome por sorpresa: el presidente municipal tiene una nariz extraña, perdió su nariz en un accidente y le tuvieron que poner una postiza de cuero, la cual se le ve muy rara". Preocupado por la responsabilidad de la encomienda, me lancé a toda velocidad al palacio municipal para cumplir la misión. Tuve que hablar con varias personas antes de entrar al despacho del munícipe. Como ya iba advertido, traté con toda naturalidad al presidente de la nariz de cuero, cuyo nombre no recuerdo. Le di el mensaje de la señora Fink y de Rodolfo. Al escucharme, el hombre hizo un gesto extraño de gran preocupación. Cuando salí de su oficina, me quedé pensando en su nariz y me asaltó algo así como un mal presagio, que más tarde se confirmó. A pesar de los esfuerzos de Emma Fink, de Rodolfo y del presidente municipal, el teatro estaba solo; había unas cuantas personas que no llegaban a veinte, casi todos parientes y amigos de los anfitriones. No se hizo nada de publicidad previa a nuestra llegada. Levantamos el telón y actuamos como si no hubiera pasado nada. Al terminar la representación Rodolfo le reclamó la falta de asistencia a la señora Fink. Y yo me sentí feliz de que Tito Ronaldo actuara mi papel. Al llegar al hotel, Rodolfo, al ver el desánimo de todos, nos dijo que al otro día hablaría con el señor de la nariz de cuero. Nos quedamos tristes y más pobres que cuando llegamos. Al día siguiente, ninguno de nosotros traía cigarros. Tuvimos que comprar una cajetilla entre todos. Más tarde, alguien sugirió robarse una en un puesto del centro, mientras Josette distraía al vendedor.

Todos pensamos ingenuamente que con la venta de boletos de la primera función tendríamos para pagar el hotel y nuestros gastos, pero no fue así. Nos sentimos incómodos por no tener para pagar y por pensar que en la segunda noche nos pasaría lo mismo. Por ello, Rodolfo habló con el administrador del hotel, para negociar nuestra permanencia ahí sin pagar un centavo. La segunda noche tampoco tuvimos público, y la tercera nos fue peor. Nuestra situación se tornó dramática, nos quedamos dentro del hotel en calidad de rehenes. Algunos ya sólo hacían una frugal comida al día. Para colmo, Rodolfo se daba el lujo de regañar a los meseros, pedía vinos importados y reclamaba a gritos la falta de calidad en el servicio. Pronto se supo en el hotel que no teníamos dinero para pagar la cuenta. Desesperado, Rodolfo le envió un SOS a su amiga Dolores del Río pidiéndole dinero para saldar la cuenta del hotel, pero no contestó. Entonces Rodolfo nos reunió y nos dijo: ¡Vámonos a San Miguel de Allende! Rodolfo le ofreció al administrador del hotel una fianza de garantía por el monto del adeudo, y así fue como nos dejaron salir sin pagar un solo centavo. Creo que, finalmente, José Mojica y Pepe Ortiz, ricos y famosos residentes de San Miguel, ayudaron a Rodolfo a salir del hotel y a que nos trasladáramos para allá. José Mojica era el gran tenor y actor de cine de fama continental, y Pepe Ortiz un importante torero jalisciense y luego ganadero, que tenía su criadero de toros de lidia en San Miguel. Por cierto, estuve a punto de morir en los cuernos de un toro de su hacienda. Cuando llevaba una carta de SOS de Rodolfo salí caminando de San Miguel y, por cortar camino, me metí a uno de los corrales sin saber que era de puros toros de lidia. Cuando iba apenas a medio corral, un ranchero me hizo señas desde una de las cercas, y con voz pausada y ademanes, me gritó: "No corra, camine despacio, son toros bravos de lidia, salga por aquí..." Al escuchar toros de lidia, volví a la realidad y, recordando mis días infantiles de torero, me acerqué caminando hacia donde estaba el hombre. A escasos cien metros, corrí como lo hacía Cantinflas en sus películas, y desaparecí volando tras de las cercas.

Ya fuera de peligro, el ranchero me regañó. Tuve que explicarle que no tenía la más remota idea de que en el corral había puros toros de lidia, le dije que los vi de lejos y que en mi pueblo yo estaba acostumbrado a convivir con vacas y toros normales. Pepe Ortiz, al enterarse de mi hazaña, me trató como novillero y me ofreció convertirme en su mozo de espadas. En seguida, leyó con atención la carta y sin darme explicaciones me dio un cheque por la cantidad que le solicitaba Rodolfo. Gracias a él y a José Mojica logramos salir de Celaya; permanecimos tres días en San Miguel y luego regresamos a México.

En San Miguel tuvimos mayor audiencia que en Celaya. Volvimos a México como se dice: con una mano atrás y otra adelante. Yo quedé tan pobre y endeudado, que al segundo día de haber llegado, decidí contra mis deseos y esperanzas, regresar a Zapotlán, después de haber vivido tres años y medio en la ciudad de México. Otra causa que contribuyó a mi partida fue mi separación definitiva de Cora. Me fui huyendo de todo y de todos.

El 8 de agosto de 1940 salí de México. Cuatro días antes, el domingo 4 de agosto, me despedí de Cora. En nuestra conversación me dijo por primera vez: "Me caso contigo el día que quieras". Pero yo ya tenía los ojos bien abiertos. Cora me hizo sufrir mucho, quería huir de ella, del teatro y de México. Me fui desgarrado por esta separación que me costó mi neurosis de angustia que todavía padezco. Han pasado casi sesenta años desde aquella primera salida de México, a la que luego siguieron otras igual de dolorosas, pero esta fue la primera vez que la ciudad me derrotó.

Por la noche, Armando Ramírez me acompañó a la estación del tren. Regresaba más pobre que cuando llegué. Pero ya no era el mismo, la ciudad me había modelado todo entero.

El precio que pagué por aprender a vivir fue muy alto, porque mi corazón y mi cabeza ya estaban enfermos. Al partir el tren, sentí como si un vendaje se despegara de mis ojos. México quedaba a mis espaldas, lo veía girar como una inmensa ruleta en la que todo se me confundía: el rostro desolado de Cora, la oficina del señor José de Jesús Galindo, la Escuela de Teatro, la casa de la señora Fink, la casa de Quintila y de Edmundo, los rostros de Fernando Wagner, de Xavier Villaurrutia, de Rodolfo Usigli, de mis amigos Luisa, Ernesto y Armando, se superponían dando vueltas y formaban una mezcla de imágenes parecidas a las piezas desordenadas de un rompecabezas.

Libro Segundo

ÉXODO FAMILIAR A MANZANILLO

Los frenos del tren cortan el reposo. Los gritos de los vendedores en las estaciones colorean los finales de cada sueño. ¿Los sueños? En uno de ellos veía la oficina donde trabajé. La oficina estaba aislada como un islote poblado de escritorios y sillones. En mi sueño, el piso de la oficina perdía bruscamente su plano horizontal, se inclinaba como la cubierta de un barco yéndose a pique, sobre la cual el señor Galindo daba órdenes a una tripulación en desbandada.

El inspector de boletos interrumpió mi sueño: "Su boleto caballero". Me tuve que improvisar caballero en un instante. La masa inerte que estaba encogida en el asiento comenzó a despabilarse. Inconsciente y como un nadador fatigado, moví mis brazos como queriendo salir a flote. Logré incorporarme a medias y buscar en la cartera mi boleto para entregarlo con mi torpe mano al inspector.

Al ver mi boleto me preguntó: ¿a dónde va usted? Yo en ese momento estaba tan lejos de la realidad que no supe qué responder. El inspector miró el boleto y dijo: "¿Manzanillo?". En mi cabeza se abrió un agujero donde sonaba el mar. Volví a sumergirme en el reposo, pero cada vez que despertaba, veía si mi velís seguía en su sitio, debajo del asiento, y pensaba en todos los libros que traía conmigo.

Las estaciones se sucedían unas a otras en forma interminable. Durante el viaje nacieron y murieron varias generaciones de pasajeros. Yo era el único que había subido al tren en su punto de partida.

Un vagón es un mundo aparte, tiene sus tablas de valores que son diferentes a las del mundo ordinario.

Hay estaciones en las que suben los pasajeros, y hay otras en las que bajan. Cuando los veo descender, me angustio, siento que van a lo desconocido. A veces es tan cruel la impresión, que sufro por ellos. Los veo alejarse con sus maletas en las manos, en estaciones nocturnas e inciertas como limbos. Me duele más que se bajen las muchachas; cuando veo que abandonan el vagón en que viajaban, siento la tristeza de una ilusión perdida.

Una vez abrí los ojos y mi ventanilla estaba clara y lívida como un espejo. Era Michoacán, tierra oscura de árboles en flor, con sus frutos verdes aún, cubiertos de un vaho plomizo y perlado. La aurora recorta la silueta de los árboles con sus tijeras azules. El ganado se despereza en el viento fresco de la mañana, mientras los pájaros ensayan sus alas ateridas.

Un día en el tren resulta largo y fatigante. Pasé por Zapotlán con tristeza, nunca imaginé a mi familia fuera de él. Después de veinticinco horas de viaje, llegué a reunirme con mi familia. Me sentí feliz. Mi padre me dio una de las muestras más hondas de su afecto.

Le presenté mis cuentas, pero él no las necesitaba, le bastaba con verme volver. Mi madre y mis hermanas ni siquiera me preguntaron por el contenido de mi veliz. Todos hicieron algo para que yo me sintiera contento. Estas son las cosas que a mí me hacen llorar.*

Huí de México como de una Sodoma, pensé que nunca más iba a volver. Pensé en casarme con una muchacha de provincia y convertirme en carpintero como mi abuelo Salvador. Deseaba profundamente llevar una vida completamente pueblerina y pacífica.

Duré mucho tiempo, años tal vez, en superar esa especie de asco, de repulsión que sentí por algunas personas y ciertos ambientes de México. Me harté de las formas corruptas en torno al teatro y la vida de los actores. Quedé muy decepcionado de casi todos mis compañeros de escuela, de los directores e incluso de mis maestros. Sobre todo por la dureza inicial con que me trató Fernando Wagner y luego el espantoso carácter de Rodolfo Usigli, a quien tanto estimé.

* Fragmento de una carta de Juan José Arreola a su amigo Armando Ramírez.

En cuanto a mi aprendizaje y desempeño personal, quedé satisfecho, sobre todo por la calidad de los que fueron mis primeros maestros formales: Fernando Wagner, Rodolfo Usigli y Xavier Villaurrutia.

Al único actor de esta época que recuerdo con cariño es a mi paisano Firulais, que compartió con nosotros las venturas y desventuras del Teatro de Medianoche. Federico Ochoa, entre otras virtudes que ya mencioné, tuvo la de ser el mejor payaso de su época, cuando decidió dejar su carrera de actor profesional y su vida acomodada, para entregarse a la maravillosa tarea de divertir a los niños.

En Manzanillo tuve una vida radicalmente distinta a la que llevé en la ciudad de México. Desde los primeros días de mi llegada me dediqué a buscar una novia, con la idea de casarme y establecerme en Zapotlán.

Fiel a mis propósitos, realicé en corto tiempo tres intentos de noviazgo, pero ninguno prosperó. Sólo una muchacha, Alicia Kim Sam, hija de padres chinos avecindados en el puerto, correspondió a mis galanteos, pero cuando descubrió que yo vendía tepache se desilusionó de mí. Creo que mis tentativas fracasaron no por mi capacidad de cortejar, sino por mi trabajo de tepachero.

Mi padre, algunos de mis hermanos y yo vendíamos tepache en la Avenida México. Del Manzanillo que recuerdo ya no queda nada. Todos los días recorría las playas de Manzanillo y Salagua, totalmente vírgenes en ese entonces. Salía de mi trabajo al anochecer y me iba con mis hermanas a recorrer el malecón. Allí, en plena oscuridad, me metía al mar corriendo todos los peligros, sobre todo el de que me estrellara contra las rocas.

Otros días caminaba por toda la Avenida México hasta llegar al playón, que era una especie de gran muelle. Desde allí se podía contemplar el paisaje más hermoso de toda la bahía.

Llegué a Manzanillo con un puñado de libros, que era todo lo que traía en mi gran velís-biblioteca. Hice jugosas lecturas en mis horas de asueto, leí *Rojo y negro*, de Stendhal, *Los endemoniados*, de Dostoievsky, cuya lectura terminé en Zapotlán, y uno o dos libros de Giovanni Papini.

Mientras los hombres vendíamos tepache, mi madre y mis hermanas se dedicaban a la joyería marina, fabricaban hermosos collares con caracolitos de nácar traídos de China y otros maravillosos especímenes de Japón y Filipinas, los que aunados a los nativos de Manzanillo —conchitas, caracoles, estrellas y caballitos de mar—, daban por resultado la más rica y surtida tienda de reliquias marinas.

A toda esta febril actividad se agregó la producción de pan, por tradición familiar, ya que mi madre y mis hermanas la heredaron de las tías paternas.

Toda la familia trabajaba: los hermanos más pequeños, Virginia, Esperanza y Berta, se dedicaban a ensartar conchitas para formar collares, mientras que Anita, Victoria y Cristina horneaban el pan y hacían los dulces que le han dado fama a nuestra familia en todo el sur de Jalisco, hasta el día de hoy tenemos en Zapotlán la Pastelería y Dulcería Arreola.

Don Felipe, mi padre, que durante muchos años de su vida, desde que se salió del seminario, se dedicó a varios negocios, descubrió que el modesto tepache era su salvación. Mi hermano mayor, Rafael, y yo, asistidos por Felipe y Librado, trabajábamos desde el amanecer hasta el anochecer en la fabricación y venta de tepache, que es una bebida fermentada de piña, fresca y alimenticia, y sobre todo capaz de quitar la sed y el calor extremos, como los del mediodía en las zonas costeras. La aparición de los refrescos industriales acabó con una larga tradición y consumo de bebidas autóctonas saludables y refrescantes como el tepache. Nuestro lema fue: "Beba tepache Arreola, tan fresco y saludable como la ola".

Los hermanos más pequeños, Antonio y Roberto, tenían la hermosa tarea de recolectar conchitas en la playa. Desde luego, la directora natural y principal accionista de nuestra empresa era doña Victoria Zúñiga Chávez de Arreola, mi madre.

Gracias al trabajo tenaz y perseverante de mis padres y mis hermanos yo nada más trabajé tres meses. La familia sobrevivió a su peor catástrofe económica, recuperó su patrimonio: la casa que construyó mi padre en 1914, en el centro de Zapotlán, en la cual nacimos todos sus hijos.

La economía del puerto de Manzanillo se vino abajo durante la segunda guerra mundial. El auge económico del puerto se acabó cuando los Estados Unidos le declararon la guerra al Japón y a los aliados de Alemania. Todos los barcos que venían del Oriente, dejaron de arribar al puerto de Manzanillo. Antes de que la guerra se extendiera al océano Pacífico, atracaban en el puerto cada semana tres grandes buques cargueros de más de doce mil toneladas, procedentes de Filipinas, Japón, China y otros países de Asia.

También llegaban barcos noruegos y suecos que descargaban grandes cantidades de pescados secos y salazones, como el famoso bacalao. Cada barco que arribaba al puerto dejaba miles de pesos. Todo ese dinero iba a dar a las aduanas, a los alijadores, a las grandes bodegas y, finalmente, al pequeño comercio establecido en el puerto.

Durante mi estancia en Manzanillo abordé en plan de visita varios barcos, sin imaginar que cuatro años después tendría que cruzar el Atlántico desde Nueva York a París en una embarcación estadounidense de guerra y en un destartalado carguero.

En Manzanillo me acostumbré a recibir y admirar algunos de los barcos más bellos del mundo, como el japonés *Racuyo Maru*, de color blanco y tamaño gigantesco, pero que a mí me parecía de juguete. Estaba cuidado como una joya. Me impresionaba ver a los marineros con sus uniformes, hablando en otros idiomas, con sus extraños rostros curtidos por el sol. Siempre me parecieron criaturas de otro mundo.

En los meses que estuve trabajando con mi padre en Manzanillo, recibí un modesto salario que me permitió enviar dinero a México para pagar la deuda que contraje por invertir en la cooperativa del maestro Rodolfo Usigli.

Sólo estuve tres meses en Manzanillo, agosto, septiembre y octubre de 1940. Con el apoyo de mi padre, me trasladé a Zapotlán en compañía de mis hermanos Victoria y Rafael, en una especie de avanzada para reconquistar la tierra y la casa familiar. Gracias a mi amigo y maestro Alfredo Velasco Cisneros se me concedió el honroso cargo de maestro de secundaria, y en mi tiempo libre me inicié en el noble y antiguo oficio de escritor.

En diciembre de 1940, escribí mi primer cuento formal: "Sueño de navidad". El periódico *Vigía* de Zapotlán lo publicó en su edición especial de año nuevo, correspondiente al 1º de enero de 1941.

En las páginas iniciales de estas memorias, mencioné que durante mi primera estancia en la ciudad de México leí con avidez a casi todos los cuentistas rusos posteriores a Dostoievski, que fueron los que me revelaron el arte de escribir cuentos. Antes de ellos, había leído a otro tipo de cuentistas, como Oscar Wilde y Anatole France.

Pero los que realmente me inspiraron a escribir prosa, cuentos, fueron los cuentistas rusos, como Leónidas Andreiev, uno de los que más admiro entre por lo menos una veintena de autores. Creo que mi cuento "Sueño de navidad" tiene una gran influencia de él.

Por tratarse de mi primer cuento, y por ser un texto desconocido, he querido incluirlo en estas memorias para dar una idea de mi evolución como escritor.

SUEÑO DE NAVIDAD

Cuando volvieron a clase, estuvo pensando en que iban a descubrirle, y esperó ansiosamente a que alguien lo hiciera. Le habría gustado decir: "Él empujó primero". Pero sólo sus amigos le habían visto, y Julián no dijo nada. Varias veces lo vio Jorge en la clase, muy serio, con la mejilla un poco abultada. ¿Por qué no decía nada? A Jorge le hubiera gustado disculparse.

A la salida de la escuela se reunió con sus amigos. Julián salió solo, cabizbajo. Sintió deseos de alcanzarle, de decirle: "Perdóname". Pero un amigo, comentando, le dijo: "Hiciste muy bien". Jorge tuvo otra vez en su mano la sensación del golpe, como un entumecimiento, y de nuevo quiso alcanzar a Julián, para pedirle perdón, pero ya iba muy lejos y sus amigos, como para festejarle, le rodeaban. Luego le acompañaron a su casa.

Ahí lo olvidó todo. En medio de la sala estaba el árbol de navidad, cubierto de escarcha y de heno, con farolitos y globos plateados. Había mucha luz. Sus amigos volvieron más tarde. Jugaron, rompieron la piñata. Jorge estaba feliz. Por anticipado describía los juguetes que tendría al día siguiente. Todos comían dulces y frutas.

Cuando se fueron sus amigos, era ya de noche y hacía frío. De todas las ventanas salía luz y por la calle caminaban gentes llevando paquetes en las manos.

En la cama se estaba muy bien. Sentía un suave calor que convidaba al sueño y su cabeza estaba llena de felicidad. Pero cuando su mamá al salir apagó la luz del cuarto, sintió una impresión extraña, como si se quedara solo por primera vez. Sintió que la oscuridad lo llevaba muy lejos, lo aislaba, lo dejaba en un lugar desierto donde ya nadie podía escucharle. Cerró los ojos. Entonces vio la cara de Julián, con los ojos llenos de lágrimas y la mancha roja en la mejilla. Volvió a sentir su mano entumecida como si lo acabara de golpear, y la escondió debajo de la almohada como para olvidarla, como si fuera un objeto que no le pertenecía. Ya no pudo dormirse. A su alrededor, la sombra de los muebles tomaba formas amenazadoras. Su imaginación trabajaba reconstruyendo los hechos de aquel día. Pero era un trabajo desordenado y penoso. Los hechos se desenvolvían mezclándose entre sí, y el remordimiento los hacía converger en un solo punto. Creía estar en la sala, jugando. De pronto se apagaba la luz y se quedaba él solo frente al árbol de navidad. Negro, como una gran sombra, oía la voz al salir de la escuela: "Hiciste muy bien". Y luego en el recreo: "Yo no me dejaría". Pero las caras de sus amigos, al decir tales palabras, eran monstruosas y le daban miedo. Se sumergía cada vez más profundamente, como si el insomnio fuese un mar agitado y oscuro. Le parecía que pasaban horas y horas y que no iba a amanecer nunca. Oyó las campanadas de la misa de gallo, y los sonidos le estremecían, como recordándole algo. Después ya no sabía dónde se encontraba. La escuela, la calle, la fiesta en la sala, todo giraba en la oscuridad y se hundía en el sueño como desplomándose.

Su cuerpo se hundía lentamente en el descanso, sólo su mano le estorbaba. Soñó. Era en el jardín. Todos los árboles eran árboles de navidad. El jardín resplandecía como una gran sala. Las ramas se hallaban cubiertas de heno y escarcha y de ellas pendían adornos y juguetes. Del cielo llovían luces de Bengala. Las estrellas estaban muy bajas y brillaban como luciérnagas entre las copas de los árboles. La luna colgaba en medio del jardín como una piñata redonda y luminosa. Sobre el suelo, cubierto de confeti, corrían millares de niños jugando y riendo. Desprendían de las ramas cestitos de dulces y juguetes. Era la fiesta de navidad de todos los niños del mundo. Jorge oía que le llamaban: "Ven tú también, ven con nosotros". Pero él estaba como clavado en el suelo. Levantaba los pies penosamente, pero se le caían en el mismo sitio, como a los soldados que marcan el paso sin avanzar. Junto a él estaba un gran árbol de juguetes, entre los que había uno que él quería coger. Era un barco rojo con velas blancas. Alargado, brillante, como un pájaro desconocido. El barco estaba muy cerca de él, sobre su cabeza. Jorge quiso alargar sus manos, pero sus manos seguían inmóviles y entumecidas, estaban como atadas. Veía el ansiado juguete a su alcance, y no podía cogerlo. Una sensación angustiosa recorría su cuerpo inmovilizado y le asfixiaba. Entonces de entre todos los niños que jugaban, vio que Julián venía hacia él, sin mirarle. En la cara de Julián brillaba una manchita roja, sobre su mejilla. Julián miró el barco entre las ramas, y ágilmente, con sus dos manos libres, lo desprendió y se marchó con él corriendo y saltando.

Jorge sintió que se le saltaban las lágrimas, quiso correr tras de Julián, pero sus piernas le detenían, trató de gritarle, pero la voz le faltó. Sintió que se ahogaba, en su garganta se había hecho un nudo espeso. Con un gran esfuerzo, logró proferir un sonido desarticulado, angustioso. Su propia voz le despertó. En su cuarto había luz y su cama estaba llena de juguetes. Temblando, apartaba con sus manos pedazos de sueño, y palpaba la realidad con torpeza. Sus ojos despertaban poco a poco. Se deslumbraba. Entre los juguetes, descubrió un trenecito, cargado de dulces, y luego, con gran sorpresa, un barco rojo con velas blancas.

Mi enfermedad

1941

Tardé varios meses en comenzar a escribir mi diario de 1941. Lo inicié hasta agosto. En febrero viajé a la ciudad de México con mi primo Salvador Arreola y un grupo de amigos. Salimos en dos automóviles, la mayor parte de los caminos eran de terracería y en el grupo viajaban dos mecánicos por si se presentaba algún problema. En una ocasión, la lluvia provocó que se atascara uno de los vehículos, y tuvimos que contratar una yunta de bueyes para sacarlo. Este fue mi primer viaje en automóvil y resultó largo y tedioso. La única ventaja era que podíamos pararnos en donde quisiéramos a descansar y a comer. En Morelia llegamos a dormir de ida y de vuelta. La parte más pesada y peligrosa del viaje era la de Mil Cumbres.

Recuerdo que durante el viaje de ida, me agobió un pensamiento: ver o no a mi ex novia Cora. Finalmente, al llegar, me fajé los pantalones y decidí no buscarla, ni hablarle por teléfono. Estuvimos sólo tres días, en los que yo me dediqué a pasear al grupo por la ciudad. No tuve tiempo ni ganas de buscar a mis amigos. Al único que llamé fue a Armando Ramírez, quien me encargó que no dejara de pasar a saludar en Guadalajara a Lupe y a Xóchitl Díaz de León.

Tenía una tentación gigantesca de ver a Cora, pero un modesto noviazgo inicial con mi amiga Judith me ayudó a controlar mis instintos. Durante estos días de cruel incertidumbre tuve la desgracia de encontrarme con un siniestro personaje del teatro, de cuyo nombre no quiero ni acordarme. Me hizo pasar un mal rato. Yo venía en plan de recreo y distracción, sobre todo de guía de mis amigos, entre los que había algunos que conocían la ciudad por primera vez.

El 15 de febrero, de vuelta a Zapotlán, me dieron algunos mareos en la carretera, que se me complicaron con una cena que hicimos ya tarde al llegar a Morelia a dormir. Sufrí una congestión alimenticia, complicada por una infección intestinal que posiblemente ya traía desde México. Mi padecimiento derivó en una terrible crisis nerviosa, que por momentos me hizo pensar en el suicidio. Anduve toda la noche agitado, débil, sin poder recostarme a dormir, hasta que mi primo Salvador, en las altas horas de la madrugada, me asistió un poco, y quiso llevarme a ver un médico, pero yo no acepté. El cansancio del viaje, mi precario estado de salud, pero sobre todo la angustia de no ver a Cora y de sentirme culpable, contribuyeron a que mis males se complicaran más allá de lo normal. Desde el día siguiente, mi vida cambió, he sido otra persona hasta el día de hoy. Esa noche en Morelia me convertí en el enfermo que soy. Allí surgió la neurosis de angustia que me ha acompañado toda mi vida, y que algunos doctores, como mi paisano José de Jesús Marín Preciado, el doctor Raúl Fournier y el célebre psiquiatra Santiago Ramírez, me ayudaron a sobrellevar, pero no a curarme. Ya me acostumbré a vivir con mi enfermedad, pero los que han vivido conmigo nunca se pudieron acostumbrar. Sólo mi esposa Sara y mi hija Claudia han podido con el tercio, más que mi esposa y mi hija, han sido mis enfermeras, yo no sé que hubiera sido de mí sin ellas, sin la amorosa y solidaria compañía de estos dos ángeles guardianes de mi vida. Soy algo más que un enfermo imaginario como el de Molière, casi diría que soy la misma enfermedad, más que el enfermo.

Recuerdo que llegué muy enfermo a Zapotlán. Consulté a los mejores médicos de la región, y todos coincidían en que mi mal era de origen nervioso. Me recetaban descanso, alimentación sana y vitaminas. Tomé mucha Venerva. Mi padre me acompañó a Guadalajara y a México para consultar a otros doctores.

Hacia fines del 41, me quedé de nuevo a vivir en México. El señor Galindo, mi antiguo jefe, me volvió a dar trabajo. Al enterarse de mi mala salud, me recomendó que fuera a ver a su tocayo y paisano nuestro, el ilustre doctor José de Jesús Marín Preciado, hermano de Lupe Marín, la esposa de Diego Rivera. Este doctor era una eminencia en gastroenterología. Durante muchos años fue jefe de los Servicios Médicos del Departamento del Distrito Federal.

Entre las muchas anécdotas del doctor Marín Preciado, está la de que él le salvó la vida a un joven general brigadier que había sido gravemente herido en combate: Lázaro Cárdenas del Río. Esto sucedió en una sangrienta batalla ocurrida el 23 de diciembre de 1923, en el poblado de Huejotitlán, una pequeña población cercana a Guadalajara. El general Lázaro Cárdenas fue trasladado del campo de batalla hasta la clínica quirúrgica del doctor Carlos Barrière, donde ese día estaba de guardia Marín Preciado, que participó en ese importante acontecimiento médico-político, de gran trascendencia en la vida de México.

Nada menos que este hijo ilustre de Zapotlán me atendió en una consulta tan detallada y cuidadosa, que todavía me acuerdo como si estuviera allí con él en su consultorio. Después de un detenido examen físico y apoyado en las radiografías que me mandó sacar, el doctor me diagnosticó que, aparte de mis padecimientos nerviosos, yo tenía el estómago caído como diez centímetros abajo de lo normal. Me dijo que eso no era operable, que era muy difícil volver a colocar el estómago en su sitio. Que él me recomendaba que usara una faja ortopédica diseñada especialmente para el caso. Que mi mal era congénito. Me recetó un medicamento para los nervios, otro para la gastritis y una dieta rigurosa, sobre todo para recuperar mi peso normal.

Dado mi estado de salud, me sentí mal en México, sobre todo viviendo solo. Hablé de nuevo con el señor Galindo y le expliqué mi situación, le dije que me disculpara, pero tenía que volver a Zapotlán para poder cumplir con el tratamiento médico que se me había recomendado. Él lamentó mucho mi nueva renuncia, y finalmente comprendió que yo no tenía otra salida que volver con mi familia.

Al llegar a Zapotlán, doña Margarita Palomar de Mendoza y don Alfredo Velasco me invitaron a formar parte de una nueva compañía de teatro de aficionados. También retomé mi trabajo de maestro en la secundaria y me puse a escribir. Parte de todo lo que me ocurrió en este difícil año de 1941, está en el diario que inicié en agosto, y que transcribo fielmente para no olvidar aquellos años iniciales de mi carrera de escritor. En el 41, viví en nuestra casa de Zapotlán, ubicada en Juan N. González 33. Allí escribí mi primera obra importante: "Hizo el bien mientras vivió".

Hay un hecho que quiero dejar registrado: durante mi segundo viaje a México, cuando volví a trabajar con el señor Galindo en el Banco de Comercio, y que pensé quedarme a radicar por más tiempo, al único que seguí tratando fue a Armando Ramírez. Creo que fue en este año cuando él me presentó, una tarde que pasé a saludarlo a su casa, a un adolescente rubio y delgado, de finas facciones, que de manera nerviosa estaba haciendo una especie de inventario de la biblioteca de mi amigo, quien desde su asiento le daba órdenes y lo trataba con cierta dureza, al grado que llegó a decirle: "Deje usted ese libro en su sitio, si no quiere que le dé con la vara". La relación entre ellos era extraña, en tanto que aquel joven insistía en comprarle a Armando unos libros que éste no quería venderle. Parecía que el joven era un bibliómano experto en ediciones agotadas. Los dos se habían conocido en el medio de las librerías de viejo, de las que yo era adicto comprador. Si mal no recuerdo, ese joven era Guillermo Rousset Banda.

Con Guillermo mantuve una bella y complicada amistad, tan sólo interrumpida por el tiempo y, finalmente, por su muerte acaecida en 1997. Fue uno de los lectores más profundos y fieles de mi obra. Su trabajo como traductor y editor de poetas importantes, como Rilke y Pound, no ha sido apreciado. Me hubiera gustado verlo antes de que partiera, para entregarle unos mensajes para el más allá, un poco para advertirle de mi llegada. Recuerdo que un pariente mío de Zapotlán, Apolonio Chávez, cuando se estaba muriendo me dijo: "Apúrate, dime qué recado quieres que lleve a los infiernos...". Sea por Dios.

Un recuerdo grato de este accidentado año del 41, es que en la recién inaugurada secundaria por cooperación de Zapotlán tuve un magnífico grupo de alumnos. Los muchachos ya eran "talluditos" y tenían años de haber terminado la primaria. Como durante algún tiempo no hubo secundaria, mis alumnos de tercero eran jóvenes entre los dieciocho y los veintidós años de edad, incluso había uno mayor que yo. Lo mejor de ellos era su seriedad y su capacidad. Llevé una buena amistad con todos, y formaron un grupo excepcional, del cual logré sacar algunos actores de teatro, como Rogerio Alcaraz y Vidal Magaña del Toro, que luego se unieron a la compañía de Margarita Palomar de Mendoza: la más bella dama del Zapotlán de antaño que conocí en mis mocedades. Doña Margarita fue el centro de mi vida artística y literaria. Su hija Sofía, que ya es abuela, fue como mi amiga y un poco mi novia. Doña Margarita fue la fundadora del teatro y de las pastorelas en Zapotlán. Tuvo doce hermanos, entre los que hubo poetas y literatos. Estuvo casada con don Albino Mendoza, uno de los hombres más ricos de Zapotlán, que cuando iba a Europa le preguntaban: "¿Usted es de Zapotlán?". Y él contestaba: "No, Zapotlán es mío".

En relación con el año de 1941, lo último que quiero recordar es el terremoto que muchos años después describí en mi novela *La feria*, y que no aparece en mi diario simplemente porque lo escribí hasta agosto de ese mismo año, y el terremoto ocurrió en abril. En *La feria* recordé este suceso con gran precisión. Recuerdo cuando David Barajas pasó en su bicicleta frente a mi casa preguntando: "¿Dónde está mi casa?".

Diario íntimo

1941*

Váyanse y no vean tanta soledad.
—*Góngora*

Mayo 17. Mi vida no es ahora interesante. Al menos en el sentido que yo acostumbraba dar a esta palabra. Pensaba que para escribir un diario hacía falta un móvil importante.

Hace poco más de un año que mi diario se había interrumpido. Su última página, fechada el 26 de abril, da cuenta de la bancarrota de un sentimiento. Ese amor que fue extinguiéndose y desvirtuándose en la sensualidad no supe describirlo. Habrá unas cuantas páginas buenas entre cientos. He tenido nuevas experiencias, pero nada o muy poco se halla apuntado. Ahora todo ha acabado.

Me preocupaba mucho por los hechos y los acontecimientos exteriores. Ahora intentaré servirme de las ideas más que de los actos. Vivo una vida ordenada y pequeña.

Hablaré muchas veces en forma retrospectiva y trataré de fijar los hechos pasados que siguen actuando en mi presente.

* Este texto es una transcripción literal de un diario escrito por Juan José Arreola.

Ahora vivo de modo transitorio en casa de mis tías. Tendré que hablar un poco de ellas. Me merecen todo respeto, pero necesito externar mis opiniones, y, a veces, éstas no las favorecen mucho. He escrito "en casa de mis tías" , debiendo escribir: "en casa de mis tíos", porque vive ahí el personaje más notable de nuestra familia: mi tío el canónigo Librado Arreola, que ha bautizado a casi todos sus sobrinos, y por eso le decimos padrino. Es una persona sumamente respetable, pero tengo que señalar que no estoy de acuerdo con él en algunos temas que son de su predilección. Todo sea en bien de mi sinceridad. Si mis tíos y mi prima (también vive con nosotros mi prima Lupe) se dieran cuenta de mis opiniones, me llamarían ingrato y muchas otras cosas más.

Sin embargo, yo creo que no soy el único en pensar así de ellos. Lo malo es que casi nadie de la familia escribe sus pensamientos en un diario. Vivimos en la antigua casa de mis abuelos, es grande, llena de sol y de aire fresco.

Debo decir que la iniciación de estos apuntes se debe a un motivo reciente: mi amigo don Alfredo Velasco me prestó hace unos días un bello libro de Georges Duhamel, *Diario de un aspirante a santo*.

Al leerlo me di cuenta que la narración desinteresada y sencilla de los acontecimientos e ideas de un día simple y vulgar, constituye una benéfica reflexión y un agradable ejercicio para la mente y el espíritu. Por eso al escribir este diario trataré de ser lo más claro y natural que pueda. Como cuando me desnudo en las noches para entrar en la cama.

Mayo 19. Necesito forjar mi propio lenguaje. Cuando releo mis diarios anteriores no me reconozco en ellos. Pude tal vez ser sincero en el contenido, pero siento falsa la manera en que los expreso. Me encuentro demasiado efectista y hasta retórico y pedante. Pienso que en esa época de mi vida me gobernó una especie de amaneramiento. ¿Por qué? Creo que muchas veces me abandono a esa tendencia. El constante vigilar del yo, egocentrismo o egotismo, me hace imposible el abandono desinteresado de mí mismo.

Junio 3. Cuando mi padrino Librado se pone a hablar con gran convicción y saber eclesiástico del "libre albedrío", siento vivos deseos de contradecirle.

El ejercicio de la voluntad siempre lo he visto limitado a un pequeño número de actos, la mayoría de las veces intrascendentes. No basta tener voluntad, hacen falta circunstancias para emplearla. Nunca podemos contar con las circunstancias ni con los hechos accidentales. No creo en el destino. Creo en el azar, en una especie de lotería. Multitudes de individuos que al vivir y al convivir producen millares de accidentes entre sí. Bolas de lotería. Unas veces un número, otras veces otro o varias veces el mismo. Y luego la coincidencia que confunde a muchos, y que, sin embargo, sólo es un producto natural de la vida. Cada uno de nosotros ha tenido más de alguna vez oportunidad de observar este fenómeno, y no obstante aceptamos como hechos sobrenaturales o milagrosos un sinnúmero de perfectas coincidencias. La comparación de la voluntad humana con el timón de una nave me parece una ocurrencia llena de idealismo, pero absolutamente sin sentido.

En aguas tranquilas la nave obedece y se desliza a capricho de su guiador. La tempestad es un fenómeno extraño a la barca y al barquero. Toda la enérgica voluntad del timonel puesta al servicio de la nave no vale nada sin el concurso feliz de las circunstancias. Bien puede llegar al punto de su destino después de sufrir averías y rodeos, o quedar sepultada en el mar. ¿Y la voluntad? La voluntad es una bella disciplina que ayuda a creer y algunas veces logra convencer a las gentes de que se mueven por su cuenta. La voluntad puede ejercitarse y llegar incluso a controlar la vida interior del individuo cuando existe en él una predisposición al dominio del instinto por el espíritu; en los casos de vicios corregidos se dan bellos ejemplos de voluntad, pero ésta, como digo, es vida interior, en la exterior estamos a merced de todas las fuerzas externas e ineluctables. Aún dentro del espíritu siento actuar esa fuerza ciega e indeterminada del azar que un espíritu tiene sobre la pasión o un mal instinto, y no demuestra sino que este espíritu, en virtud de un azar, se hallaba constituido de modo que le era posible intentar ventajosamente una lucha en contra del instinto. En un caso contrario, esto es, en una fórmula de carácter en la cual la ración de fuerza instintiva fuese superior a la capacidad sublimadora del espíritu, una misma cantidad de voluntad obraría sin resultado, y aquel espíritu seguiría siendo incapaz de someter sus malos instintos.

¿En virtud de qué? De que había sido dotado por una herencia incontrolable, de un carácter instintivo. Medio y herencia. He allí mi fórmula. Por medio entiendo: ambiente, accidentes y circunstancias. Más claramente me figuro un pez en el agua. Soy el pez, la herencia, y vivo en un medio: el agua, que nunca podré transformar. ¿Yo qué soy? Herencia primero. Herencia individual y colectiva, herencia familiar y atávica. Por mí discurren las savias ancestrales y la sangre inmediata de mis padres y de mis abuelos. Todo mi carácter se halla heredado de un número de personas —quizá millones— que resulta imposible determinar. Luego mi carácter se mueve y opera en un medio que es extraño y familiar a la vez. Extraño, porque llegué a él en forma accidental, y familiar porque en él me he desenvuelto. Consanguíneos y coetáneos contribuyen a hacerme y a modificarme. Al convivir con cierto número de seres, adopto, sin sentirlo, razones y costumbres que no me pondré a deliberar.

Me han dicho: esto hay, esto es cierto, esto es bueno o malo. Y yo ¿dónde estoy?, ¿qué soy? Acaso una huella, un rastro, una hechura de otros como una voluntad ceñida al hueco de un cuerpo mezquino: un deseo de volar y una ausencia de alas. En fin, un sapo en un pozo.

La voluntad se encuentra acorralada en una serie de hechos extraños y arbitrarios, la voluntad, como se entiende, no existe para mí.

El domingo 4 de agosto del año pasado, vi por última vez a Cora. Desde entonces no he vuelto a tener relaciones íntimas con una mujer.

Este lapso duró hasta mediados de enero. Desde esa fecha hasta el día 30 del pasado mes, me mantuve en completa y total abstinencia. Ahora me hallo en un estado tranquilo, pienso hacer una tabla sexual durante el presente mes. ¡Qué dura es mi vida de soltero! No tengo la menor gana de volver con prostitutas y otra clase de líos me pueden ser gravosos, por ejemplo, hay por ahí una casada que..., pero no, yo no quiero esos asuntos, tampoco correr el riesgo de tener un hijo con alguna criada. Ya veremos.

Después de mi entrevista con Cora, sólo estuve breves días en México. Creo que llegué a Manzanillo el 9 de agosto. Nunca cumplí la promesa de escribirle a mi ex novia, y cuando fui a México, en febrero de este año, no traté de buscarla.

Su recuerdo se ha ido disolviendo y debilitando. Atinadamente, diré que sólo la recuerdo con la sangre. La memoria de mis excesos con ella es una mezcla de arrepentimiento y ardor. Algunas veces releo páginas de mi diario de entonces y me avergüenzo, quisiera incluso borrar algunas palabras.

¿Me recordará ella? No la puedo imaginar. Me apena que mi recuerdo vaya unido a crueles reproches. Pero, su virginidad, ¿fui yo quien la he destruido? ¿Fui yo quien rompió el encanto de su pudor y la mancilló para siempre?

Anoche, a las nueve y cuarto, le hice una visita a Luz. En vez de aceptar clara y abiertamente como yo lo esperaba, me dio su negativa al principio de la plática. Ahora ni yo mismo me entiendo. Me puse a explicarle mil cosas, le recordé nuestra conversación del mediodía, en fin, le hablé, hablé y hablé... Yo sé que ella me acepta y me comprende, sin embargo, no ha podido olvidar las ofensas ni mi increíble actitud, que en el curso de la conversación recorrió los extremos más opuestos de un sentimiento expresado con sinceridad excesiva.

Me encuentro desorientado. En este último año, mi vida ofrece un panorama dilatado y confuso. Para situarme debidamente intentaré recorrerlo a vuelo de pájaro.

No me culpo por la interrupción de mi diario, que como expreso al principio de esta libreta, duró más de un año. Hay algunas hojas sueltas con fechas posteriores y aisladas, que no valen nada. Fracasé en todos los intentos de descripción de la agonía lenta y morbosa de mi pasión por Cora. Aparecían de manera constante imágenes repulsivas y contradictorias.

Las escenas violentas y apasionadas se sucedían con distintos desenlaces, muchas veces el odio y el deseo ocupaban simultáneamente mi espíritu, en el que ya no había el menor rastro del amor verdadero que en otro tiempo sentí por esa muchacha. El diario se hundió sepultando con su silencio multitud de hechos que no quisiera olvidar; como mi trabajo en la compañía Teatro de Medianoche y la gira que hicimos por Guanajuato.

A Manzanillo llegué como un borracho. Tanto así me deslumbraba la vista desconocida del puerto, y me sofocaba un calor húmedo y denso. ¡El mar! Sobre el mar los barcos estaban inmóviles y como ensimismados. ¡El mar! Un olor vivificante y salino me entraba a los pulmones cuando aspiraba la brisa fresca y cálida.

Encontré a mi familia instalada en una casa nueva, muy distinta a todas nuestras casas anteriores. Era toda de madera pintada, con colores alegres y con un amplio balcón que daba a la calle principal. Me sorprendió el paisaje nocturno del puerto. Las casas diseminadas llegaban hasta las playas cercanas haciendo maravillosos efectos de luz, como si fueran aquellos hermosos faroles chinos que iluminaron mi niñez.

Después llegaron los lentos, largos y pesados días, en los que el calor era como una gran masa viscosa que aniquilaba todo movimiento. Descuidé mi indumentaria a tal punto que fui motivo de escarnio y menosprecio. Un orgullo infundado y excesivo fue la primera cualidad que descubrí en los pobladores del puerto. Miré con interés a dos o tres muchachas y padecí otros tantos desdenes. Alicia María Kim Sam parecía ser cosa diferente. Un día, después de rondarla mucho, la saludé. Me dejó plantado con el saludo, y sin embargo descubrí en ella algo que... Ocho días más tarde le fui presentado en circunstancias desfavorables. Estábamos en un gran baile, durante una kermés. Yo no sabía bailar y el ridículo fue completo. Se buscó a otro compañero y yo me quedé con tres palmos de narices. Cuando hablé con ella, no supe más que decir estupideces. Creo que nuestra conversación giró en torno a los organizadores de la kermés. A pesar de todo, poco tiempo después me le declaré. Durante nuestra breve relación, Alicia Kim Sam se mantuvo de un humor inexplicable. Su comportamiento fue verdaderamente oriental. Las miradas de sus bellos ojos oblicuos contrastaban de manera terrible con su mutismo. Su cara, plana y triangular, ostentaba unos labios delgados y la nariz graciosa de los idolillos chinos. Cuando estaba conmigo, alta, vestida de blanco, los cabellos sueltos y el rostro inclinado, parecía una bella muñeca inexpresiva. Sólo por las hendiduras de los párpados estrechos, salían unos resplandores rápidos y vivos que daban un encanto exótico a su rostro. Ninguna mujer me ha hecho temblar como Alicia Kim Sam. Por lo general, hablábamos poco y nuestras entrevistas se espaciaban más y más. Ella se mostraba fría y reticente.

Así pasamos los primeros días de noviembre. Las dos últimas semanas de octubre las pasé aquí en Zapotlán. Hice un viaje un tanto fortuito, inesperado, que transformó toda mi vida.

Con motivo de las fiestas de octubre se habían organizado en Zapotlán tres veladas artístico-culturales, a las que de manera especial fui invitado a participar por doña Margarita Palomar y por don Alfredo Velasco. Lisonjeros fueron los resultados. Al éxito momentáneo se agregó una circunstancia valiosa y favorable: un grupo de amigos me propuso para catedrático de la Escuela Secundaria de Zapotlán, a la cual acababan de agregarle un tercer año que no tenía. Llevándome una grata e inolvidable impresión de mis amigos y paisanos, volví a Manzanillo por muy pocos días para hablar con mi padre y volver a Zapotlán con un nuevo proyecto de vida, más acorde con mis intereses culturales. Alicia Kim Sam me terminó de un modo que aún me preocupa. Después de ocultarse toda una semana, la única noche que logré verla me dijo que ya no podía seguir siendo mi novia. Como ya tenía listo mi velís para regresarme, la negativa de Alicia me permitió viajar a Zapotlán sin ningún pendiente. Además, mi padre me encargó que atendiese unos asuntos suyos en Zapotlán. Todo salió de perlas. Empaqué mis libros, papeles y recuerdos, y el 22 de noviembre me vio llegar a Zapotlán una muchacha con quien habíamos hecho guiños en la feria. Pensé que ella sería mi paño de lágrimas, pero

El Comité Pro Exposición Industrial se complace en invitar al público guzmanense, a las

VELADAS CULTURALES

que tendrán lugar los días 23 y 25 de los corrientes, a las 21 horas, en el local de las Escuelas Secundaria y Superior para Niños, (Fed. del Toro Núm. 155), y con asistencia de S. M. la Reina de la Feria

ADELINA I.

y sus Altezas

MARGARITA Y CUCA.

Programas a que se sujetarán las Veladas.

Día 23:

I.—Selección por la orquesta, que dirige el Prof. Agustín Fuentes.
II.—Disertación sobre literatura precortesiana por el joven estudiante Vidal Mageña del Toro.
III.—Nocturno Núm. 2 .... Chopin. Violín por el Profesor Luis Guzmán, acompañado al piano por el Prof. Rodolfo López.
IV.—Farewell .... Pablo Neruda. Despedida .... Paul Geraldy. Juan José Arreola.
V.—Preludio en sol menor Rachmaninoff. Parafrasis de 'Rigoletto'...Verdi-Listz. Prof. Manuel García Macías
VI.—Bailable. "Danza Húngara Núm 6" Brahms.—Sritas. Rosaura Trujillo y Bertha Silva.
VII.—Canciones, interpretadas por el Sr. J. Jesús Rodríguez.
VIII.—"Soft sole dance", bailable a cargo de las Sritas Carmen Silva y Rosaura Trujillo.
IX.—Poemas declamados por su autora la Srita. Angelina Barragán.
X.—Czardas .... Monti. Violín, Prof. Luis Guzmán y piano Prof. Rodolfo López.
XI.—Pieza por la orquesta.

Día 25:

I.—Selección Musical por la Orquesta.
II.—Poesía recitada por la Srta. Angelina Barragán.
III.—"Fado Blanquita" Bailable. Sta. Carmen Silva.
IV.—Pequeño estudio social Sr. J. Manuel Ponce.
V.—"Nonchallance" por la Orquesta.
VI.—Declamación por el Sr. Carlos Preciado.
VII.—"Duo de los Patos" A cargo de la Srita Lupe Velasco y Sr. Federico Ochoa Reyes.
VIII.—Poesía por el Sr. Arturo Bañuelos.
IX.—Canciones por la Sta. Lupe Velasco.
X.—Pieza Final.

Ciudad Guzmán, Jal., Octubre de 1940.

Programa de las Fiestas de Octubre de Zapotlán, en las que participó Arreola como declamador.

las cosas marcharon de otro modo. Se trata nada menos que de Pacha Cárdenas y ya tendré oportunidad para hablar de sus ojos verdes, puesto que nos hicimos amigos los primeros días de mayo.

Por fin, tras cuatro años de ausencia, me instalé de nuevo en Zapotlán, sin saber a punto fijo cuál sería mi destino, con un corazón dolorido, pero grande y dispuesto a olvidar.

Junio 4. Mi padrino Librado pronuncia con cierta fruición la palabra "impío", marcando muy bien todas las letras, especialmente la i acentuada.

Cuando la aplica, da la impresión de que pone un cauterio o un sello sobre la frente de aquel que la merece.

Su hermano Esteban ostenta esa distinción en todas las ocasiones que lo recuerda, lo mismo que su otro hermano mayor, José María Arreola Mendoza, y mi tío Daniel Zúñiga. Mi hermano Rafael ha cometido el error de su irreverencia hacia nuestro padrino, y el adjetivo de "impío" cayó sobre su cabeza, dicho por boca de mi padrino, quien a guisa de comentario añadió: "Todo se debe a la educación que se recibe". Luego, contradiciéndose, dijo: "De tal palo tal astilla". Entonces le vinieron a las mientes sus dos hermanos "impíos" y ya no halló que decir.

Anoche, cerca de las nueve, cuando ya casi me marchaba de su casa, Pacha venía llegando. Confieso que no me sentí feliz. En sus pasos apresurados y en la ruidosa despedida de sus amigas, adiviné una cosa desagradable. Hablaba rápidamente de cosas sin sentido. De repente balbució: "Tengo que decirte algo". Le dije apresurado: "Dímelo". Ella estaba visiblemente turbada, y continuó: "No sé cómo decírtelo, bueno, en pocas palabras, no quiero que vengas más. Compréndeme, serás mi mejor amigo. Háblame dondequiera que me encuentres, búscame, pero no vengas aquí, no puede ser, desde anoche quise decírtelo. Perdóname, no sabes cuánto te agradezco todo. Seremos los mejores amigos".

Agradecí su sinceridad y me despedí de manera cordial. Sufrí y me turbé profundamente.

El mal que padezco desde ayer se ha venido agravando. Amanecí triste y debilitado. La impresión de anoche —amor propio lastimado— duraba en mí como la de un mal sueño. Pero ¡qué bello salir a la calle por la mañana y caminar bajo un cielo fresco e iluminado!

Mi clase de hoy fue laboriosa y atractiva, salí de ella con el corazón contento, platiqué un rato con Estela y Enriqueta en la puerta de su casa. Llevo una cara triste y lastimosa; la enfermedad, mi mala presentación y el deseo de aparecer pobre y empequeñecido. Algo así como sentir una pena y estar íntimamente alegre de tenerla. Tengo ganas de estar sentado en un parque, bajo un sol débil. Convalecer de una enfermedad moral. Hasta el corazón late tranquilo y con escasa sangre.

Junio 7. Hoy he leído algunas frases de Alfredo de Vigny que me han hecho un efecto saludable:

- Una desesperación apacible es la sabiduría misma.
- Todos los vicios y crímenes vienen de la flaqueza. ¡No merecen, pues, sino la piedad!
- Para el hombre que sabe ver no hay tiempo perdido.
- El "noble" y el "innoble" son los dos nombres que mejor distinguen, a mi ver, las dos razas del hombre que sobre la tierra existen.
- A nadie he causado mal; a muchos he hecho bien. ¡Que así transcurra toda mi existencia!
- Si fuera pintor, quisiera ser un "Rafael negro". Forma angelical, color sombrío.
- No hay un solo hombre que tenga el derecho de menospreciar a los hombres.
- No he encontrado un solo hombre en el cual no existiera algo que aprender.
- El hombre es la poesía del deber.
- La independencia fue siempre mi anhelo, y la dependencia mi destino.
- La palabra más difícil de pronunciar y ubicar convenientemente es "yo".
- El hastío es la enfermedad de la vida, para curarla es preciso amar o querer.
- ¿Cómo no experimentar la necesidad de amar? ¿Quién no ha sentido desaparecer bajo sus pies la tierra cuando el amor amenazaba con romperse? ¡Oh!, siempre la misma vida. ¡Dejo el dolor por la enfermedad y la enfermedad por el dolor!
- Amar, inventar, admirar: he aquí mi vida.

Estos pensamientos los he extractado del *Diario íntimo* de Alfredo de Vigny.

Junio 8. El jueves —hoy es domingo— tuve una larga conversación en casa de Judith. Ella, citando a no sé quién, dijo a propósito de lo que hablamos: "Querer a una persona después de haber conocido todos sus defectos, es quererla de verdad". Nuestra amistad ha sido grande y profunda, pero ha sufrido lamentables turbaciones, gracias a las intrigas de una amiga común y a nuestro particular estado de ánimo. Estos incidentes dieron motivo a que muchas cosas ocultas en nosotros salieran a la luz. Cuando todo parecía perdido, un resto de verdadera amistad provocó el perdón y el olvido. Nuestra amistad ha ido reconstruyéndose y fortificándose.

Junio 9. Tengo la cabeza pesada, el cuerpo fatigado y lleno de tristeza el espíritu. Son las siete de la mañana y se me augura un mal día. Siempre he creído que el humor de la mañana nos lo preparan los sueños de la noche anterior, los que casi siempre olvidamos sin darles importancia. Así, uno amanece triste sin saber por qué.

Durante tres o cuatro días viví de manera luminosa, pero hoy he vuelto a caer en la oscuridad. No puedo negar que la irreflexiva jugarreta con Luz Cárdenas me hizo algún bien, y me quitó de la cabeza el pensamiento de la enfermedad.

Aquí en mi cuarto, entre mis libros, soy feliz muchas veces leyendo, escribiendo o meditando; mis desgracias comienzan cuando quiero ocupar en la vida mi puesto de hombre joven. Es ya de noche y mi ánimo ha cambiado. El correo de la mañana me trajo el libro *Poemas y sonetos* de Góngora. Me sentí súbitamente alegre y contento. Leí todas las décimas, el prólogo y algunos sonetos. Descubrí unos bellísimos, hasta ahora desconocidos para mí.

Como fruto de mi lectura, di forma a un soneto que titulé "Anunciación", lo tenía concebido hace tres meses. Fue en México, en casa de los Báez, que se me ocurrió la primera frase: "Habló el arcángel y a su voz María...". Por la tarde he tenido otra alegría. La señora Margarita Palomar me ha hecho un hermoso regalo: *Platero y yo*, de Juan Ramón Jiménez, en una edición primorosa de Espasa Calpe. Me escribió una hermosa dedicatoria que fija el recuerdo de "El patio" y de "El pobrecito Juan".

Junio 18. Dejé de describir en este diario muchos de mis mejores días. Por ejemplo, las tormentas de junio sobre el valle y el pueblo, que dejan una fragancia húmeda y pura. Salgo al jardín después de la lluvia y los árboles parecen rostros que han llorado mucho y que comienzan a sonreír. El suelo está todo lleno de pétalos y de hojas. Sobre el azul puro del cielo se recortan los perfiles de las montañas en un azul más intenso. Es un horizonte en el que se confunden las montañas con el cielo, en tonos verdes y azules. El paisaje de mi pueblo es como su alma, candorosa y simple. El paisaje bajo la lluvia tiene algo infinitamente triste y dulce. Es como recordar una felicidad pasada que de tan bella y lejana nos hace llorar.

Junio 29. Toda mi vida gira en torno de un desastre que miro cercano. Hay algo que me transforma, mi nueva pasta rebasa los viejos moldes. Ya no tengo esperanza en un resurgimiento, creo que mi cuerpo no recobrará nunca su antiguo vigor. La pérdida de la salud, al destruir todas las posibilidades del bienestar físico, ha vuelto hacia adentro todas las descargas afectivas y vitales.

Mi vida interior se vuelve cada vez más intensa, mientras disminuye mi capacidad de vivir. Confieso que encuentro placer en la desgracia de estar enfermo. Se me figura que es el precio del talento que algún día tendré. Del talento que creo llevar ya en embrión y que habrá de desarrollarse con el sufrimiento.

Junio 30

Judith:

No te había escrito antes para no contarte incertidumbres y dudas. Ahora siquiera tengo una certeza: estoy más enfermo de lo que pensaba. Verdad bien triste, pero muy preferible a la ignorancia. Tu mamá te habrá contado tal vez que estuve a punto de quedarme... Es cierto, por poco me despido en falso. Este viaje, hecho a fuerza de desesperación, empieza a serme provechoso. No quiero contarte todo lo que en él sufrí, todo lo que me arrepentía de haberlo realizado.

Llegué con gran agotamiento y por nada aceptaba la idea de quedarme. Me asombraba yo mismo de que en otro tiempo fui capaz de llegar a México solo, como un desconocido, sin familiares, amigos o trabajo. El señor José de Jesús Galindo, de quien sólo he recibido beneficios, me dio una tarjeta de presentación para su doctor. Por fortuna me hallo en manos del doctor José de Jesús Marín Preciado, gran médico de Zapotlán, hermano de Lupe Marín, la esposa de Diego

Rivera. Los Marín son de Zapotlán y conocen a mis tíos José María y Librado. Después de una larga consulta y de un minucioso examen físico, el doctor Marín me hizo saber que mi enfermedad consiste en una parálisis parcial del estómago, causada por un desprendimiento del mismo. Las radiografías que me mandó hacerme, confirmaron su diagnóstico, agregando la aparición de una úlcera gástrica. Pero, mi querida amiga Judith, todas estas palabras y enfermedades me resultan feas de describir en una carta, que debería de tener otro tono que el usual que tú conoces. Estoy sometido a un tratamiento que esgrime como arma principal mi juventud, pero en el que, la verdad sea dicha, no confío del todo, ya que tengo el estómago caído diez centímetros abajo de lo normal y, por lo tanto, imagina las pocas probabilidades que tengo de sanar. Tendré que usar una faja y esto me da la idea terrible de que padeceré una vejez prematura. Algo así como una enfermedad crónica.

Bueno, creo que ya es tiempo de pasar a otra cosa. Quiero pedirte perdón por tantas lamentaciones, veo que ni por carta te salvas de ellas.

Al día siguiente de mi llegada a México, tomé posesión de mi trabajo con el señor Galindo, que es más intenso de lo que creí; a veces llega a abrumarme. Los amigos que he visto me han recibido con afecto y ya comprendes lo que estas cosas me edifican. Judith, me doy cuenta de que mi carta es ya demasiado larga. Me desconsuela su insipidez, no me gusta que toda ella sea un relato pesimista de mi vida. Pero ya sabes, de un "pobre Juan" no se pueden esperar maravillas. Sin embargo, te prometo que en mis otras cartas estaré más optimista y literario. Me duele no haberme despedido de ustedes; pero más vale así, seguiremos estando unidos y cercanos.

Que tu mamá y tu papá reciban esta carta como suya, porque en ella pongo todo el afecto que me inspiran. Te ruego aceptar mi saludo más cariñoso, con la promesa de escribirte cartas que no huelan a ácido fénico. No dejes de contestarme pronto, ya que esta es la primera carta que escribo desde que estoy de nuevo por aquí.

Tu amigo que siempre te admira:

Juan José

Este es el borrador de una carta que quiero terminar de escribir mañana. Realmente, la certidumbre de mi enfermedad no ha dejado de conmoverme, a pesar de que yo ya presentía su gravedad. Estoy dispuesto a vivir con mi enfermedad al lado. Quiero ser capaz de trabajar ¿podré? ¡Cómo sufro! Esto no es lamentación, puesto que me resigno a padecer, pero que dura es hoy mi vida. Carezco de dinero y de salud. Estoy solo de nuevo en la ciudad de México. Sólo el trabajo puede ponerme a flote. Algunos días he sentido que voy a perder el control en plena oficina. ¡Oh, Dios mío! Ayúdame a no perder la capacidad de mantenerme fuerte. He dicho ¡Oh Dios mío! Creo en Dios y no lo imagino como un comisario de policía, sino como una gran fuerza protectora. Quizá no escuche mis palabras, pero el dolor es un lenguaje que no puede dejar de oírse.

Julio 9. No me gusta hablar de mi enfermedad en este diario. Hablo tanto de ella en mi vida diaria que ya no queda nada por decir. La enfermedad es la clave de mi carácter actual y debo hacer un poco de historia.

Un día de mediados de febrero del presente año me resultó fatal. Regresaba a Zapotlán de un breve viaje a México. En Morelia me puse malo, tanto, que me atreví a pensar en la muerte como única solución. A partir de ese día, ya no recobré más la salud. Había perdido el estómago. Los médicos de Zapotlán no supieron adivinar mi mal. Todo fue atribuido a un desequilibrio nervioso, y los sedantes que me dieron arruinaron cada vez más mi cerebro. La crisis sobrevino y el resultado fue el viaje a México, del que hace apenas tres días he regresado. Vi buenos doctores. Estoy realmente enfermo. Poseo la certidumbre, en medio de mi mal siento una benéfica tranquilidad.

No es que yo hable por despecho. Puedo decirlo como si se tratara de otra gente: Carlos Guillot no vale nada.

Acabo de realizar el viaje de México a Zapotlán en su compañía, y toda la noche he tenido frente a mí su cara de imbécil satisfecho. Escuché su charla insustancial. Cuando lo vi en la estación cargando sus maletas con paso apresurado y erguido, tuve deseos de hacer transferir mi boleto. Lástima de no poder hacerlo. Luego lo volví a ver al borde de la vía sentado a horcajadas sobre su maleta. Tenía un aire alegre e importante.

Me serené porque por un momento creí que tomaría un carro de primera. Pero viajó en segunda, frente a mí, feliz de haberme encontrado.

Su querida fue a despedirlo a la estación, era una joven colorada y gruesa como una vaca, que le llevó un pastel envuelto en un pedazo de periódico. Yo cuidé de su asiento mientras charlaba con ella. Cuando el tren partía se hicieron saludos y señas significativas. La joven tenía un aire vulgar. Carlos se disculpó diciendo: "Es una buena muchacha. Yo tengo para el espíritu y para el cuerpo". Al oír esto pensé: lo que le falta de espíritu a Carlos, a ella le sobra de cuerpo. Carlos es alto, rollizo y perezoso. Aburrido, adoptaba en el asiento las más antiestéticas posturas. Se lamentaba frecuentemente porque no podía estirar los pies y porque el conductor no pasaba a ofrecernos almohadas. Se tuvo que poner en pie para buscarlas. Volvió feliz con tres almohadas bajo el brazo. La tercera la ofreció a nuestra compañera de viaje, que era una mujer robusta y atractiva. Nos dijo que era viuda y llevaba una niña pequeña con la que Carlos comenzó a jugar y a distraerse. La señora, un poco mareada por el movimiento del tren, sonreía levemente ante las miradas de Carlos. La mujer hablaba fácilmente dando toda clase de detalles. Carlos se animaba. Sus miradas eran cada vez más lúbricas. Tiene unos ojos detestables, saltones, turbios y sanguíneos. Parece que ha llorado recientemente o que lleva varias noches sin dormir, tal vez bebió más de la cuenta el día anterior. La viuda aceptaba sus gentilezas y el reía satisfecho, con una risa banal que se iba haciendo abyecta. Al reír mostraba sus dientes amarillos de fumador empedernido, los tenía largos y redondeados, puestos de cualquier modo sobre sus encías, unos hacia dentro y otros hacia fuera, unos más altos y más agudos que otros. Su boca es estrecha y se disimula gracias a un bigotillo negro que apenas se asoma. Tiene barba espesa. Cráneo alargado y cubierto de pelo grueso y lacio peinado hacia atrás. Su frente es angosta y deprimida y parece sudar una grasa brillante constantemente. Cuando ríe, su frente se pliega en arrugas y su piel, al apretarse, exuda más grasa brillante, que le da a su rostro el aspecto de un hombre alcohólico.

Intentaba hablar de cosas serias, pero incurría en constantes errores. Cuando hablaba de él o de su familia se contradecía. Hacía ostentación de una situación familiar desahogada y socialmente preponderante. Yo dormitaba desde hacía rato. En cierto momento, abrí los ojos y vi que Carlos apuntaba el nombre y la dirección de la viuda en su libreta, y escuché que concertaban una cita. Entonces Guillot dijo: "Usted le echa un ojo al gato y otro al garabato".

Poco antes de llegar a Zapotlán, Carlos Guillot tomó sus petacas y se pasó de contrabando al carro de primera. Al detenerse el tren en la estación, bajó sonriente con los brazos abiertos para saludar a su novia Judith, mi amiga de la infancia y exnovia.

Julio 10. "Yo soy ese que vagó buscándote al azar sin encontrarte." Pensé esta frase mientras recorría varias calles en su busca. Me decía: ¿por qué no se produce una coincidencia? La encontré en una ventana. Tuve sus ojos tan cerca de los míos que sentí su mirada como un golpe. Tiene los ojos grandes y claros, el color de su rostro es moreno, su cabellera es negra y le cubre los hombros, es alta y delgada. Tendrá a lo sumo quince años. Más adelante relataré cómo la descubrí un día, y cómo el día de hoy estuve a punto de perderla.

Julio 11. Su casa tiene sólo una ventana. Supongo que esa ventana da a la sala. No se ve luz. La puerta de la casa deja ver un patio al fondo. Hay una ventana a través de la cual observo. Estoy parado en la acera de enfrente y con discreción trato de mirar al fondo de la casa. Veo que detrás de la sala oscura hay mucha luz en el patio. Allí está ella leyendo. Sólo veo sus cabellos; la línea de su frente se recorta sobre la página blanca. La calle es sombría. El cuadrito luminoso de la ventana me produce grata impresión. Me gusta verla leyendo, quisiera que por un momento dejara la lectura y volviera su rostro. No se ha dado cuenta de que estoy allí. ¿Por qué no voltea? Sus cabellos le cubren la espalda. La luz los ilumina, matizándolos. De pronto el cuadro desaparece. Es su madre que se ha dada cuenta de mi asedio y cierra la ventana.

Julio 12. Como todo enamorado que se respete, parto de una incertidumbre. Poseo pocos datos y, sin embargo, ya he reconstruido la imagen. A la hora de confrontar la realidad con el sueño me espera seguramente el desastre. La fantasía es una costumbre maravillosa capaz de destruir el sentido real de la existencia, que me ayuda a escapar de la realidad cuando ésta se vuelve odiosa. ¿Qué trasunto de mundo puede parecer habitable a los que moran en tus confines? A aquellos que alzan dentro de sí mismos la estructura maravillosa del ensueño, a aquellos que ven derrumbarse a diario todas las formas edificadas sobre el límite en el que el sueño y la realidad se contradicen.

Ella es lo más parecido a una flor. Una flor clara y alta sobre su tallo. Su cabellera corona la gracia con que camina, el donaire de sus movimientos, el color de sus ojos, toda ella me hace percibirla como una flor. Su edad es la misma de las flores. Parece que no durará mucho tiempo. Luego me asombra verla igual al día siguiente, con su serena y radiante hermosura. ¿Por cuánto tiempo la he de ver alzar sobre mi mundo la flor intacta de su vida?

Espiga, lirio de blandos movimientos. Su cuerpo silencioso flota en el agua encantada de sus ojos.

Espiga, lirio, blando movimiento de tu paso. Agua encantada de tus ojos, gracia blonda de tus cabellos coronando tu esbeltez. ¿Por cuánto tiempo pasarás frente a mí, tal como yo te veo, más con el sueño que con los ojos, antes de que la realidad te destruya?

Julio 13. Hoy declaré mi amor a Sara. Tengo una impresión que no puedo definir, buena desde luego. Me parece una excelente muchacha. Siento que el sueño sigue alzándose intacto.

Estudia, me lo dijo como para no aceptarme. Vive sola con su mamá. Eso hace imposible que podamos vernos. Es de Tamazula, adonde viajará esta semana. No podré verla pronto. ¿Amigos? Sí, seremos amigos. Pero y ¿el noviazgo qué? Me dijo que el próximo domingo me dará su respuesta. Quedamos de vernos en el jardín a las doce. Noté que se turbaba un poco, eso me gusta.

Me pondré a soñar de aquí al domingo. Me consuela pensar que me aceptará. Me parece interesante y agradable que estudie, pero la sentí muy seria y adusta, eso me preocupa.

Julio 14. Siento remordimiento de haber tenido un día feliz sin merecerlo. Hasta la he visto a ella, a ella pura, con mis ojos impuros. Podría estar alegre, no me ha pasado nada malo, pero en cambio... Algo como una tristeza opaca mi felicidad y la oscurece.

Ella volteó varias veces a lo largo de la calle. ¡Cómo quisiera no haber hecho lo que hice! El viejo hábito retorna. Siento culpa por tener sueños eróticos que destruyen la belleza de nuestra incipiente relación.

Julio 15. Volví a mirar el cielo y mis ojos se detuvieron en un punto. Una estrella brillaba entre las nubes sombrías. Vino a mi memoria el nombre de John Keats. Conozco unos breves fragmentos de un estudio de don Antonio Castro Leal que se titula *El lucero de la tarde*, que es el nombre con que el poeta Shelley se refiere a

Keats en una elegía que comienza precisamente así: "Y pues llegas lucero de la tarde; tu trono alado ocupa entre nosotros".

Me parece muy bella esa alusión a un gran poeta, hecha por otro gran poeta. Keats murió joven y triste en una casa de Roma. Seguí mirando al cielo, y en medio de las sombrías nubes del crepúsculo, vi que en un pequeño remanso azul flotaba alegre el lucero de la tarde. Las nubes anunciaban tormenta. Poco después nada brillaba.

Julio 16. Ahora ya no la he visto, supongo que se ha marchado a Tamazula. Cuando pasé hoy a la Academia de Costura, las muchachas me miraron con cierta curiosidad. Tengo la esperanza de ser admitido. Su recuerdo vaga ante mis ojos gratamente. Le dedico mis más puros pensamientos. No he tenido trabajo y he leído mucho: Hamsun, Dostoievski, Duhamel, Vigny. Este último es uno de los novelistas más crudos que he leído, su realismo sobrepasa a todos mis conocidos, quizás hasta el propio Barbusse. Hamsun está lleno de luminosa poesía; el invierno, las lluvias otoñales, los bosques helados, son paisajes que describe con maestría. Es un escandinavo neto: sus personajes son misteriosos y poéticos y se mueven como imágenes vaporosas en la bruma. Tiene una idea enigmática del amor. No he descubierto en él un amor normal.

Julio 17. Sigo pensando en... ¿Cómo llamarla? El primer nombre que se me ocurrió fue el de Alicia, luego Alice, en francés, y se pronuncia Alys, y me daban ganas de escribirlo así. Ella me parece una flor de lis. Recuerdo que hace más de diez años leí *La flor de lis*, de Federico Mistral, en un libro de lecturas escolares. Estaba en la primaria y ya me gustaba soñar. En la leyenda de Mistral, un niño como yo deseaba ardientemente la flor de lis que se abría en medio de la acequia. Imagino el lirio azul, alto y esbelto sobre su delgado tallo. Se refleja en el agua quieta y su color azul se funde con el azul del cielo reflejado en el agua. Un viento ligero la hace balancearse suavemente. Es la más delicada de las flores, se nutre del agua clara que la refleja como espejo.

Julio 20. Hoy es el día de la respuesta. Temo por su carácter infantil. En estos últimos días me han absorbido las lecturas y logré terminar un estudio que comencé hace tiempo: *Análisis de un sueño*.

Julio 22. Vengo sufriendo una aguda crisis mental que coincide con otros trastornos físicos. Hasta la lectura me resulta penosa y difícil. Todavía me resisto a aceptar mi destino. Siempre quiero alcanzar las cosas que me están vedadas y mi ineficacia para lograrlo me hace sufrir. Resulto anticuado en esta época que aún no me resuelvo a abandonar. Son ya cinco fracasos consecutivos que en materia de amor he padecido, desde mi gran fracaso de México, que todavía me abruma con sus escombros. Allí ocupé el sitio del traidor y la máscara de villano que todavía no he podido arrancarme de mi rostro. Estaba acostumbrado a representar el papel de víctima, por lo que el papel de verdugo me hizo mucho mayor daño.

Después de burlarse mucho de mí, de burlarse hasta de mi incapacidad para perderla, Cora dio en llamarme "canalla". Lo hacía con una naturalidad tan grande que me hizo creer en mi maldad. Al decirme canalla, me descubrió a mí mismo al hombre malo que todos llevamos dentro. Nunca me sentí capaz de ser cruel y cínico. No sé si lo era realmente, pero Cora me hacía sentir como tal. Me lo decía en un tono tan real, de víctima, con los ojos tan llenos de lágrimas, que reconozco que desde entonces se instaló en mí la duda. Ella con su despecho me reveló para siempre "los renglones torcidos de Dios". Las partes oscuras de mi alma que yo no conocía hasta entonces.

Julio 24. Reuní cinco sonetos y diez décimas que escribí en México durante mi estancia de febrero, y formé un pequeño librito que el día de hoy puse en manos de don Alfredo. Como final de la breve antología, agregué una canción que escribí en diciembre del año pasado. De los sonetos, uno data de los últimos días y está escrito a raíz de algunos de los recuerdos esbozados en las páginas de este diario. Su técnica es diferente a los que había escrito antes, en los cuales perduraban todavía deplorables huellas.

Tengo cierta desconfianza acerca del posible juicio de mi amigo don Alfredo, quien siempre es benévolo conmigo. En lo personal me encuentro satisfecho del valor literario de las composiciones reunidas en este pequeño librito que he escrito y empastado personalmente.

Julio 28. Resultó bien que no haya escrito ningún apunte el día 25. Interpreté mal algunos comentarios de don Alfredo y estuve a punto de equivocarme describiendo mi descontento en estas páginas. El sábado estuve platicando con él largo tiempo. No tengo duda de que le han gustado mis versos, hasta hizo una variación sobre el último poema de la antología. Me dijo que trabajara más. Estoy de acuerdo con él, ya que no quedé satisfecho de su estructura actual.

Estoy un poco confuso, para aclarar mis dudas pienso enviarle a Xavier Villaurrutia una selección de los poemas, con la esperanza de que me haga una crítica orientadora. Quisiera enviarle también algo de prosa, tal vez un cuento o un ensayo teatral.

Hoy comprendo como nunca las dificultades que encuentra a cada paso el artista para valorar su trabajo.

Ahora, una página sobre Sara:

Seguimos siendo amigos y nos entrevistamos sólo una vez cada ocho días.

Es algo absurdo. El domingo anterior al que acaba de pasar, quedé muy desilusionado, ni siquiera pude escribir mis impresiones. Ayer me dijo claramente que no se hacía mi novia porque no quería perder su tiempo y agregó: "Esas cosas son una perdedera de tiempo y yo tengo que estudiar". Su comentario me entusiasmó y me hizo soltar la lengua. Le dije en un tono serio: "El que no quiera usted perder su tiempo en estas cosas me encanta, porque me hace ver que usted es diferente a las otras". Este "usted es diferente a las otras" lo he venido empleando con singular provecho. Se trata de una frase que no es sincera, pero que rinde algunos frutos. He llamado "diferentes" a algunas muchachas que se perdían entre todas por ser iguales a la estulta mayoría. Ahora me satisface decir que he empleado esa palabra con justicia. *Diferente* es el nombre de una obra teatral del dramaturgo Eugene O'Neill, en la que vi actuar a la Montoya y que me encanta. Entre el primero y el segundo acto hay treinta años de intermedio. Tiempo suficiente para que los personajes giren sobre su carácter y les veamos todo su contorno. En el primer acto, ella se juzgaba diferente y desecha a su prometido porque lo encuentra vulgar e impuro. El novio despreciado espera treinta años. El paso del tiempo no lo ha cambiado. Se muestra cabal, no puede haber en él nada de despreciable. Ha esperado inútilmente treinta años. En el primer acto de la obra, el personaje dice: "Te esperaré treinta años si es necesario". Y allí está, igual a sí mismo, envejecido, pero triunfador. Ella, en cambio, la que no pudo perdonar una aventura, la que quiso guardar intacta su pureza, nos muestra después de treinta años su aspecto diferente, los años la han cambiado por completo. A treinta años de distancia, la dulce jovencita que en el primer acto se juzgaba "diferente" es ahora la ardorosa jamona que se enamora de su sobrino y se hace explotar por este joven calavera. Parece una vieja prostituta, una rosa de papel envejecida, sus cabellos son negros, negros con ese esmalte que da la pintura, su rostro pintado con colorete y lleva puestas alhajas de mal gusto. A los treinta años inútiles de amor y de espera, el personaje descubre el juego cínico del sobrino y el amor impúdico y senil de la mujer que amó toda su vida. Después de una escena de violencia, él se ahorca en el granero. Cuando ella sabe esta noticia, ya ha descubierto el fondo inmundo de su amor. Se pelea y recibe los insultos de su joven amante de veintidós años. Comprende al fin que se ha quedado sola. A sus cincuenta y cinco años todavía esperaba casarse con su sobrino. Poco a poco, bruscamente envejecida, se pone a descolgar las cortinas y a desmontar los adornos de su habitación, murmurando en voz baja: "Espera, Caleb, yo también voy al granero...".

Al recordar esta magnífica obra de O'Neill, pienso que la vida ordinaria no precisa de treinta años para descubrirnos. Basta a veces con un año y ya todo ha cambiado. A veces sólo un mes y en ciertos casos ocho días. En ocho días podemos conocer la ruindad de una persona que pensamos capaz de amar con bondad. Es probable que yo no deba llamar "diferente" a una persona que acabo de conocer, sin embargo, a veces algo dentro de mí me dice que no estoy equivocado.

Mi madre y mi hermana llegaron hace dos días. Se ocupan de poner en orden la casa que habitamos descuidadamente. La casa resurge, se ilumina. Los rostros de las cosas brillan con extraño fulgor al caer el polvo que las cubre. El espejo de la sala tiene una mirada radiante que refleja la felicidad de los muebles, que ahora se encuentran alineados sobre el tapete e invitan a una charla familiar.

Mi madre formó un gran ramo de rosas blancas que cortó en el jardín de la casa. No me canso de mirarlas. Son grandes, argentadas y un poco informes, como grandes plumones de cisne. Semejan también la imagen de la luna sobre el agua. Cuando un pétalo cae de la mesa, lo tomo, acaricio su piel suave y pulida. Sin pensarlo, lo acerco a mis labios, siento un grato estremecimiento: la piel de las flores es lo más parecido a la piel de una mujer. El blanco y perfumado contacto me recuerda a la blanca mejilla femenina. El ramo de rosas, colocado al centro de la sala, me invita a la felicidad. Aquí mismo, en mi cuarto, en un pequeño florero de cristal, tengo una rosa amarilla y una roja. La rosa amarilla es marfileña y aguda, es geométrica, sus pétalos forman apretados vértices. De su capullo cerrado se desprende un delicado aroma pálido y místico. Se alzan en torno a ella tres hojas verdes y lozanas. Su simetría es tal que semeja la forma de un lis. La rosa roja es distinta. Su tallo endeble la hace inclinarse hasta casi tocar la superficie de la mesa, es una rosa blanda y femenina, de pétalos delgados y redondos. Su aroma es intenso y maduro. Junto a su compañera hermética, la rosa roja se ve marchita, como si hubiera vivido una noche de amor. Debiera triunfar el rojo apasionado sobre el marfil, pero no, la rosa amarilla es más joven, ha brotado esta mañana, pero dentro de dos días ya no habrá diferencias entre una y otra; ambas serán dos rosas marchitas. De ahora en adelante tendré diario una rosa sobre mi mesa.

Julio 29. ¿Por cuánto tiempo me permitirá el destino vivir esta existencia? Soy feliz. Puedo confesarlo tranquilamente; cuando menos por este día soy feliz.

Agosto 17. Este lapso sin anotar nada en mi diario da cuenta de la intensidad del trabajo que acabo de realizar. Hace unos días terminé el cuento "Hizo el bien mientras vivió" que es, hasta la fecha, lo más pasable que he escrito. La media docena de lecturas que ha tenido el cuento no ha escatimado sus elogios. Don Alfredo tuvo conceptos que me llenan de satisfacción.

El intenso trabajo de seis días me condujo a una crisis lamentable. Dejé de ver a Sara por causa de mi trabajo; no obstante lo ocurrido las cosas marchan bien. Nos vemos casi a diario, aunque sólo a distancia. Confieso que, contrario a lo que pensaba, estoy enamorado.

Agosto 19. Estoy nuevamente en un terreno peligroso. Después de prematuros brotes de alegría, la planta del sentimiento me ha dado ya maduros sufrimientos. Algo me persigue. Quizá me persiga yo mismo. Pero la persecución es tan inevitable que no importa de donde venga. Soy un autómata cuyo funcionamiento consiste en destruirme a mí mismo.

Ya no es el enamoramiento calculado, perdidoso, que me ligó a Judith, no es tampoco un producto espurio de tres días como el asunto con Luz, ni la fría relación con Mercedes. No, este es el retroceso cabal hasta la ilusión. Me he enamorado antes de obtener algún dominio, y de antemano doy por perdida esta nueva partida.

He depositado toda mi confianza en los sentimientos de afecto que me inspira esta muchacha. Tengo la certidumbre de la superioridad frente a ella; su edad, casi infantil, me aseguraba un triunfo. Sin embargo, ella es una Eva psicológica que ya está conformada en su envoltura impúber.

Estamos en una fase primitiva, mímica y visual. Hasta ahora todo era éxito. No ha pasado nada que justifique el temor que vengo manifestando. No obstante, algo le ha faltado hoy a su mirada, a su saludo, a su gesto lejano, a su actitud.

Diría que es algo de color, de intensidad, de matiz. Esta pequeña pérdida de calidad en la relación ya comienza a hacerme sufrir. Ella ya descubrió en mi rostro las huellas de ese sufrimiento. No lo sé, pero lo creo. Si en esta semana no consigo la regularización del conocimiento, debo destruir su amor a cualquier precio. A menos que decida crearme un nuevo sufrimiento.

Agosto 20. Para disminuir un poco la tensión en que vivo, optaré por no verla durante el día. Hoy por la noche, después de una tarde tranquila, me sentí un poco molesto. La enfermedad. Como no me pude concentrar en la lectura, preferí salir a la calle y pasar por su casa. La puerta estaba cerrada, no había luces ni ruidos. Me quedé un largo rato meditando frente a su ventana.

Me enamoré sin darme cuenta, Sara representa una esperanza que me permitirá salir de este vacío existencial que me tiene preso desde que llegué de México. No creo estar perdido del todo. Considero un desastre el hecho de que su imagen comience a desdibujarse, a salirse del cuadro ideal al que yo la tenía reducida. Si logro hacerla mi novia, mi siguiente esfuerzo consistirá en concretar la idea que tuve de ella al principio de nuestra relación.

Agosto 21. Hoy pasé frente a la academia donde estudia, y desde lejos la saludé con mi mejor sonrisa. Ella estaba asomada a la ventana. Por la noche volví a su casa, pero la encontré cerrada y silenciosa. Pasé un buen rato sentado en la acera de enfrente, y aproveché el tiempo para escribirle una carta a Xavier Villaurrutia y otra para Benjamín Jarnés, en las que les envié el último cuento que escribí.

El día ha sido de trabajo intenso y penoso. Tuve que escribir los reconocimientos para cada uno de los alumnos de mi clase. Elaboré cuestionarios, revisé textos, califiqué exámenes. Cosa curiosa, esta es la primera mención que hago en mi diario de mi trabajo en la escuela. Es el mejor que he tenido en la vida, otro día me ocuparé de describirlo.

Agosto 22. Ha pasado casi un mes y hasta hoy pude hablar con Sara. La encontré al mediodía, cruzamos el parque y caminamos una calle juntos. Creí que la cuadra no terminaría nunca, pero cuando faltaba como la mitad para llegar a su casa, ella me pidió que hasta allí la acompañase.

Es doble la impresión que me causó: alegría, mientras conversamos con cierta efusión. Malestar agudo por la interrupción casi brusca. Estas dos actitudes extremas me parecen inaceptables en su persona. Recuerdo que otras veces nos ha pasado lo mismo; al principio es afable y luego se despide con brusquedad. Realmente no puedo seguir así. O nos hacemos novios expuestos a todos los accidentes, o nos hacemos amigos que puedan verse a menudo sin tantos problemas. Pero ya no acepto esta relación absurda que no es ni lo uno ni lo otro.

Agosto 25. Ni el sábado ni el domingo pude hablar con ella. Este día se echó a perder, yo no merecía una actitud así de Sara, pero ocurrió. Por la mañana pasé a su casa y me la encontré saliendo apresurada, me dijo con voz cortante: "Ahora no puede usted venir conmigo". Por ahí empezó la conversación y todo estuvo a punto de acabar. Yo le dije: "Tienes razón en todo lo que dices, esto no es una amistad. Tú mamá se ha dado cuenta de mis intenciones, y las muchachas de la academia, tus compañeritas, me parecen insoportables". Al escuchar mis palabras, Sara me tranquilizó diciendo: "Podemos seguir siendo amigos si renuncias a buscarme tan a menudo, a venir tanto a mi casa y a pasar tanto por la academia".

La interrumpí y le dije: "Estoy de acuerdo con todo lo que me pides, pero con una sola condición, que seamos novios secretos". Guardó un largo silencio que yo interpreté favorablemente. Ella lo aceptó al final, con la sencillez que la caracteriza; en un tono turbado me dio a entender que ya ha comprendido la sinceridad del afecto que le profeso.

No quedamos de vernos en una determinada fecha, pero ¡qué gran felicidad en este día opaco!

Decididamente, la vida quiere reconciliarse conmigo. No sé cómo describir mi estado de ánimo, pero gozo al recordar su mirada infantil, la viveza que tiene al hablar, sus ocurrencias oportunas, que siempre tiene a flor de labios. Su corta edad hace doblemente atractivas las cualidades que descubrí en ella desde el primer día que la conocí. No tropieza al hablar y da sus razones con aplomo. Sólo al decir la palabra que con tanta ansiedad yo esperaba, hubo en su voz un ligero temblor en sus labios. Recuerdo su turbación como el premio más grato a mi esperanza.

Busqué a don Alfredo para darle la noticia y no lo encontré. Fui a casa de Judith y ha pasado algo que me tiene conmovido. De manera extraña nos dimos a la tarea de reconstruir y recordar todo lo que pasó entre nosotros. Con gran sorpresa he visto las huellas que dejó en su ánimo nuestra aventura. Siempre calculé mal la intensidad de sus sentimientos. Si yo hubiese tratado en algún momento de vengarme de ella, nunca lo hubiera logrado con la misma fuerza y pasión con que hoy lo hizo Judith al revivir el pasado. El simple hecho de recordar nos movió a una sinceridad inesperada. Todo lo que no fue dicho a la hora del amor, se dijo a la hora del olvido. ¿Olvido? Creo que sólo lo ha habido de mi parte. En su prisa por entregarse a su nuevo amor, Judith se quedó con todo un pasado sin olvidar.

Agosto 26. La imagen floral de Sara flota sobre las aguas mansas de mi vida. Me he puesto la costosa penitencia de leer algunas páginas de mi diario escrito en México. ¡Cuánta inexcusable vileza! Me siento impuro de tan sólo pensar en ella. Ya hace más de un año que la aventura de México quedó liquidada. Me enervé al releer algunos detalles lúbricos. Sufro al confesarlo, la lectura de estas páginas mías me produce desolación, y extrañamente una violenta excitación que tendré que aplacar de cualquier modo. ¡Y pensar que apenas ayer me prometía una larga abstinencia!

Voy a destruir estas páginas de mi diario anterior, plagadas de un erotismo insulso y ramplón. A lo que parece, inconscientemente he balanceado y liquidado las aventuras anteriores, pero ¡qué pena hacerlo!

Agosto 30. Ayer tuve una ágil conversación con Sara. Descubrí en ella los rasgos más ciertos de su carácter. Hay alegría mezclada con juvenil despreocupación, pero la seriedad no se borra de su cara. Me ha contado que se marcha de nuevo a Tamazula dentro de dos meses. Hemos hablado con singular felicidad. Estoy muy contento de ella.

El de anteayer, ayer y hoy han sido días felices. Entre otras cosas, he recibido libros largo tiempo deseados. *El último puritano,* de George Santayana ya está en mis manos. Me han llegado libros de Ortega y Gasset, Wasserman, Molière y otros más. Estoy ya jugando en falso, lo sé, pero qué gran alegría abrir las páginas deseadas.

Septiembre 2. No suele durar más de ocho días el estado de calma de mi cuerpo. De manera inesperada o después de un sueño interrumpido, la excitación se presenta y me hace sentir mal. Tan sólo una vaga imagen, un recuerdo erótico o la lectura de un texto sensual, bastan para excitar mi libido. Bullen en mi cerebro los pensamientos que ya no me dejan tranquilo. Se precisan imágenes cuyo sentido me va orillando cada vez más a la comisión de actos inaplazables. La lucha por dominar mis sentimientos pasionales es el eterno problema de mi soltería.

Ayer hablé con Sara y quedamos de vernos hoy a las siete en punto. El mal tiempo canceló nuestra cita. Hacía frío y el cielo estaba nublado, el viento arrastraba heladas gotas de lluvia. No pudimos vernos.

Septiembre 10. Cuando mi paz de ocho días queda rota, suelo entregarme al remordimiento y trato de borrar mi falta lo más pronto y a cualquier precio. Pasan dos días y me doy cuenta de que la vida se ha cobrado ya de un modo excesivo el valor de mi licencia. La tristeza y la desdicha subsiguientes son tan grandes en relación con el goce mezquino, que siento lástima de mí. Quisiera que mi efervescencia fuese susceptible de control. Yo no gozo absolutamente nada con liberarme de mis instintos, la experiencia es desde todos los puntos negativa. Cuando soy más débil y añado algún refinamiento banal, sufro al encontrarme aún más envilecido. Estoy decidido a no manchar mi reputación acudiendo a sitios inadecuados. ¡Qué lío!

Hoy miércoles se cumplen ocho días de mi última entrevista con Sara. Sólo la vi en dos ocasiones y a cierta distancia, cuando caminaba por la calle; la última me acerqué un poco para preguntarle si siempre se marchaba a Tamazula. Ella, recuerdo ahora con dolor, me dijo que no. Volví a mi casa pensando que al no irse como lo tenía planeado, yo tendría la oportunidad de mejorar varios aspectos de nuestro incipiente noviazgo.

El lunes fui a una tienda a comprarle un regalo para dárselo el día de su cumpleaños. No sabía que Sara ya se había marchado el domingo sin despedirse de mí, igual que tantas otras, me había engañado. No sólo se fue a Tamazula, se fue del pueblo tal vez para siempre. Cuando fui a su casa a buscarla, me encontré con la desagradable sorpresa de que estaba vacía.

La lluvia ha jugado un importante papel en estos días tan difíciles para mí. ¡Qué laberinto de pensamientos me ha suscitado con su actitud!

Sara va a cumplir sólo catorce años, y yo la perdono.

Septiembre 14. Una de las facultades que me han sido vedadas es la del raciocinio y la reflexión. Nunca he podido escudriñar y conocer a fondo mi espíritu.

Septiembre 15. Estoy cansado de mí mismo. Profundamente desilusionado de mi carácter, de mi debilidad y mi temperamento: tengo la estructura moral de un puritano y los instintos de un libertino. Mi puritanismo ha martirizado a través de toda mi vida a mi propia conciencia y he pagado muy caras las transgresiones a mis propios códigos. Desde luego, yo preferiría ser un puritano a ser un libertino, pero esta mezcla ya no da lugar a una elección, tampoco querría ser sólo un libertino.

Si alguien leyese estos apuntes pensaría con curiosidad acerca de mis posibles libertinajes. No, el libertino permanece oculto, opera desde la sombra individual, y sólo se ha manifestado en soledad, es todo impulsos, es un ser incapaz de realidad. Cierto que allá en México, y en los días 13, el fauno pudo ejercer y manifestarse. Pero desde entonces ya no ha buscado su fruto. Tampoco me he entregado a los vicios de Onán. He tenido largos periodos de silencio, y sin embargo el libertino actúa desde el fondo de mi ser, atormentándome con sus excesos.

Un día vulgar, el 15 de abril, cobró este año una fisonomía trágica: a las doce horas con cincuenta minutos, Zapotlán fue fuertemente sacudido de los pies a la cabeza por un terremoto. En Colima, el fenómeno adquirió traza de catástrofe y muchas familias emigraron a Zapotlán en busca de refugio. Como el costo de la vida es alto en Tamazula, la familia de Sara decidió volver a Zapotlán. Llegaron el 4 de junio, yo la conocí hasta el día 21 de ese mes. Sabía que tarde o temprano tendría que marcharse, pero nunca creí que fuese tan pronto, y sobre todo del modo que ella lo hizo. No tendría objeto que yo me lamentase en estas páginas. Es una experiencia negativa como las anteriores: Alicia, Judith, Mercedes y Luz. Sara también hubo de desdeñarme, de un modo u otro. Estos cinco nombres suenan en mis oídos. El de Luz es el más ingrato de todos; el de Alicia, el más humillante; el de Mercedes, el más gris; el de Judith, el más importante, y el de Sara, el más luminoso.

Septiembre 16. Basta con que una muchacha me sonría al pasar para que el mundo gire ante mis ojos. ¿Sonreír? A veces, como hoy, sólo basta una mirada...

Septiembre 17. Ha sido un día triste y daría cualquier cosa por no haber ido a un paseo. En el transcurso del día, sentí que retrocedía varios años hasta volver a mi infancia. Vino a visitarme un recuerdo sombrío y lejano que ha alterado mi conciencia. Siento que he desperdiciado mi juventud. Sufro al recordar algunos hechos de mi infancia que contribuyeron a determinar un aspecto morboso de mi personalidad juvenil. Desde luego, también influye la herencia que traigo en la sangre, que es en gran parte culpable de lo que me sucede. No hablo de una herencia cercana sino lejana, casi diría ancestral.

Lo único que me alegra y me salva es la certidumbre de que nunca podré ser un depravado.

He hablado muchas veces de casarme, pero ahora lo pienso seriamente. Necesito organizar mi vida fisiológica y moral. Debo casarme. No puedo seguir como hasta ahora, sería tanto como

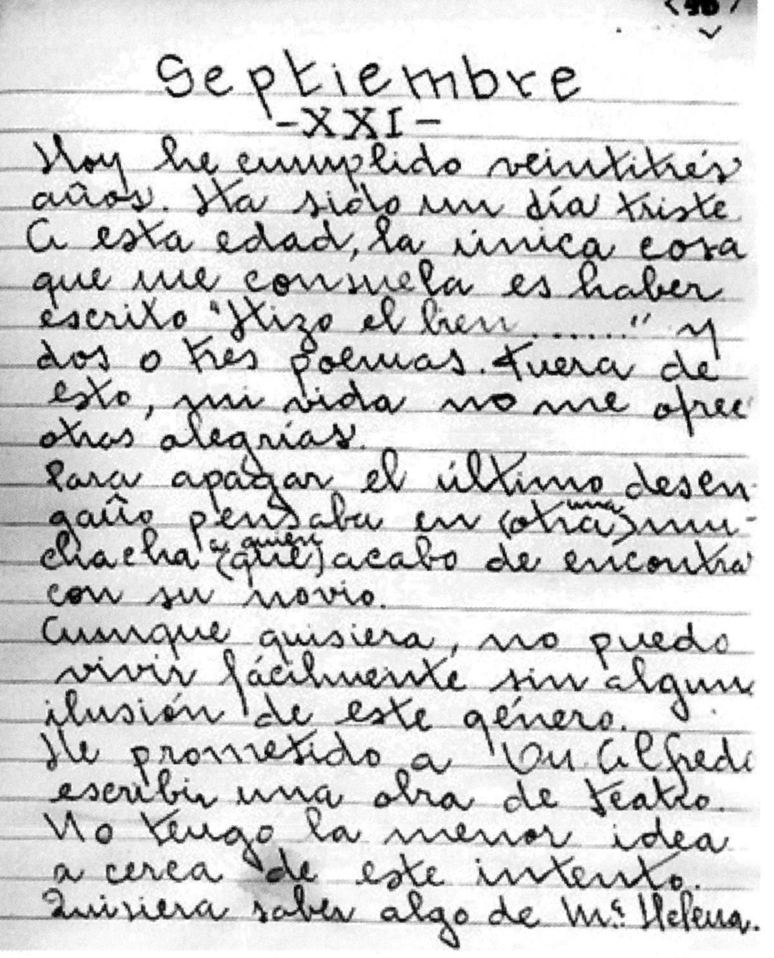

Septiembre
-XXI-
Hoy he cumplido veintitrés
años. Ha sido un día triste
A esta edad, la única cosa
que me consuela es haber
escrito "Hizo el bien ......" y
dos o tres poemas. Fuera de
esto, mi vida no me ofrec
otras alegrías.
Para apagar el último desengaño pensaba en (otra) una muchacha (que) quien acabo de encontrar
con su novio.
Aunque quisiera, no puedo
vivir fácilmente sin alguna
ilusión de este género.
He prometido a Don Alfredo
escribir una obra de teatro.
No tengo la menor idea
a cerca de este intento.
Quisiera saber algo de Ma. Helena.

Página del diario de 1941.

fomentar yo mismo la ruina de mi espíritu. Nunca podré llevar tranquilamente la vida de un soltero. No puedo. Para arrancar mi mal de raíz necesito casarme. Mi virilidad clama todos los días por la hembra, y yo respondo a ese clamor con actitudes que me manchan, que envilecen mi juventud. La hembra del lupanar es una caricatura inmunda.

Septiembre 21. Hoy he cumplido veintitrés años. Ha sido un día triste. A esta edad, la única cosa que me consuela es haber escrito

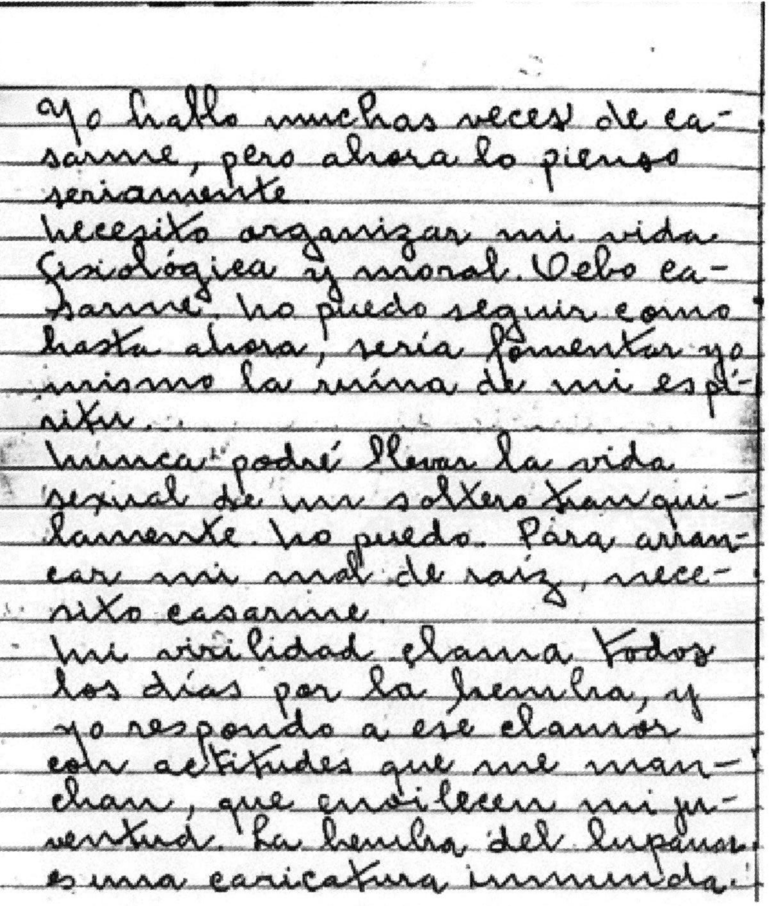

Yo hablo muchas veces de casarme, pero ahora lo pienso seriamente.
Necesito organizar mi vida fisiológica y moral. Debo casarme. No puedo seguir como hasta ahora, sería fomentar yo mismo la ruina de mi espíritu.
Nunca podré llevar la vida sexual de un soltero tranquilamente. No puedo. Para arrancar mi mal de raíz, necesito casarme.
Mi virilidad clama todos los días por la hembra, y yo respondo a ese clamor con actitudes que me manchan, que envilecen mi juventud. La hembra del lupanar es una caricatura inmunda.

Página del diario de 1941.

"Hizo el bien mientras vivió" y dos o tres poemas. Fuera de esto, mi vida no me ofrece otras alegrías.

Para apagar el último desengaño, estoy pensando en otra muchacha que acabo de conocer hoy, iba acompañada de su novio. Aunque quisiera, no puedo vivir fácilmente sin alguna ilusión de este género. He prometido a mi amigo y maestro Alfredo Velasco Cisneros escribir una obra de teatro. No tengo la menor idea del argumento. Probablemente la titularé: "Cinco mujeres y un hombre".

Epistolario

1942

No recuerdo si inicié el año de 42 en Zapotlán, que es lo más probable, o en la ciudad de México. No he localizado los fragmentos de mi diario ni las cartas que pudieran revelarme el lugar donde residía en ese entonces.

Dos cartas escritas desde la ciudad de México me ubican en los meses de marzo y de mayo en la capital del país.

Puedo decir que desde febrero de ese año ya estaba en México. Quiero ilustrar esta parte oscura que no puedo recordar con un breve epistolario. Me encontré dos hermosas cartas que dirigí a mi amigo y maestro don Alfredo Velasco, y que transcribo a continuación para reconstruir ese periodo.

México, D.F., a 23 de marzo de 1942

Muy estimado y caro don Alfredo:

Tengo en mi poder dos amables cartas suyas. La primera, que contesto con diez días de retraso, me trajo en sus líneas la presencia de usted en momentos en que necesitaba no hallarme tan solo. Gracias por esa manera que tiene usted de traer a mi memoria los mejores recuerdos de nuestra amistad. Esa amistad que para dicha mía se ha hecho profunda y fuerte.

Mi retardo en contestarle no es otra cosa que la ambición de contarle mejor las cosas que me pasan. Esas naderías, esas enormes

Félix Torres, Juan José y Don Alfredo Velasco Cisneros, en Zapotlán.

pequeñeces a las que supo usted comprender y analizar sabiamente, dignificándolas.

Su segunda carta la he recibido hace poco. De ella me ocuparé para seguir luego respondiendo a las sugerencias de la primera, ya con más libertad, sin los escollos de las cifras, que siembran las cartas de arrecifes a donde van a estrellarse las olas de las frases, rompiéndose y perdiendo significado.

Agradeciéndole el pago hecho a Salvador, le ruego también descontar una pistola y la fracción que le adeudo, o sea $10.75. Me ha dicho usted que nuestro amigo Castellanos le entregó mi sueldo de $65.00 por el mes de enero. Esta noticia me fue grata dada mi situación. Como creo que este sueldo corresponde a mis vacaciones por el año anterior y no está expuesto a sufrir los problemas del presupuesto para 1942, le agradeceré mucho remitirme el saldo a mi favor. Con él nivelaré un poco mi barca claudicante que ha venido haciendo agua desde hace mucho tiempo. A esta carta adjunto el recibo firmado.

Salvado ya el trance, es decir, el escollo, vuelvo a la ruta primitiva aunque sospecho que eludí Escila para dar en Caribdis. Porque sé muy bien que voy a entrar a un torbellino tratando de decir lo que me pasa. Más bien que torbellino, se trata de una confusión de todos los trajes del transformista después del beneficio. Creo que lo mejor será meterlos todos revueltos en los baúles y no pararse a acomodarlos.

Sigo siendo un cazador. Pero no el hábil cazador moderno armado de trampas y reclamos, sino el ingenuo troglodita que persigue raudamente la gacela inalcanzable. Por fortuna mi bosque está poblado de gacelas, y todavía jadeante de una persecución infructuosa, una mirada y una sonrisa me ponen de nuevo en movimiento. Soy el galgo de la pista. Y lo peor es que conozco el mecanismo de la liebre. Soy el extraviado en el desierto, el sediento extraviado que lleva bajo el brazo un tratado sobre los espejismos. Y corro siempre, engañado por el miraje, para desembocar al horizonte.

¿Es fortuna? ¿Es desgracia? Mi corazón renace siempre. Todos los días estreno un corazón. Un corazón nuevo, flamante, capaz de ser engañado por la primera vez. Y la noche me sorprende siempre con un corazón envejecido.

¿Deberá llamarse a esto inconstancia? No me atrevo a creerlo. Mi corazón es la parcela donde todo crece, la buena y la mala semilla. Mi corazón está siempre abierto a la siembra del viento. Hay plantas fugaces que la primavera hace brotar, plantas que florecen, que alzan ramas lozanas. Se diría que estarán siempre verdes y rumorosas, refrescadas por la savia constante. Plantas efímeras. Sus débiles raíces apenas se hunden. No alcanzan la entraña de la tierra. Y lo que fue promesa de vida, verde señuelo de esperanza, es solamente un desecado arbusto que el primer soplo otoñal deshoja y desarraiga.

Diré que en mi parcela no ha caído aún la semilla de un árbol. Que no ha llegado a mi corazón el germen de un amor tranquilo y fuerte.

¿Y si me pasara toda la vida floreciendo amapolas, margaritas y girasoles? Hay lirios acuáticos de pétalos transparentes que se marchitan al cortarlos, y las rosas, un día después, huelen a tumba.

¿Pero quién diría que no hay que aceptar la suerte del jardinero, que a diario ve nacer una rosa, y morir otra?

¿No ha pensado usted en que el amor sin esperanza es alto, oscuro, triste y fuerte como un ciprés?

Me gustaría entonces ser como un prado, floreciendo de todas las flores, pero con un ciprés en la orilla.

Tengo muchas cosas que contarle, pero me extravío siempre y corro el riesgo de convertir mi carta en un fárrago. Vaya esta noticia:

He ido a dos homenajes que se efectuaron en el Anfiteatro Bolívar. Uno a la memoria de Stefan Zweig, el otro a la de Porfirio Barba-Jacob. En el primero conocí al eminente escritor francés Jules Romains, que intercaló en su discurso la lectura de una carta que Zweig le escribió cuatro días antes de suicidarse. Es una hermosa y desolada carta que no habla de la resolución, pero que la transparenta. Romains recibió esa carta ocho días después de la muerte del novelista, y nos habló de la amistad que por treinta años le unió al desaparecido. Habló también del desastre del mundo. Comprendí su francés a maravilla, pues su voz es clara, matizada y armoniosa como su pensamiento. Tuve la suerte de estar a un metro de la tribuna, y conservo una inolvidable impresión de este hombre genial, valor definitivo de la literatura francesa.

En el otro homenaje, el poeta Carlos Pellicer, católico, nos leyó, comentándolos, algunos de los más bellos versos del colombiano ambiguo y frenético que fue primero Miguel Ángel Osorio, luego Ricardo Arenales y, por último, Porfirio Barba-Jacob. Alfonso Junco, más católico aún que Pellicer, nos habló de los últimos instantes del poeta, de su confesión, de su retorno a la verdadera luz. Y lo hizo con voz conmovida, como si se tratara de un niño. Terminó citando los versos del grandioso converso:

¡Quién pudiera de niñez temblando,
a un alba de inocencia renacer!
Pero la vida está pasando,
y ya no es tiempo de aprender.

No quiero rozar el problema religioso en esta carta. Pero es algo que merece discutirse. Quisiera poderme explicar esas inexplicables actitudes que los católicos asumen frente al misterio de la muerte.

Pasando a otras cosas menos profundas, le diré que mis propósitos han tenido que modificarse en vista de las circunstancias. Mi regreso está en suspenso y no sé cuándo he de realizarlo. Quizá sea bastante difícil. ¿Cómo ganarme decorosamente la vida en Zapotlán?

He tenido que modificar mi actitud. Hasta hace unos días llevaba una vida silenciosa, cerrada, hostil. Ahora he vuelto a ver a los amigos. Pero sólo a los mejores de ellos. Trato de hacerme posible la vida. De realizarla. Por fortuna, tengo cerca de mí personas que me ayudan. Amigos que me dedican algo de su entusiasmo y de su tiempo. Que me buscan y que me dan muestra de su afecto. Pero estos amigos de aquí sólo me sirven a veces para darme la medida del gran amigo que usted ha sido para mí; para hacerme ver la distancia que media entre usted y las gentes ordinarias.

Me prometo escribirle siempre, recurrir a usted en todo trance, reservarle lo mejor de mi espíritu, aquello que usted sabe amablemente recibir. Ya le enviaré mis confidencias sentimentales, los accidentes de la búsqueda, los hallazgos del gambusino.

He vuelto con Guillermo Jiménez y lo he hallado excelente, su esposa me trata como a un amigo reconocido. Me felicitó de haber mediado en esa aclaración necesaria aunque sin móviles. A Guillermo le gustó mucho mi cuento "Hizo el bien mientras vivió", y me edificaron mucho sus comentarios. Ya que hablo de esto le diré que el tal cuento ha sido elogiado tal vez más de lo que merece por todos los que lo han leído hasta la fecha. Hace un momento hablé por teléfono con Xavier Villaurrutia, que acaba de leerlo, y me ha felicitado. Ese trabajo me ha servido como pase de entrada al círculo de personas que deseo frecuentar. Pero frecuentar sólo literariamente, en espíritu, a distancia.

He visto al señor Lozada, amigo cordial. Su esposa es un modelo de señorío, y conserva una tranquila y dulce belleza. Me trataron de un modo que agradeceré siempre. El señor Lozada tuvo palabras dedicadas a usted que yo escuché con alegría, porque me demostraron que le aprecia en todo lo que usted vale. Me mostró maravillosas fotografías de Zapotlán, cosas que revelan el alma de nuestro pueblo de un modo inesperado.

Don Alfredo, esta carta es ya muy larga. No puedo ya contarle mi visita a casa de los Usigli, decirle muchas impresiones que voy recibiendo ávidamente, pero ya habrá tiempo de ello. Hace poco salí a la calle y me encontré de manos a boca con José Manuel, le conté de su carta, le di su abrazo y quedamos de vernos. Raro ejemplar de amigo es José Manuel Ponce, persona justa y cabal.

Tengo la cabeza muy poco clara, y no sé si olvido algo importante. Le envío una cierta cantidad de saludos que le ruego distribuir a su criterio. A cada quien del modo y calidad que se merece. Entre aquellos que me recuerden un poco.

Para su señora esposa y para su mamá, yo mismo los apunto aquí, llenándolos con el mejor afecto.

A usted, Don Alfredo, le ruego recibir esta carta como una firme y afectuosa muestra de estimación profunda.

México, D.F., mayo 16 de 1942

Caro amigo Alfredo:

No había escrito a usted porque esperaba una carta suya. Recibí su breve comunicación que acompañó a la remesa de mi saldo. Gracias.

Don Alfredo, le escribo desde un día triste y oscurecido. He escogido la peor de las tardes para escribirle y contarle lo que me pasa, que como siempre, no es nada grave, pero que duele tanto como si lo fuera. ¿Es grave sentirse un día más abatido que de ordinario? Una tarde pasada en su casa me salvaría. Esta carta no suple a una conversación con usted. Monólogo obligado, no hay en él respuestas salvadoras.

Me siento solo a pesar de los amigos que visito. A nuestra alma muy pocos pueden hacerle compañía. Los pasatiempos no dan ningún resultado. Siempre vuelve a encontrarse uno con el tiempo que trató de evitar. El mal rato tiene por fuerza que vivirse, y de nada sirve aplazarlo.

Nunca creí querer tanto a mi pueblo. En él he sufrido mucho y no he podido nunca pasear por sus calles el estandarte de un gran amor. ¿Me creerá usted si le cuento que algunas noches sufro por Zapotlán más de lo que sufrí en la más acerba noche que me proporcionó un desengaño amoroso? Zapotlán ha resultado para mí la novia más difícil de olvidar...

Aquí en México, siento miedo de enamorarme. Debo confesar a usted que no dejo de buscarme advocaciones. Pero solamente para el tránsito de un día. No puedo dejar de embellecer cada jornada con el esmalte de una presencia de mujer. Las mujeres, aunque sean las que vemos sólo un instante y pasan sin mirarnos, van haciendo posible nuestra vida. Cuando no podemos verlas en la realidad, tenemos que buscarlas en el recuerdo.

De nada sirve que yo viva una vida agitada. El vértigo no proporciona el olvido. Hay muchas cosas en qué divertirse. Pero la diversión sólo es remedio para los que están aburridos. Yo no me aburro nunca. Es muy distinto lo que me pasa. Creo que el aburrimiento sólo es propio de los pobres de espíritu, de los que necesitan divertirse y de los que han degenerado su naturaleza por exceso de impresiones. Los vicios, los viajes constantes, las diversiones, son los padres del aburrimiento. Un hombre sano de espíritu no debe aburrirse nunca. Siempre nos queda por ojear el infinito álbum de los paisajes, asomarnos a la naturaleza por el esbelto mirador de cada día, emprender las cinco expediciones de los sentidos. Respecto al origen del aburrimiento, Perogrullo no podría expresarse mejor. Y es él el mejor de los filósofos, porque sólo afirma lo que salta a la vista. La perogrullada es la única forma comprobable de la filosofía. Se ha convertido en perogrullada a fuerza de ser real.

Don Alfredo, en un día de tristeza la mente no se halla muy limpia. La melancolía es una neblina que opaca con su grisura el escaparate de la vida. Hasta los más abigarrados felinos se quedan en esta hora definitivamente pardos.

Don Alfredo, ¿volveré a Zapotlán? ¿Qué me cuenta de la escuela? Sin nuestra querida secundaria tendré que quedarme en ésta, o irme a la otra, a Manzanillo, que son para mí distintas zonas de un mismo infierno. Por estos días tengo que resolver mi vida. Me es urgente una carta suya como la tabla al mísero que yerra. Soy náufrago desesperanzado y la furia de este mar de vida angustiada puede hacer que para mí la noche cierre definitivamente.

Espero, pues, que usted me contará algo de la grata escuela y de sus alumnos abominables. ¿Son en número suficiente para atormentar a sus maestros? ¿Cómo se ha resuelto el problema? Yo quiero recibir en Zapotlán los aguaceros de junio. Quiero hablar largamente con usted. Reanudar nuestras caminatas para recoger en ellas la flor de una ocurrencia que usted sabe encontrar como a la orilla de un camino. Don Alfredo, ¿quiere usted dar a los suyos mis mejores saludos? ¿Quiere usted recibir el gran afecto de su amigo?

Pablo Neruda en Zapotlán

El 16 de agosto de 1940, Pablo Neruda llegó a México por primera vez. Vino a nuestro país en calidad de cónsul general de Chile. En 1941 escribió el poema "Un canto para Bolívar", que leyó en el Anfiteatro Bolívar de la Universidad Nacional Autónoma de México, en julio, CXI aniversario de la muerte del Libertador. El 16 de junio de 1942 llega a Zapotlán, invitado por César Martino. Lo acompañan su esposa, cuyo nombre no recuerdo, María Asúnsolo y Francisco Martínez de la Vega.

Para recibirlo, don Alfredo Velasco Cisneros solicitó el auxilio de doña Margarita Palomar, amiga mía muy querida y recordada que vive todavía, a sus más de noventa años, y radica en Guadalajara. Ella se encargó disponer lo necesario para la cena que se sirvió en el club Saro. Invitó a un selecto grupo de amigos y se encargó de todos los detalles para que la estancia de Neruda en Zapotlán el Grande fuera todo un éxito.

El programa que preparó don Alfredo para esa noche, incluyó una doble participación de mi parte. A nombre del pueblo y las autoridades de Zapotlán, pronuncié el discurso de bienvenida, del que ahora recuerdo sólo unas frases.

También, durante la velada, recité dos poemas de Pablo: "Farewell" y el célebre "Poema veinte". Neruda quedó sorprendido de mi capacidad interpretativa, de la emoción con que recité sus versos, de la dicción, la entonación y el tiempo que le di a cada una de las palabras. No era raro, fueron poemas que yo trabajé cuidadosamente durante algunos años. Quiero decir que detrás de mi capacidad personal estaba el trabajo de muchas horas y días de estudio.

La respuesta de Pablo Neruda a mis interpretaciones fue directamente desproporcionada a la causa que la originó. Durante la cena, me invitó a que lo acompañara a la Unión Soviética, nada menos que como su secretario particular. Yo me quedé sorprendido sin saber qué contestar. Su esposa se encargó de abrirme los ojos; con acento maternal, me dijo más o menos así: "Yo te aconsejo que lo pienses muy bien, porque con Pablo la vida es difícil; se desvela todos los días, empieza a beber en la tarde y se sigue hasta el amanecer, exactamente igual como lo está haciendo aquí en estos momentos. Al día siguiente, se levanta al mediodía, trabaja un rato y por la tarde vuelve a las andanzas. Viaja mucho y no se queda en ningún lugar. Por más admiración y afecto que tú le tengas, quiero que sepas que te costará mucho trabajo acostumbrarte a convivir con una persona como él. Tú eres muy joven y, además, nos has dicho que no te encuentras muy bien de salud. Piensa que viajar a Europa, y especialmente a la Unión Soviética, es demasiado riesgoso en estos días de guerra. No creo que acompañar a Pablo en este momento

Portada de la primera edición del poema que Pablo Neruda leyó en Zapotlán, 1942.

sea algo bueno para ti. Tú vives tranquilo acompañado por tus padres y tus hermanos, ¿qué caso tendría abandonarlo todo y poner en riesgo tu propia vida?".

Las palabras de la compañera de Pablo Neruda estaban cargadas de sinceridad. Yo las escuché con cierta curiosidad, pues no me dieron tiempo para pensar en tantos avatares y peligros. Conmovido por todo lo que representaba para mí tan importante invitación, y viendo la preocupación de la esposa de Pablo, les agradecí su gesto. Como era natural, la idea de viajar con ellos despertó en mí nuevos horizontes. Como la conversación siguió toda la noche, entre todas las cosas que se hablaron, Pablo y su mujer me comentaron que al día siguiente viajarían al puerto de Manzanillo, Colima. Yo les platiqué que mis padres y mis hermanos estaban viviendo allá, y me pidieron su dirección para ir a saludarlos, pero sobre todo para que Pablo conversara con mi mamá sobre las conchas y los caracoles, ya que le gustaba coleccionar toda la joyería marina de cada mar que visitaba. Mi madre y hermanas le regalaron collares de conchas y caracolitos de la China, que ellas fabricaban con sus manos. Pablo estuvo feliz y le reiteró a mi madre la invitación que me había hecho en Zapotlán el día anterior. Mi madre sólo sabía que él era un gran poeta, y nada más.

Era de madrugada cuando salimos de la cena. Pablo vio el cielo estrellado de Zapotlán, claro y bajo, y dijo nerudianamente: "Aquí las estrellas se pueden tomar con la mano, nunca había vista a las estrellas sobre los tejados, así de grandes, así de luminosas", al escucharlo, todos nos quedamos maravillados. Luego nos dijo: "No se han dado cuenta del tesoro que tienen en estas monedas de oro". El aliento sideral de la noche nos recibió con una lluvia de estrellas. En medio de la noche se hizo un silencio total. Caminamos como hermanos hacia el centro del pueblo, y por un momento sentí que Pablo nos había revelado el misterio poético. Lo dejamos en el hotel Zapotlán; me despedí de los amigos y caminé hacia mi casa. Al pasar por el jardín los pájaros comenzaron a cantar y vi en el cielo la nube pastora de mi pueblo, pensé por un instante en la inmortalidad.

A media mañana pasamos a saludar a Neruda. Estábamos preocupados por los efectos mágicos del ponche de granada que se fabricó especialmente para la ocasión. Pablo ya conocía el tequila, pero no el ponche de granada que se fabrica en Zapotlán, así que nuestra sorpresa fue grande cuando lo vimos salir al patio todo rozagante y lleno de vida, vestido con elegancia y sonriente. Nos dio gusto ver que el ponche le cayó de maravilla. Por eso en el opúsculo *Canto para Bolívar* que me regaló la noche anterior me puso la siguiente dedicatoria: "A Juan José Arreola, en recuerdo de una noche de ponche y de estrellas".

Invitamos a Neruda a dar una vuelta por el jardín central, caminamos un poco por los portales y entramos a la parroquia, le platicamos sobre los temblores de tierra, que son tan fuertes por acá. En abril del año pasado fue el último, y las torres de los campanarios tuvieron que quedarse sin sus cúpulas, ya que se decidió dejarlas más bajas por razones de seguridad. Dentro del templo, Pablo nos dijo que allí se sentía bien y agregó: "Es una de las pocas iglesias que me inspiran afecto, siento la grandeza en todos sus espacios". Cuando Neruda decía esto, la campana mayor dio doce toques. Neruda se inspiró allí y se le revelaron unos versos:

Soneto
A César Martino en Zapotlán el Grande

Ciudad Guzmán, sobre su cabellera,
de roja flor y forestal cultura,
tiene un tañido de campana oscura,
de campana segura y verdadera...

Martino, tu amistad está en la altura,
como el tañido sobre la pradera,
y como está sobre la primavera
temblando el ala de la harina pura.

De pan y primavera y campanada
y de Ciudad Guzmán empurpurada
por el latido de una flor segura
está Martino tu amistad formada,
agraria y cereal como una azada,
alta y azul como campana dura.

Federico Vergara, Alfredo Velasco, Pedro Aldrete, Pablo Neruda (al centro) Juan José Arreola, Pablo Morán y Heriberto Villicaña, 1942.

Después de su visita a Zapotlán, Pablo escribió este soneto, del cual conservo el manuscrito autógrafo que más tarde me regaló don Alfredo Velasco.

Don Alfredo me contó que vio a Neruda en casa de unos amigos, tal vez la casa de Guillermo Jiménez, y que allí Pablo le comentó que había escrito un soneto sobre Zapotlán, por lo que don Alfredo le solicitó si sería posible que le diera una copia. A lo que el poeta le contestó: "Déme por favor una hoja de papel y se lo escribo aquí mismo". Ante esa respuesta y estando en casa ajena, buscó en las bolsas de su saco y se encontró con que el único papel de que disponía era un sobre, lo abrió rápidamente y se lo ofreció para que escribiera en él. Neruda no reparó en el extraño formato del sobre extendido, y se puso a escribir y recordar el soneto. Sólo tuvo duda en el verso que dice: "Agraria y cereal como una azada...", por eso al terminar puso una nota al pie que dice: "Verso cambiado". Creo que en su primera versión Neruda había escrito: "Fresca y futura como tierra arada...".

A César Martino
en Zapotlán el Grande

Ciudad Guzmán sobre su cabellera
de rojo flor y cristal cultura
tiene un tañido de campana oscura
de campana segura y verdadera.

Martino, tu amistad está en la altura,
como el tañido sobre la pradera,
y como está sobre la primavera
temblando el ala de la harina pura.

De pan y primavera y campanada
y de Ciudad Guzmán empurpurada
por el latido de una flor segura,

está, Martino, tu amistad formada,
(1) agraria y cereal como una espada,
alta y azul como campana dura.

Pablo Neruda

(1) Cambiado

Manuscrito del poema de Pablo Neruda, escrito cuando visitó Zapotlán, en 1942.

En bello gesto de amistad, casi inaudito, pero característico de él, don Alfredo me entregó el soneto autógrafo. Cuando me lo dio en Zapotlán me dijo simplemente: "Se lo pedí para usted y quiero que usted lo conserve".

Volvimos con Neruda al hotel Zapotlán y nos tomamos una fotografía de recuerdo, que tal vez sea la única que él se tomó en este viaje. En la foto aparecemos, entre otros, de izquierda a derecha: don Alfredo, en traje oscuro, firme y sereno como era; Pablo Neruda con su mirada triste y pensativa con una calvicie prematura, joven y fuerte, vestido deportivamente para viajar al puerto de Manzanillo; yo estoy a su lado, fino y delgado como era, con un gesto serio y nervioso. De las otras personas sólo recuerdo a Pedro Aldrete, pero no a los demás. Me despedí de Neruda recordándole que no dejara de visitar a mi mamá, y me aseguró que lo haría al llegar a Manzanillo. Al no irme con él y su esposa, sentí que dejaba pasar la oportunidad de vivir otra vida. Le pedí que me escribiera otra dedicatoria en una modesta publicación de la editorial Tor de Buenos Aires, quinta edición fechada en 1938, de las tantas que se hicieron de *Veinte poemas de amor y una canción desesperada*. Neruda escribió en ella: "A Juan José Arreola con fe en su destino". Yo tenía veintitrés años de edad.

Desde entonces, sólo volví a ver a Pablo en dos ocasiones: una, en 1950, en la que al verme me dijo con alegría: "Usted es el poeta de Zapotlán". De ese encuentro guardo una dedicatoria en un libro de Neruda que él mismo no tenía: *Residencia en la tierra*, de Ediciones del Árbol, Madrid 1935. La última vez que lo vi fue en 1966, cuando el rector don Javier Barros Sierra me invitó a decir unas palabras sobre Pablo en el auditorio de la Facultad de Ingeniería de la UNAM, donde éste dio su último recital en México. También grabó el disco de *Voz viva de América*. En esa ocasión, al salir del auditorio, Pablo me invitó a que lo acompañara en su auto, junto con su esposa Matilde Urrutia, para trasladarnos a la casa de Esperanza Zambrano, madre de mi amigo Javier Wimer, en donde se ofreció un brindis en su honor.

Durante el recorrido, Pablo y yo recordamos su estancia en Zapotlán y Manzanillo. Hablamos de Cuba, le platiqué que estuve unos meses en la Casa de las Américas, donde impartí un taller de creación literaria, invitado por Haydée Santamaría. Todo esto, como era natural, le dio mucho gusto, pero descubrí que no había leído ninguno de mis libros. Tengo la impresión de que se desencantó con el tipo de literatura que yo escribía. Le llegaron rumores de que yo era medio afrancesado, adorador de poetas como Rilke y Schwob, y de escritores como Marcel Proust. En Francia, por ejemplo, Neruda abominó públicamente de Paul Éluard y de otros grandes poetas. Hubo un momento en que por desgracia Pablo se cerró a lo que podemos llamar la literatura no comprometida con las causas por las que él luchó hasta el día de su muerte. Parecía que sólo le importaba la mirada de Stalin sobre la nieve de Rusia. Recuerdo cuando Neruda rechazó ser incluido en *Laurel. Antología de la poesía moderna en lengua española*, dispuesta para su publicación por los poetas Emilio Prados, Xavier Villaurrutia, Juan Gil-Albert y Octavio Paz. El director de la editorial Séneca era José Bergamín. Pablo lo hizo motivado por las profundas diferencias ideológicas que tenía con algunos de los antologadores, por ejemplo con Octavio Paz, a quien nunca perdonó su ruptura con la República Española.

En su último viaje a México, Neruda me escribió una bella dedicatoria en *Memorial de Isla Negra*, que dice: "... Amigo siempre y grande, desde Ciudad Guzmán hasta Magallanes. Los cinco tomos de Arreola son los cinco dedos de mi poesía". Recuerdo que cuando platicamos de Zapotlán, le dije que le envié una carta a México, con don Alfredo. No la recordaba y me pidió que si tenía una copia, se la dejara en su hotel. La busqué en mi archivo y se la llevé con el ánimo de revivir aquellos días. Me parece que esta carta da una idea clara de lo que yo pensaba sobre cierta poesía de Pablo. Dice así:

Guadalajara, noviembre 21 de 1942

Muy estimado señor:

Desde que leí su canto a Stalingrado tuve deseos de escribirle. Me pareció que me tomaba una libertad indebida, y dejé de hacerlo.

Ahora que he recibido una carta de don Alfredo Velasco en que me habla de usted, me siento animado a enviarle un saludo y a decirle mi admiración por su poema.

Hace tres semanas que tuve la suerte de leerlo y me sentí feliz viendo que era usted el que respondía, el que tomaba la iniciativa alta y peligrosa, ante ese llamado que Rusia está haciendo al corazón de todos.

Porque a través de la expresión poética se está escuchando la voz enérgica del hombre que dice las verdades más hondas y más duras.

El Canto a Stalingrado está todo ardiendo como la ciudad heroica, reproche llameante para los que miran con manos cruzadas la caída de los héroes.

Ahí donde no asistieron los generales, acude el poeta y pone laureles sobre la ciudad martirizada.

Qué noble y extremada tarea la de usted, Neruda, de ir diciendo la verdad, la de instalar el drama vivo de Stalingrado ante el brumoso silencio de Londres y la algarabía de Nueva York.

Usted, que trazó en la inmensidad de un canto la metálica forma de Bolívar, nos dice ahora la gesta de la ciudad moribunda e inmortal. Y la dice con su voz grande y desnuda, americana, voz que la poesía vuelve universal y eterna.

Se siente alegría viendo que la justicia y la bondad tienen todavía voz, voz exasperada de poeta que suena dolorosamente, pero llena de esperanza porque el sacrificio de la ciudad no se perderá, porque la semilla del valor florecerá sobre la tierra, abonada de cadáveres heroicos.

Si he incurrido en error al permitirme hablar de su poesía, doy a usted como disculpa el entusiasmo que ella me ha despertado.

Don Alfredo me ha enviado su versión manuscrita del soneto a César Martino. Gracias porque los tabachines y las campanas de Zapotlán han ingresado —con fidelísimo recuerdo— a la poesía, decorando una amistad profunda.

Creo que no hace falta que yo me ponga a sus órdenes. Usted sabe qué feliz sería acudiendo a un llamado suyo. Estoy a su disposición y no tengo premisas de ninguna especie.

Ruego a usted hacer llegar un efusivo recuerdo a su gentil esposa, y a usted, poeta, le envío mi admiración y mi cordial gratitud.

J. J. A.

A propósito del pensamiento político de Pablo Neruda, en otro tiempo se habló mucho de su poesía social, de la poesía comprometida, pero pienso simplemente que la poesía es poesía o no lo es. No hay por qué extraviarse en los laberintos ideológicos. Una cosa es Pablo Neruda como hombre, como ser humano capaz de errar en su libre albedrío, y otra es su poesía. Invito a los que quieran leer sobre la poesía de Neruda a que vuelvan sus ojos a un magnífico libro, ya olvidado por cierto, *Poesía y estilo de Pablo Neruda. Interpretación de una poesía hermética*, de Amado Alonso, publicado por la Editorial Losada en 1940, en la preciosa colección de Estudios Literarios.

Guillermo Jiménez, un escritor que hay que salvar del olvido, nacido en Zapotlán, era amigo de don Alfredo Velasco, y durante muchos años le envió libros maravillosos desde la ciudad de México, así como de Madrid y París. En la biblioteca de don Alfredo, a la que tuve la suerte de entrar en mi adolescencia, había libros inimaginables. Eso explica algunas de mis lecturas, como la del *Diario de un aspirante a santo*, de Georges Duhamel, y de otros como el de *Poesía y estilo de Pablo Neruda*.

Cuando escribí "Hizo el bien mientras vivió", los primeros lectores del texto, como ya dije antes, fueron: don Alfredo, Xavier Villaurrutia y Guillermo Jiménez. En literatura siempre he sido fiel a ciertos autores, cuyos textos se aproximan más al arte que a la misma literatura. Por eso detesto a los autores prolíficos que tanto abundan en nuestros días y que hacen una literatura industrial, que se produce en serie, para satisfacer la demanda de un público cada vez más apto para comprar un libro, pero cada vez menos capaz de poder leerlo y asimilarlo.

Me distraje un poco y hablé un poco más de todo, y un poco menos de lo que quería recordar. Volviendo a Zapotlán, Neruda nos leyó "Un canto para Bolívar" durante la cena que organizamos para recibirlo. Recuerdo que leyó el poema con tanta devoción, que algunos de los asistentes creyeron que se trataba de un poema religioso, ya que comienza: "Padre nuestro, que estás en la tierra, en el agua, en el aire...". En ese tiempo la voz de Neruda era como una queja, leía muy mal sus poemas, tal vez alguna de sus mujeres le recomendó que cuidara más ese aspecto, sobre todo en público, lo que seguramente hizo, puesto que muchos años después lo escuché leer sus poemas con mejor voz y entonación.

Quiero dejar testimonio de que fue César Martino el que llevó a Pablo Neruda a Zapotlán para darle el gusto de que me oyera recitar sus versos. Tiempo atrás Martino me había escuchado declamar un poema de Neruda y en aquella ocasión me dijo: "Voy a traer a Zapotlán a Pablo Neruda en persona para que escuche cómo recitas sus versos". César Martino fue hijo de un ingeniero de minas de origen italiano, avecindado en el sur de Jalisco. Pasó parte de su niñez y su juventud en Zapotlán. Cuando yo era niño lo vi actuar en algunas piezas de teatro, con Margarita Palomar y Josefina Vergara. Fue varias veces diputado federal y era un político de filiación cardenista.

En relación con la visita de Pablo Neruda, escribí una carta a un amigo de esa época, de la que, a manera de epílogo, transcribo el siguiente fragmento:

> Ciudad Guzmán, Jalisco, a 24 de junio de 1942.
>
> Muy estimado Vidal:
>
> [...] Comprende usted bien la alegría que tuvimos con la visita de Neruda. Nos leyó su poema "Un canto para Bolívar", cuyo hermoso opúsculo tuvo la gentileza de dedicarme poco después. No se imagina usted qué persona tan sencilla y cordial es este poeta extraordinario. No puedo hacerle crónica de este acontecimiento porque en él tuve alegrías tan personales como inmerecidas. Cuando usted venga, en palabras que se lleve el viento, he de contarle esas impresiones, para mí inolvidables. Neruda visitó a mis padres y hermanos en su casa de Manzanillo, y entre él y Martino me han prometido los bueyes y la carreta. Neruda ofreció espontáneamente a mi madre tomar a su cargo mi asunto. Ojalá y algo de esto sea verdad [...].

Mi vida en Guadalajara

1943

Mi noviazgo con Sara me obligó a pensar en la realidad. Con lo que yo ganaba como maestro en Zapotlán no podía realizar ningún proyecto de relación formal que culminara en matrimonio. Ante esa situación, no tuve más salida que irme a Guadalajara a buscar un trabajo que me permitiera por lo menos mejorar mis ingresos poco a poco.

Llegué a Guadalajara en diciembre del 42, y pasé la navidad en casa de mi hermana Cristina, en la avenida Juárez. Cristina vivió una temporada en esta ciudad con mis hermanitos más pequeños, a quienes trasladaron desde Manzanillo para atenderlos de la enfermedad tropical del escorbuto. Felipe, Roberto y Virginia fueron los más afectados. Estuvieron en tratamiento médico y con los cuidados necesarios hasta que sanaron. Afortunadamente Berta y Antonio no se enfermaron.

La primera semana de enero de 1943, mi primo Enrique me dio una tarjeta de recomendación para que fuera a entrevistarme con Jorge Dipp, amigo de la familia. En ella, Enrique le escribió a Jorge: "Este es mi primo Juan José, el muchacho que vivía con nosotros en la casa de asistencia de las tías Arreola".

En ese tiempo, Jorge Dipp era nada menos que director del periódico *El Occidental*, que tenía poco tiempo de haberse fundado.

En Guadalajara, 1943.

Me recibió con muestras de aprecio y amistad, y en ese mismo momento quedé contratado, con un sueldo de 150 pesos, que para mí era una maravilla, pues lo más que yo logré ganar en México al mes fueron cien pesos.

Comencé a trabajar muy duro, ya que el periódico tenía graves problemas en su distribución, originados en los retardos de su salida de las prensas. Jorge me nombró jefe de circulación, así que me puse a lidiar con todos los trabajadores y los expendedores. Recuerdo que entre ellos me encontré un muchacho que en sus ratos libres se dedicaba al extraño negocio de vender "bolas de gente". Un día investigué por curiosidad en qué consistía, y me invitó a las afueras del mercado Corona para que viera cómo lo hacía. Resulta que este singular personaje tenía un ayudante, que era su "palero", y juntos organizaban a media calle un tremendo pleito, en el que a veces involucraban a los mirones. La gente se iba acercando hasta que en el momento culminante se agarraba a golpes con el "palero", todo estaba bien preparado y actuado, caían al suelo y se daban una buena golpiza; cuando el enfrentamiento llegaba a su clímax, nuestro personaje escapaba un poco de la bola de gente, y negociaba con el comprador el precio de ésta, el cual variaba si había muchos niños. La más cara era la que tenía muchas mujeres. El personaje volvía al pleito y contraatacaba a su adversario en forma más fiera, hasta que el otro corría perseguido por éste. En ese momento un merolico se apoderaba de la bola, y dependiendo del tipo de producto que comerciaba, la gente se quedaba un rato a escucharlo, y así lograba hacer algunas ventas, sobre todo a las mujeres. Yo quedé maravillado con lo que vi y por eso lo cuento.

Cuando vivimos en la casa de asistencia de mis tías Margarita y Jesusita, recuerdo que Jorge Dipp fabricaba en su cuarto unas ampolletas de agua destilada, que luego distribuía en las farmacias. Las preparaba una por una y las metía en una caja para venderlas. Él ha sido uno de los industriales más importantes de Jalisco. El otro día lo visité y me dio mucho gusto encontrarlo con buena salud y tan afectuoso como siempre. No le agradó enterarse de que yo no tuviera una casa propia aquí en Guadalajara. Le comenté que el trabajo de un escritor es uno de los oficios más bellos del hombre, pero tiene la terrible desventaja de que no da para vivir. Muchos amigos míos son millonarios y yo sigo en las mismas. A algunos, como Jorge Dipp, los admiro, porque sé cómo trabajaron a lo largo de su vida, en cambio detesto a otros ricos, que aunque no lo merecen, se convirtieron en millonarios de la noche a la mañana.

A propósito de lo anterior, recuerdo que en 1967, durante un tenso ciclo de conferencias que impartí en las facultades de la Universidad Nacional Autónoma de México, propuse a cientos de estudiantes que se hiciera una investigación sobre las fortunas acumuladas por los millonarios mexicanos. Sugerí que se escribiera la historia fiscal de México, una especie de biografía económica de los industriales, de los hombres de negocios y los políticos más prominentes de este país.

Creo que mi propuesta sigue siendo válida y me parece que puede contribuir de manera provechosa a resolver algunos de los problemas más urgentes de la economía nacional. Así de sencillo. "No hay que buscarle chiches a las culebras..."

En *El Occidental* estuve como jefe de circulación desde el primero de enero de 1943 hasta octubre de 1945, época en que me trasladé a la ciudad de México para tramitar la beca que me otorgó el gobierno francés, con el apoyo de Louis Jouvet.

El primer director de *El Occidental* fue don Regino Hernández Llergo, su segundo de a bordo era Roberto Blanco Moheno. Yo llegué al periódico cuando ellos salieron. Al dejar Jorge Dipp la dirección, lo sustituyó don Fernando Díez de Urdanivia. En esos tiempos conocí a Fernando hijo cuando era un adolescente. Ahora siento que somos iguales en edad. Fernando, aparte de ser uno de mis antiguos amigos, es musicólogo, escritor y periodista.

Don Fernando Díez de Urdanivia dejó la dirección del periódico en 1944 y en su lugar llegó don Pedro Vázquez Cisneros, con quien llevé una magnífica relación y fue mi testigo de bodas. Cuando me casé me aumentó mi sueldo al doble, a trescientos pesos mensuales.

Don Pedro Vázquez Cisneros me pidió que siguiera al frente de la jefatura de circulación, pero como sabía que yo era escritor, me encomendó la página literaria que salía los domingos.

Durante mi estancia en *El Occidental*, publiqué varios artículos, entre los que recuerdo: "Ha muerto Paul Valéry", firmado con el seudónimo de Eduardo Hoisel, "Perspectiva de Zapotlán. Meditación en Ameca", "*L'école des femmes*, en el Teatro Degollado" y "Jouvet, comediante sin par". Además de otras colaboraciones, como un suplemento especial dedicado al diseño, la producción y la distribución del periódico.

Cuando por fin mi vida sentimental y profesional parecía tomar el mejor cauce, ocurrió un hecho trágico e inesperado. Mi novia Sara, con la que me entrevistaba cuando iba a Zapotlán y a quien escribía cartas para mantener firme nuestra relación, con la esperanza cada día más grande de casarme con ella, me envió sorpresivamente a casa de mi hermana Cristina, en Guadalajara, una carta en la que daba por terminado nuestro noviazgo.

La decisión de Sara me afectó mucho. Aparte de mi trabajo en *El Occidental*, mi vida en Guadalajara estaba completa en muchos sentidos. Continuaba con mi trabajo de escritor, publicaba con Arturo Rivas Sainz la revista *Eos*, leía mucho, me gustaba ir al cine, pero sobre todo realizaba una actividad que me resultaba grandemente placentera: asistir por lo menos una vez a la semana a la casa de las hermanas Díaz de León: Guadalupe y Xóchitl. Recorría todas las librerías de la ciudad; la de Moya, la de Fortino Jaime, pero sobre todo la Font, a la que llegaban verdaderas joyas literarias, como las famosas ediciones de los libros de la *Revista de Occidente*, dirigida por José Ortega y Gasset. La segunda guerra mundial no logró interrumpir con todo su horror la diplomacia del libro. Por vías inimaginadas seguí abrevando en las fuentes legendarias de la cultura occidental.

La ruptura con Sara me afectó tanto que busqué y encontré en Guadalupe Díaz de León mi paño de lágrimas. En ese momento, ella se convirtió, se erigió en mi guía y protectora espiritual. Le escribí tres cartas en las que me dirigí a ella aplicándole el seudónimo de Carolina Marcel, para mitigar en su condición de mujer todo el dolor de una decepción amorosa, que no encontró otro cauce que su generosa amistad verdadera. Hace poco Emmanuel Carballo publicó en su libro de memorias, *Ya nada es igual*, la tercera carta que le escribí a Guadalupe Díaz de León.

Ahora, para no dejar dudas de aquel momento tan importante de mi vida, transcribiré las tres cartas a Carolina Marcel, para recordar a mi inolvidable amiga Guadalupe Díaz de León.

Guadalajara, abril 11 de 1943.

...¿de qué puede enorgullecerse
un hombre, sino de sus amigos?
—*Robert L. Stevenson*

Con emoción le dirijo mi primera carta. Recibo de usted los mayores beneficios y aún me atrevo a solicitarle más. ¿Podré darle algo a cambio?

Veo que las cosas que tengo para contarle son tristes, pero ¿a quién acudir con mi tristeza sino a usted, que sabe fortalecerme?

Quiero ser confiado y hablarle como no he podido hacerlo hasta ahora. Carolina, me conoce usted bien, sabe cuán a menudo soy arrastrado por la emotividad, y recuerda en qué pocas ocasiones sé hablar con naturalidad. Y yo quiero para usted ser sincero y natural; que usted me observe tal cual soy, aun a riesgo de defraudarle.

Aquí, solo, escribiéndole, estoy privado de muchos peligros. No tengo voz ni ademanes, le entrego silenciosamente mis palabras; usted recogerá de ellas su emoción si la contienen. Debo reconocer que mis últimas actitudes me han desfigurado, me cuesta trabajo reconocerme a través de tantas fisonomías, debajo de tantas máscaras que los días me han colocado. De ahora en adelante seré más feliz. Tendré a usted, Carolina, para que escuche mi corazón. Un corazón indefenso, sin manos y sin boca.

He cometido errores, y estoy recogiendo amargos frutos. Me mueve a confidenciarme un afán de reconstruir mi vida, y nada mejor que poner en sus manos, amiga, la dirección de mi espíritu. Pretendo que nuestra amistad sea grande y hermosa.

En usted hay todos los elementos que se precisan: tiene usted ternura y energía. Se compone su carácter —rara composición— de cálido sentimiento y razón fría. Y de tantos otros matices indefinibles. A sus cualidades me acojo y recibo el mejor premio en la bondad con que usted recibirá mis cartas.

Quiero olvidar muchas cosas, y no sé si es amor lo que todavía siento. De pronto llegan a mí claridades que me abruman. ¿Cómo he podido engañarme tanto?

Tengo ante mis ojos los acontecimientos pasados y observo un curioso fenómeno: los interpreto ahora de modo tan diferente, que ya no creo ser la misma persona que sucumbió ante tan falsas apariencias.

¿Será que mi naturaleza ha mejorado? Es que en el amor hay siempre tales espejismos? Si soy en adelante desconfiado, ¿qué será lo que gano y lo que pierdo?

Necesito muchas cartas. Siento la necesidad de ponerlo todo en orden. Escribiré a usted tantas cartas como pueda, y le contaré en ellas cosas actuales, y los recuerdos que me visiten, y lo que todavía pertenece al futuro. Esto es, lo que necesito y espero.

Carolina, acepte usted estas líneas como introducción a las que me prometo escribirle. Quiero decirle esto:

Negándome muchos otros bienes, la vida me ha concedido amigos. Amigos a quienes debo los mejores días. No tengo que decir que es usted a quien debo más. Usted lo sabe, pero tal vez ignore la gratitud que han acumulado en mi corazón sus actos generosos. Mi carta quiere decírselo.

Ahora solamente me queda esperar horas oportunas para escribirle. Si le contara la razón que tengo para reducir esta carta a una especie de prólogo, tal vez me compadecería. Pero estaría muy fuera de lugar.

Carolina, mis cartas aspiran a obtener contestaciones suyas. Usted me conducirá a través de este recorrido.

Le envío todo mi afecto.

Guadalajara, abril 12 de 1943

Un sabor que tengo
en el alma me deprime.
—*Pablo Neruda*

Señorita Carolina Marcel

Amiga mía:

Iniciada en abril, nuestra correspondencia participa en los beneficios de la primavera. Que nuestras cartas se propaguen y que el sentimiento pueda en ellas florecer. Esto es lo que deseo.

Vivo todavía a merced de otras personas. Anoche, después de escribir a usted, me encontré con dos personas. Me saludaron de lejos y no sé qué sustancia corrosiva pusieron en el saludo, que llegué a mi casa destruido.

Y confieso que caminaba muy alentado, pensando en cosas gallardas. Y ahí me tiene usted poco después en sombras. Con mi candil apagado por ese saludo de racha.

Debo parecerle muy pequeño, Carolina, a usted que mira pasar la vida con sus ojos serenos.

¡Qué pobre soy en realidad y qué riquezas de sueños llevo! No tengo para adquirir las cosas sino unas monedas desvanecidas que nadie quiere recibir. Creo que solamente circulan en un país al que nadie quiere viajar. Pero yo sufro y no emigro a la realidad. Aunque nadie me acompañe, seguiré fielmente en mi mundo. Quizá porque fuera de él no valgo nada.

Pero la tengo a usted Carolina. A usted, con su bello nombre, recibiendo mis mensajes, Carolina. A usted la siento tan cerca, que para hablarle no hago sino verter las palabras en lo más profundo de mi ser.

Usted me protege. Le diré lo que me hace sufrir, aunque sea una cosa tan simple como un saludo frío.

¿No le parece triste esto de no tener uno su calibre para utilizarlo normalmente? Esto de que una persona o dos puedan hacerlo a uno palidecer y temblar como una máscara de gelatina, ¿no le parece doloroso?

No tengo por ahora un rostro pasable que ofrecer a ciertas personas. Quisiera no verlas nunca; pero ya sabe usted, las personas terribles aparecen de pronto como relámpagos. Y la cara de uno se pone lívida. Y si nos hablan, contesta uno con palabras trémulas, que alzan los brazos y se hunden otra vez en la garganta. Y la espantosa gente pone una cara de lástima, falsa como el colorete.

Y uno quisiera hacer dos cosas: llorar o pegarse unas facciones duras, de piedra callada para siempre.

Carolina, dispénseme esta carta. Se la dirijo porque ha salido de mí libremente.

De ahora en adelante no le diré como soy. Sencillamente, le voy a contar lo que me pasa y lo que siento. Si ello no vale la pena, usted me disculpará.

Considéreme como una cosa suya.

Guadalajara, abril 26 de 1943

Nutriré tu fragancia misteriosa,
con el raudal de mi recuerdo oscuro.
—*Juan Ramón Jiménez*

Señorita Carolina Marcel:

He tenido que esperar esta noche, querida amiga, para dirigirme a usted y decirle cuánto me ha gustado su primera carta. Perdóneme usted por la tardanza. Con grata sorpresa leí; con mucho interés he estado releyéndola. Carolina, su clara inteligencia me prevenía al recibir su carta, pero confieso que mi esperanza ha sido sobrepasada. La encuentro a usted dulce y femenina. Y es tan agradable descubrir cómo la mujer sabe hallar más despejado el camino del sentimiento y más pura su corriente. La ternura circula limpiamente por las frases haciéndolas contagiosas y blandas. Su carta ha acariciado mi espíritu como una mano suave y compasiva. Gracias por las frases que perdonan y renuevan mi vida. Gracias porque su corazón me percibe todavía puro, a mí que tan lejos estoy ya de la inocencia. A mí, que tantas veces he descendido.

Carolina, quiero y no sé un lenguaje para sus oídos. Que de las cosas malas pueda percibir el significado sin que las palabras le hieran. Un pasaje de su carta me anima: "Conoceremos lo malo y lo bueno que hay en nosotros", pues bien, yo apronto desde luego lo malo. En ello abundo y me duele mostrarlo. Usted juzgará. La injusticia a mi favor me hiere profundamente. Si las circunstancias ponen sobre mi rostro una apariencia de hombre bueno, quiero apresurarme y declinar los beneficios de tal máscara. Llevo llagas debajo de una piel perfecta. Mírelas usted:

Comienza de nuevo un trayecto muchas veces andado y desandado. Me refiero a un especial estado del alma y del cuerpo, particularmente lamentable. A usted, inmaterial, debo hablarle con objetos de lodo y podredumbre. A usted, que ha defendido su alma. Yo pierdo a menudo la mía, ya sabe usted cómo.

Hasta hace poco, una mujer amada me defendía. Ahora termina esa protección. Mis instintos, dirigidos a ella, se subliman al tocarla. Salían de mí enhiestos y rijosos y llegaban a ella sumisos como perfumes.

Como un rebaño de búfalos a través de la primavera, mis instintos se han liberado, broncos y eficaces. Y ya no hay pastora que los someta y los apaciente. Probablemente, hollarán con sus antiguas pezuñas todas las praderas interiores. ¿Sabe usted, Carolina, de alguien que pueda hacerse cargo del rebaño? Vea usted las miradas bestiales, oiga el tumulto negro. Acumulaciones de tormenta hay en mi alma, gruesas nubes desplazan los horizontes puros.

Todas esas impurezas: el calor humano, los vestidos, el sudor, el aliento, el calzado, los adornos, despiertan legiones de turbias voluntades.

¡Ay, el olfato! Olores sin cuento vagan por el mundo, y son como clarinada para las huestes del malvado. Olores extendidos como redes para atrapar las plantas del impuro. Perfumes como rampas vertiginosas por las cuales el cuerpo y el alma ruedan. ¡Ah, la mujer, la intolerable! ¡Ah, la ausencia tremenda de la mujer en la vida del hombre!

(Quisiera describir bien el agudo momento; es esto simplemente: los cabellos se tocan, la piel se encuentra por primera vez en las sienes, luego el contacto se propaga a las mejillas, como un estremecimiento. Las cabezas giran un poco, los ojos contemplan las facciones del rostro como detalles arquitectónicos. Hay una suprema avidez, y el beso se interrumpe luego en la comisura de los labios.)

En fin, comienza una dura época de preparadas derrotas. Estoy haciendo algo porque el arrepentimiento surja antes y no después de los actos. Si lo consigo, se lo explicaré. Me preparo en cierto modo para contarle lo que suceda, pero usted puede desde luego parar mis confidencias. Podría ocurrir algo inhumano, sin embargo: que yo triunfase. Que saliera victorioso, y ya envejecido en unos meses. Duro y seco como un santo. ¿Por qué no?

Veré mañana al padre Escudier. Quizás, además del francés, me enseñe a ser hombre.

¡Con cuánto gusto se lo contaría a usted! ¿Sabrá aceptar, Carolina, la intangible, la undívaga, esta carta de amarga raíz?

Que lo sepa Claudio, porque ha quedado algo intranquilo, culpable.

Limpio mis labios para decirle cuánto la estimo, amiga mía.

La revista *Eos*

Ya relaté cuándo y cómo conocí a Guadalupe y a Xóchitl Díaz de León. Durante la época en que trabajé en Guadalajara en *El Occidental*, entre 1943 y 1945, frecuenté la casa de las hermanas Díaz de León. Ellas vivían en la calle de Pedro Moreno número 1000, y en ese mismo domicilio tenían instalada la farmacia Rex, de la que eran propietarias.

En esta casa, semana a semana, se realizaba una agradable tertulia, a la que fui invitado desde los primeros días en que llegué a Guadalajara.

Con cierta frecuencia nos visitaban algunos amigos de México; recuerdo que allí conocí a Octavio G. Barreda, quien por esos tiempos me publicó el segundo cuento formal que escribí en mi vida: "Un pacto con el diablo". Apareció en la revista *Letras de México*, de la cual Barreda era el director, en 1943.

Los hermanos Quintila y Edmundo Báez llegaban a la casa de Lupe y Xóchitl y me traían noticias frescas de México, de los amigos que radicaban allá, como Juan Soriano, Paco de la Maza, Manuel Calvillo, Armando Ramírez y otros, con los que me reunía en México en años anteriores.

Siempre hubo un activo intercambio entre los amigos de México y los de Guadalajara. El grupo de la farmacia Rex estaba integrado en ese tiempo por Lupe y Xóchitl Díaz de León, Arturo Rivas Sainz, a quien conocí en estas tertulias, al igual que a

Portada del primer relato publicado por Arreola, en 1943.

Adalberto Navarro Sánchez, Carlos Enrigue y el dibujante Alfonso Medina. El grupo era pequeño, pero muy selecto.

Con Arturo Rivas Sainz mantuve una amistad cercana, casi diría fraterna. Cuando le di a leer mi primer relato, "Hizo el bien mientras vivió", me dijo entusiasmado: "Esto hay que publicarlo cuanto antes, te propongo que hagamos una revista literaria de carácter monográfico para publicar íntegro el texto". Así surgió la idea de editar *Eos. Revista Jalisciense de Literatura*, cuyo primer número salió a la luz el 30 de julio de 1943. Contenía "Hizo el bien mientras vivió", "Contrapunto y fuga. Cuatro compases de Alberti", por Arturo Rivas Sainz, una selección de poemas de Rafael Alberti y notas y opiniones culturales escritas por mí y por Arturo; además, una nota mía sobre la obra teatral *El gesticulador*, de Rodolfo Usigli.

Transcribo tal cual el texto de presentación, para dar una idea de nuestras intenciones.

> Qui-qui-ri-quí...!
>
> *Eos* —que representa la madrugada de nuestra salida— tiene para nosotros dos preferentes evocaciones: la salida salada, marina, de Ulises, y la salida celada, terrestre, de don Quijote. Dos éxodos con parejo sentido de aventura y con la misma entraña justiciera: el primero, para la reivindicación de los derechos; el segundo, para el desfacimiento de los entuertos.
>
> También nuestro éxodo tiene, dentro de la jurisdicción de la cultura, un cierto sentido judicial. Atados al mástil de una vigorosa decisión, como Odiseo, no para conseguir una fácil y muelle inmovi-

lidad, sino para mejor resistir el meloso señuelo de las sirenas, nos hacemos a la aventura periodística, con el rumbo prefijado...

Se supone, de ordinario y por ordinarios, que toda publicación exclusivamente literaria o artística es, a fuerzas, exhibición consciente o descarado narcicismo. Nada más erróneo que supuesto semejante: la literatura, aun la menos intencionada, resulta a la postre una ponderada y eficaz influencia social. "Una obra enseña mucho, decía Gide, por el solo hecho de ser bella y creo ver cierto desprecio, cierto desconocimiento de la belleza, en la búsqueda demasiado precisa de los motivos, en el desconocimiento de lo permanente."

Esta revista no será, por tanto, otra de tantas; sino la revista intencionada y constructora que satisfaga, entre otras cosas, la necesidad que tiene nuestro Estado de un órgano donde se haga grito y enseñanza, voz y advertencia, documento e historia, el espíritu de nuestros artistas y escritores.

Entre las notas culturales que se publicaron en este primer número, dos me parecieron curiosas y las transcribo por su brevedad:

Siguen celebrándose las "Reuniones Rex". La última se hizo a base de Debussy: "Peleas y Melisenda" y "La siesta del Fauno".

La Casa de la Democracia Española, después de haber organizado un cursillo de literatura, que estuvo a cargo de los licenciados Julio Acero y Fernando Miranda Quiñones y de los señores Juan José Arreola y Arturo Rivas Sainz, prepara ahora un nuevo curso de Pintura Española, que será dado en la nueva residencia de dicha casa.

Entre los patrocinadores que apoyaron la revista, recuerdo a José María Díaz de León, José Cornejo Franco, Rodolfo González Guevara, Ixca Farías, Antonio Orendáin, la Universidad de Guadalajara, la farmacia Rex, la librería Nueva Idea y la Imprenta Gráfica.

A propósito del primer número de *Eos*, Octavio G. Barreda escribió en su revista *Letras de México*, el siguiente comentario:

Apresurémonos a saludar a la nueva revista jalisciense de literatura. Ahora se llama *Eos*, y la editan Arturo Rivas Sainz y Juan José Arreola. De este último se publica un excelente cuento, "Hizo el bien mientras vivió", realizado muy sagazmente, por medio de un cuaderno de memorias. Hace tiempo que no leía una narración mexicana tan valiosa como ésta; tan firme, tan dueña de sus pasos y, en fin, gratamente anunciadora de un futuro novelista digno de tal nombre.

Al escribir esto último, seguramente Octavio G. Barreda se refería a mi tío José María Arreola Mendoza, a quien considero un personaje digno de ser estudiado y recordado.

SARA, MI NOVIA, MI ESPOSA

La ruptura con Sara duró de marzo a noviembre de 1943. Fue tan larga que cuando la volví a ver le propuse matrimonio. Tenía la esperanza de que ella cambiara de actitud y me diera una respuesta definitiva.

Desde que llegué a Guadalajara, en enero de 1943, me propuse encontrar un trabajo que me permitiera contar con ingresos suficientes para poder casarme con Sara.

Ya instalado en casa de mi hermana Cristina, y teniendo trabajo en *El Occidental*, me dediqué a buscar a Sarita, yo sabía que ella y su familia ya vivían en Guadalajara.

Por esos días, Cristina y mis hermanos, ya recuperados de su enfermedad, regresaron a Manzanillo, y al quitar mi hermana la casa en la que vivíamos, yo me fui a una casa de asistencia propiedad de Elisa Campos y su hermano Fernando, que eran de Tamazula, el pueblo donde vivían Sara y su familia. Elisa era amiga de ellos, y fue precisamente a través de ella que me enteré que Sarita ya estaba en Guadalajara.

Casi todos los días le preguntaba a Elisa si había visto a Sara o a algún miembro de su familia. Tanto le preguntaba por Sarita, que Elisa comprendió el gran interés que sentía por ella y me dio la clave para encontrarla: me dijo que estudiaba en una academia ubicada en Pino Suárez, en el centro de Guadalajara; me dio la dirección y al día siguiente yo estaba parado frente a la academia a la hora de la salida de las alumnas.

Sara Sánchez Torres. Foto: Juan Rulfo.

Sara salió acompañada de su hermana Laura, y cuando me vio parado en la acera de enfrente se sorprendió y se fue casi corriendo con su hermana, yo traté de seguirlas, pero ellas se escondieron en un tallercito de bicicletas, eso lo supe tiempo después. Volví al día siguiente, pero, ya prevenido de lo que podría volver a pasar, me paré de plano frente a la puerta de la escuela. Ese día, salió Laura, pero de Sara no vi ni sus luces. Al día siguiente decidí entregarle un recado a Laura, por escrito, en el que le pedía a Sara que me concediera unos minutos para hablar con ella y que no volvería a molestarla nunca.

Mi recado dio resultado y, finalmente, pude hablar con ella. Me comentó que un amigo de sus hermanos había provocado un consejo de familia en contra mía, en el que trataron de convencerla de que yo no era un buen partido para ella. Alegaron en mi contra que era actor y escritor, y que los literatos se morían de hambre y no hacían nada, que estaba loco, y esto y aquello y lo de más allá.

Al escuchar toda la historia que me contó Sara, me quedé desconcertado, pero mantuve el aplomo y le dije que estaban equivocados, que yo era un hombre culto, de mundo, muy rico en cuestiones del espíritu, y que ellos eran pobres de espíritu y no entrarían al reino de los cielos.

Sara me escuchó con atención y, como para hablar de otra cosa, me aclaró muy seria: "No quiero que vuelvas a buscarme en la academia, porque mis amigas se van a burlar de nosotros y Amalita, la directora, está muy enojada contigo. Si quieres que hablemos seriamente tendrás que ir a mi casa". Me dio su dirección y me dijo que la buscara dentro de una semana.

Transcurrido el plazo, fui a su casa y hablé seriamente con ella, luego Sara me presentó a doña Josefina Torres Adame, su mamá, que era conocida de mi tío el señor cura Librado Arreola. Con la autorización de doña Josefina se inició el noviazgo de una manera formal y definitiva.

Entre tanto, yo continuaba con mi trabajo en *El Occidental*, con mi amistad con Antonio Alatorre y con Juan Rulfo, y con nuestra nueva revista literaria *Pan*. Seguía viviendo en la casa de asistencia de Elisa Campos, en donde también estaba de asistido mi primo Carlos Arreola, hijo de mi tío Esteban, uno de los hermanos mayores de mi padre. Todas las noches jugábamos al ajedrez y nos la pasábamos peleándonos, igual que ahora. Para ilustrar mejor este momento de mi vida, he seleccionado un grupo de cartas dirigidas a mis padres y a mis amigos, en las que les hablo de mi relación con Sara y de los preparativos de nuestra boda. A continuación transcribo fragmentos de esas cartas:

Zapotlán, Jalisco, junio 6 de 1942

Bondadoso y querido papá:

Recibimos su carta, tan grata y afectuosa. Hay en sus letras un corazón paterno que conmueve. Nunca sabremos, sus hijos, responder a esa voz llena de afecto. Pero la comprendemos hasta el fondo y damos gracias al Dios que nos hizo nacer bajo su protección.

Hacen falta aquí las nueve musas. Y la lira de Apolo y la cítara de Alceo y la flauta de Pan. Hay que citar a todos los poetas. Que vengan a ayudarme a decir lo que no alcanza mi voz a describir. La primavera que esmaltó jardines ha entrado a mi corazón.

Sara Sánchez Torres, Guadalajara, 1944.

Resurjo de mis cenizas, y el alma brota estremecida, palpitante oro la mariposa que despliega el milagro de sus alas después de la hermética clausura de la metamorfosis.

Labré con dolor, día por día, este joyel de felicidad que llevo puesto en la frente. Saqué de la sombra mi alegría como un minero silencioso. Bebí las amargas hieles. Y las espinas ensayaron sus puntas en mi carne. Si esta alegría dura sólo un instante no me quejaré por ello. En ese instante habré acumulado energías para el nuevo sufrimiento.

Lo que busqué con torpes y ciegos afanes vine a encontrarlo fácilmente. Estoy desacreditado, es cierto. He sido un desastrado arquitecto de la quimera y del humo. Todavía estoy sembrado de escombros. Pero, ¿qué quiere decir esta renovación de espíritu y de sangre que siento en el alma y en el cuerpo?

Abuso de la expresión y tiendo siempre a exagerar. Esta mañana no estoy en trance y creo que mis palabras salen vacías. Pero estoy desbordado. Y mi desborde quiero que les dé cuenta de una corriente de energía que circula por mi ser, con invasión tumultuosa de aguas desencadenadas.

Una presencia de mujer, de verdadera y legítima mujer, ha dado un nuevo sentido a mi vida con su presencia. El día siguiente a mi llegada de Manzanillo me encontré con ella. Ustedes no la conocen, pero yo siento que mi mamá habría de mirarla sin miradas de ojotón.

La familia de Sara es de Tamazula y hace muy poco tiempo que están aquí. Yo la conocí bien a bien en la Feria de Octubre. Desde que nos vimos nos asaeteamos, pero durante algunos meses no volví a verla por aquí en Zapotlán. Sara es hermana de la esposa de nuestro presidente municipal, Alfonso Moreno, la señora Esther Sánchez de Moreno. Es una señora muy seria y recatada.

Estoy descontento ya de esta carta. Pero no quiero retardarles más nuestras noticias. Nunca sabe uno enfocar debidamente estas cosas. ¡Si vieran qué joven y guapa es Sarita!

Guadalajara, enero 24 de 1943

Muy cordial don Alfredo:

Ojalá que usted me comprenda. Han sido días que recuerdo con estremecimiento. Le bastará a usted saber que descuidé por primera vez, y de modo bastante grave, mi correspondencia veronesa.

Tal vez pronto pueda organizar el traslado de Julieta para proseguir el diálogo de balcones adentro, que es, ¡ay!, el más difícil de sostener en tono vivo y animado. En la alcoba y en la casa, Julieta pierde su nivel. Ya no es precisa la escala; ella es la que desciende hasta Romeo. El juego de aventura y sorpresa queda suspendido. La presencia está impuesta y no buscada. El éxito del asunto está en comprender que una fase de la vida ha terminado. Viene otra, y hay que aprenderse pronto los papeles. El que trate de recitar las frases anteriores y espere réplicas correspondientes, está perdido.

Lo grave, y muy grave, es que casi todos sentimos deseos, como los actores que envejecen sin darse cuenta, de representar siempre el papel gallardo de Don Juan, siquiera una docena de veces más, con el consiguiente desdoro de Ineses, Elviras, Isoldas o Eloísas.

Creo que el triunfo del matrimonio está en la capacidad de rutina. La rutina es la mejor piedra de toque para el enamorado. Ahora, que sobre el tejido monótono de la vida, hay que ir bordando minuciosos y variados alamares, hay que ir haciendo un modesto trabajo de esmerada tapicería para vestir las desnudas paredes de la realidad cotidiana.

Soneto.

Quisiera preguntar de donde llega,
si viene por la luz o con el viento,
esta clara efusión de sentimiento
que recorre mi ser y que lo anega.

A dulzura sin fin el alma entrega
y olvida su pensar el pensamiento,
ya no se lo que soy ni lo que siento,
si luz que me ilumina o que me ciega.

Estoy lleno de sol, de primavera,
de flores y de pájaros por dentro,
de internas brisas y profundas voces.

Esto que ahora soy antes no era,
si busco lo que fui ya no lo encuentro.
Amor dime quien soy, tú me conoces.

Juan José Arreola

Manuscrito de un soneto dedicado a Sara, 1943.

Es muy duro elegir entre la tranquilidad y la aventura. Entre la seguridad de la paz y los riesgos de la guerra. Entre los agridulces festines del noviazgo y el sabor parejo y casero del matrimonio.

Por mi parte, he optado desde hace mucho tiempo. Renuncio a mis restringidos alcances de Casanova y de Cellini. No más balcones sublunares. No más esquinas callejeras elevadas a la categoría de vértice universal. No más noches en que el mundo gira en torno a una palabra.

Quiero que la paz sea conmigo. Que todo lo gallardo se realice en la imaginación. Que todas las novelas ocurran corazón adentro. Que todos los mundos sean reconocidos viajando por los libros.

Y que la casa defienda con sus cuatro paredes invencibles, la renovada invasión del mundo exterior.

Guadalajara, agosto 4 de 1943

Muy querida mamá:

Dirijo a usted esta carta que en realidad es para todos. Usted, colocada en medio de nosotros, razón y origen de nuestra familia. Quisiera contarle paso a paso mi vida desde que estoy otra vez solo. Ha sido recta y sencilla. Se reduce solamente al trabajo, que ha sido mucho, y a las ilusiones que no son pocas. La casa de asistencia es como todas. Tiene ese olor particular de sábanas y comida. Tengo un cuarto mejor que el que ocupaba. Es pequeño y aseado. Apenas caben mis cosas. Las dueñas de la casa me tratan bien. Son madre viuda e hija casada con marido ausente. También hay el hijo con mujer y retoño que medra a la sombra de madre y hermana. Así no falta la alegría y el llanto de los niños. Hay pocos huéspedes. David Luna, amigo de la infancia, está en su pueblo de vacaciones. Un militar, el capi, es un ingeniero que duerme de día. Otro señor, don José, es empleado de banco con aspecto de lechuza. Habla tan despacio que dan ganas de tirarle las palabras de la boca, como se jala la soga de un pozo. Hay un matrimonio de médico homeópata y anciano con mujer joven, atractiva y bondadosa. Son excelentes personas. Él es católico profundo y me ha tomado por su cuenta. Es de las pocas personas por quienes he sentido admiración y respeto. Su primera mujer le abandonó después de diecisiete años de matrimonio. Fantástico, ¿verdad?

Hay una señora de Sonora con su hija Delia, alta y delgada. Eulalia, la cocinera, es gruesa y pueblerina. Lamento que tenga tantas variantes en el modo de preparar los frijoles. Entre buenos y malos, hay por lo menos veinte categorías. El arroz, por fortuna, tiene diariamente el mismo buen sabor.

Hay otros platos que a veces me caen mal y a veces bien. Tomo café con leche por la mañana y leche hervida por la noche. No he aumentado de peso. Quizá por exceso de trabajo, quizá por falta de salud. Porque no he logrado mejorar a pesar del doctor Juan Ramos. Los intestinos me siguen fallando. El abdomen, blando y gaseoso como un globo cautivo. Paciencia, hermano Job. Tal parece que nuestra señora de Talpa no quiere nuestra visita. El trabajo es intenso y siguen los problemas. Por fortuna, mi situación está consolidada. Se me trasladó a redacción, pero no he seguido allí. El consejo no estuvo de acuerdo en que dejara yo el departamento de circulación, han creído que estoy adecuado para él, sea por Dios. De todos modos se me dará la oportunidad de escribir y me pagarán extra por ello. Así completaré el presupuesto. La última receta médica me costó veinticinco pesos. Tal vez mañana salga un artículo mío, de barato incienso. Mandado hacer y malo por cierto. *Letras de México* me publicó "Un pacto con el diablo" y Rivas Sainz, "Hizo el bien mientras vivió", del cual les mando un ejemplar. Han sido dos buenas alegrías. Hay posibilidades de que consiga unas clases en Bellas Artes, ojalá y se realice. Lástima que en los últimos días no he podido dedicar ningún tiempo a mis amigos, que mucho me han ayudado. Recuerdo diariamente a mis hermanas que tanto me cuidaban. Y el sabor de los pasteles no lo han desterrado de mi boca los inciertos panes que consumo. Pensé mucho en Cristina el día de su santo y sin embargo no pude escribirle, además, me dolería solamente escribirle. A Victoria, que me dirigió una carta tan hermosa el día de mi conferencia, tampoco le he escrito. Lo mismo a mi papá. Y no obstante los recuerdo mucho y están siempre conmigo. En estos días tan llenos de fatiga, con noches tan escasas. Escribo hoy a las doce de la noche y mi carta parece sueño, ¿no les ha fatigado ya? ¿No?

Pienso que todos los días irán las muchachas al mar. Mar grande y hermoso que hace olvidar tantas cosas. Flotando a la deriva, olvidé muchas veces la dureza de la tierra, en los blandos brazos del mar. Pasará mucho tiempo para que yo pueda volver a contemplar su rostro azul y sus borlas de espuma. Mucho tiempo para que vuelva a sentir en mis labios su salmuera, su arena en mis cabellos. ¿Todavía recogen conchas sobre la playa mientras el sol se pone? ¿Cuántas maravillas ha sacado el mago verde de sus entrañas? ¿Qué remotos marineros han traído un caracol dorado o una ramita de coral? Lástima que se llame tepache, una palabra plebeya para un licor tan agradable. ¿Sigue vendiéndose mucho? Espero que todos se hallen felices. Felices y sanos. Danilo y Roberto, ¿son como siempre? ¿Usted hace todavía con ellos escenas de mamá chimpancé? Viva el amor maternal puesto a prueba catorce veces. Lástima no ser Roberto para conducirme como bebé orangután. Para olvidar que la vida, como un auditor exigente, me está reclamando el precio de mi pasaje. Porque todavía viajo sin boleto. Pero creo que ya estoy en camino de obtenerlo. Mi papá ¿se encuentra bien? Me gustaría, como siempre, hablar con él. Nunca he podido ser el hijo que don Felipe merece, pero creo que voy a lograrlo. He saludado hoy a don Esteban que viene por su doctor. Leí las dos cartas que mi papá le puso. Voy a escribir otra vez a ustedes, muy pronto. Tal vez mis hermanitas ya le contaron que soy de nuevo feliz, que mi amistad con Sara se rehizo. He encontrado en ella un apoyo y un norte para mi vida. Nuestro trato se ha formalizado mucho. Tanto que no podría yo prescindir. Parece ser la persona que está destinada para compartir mi futuro. Yo quisiera saber que usted también la encuentra digna de todo afecto. Me gustaría que nuestros proyectos recibieran su aprobación.

En carta que les escribiré pronto, daré mejor cuenta de lo que pienso y espero, estas líneas ya se han extendido mucho, y si la carta resulta pesada no podrá conducirla el avión.

Mamá, la quiero y la recuerdo mucho. Era ayer cuando lloraba para que me tomara en sus brazos. (Por cierto que ya no tan grande como Roberto.) Hoy soy un hombre, pero quisiera volver a ser un niño y olvidar mis penas en su regazo. Su hijo que no la olvida.

Que mi papá dé esta carta por suya y que me escriba luego. Yo contestaré de inmediato.

Guadalajara, agosto 18 de 1943

Muy querido papá:

Acabo de saber que Virginia está un poco malita, espero que no sea de cuidado. Me confirma el traslado de ustedes a Zapotlán en su última carta que recibí oportunamente; esta es cosa que siempre he deseado. Ojalá y que las muchachas puedan adaptarse pronto a su antigua morada. Su carta me fue muy grata, aunque me extrañó en usted una cosa: que no haya hecho alusión alguna a mis proyectos terroríficos. Esto me preocupó porque lo interpreté como cierta forma de oposición familiar.

Usted sabe que me urge contar con su apoyo, y necesito conocer la impresión que haya en la casa respecto a mis nupcias con Sarita, pues el asunto de la petición de mano ya no puede ser aplazado más tiempo. Como mi actitud ha sido de absoluta formalidad, es indispensable que cumpla pronto con ese requisito.

En días pasados hablé con mis tías, y mi padrino Librado me ofreció acompañarlo a usted al "pides". Ninguno me puso objeción y a todos ha parecido sensato mi proyecto.

Económicamente, realizaré el mayor esfuerzo y las cosas se harán como se pueda. Yo no quiero vivir ya en estas condiciones, solo y a disgusto. Creo que mi vida será mejor cuando le dé forma. Es probable que me desprenda de trescientos libros para con ello saldar el pasado y cimentar el plan de ahorro. Me dolerá mucho, pero será un sacrificio necesario. Sólo reservaré los libros familiares y algunos de los más queridos.

¿Cómo llevar libros a una casa en la que faltarán cosas indispensables? Sara se ha portado de modo espléndido y está dispuesta a afrontar la vida que yo pueda darle. Creo no equivocarme con respecto a ella, es la mujer hogareña y cabal, virtuosa y fuerte. Me urge saber si ustedes no han cambiado en su concepto. No estoy perdido, pero sí completamente enamorado. Unas diez veces más que antes.

Pido a usted filialmente, amistosamente, humanamente, que me señale una fecha, oscilante entre fines de agosto y principios de septiembre, para venir a dar ese paso trascendental y deseado. Usted siempre ha comprendido mi viejo deseo de casarme. Creo que la mujer elegida reúne las mejores condiciones. A mi mamá no me atreví a hablarle más claro, creo que las muchachas me habrán ayudado a prepararla. Si usted lo juzga conveniente, le escribiré otra carta más oficial y abierta. Sucede que uno se halla por completo inexperto, y ni ahora mismo sé hablarle a usted de modo acertado. Perdone usted y comprenda el deseo que tengo de no apartarme de lo debido.

Quiero que esta carta, tan importante y mal escrita, salga en el tren mixto. Espero letras suyas que me orienten y tranquilicen. Tengo muchos deseos de hablar con usted. Su hijo integral.

Guadalajara, septiembre 3 de 1943

Querida mamá:

Mamá, el principal objeto de esta carta es participarle formalmente mi proyecto de casarme dentro de un año, plazo que he creído conveniente para arreglar mis cosas y que está de acuerdo con los planes que realizo.

Mamá, con el mayor afecto pido a usted su consentimiento y aprobación para que mi padrino Librado Arreola y mi papá me hagan el favor de pedir a mi novia, cuya familia ya se encuentra de acuerdo y en espera de ese paso. He hablado con mi padrino y mis tías. No han puesto ninguna objeción a mis proyectos y los han aprobado comple-

El día de su boda con Sara Sánchez Torres, Guadalajara, 1944.

tamente, pues conocen muy bien las cualidades de Sara y piensan que ya es tiempo de encauzar mi vida, que por ahora no es nada grata. Como usted recuerda, en este mes cumplo veinticinco años y creo no hacer un acto irreflexivo.

Guadalajara, junio 7 de 1944

Muy querido papá:

Grande alegría por la venida de mis hermanas, presidida por usted. ¡Que vengan todos! Si olvido alguna cosa, es por el estado que guardo. Me encantaría saber en qué tren llegarán, quisiera que una o dos de las hermanas se adelantaran un poco, ¿es posible? Quisiera que vinieran Felipe y Rafael. En fin, me agradaría verlos a todos. La cosa se presenta como éxito, sobre todo la indumentaria de Sara, que promete ser extraordinaria. Tengo deseos enormes de verle a usted, de que usted vea la felicidad que me ha dado a costa de sacrificios que comprendo, deploro y aprecio en su valor.

No me queda sino ser un hombre honrado para premiar sus sacrificios, y si mi talento llega a florecer, para usted serán todos los ramos, ya que ha puesto en mi corazón de hombre profundas semillas que prometen brotar.

Venga usted, pues, querido padre, a que yo le diga vivamente mi gratitud.

Guadalajara, noviembre 24 de 1944

Muy querido papá:

El que me haya casado no me aleja de ustedes en lo más mínimo. Por lo contrario, siento que cada vez los necesito más cerca de mí en el afecto y la hermandad. Lo que yo soy está en gran parte representado por todos ustedes, familia de donde procedo y que me otorga nombre de gente honrada.

En lo que respecta a mi vida moral, ha sido hasta este momento pura maravilla. Encontré en Sarenka una verdadera acompañante para todas mis tribulaciones y escasos goces. Se comporta no como una recién casada, sino como si lleváramos largos años de amainar velas juntos. A todo se adapta y se ciñe y no me ha ocasionado la más pequeña mortificación. Con sólo que no le hable de salir a pasatiempos o visitas, se halla feliz. Dura varios días seguidos sin ir a su casa, que está a media cuadra de la nuestra.

Estoy comenzando a trabajar en programas de radio, como escritor de textos, cosa que puede dejar buen ingreso. Ya le contaré si consigo algo importante. En el periódico me va como antes, don Pedro Vázquez Cisneros me ha tomado algo así como predilección, me exige muy poco, me bromea mucho y considera mi trabajo en más de lo que vale.

Azpeitia no acaba todavía de hacer nuestros retratos, que tengo tantos deseos de enviarle. Un libro de Rafael, tampoco me lo ha devuelto el encuadernador y tengo pena con él, pues quise que me lo dejara. Se lo enviaré luego. Al señor José de Jesús Galindo no he podido escribirle y ya ha dicho que está resuelto a interrumpir su trato conmigo. Voy a ponerle una carta para saber si es cierto.

Zapotlán, 9 de julio de 1945

Muy querido papá:

Claudia ha gozado la simpatía y la admiración de propios y extraños. Mi mamá y hermanos la miman y cuidan con un afecto que a Sara y a mí nos halaga y llena de gratitud. Hemos hecho las visitas de estilo, en todas partes nos han recibido muy bien gracias a la redondeada criatura que cada vez se muestra más henchida y vivaracha.

Ojalá y que este sacrificio suyo tenga merecido premio. Mi mamá, una vez pasado el trance de Danilo, se melancoliza ahora con su ausencia y la conversación decae a veces en silencios prolongados. Por fortuna, tenemos a Berenice que a todos nos obliga a experimentar alegría ante su explosiva vitalidad.

Sara saluda a usted mucho, lo mismo que a mi mamá y hermanas. Yo le envío todo mi afecto de hijo reforzado por mi experiencia de padre novel.

Ojo: Acabo de recibir una sorprendente carta de Louis Jouvet, fechada en París el 3 de mayo de 1945. En la que me ofrece toda su ayuda para realizar mi sueño de ir a Europa.

Guadalajara, 19 de agosto de 1945

Muy querido papá:

Con mucho gusto he recibido su carta. Sara y yo deseamos verlo muy pronto por aquí, para que verifique los progresos de Claudia que rayan en lo inconcebible. Van en esta carta dos pruebas de unos retratos que le tomó mi amigo Juan Rulfo, aficionado a la fotografía y colaborador de la revista *Pan*; se las adelanto para que tenga una idea cercana de su nieta, perdón, de su sobrina. Tiene desde hace quince días dos dientes y ya le están saliendo otros. Su salud es radiante y nosotros estamos orgullosos por el asombro que despierta en todos los que la ven. Su viveza es extraordinaria.

Celebro mucho el aprecio que expresa por *Pan* y estimo profundamente sus juicios. Ojalá y podamos seguir adelante con la tarea que, por fortuna, ya cuenta con muchos simpatizadores.

Fragmento de una carta a Sara, fechada en París el 2 de marzo de 1946:

[...] He visto estupendas piezas de teatro y muy buenas películas. Uno de los profesores de las escuelas a que concurro es Pierre Renoir (nieto del pintor Renoir), a quien Rafael conoce muy bien. Tengo una carta de Jouvet para Louis Barrault y otra para Charles Dullin. Conocí también a Alexandre Rignault y Marguerite Jamois, a Jean Meyer y a M. Le Goff. Todas estas personas son de las más grandes figuras del teatro francés, algunos de ellos son actores de la Comédie Française.

Pierre Emmanuel, el poeta, me invitó a su casa y vamos a estudiar en compañía la poesía francesa y la española.

Como tú ves, no pierdo el tiempo y sólo me ocupo en cosas útiles. No tengo un minuto mal empleado y gozo con la tranquilidad de mi conciencia. Estoy seguro de traerte aquí si la vida se mejora apreciablemente en este año. De lo contrario, ya lo sabes, un poco de tiempo más y nuestra vida feliz volverá a comenzar tal como antes, tal vez con mejor situación económica. Creo que podré hacer muchas cosas cuando vuelva. En todo caso, me tendrás junto a ti lleno de experiencia y de recuerdos hermosos que te contaré largamente. Sabe que estoy bien, siempre pensando en ti y en nuestra hija Claudia. Soñando con poder darles una vida mejor. Nada puedo prometer con seguridad en lo material. Pero a ti, que sólo te preocupas por las cosas del espíritu y del corazón, puedo decirte mis palabras más grandes, a ti, dueña de toda mi vida.

Besos a Claudia y a ti. Tu Juan José, tuyo, tuyo.

En París, 1946.

He visto estupendas piezas de teatro y muy buenas películas.
Uno de los profesores de las escuelas a que concurro es Pierre Renoir, a quien Rafael conoce muy bien. Tengo una carta de Jouvet para Jean Louis Barrault y otra para Charles Dullin. Conocí también a Alexandre Rignault y Margueritte Jamois. A Jean Meyer y a M. Le Goff. Todas estas personas son de las más grandes figuras del teatro francés, varios de la Comédie Française. Pierre Emmanuel, el poeta, me invitó a su casa y vamos a estudiar en compañía la poesía francesa y española.
Como tú ves, no pierdo el tiempo y sólo me ocupo en cosas útiles y puras. No tengo un minuto mal empleado y gozo con la tranquilidad de mi conciencia. Estoy seguro de traerte aquí si la vida se mejora preciablemente en este año. De lo contrario, ya lo sabes, un poco de tiempo más y nuestra vida feliz volverá a comenzar tal como antes, tal vez con mejor situación económica. Creo que podré hacer muchas cosas cuando vuelva. En todo caso, me tendrás junto a ti lleno de experiencia y de recuerdos hermosos que te contaré largamente. Sabe que estoy bien, siempre pensando en ti y en Claudia. Soñando con poder darles una vida mejor. Nada puedo prometer con seguridad en lo material. Pero a ti, que sólo te preocupas por las cosas del espíritu y del corazón, puedo decirte mis palabras más grandes, a ti, dueña de toda mi vida.
Besos a Claudia y a ti [illegible], tuyo, tuyo.

Carta a Sara, París, 1946.

ANTONIO ALATORRE

MI AMIGO, MI HERMANO

Cuando Arturo Rivas Sainz y yo publicamos el cuarto número de *Eos*, decidimos dar por concluida nuestra labor editorial. Un hecho ajeno a nosotros nos obligó a tomar la difícil decisión de suspender abruptamente nuestro trabajo. Hubo un momento en que ya no tuvimos material para publicar. Entre los amigos cercanos no pudimos reunir textos de calidad para proseguir nuestra tarea, sobre todo partiendo de la idea original de Arturo, de hacer números monográficos. No nos quedaba más que sacar otro tipo de revista, y lo más preocupante de todo, con una calidad inferior en las colaboraciones.

Ante semejante disyuntiva, Arturo me convenció de que lo mejor era suspender temporalmente la revista, para no incurrir en debilidades que con el tiempo se volverían en contra de nosotros.

En este año de 44, conocí a Antonio Alatorre. Yo seguía laborando en *El Occidental*, y Antonio era colaborador de la revista *Tribuna*. Me lo presentó Alfonso de Alba, quien hace pocos años murió aquí en Guadalajara en buena edad.

Antonio Alatorre, Alfonso de Alba y Pepe Pintado hacían la revista *Tribuna*, todos ellos eran estudiantes de la Facultad de Derecho en la Universidad de Guadalajara. José Pintado era el accionista principal.

Alfonso de Alba trabajaba también en *El Occidental*. Además de ser jefe de circulación, como mencioné, yo me hacía cargo de la página literaria. Un día Alfonso me dijo: "Mire usted, maestro, yo le quiero presentar a Antonio Alatorre, quien por sus méritos y capacidad también se puede hacer cargo de una de las secciones del periódico". El caso es que desde entonces nos conocemos y compartimos una bella amistad, que en aquellos años fue fundamental para mí.

Antonio era un hombre delgado, tímido, usaba unos pantalones claros y un suéter recto de botones, de color gris. A veces le gustaba ponerse una gorra de visera azul. Me sorprendió que viviera en un hospital con unas tías monjas que eran enfermeras. Antonio vivió allí una temporada y luego se cambió a la calle Pavo, esquina con Ramón Corona.

Su inteligencia, talento y sensibilidad me ayudaron a establecer una amistad que creció rápidamente, en cuestión de días.

Con Antonio pasó algo curioso. Primero en el seminario y luego en la Facultad de Derecho, tuvo una sólida formación dentro de la tradición humanista. Estudió y aprendió a la perfección el griego, el latín y el francés. Era un sabio en cuestiones de teología.

Por esos días, yo le revelé "la otra literatura", la profana, que era el lado opuesto a la formación de carácter religioso que había recibido en el seminario. Antonio tenía una necesidad enorme de hacer otro tipo de lecturas, casi diría que leyó con voracidad algunos libros que le recomendé. Entre los autores que compartimos juntos estaban Pablo Neruda, Rafael Alberti, Federico García Lorca, Giovanni Papini y Georges Duhamel.

El nuevo mundo que Antonio descubría lo hizo enloquecer de gusto. Yo sentía una felicidad enorme de verlo gozar a un autor como Duhamel. Creo que éste encontró en Antonio a uno de sus mejores lectores, no sólo de México, sino del mundo entero.

Al poco tiempo, era el propio Antonio el que me ayudaba a descubrir nuevos matices en el arte literario de Duhamel y de otros escritores.

En esa época, nosotros éramos francófilos y antinazis. Vivíamos en un afrancesamiento total, que culminó con la llegada de la Comédie Française a Guadalajara, al frente de la cual venía el célebre actor de cine y comediante Louis Jouvet, por quien yo tenía desde años atrás una profunda admiración.

Desde que conocí a Antonio Alatorre, hasta la fecha, lo he visto amar a las palabras. Con él compartí el gusto por las ediciones críticas. Estuvimos juntos con don Alfonso Reyes y Raimundo Lida en El Colegio de México. También trabajamos juntos con don Daniel Cosío Villegas en el Fondo de Cultura Económica.

Antonio, al igual que yo, proviene de una familia donde hubo monjas y curas. Desde que nos conocimos en Guadalajara, me contó que él perdió la fe por completo cuando se salió del seminario. Creo que llegó a una forma de ateísmo burlesco respecto a todos los ritos, cosa que ha creado en mí serios problemas de orden espiritual e incluso ha afectado en cierta medida nuestra amistad, porque yo he conservado, aunque un poco maltratada, una fe y un respeto muy grandes por las ideas y la conducta religiosa.

Recuerdo que Antonio se mofaba mucho de ciertas lecturas que hacía en el seminario. Me decía que le habían dado a leer puras ñoñerías, que gracias a mí descubrió la verdadera literatura. Pienso que él ha sido uno de los mejores lectores que he tenido en México. Fue el primer lector de varios de mis primeros cuentos: "Un pacto con el diablo", "El silencio de Dios", y "El converso". Cuando terminó de leer este último me aseguró: "Es la cosa más brava que de usted he leído".

Para dar una idea de la intensidad de nuestra relación intelectual de aquellos años, transcribo una carta que le envié en un momento crucial de nuestra amistad:

> Me cabe el honor de iniciar una correspondencia cuyo destino depende exclusivamente de usted. No crea que al decirlo busco hacer un cumplido, ni mucho menos trato de esquivar las responsabilidades que contraigo. Me expreso así para significar el deseo y la esperanza de que usted no procederá en sus cartas con la misma paciente condescendencia que le ha caracterizado en todas nuestras conversaciones.
>
> Tengo para escribirle muchos temas a la mano. Algunos son importantes y sin embargo voy a dejarlos a un lado. Nuestras cartas deben sustituir en lo posible a las charlas interrumpidas, y la de anoche bien merece una primera carta como epílogo.
>
> Por la sensación de alivio que yo he creído adivinar en usted después de su intento explayatorio, tuve que constatar, temblando, que desde hace muchos días usted se venía dedicando a la peligrosa y

oculta tarea de almacenar, Dios sabe con qué fines, tristes cantidades de explosivo resentimiento.

No se asuste porque doy el nombre de resentimiento a esa especial actividad (o pasividad) de su espíritu. Es un nombre que cae bien porque la manera que tuvo usted de expresarse concuerda con esa clase de molestia. Mientras usted preparaba una bomba, yo empleaba la pólvora de cada día en los juegos de pirotecnia que a menudo decoraban nuestras conversaciones. Me hallaba bastante lejos de comprenderle, amigo mío, y no me avergüenzo de confesarlo. Es simplemente porque usted no me daba casi nunca oportunidad de apreciar el mal que yo podía hacerle inadvertidamente, al consumir en forma banal muchas horas de su espíritu. Usted ha tenido una especialísima manera de adecuar su sensibilidad a los problemas artísticos que tuve ocasión de proponerle y ante las obras literarias cuya lectura compartimos, su inteligencia supo encontrar siempre los mejores medios para apreciarlas y juzgarlas. Yo tuve la alegría de encontrar en usted alguien que poseía instrumentos de crítica iguales a los míos y cuya precisión iba siempre mucho más lejos. Vea usted en esto el verdadero origen de nuestra amistad y halle aquí la explicación del placer que yo encuentro en fomentarla.

Uno de mis defectos, el más grande tal vez, es el de que no poseo cuentagotas ni balanzas para medir el tiempo y la atención que se me otorga. Soy también, en mí mismo, desmedido. Sé que esto me perjudica y casi nunca puedo remediarlo yo solo, preciso de alguien que me ayude. Ahora cuento, por fortuna, con usted, en quien tengo puesta toda mi confianza. Cuento con usted para cuidar esta grata amistad.

El origen de mi actitud usted no necesita buscarlo, lo ha tenido siempre delante de los ojos. La forma en que vivo, el camino que trato de seguir, no me exigen ningún sacrificio especial, hasta nueva orden. Usted, en cambio, está lleno de cosas que lo constriñen, que lo han uncido al yugo de penosos deberes. Usted estudia una carrera y yo vivo con amplitud. Al final, claro que usted va a ser el de la holgura y yo el del cauce estrechísimo. Pero qué quiere usted, su trato me era, en segunda instancia y después de cumplir todos los requisitos de selecta amistad, sumamente provechoso para mi actividad interna. Es conversando con usted como he encontrado últimamente muchos de los temas que pienso desarrollar. Su colaboración es de gran valor y yo no podía economizarla, de ahí que me fuera tan difícil comprender con claridad el sacrificio que le ocasionaba y que su bondad nunca trató de evitar.

Citó usted anoche unas palabras de Salavín que me han alumbrado repentinamente. Dijo usted más o menos: "Salavín explotó porque había guardado pequeñas cosas secretas". Así es que usted, sin darse cuenta tal vez, había llegado a un estado similar. Créame que me siento feliz al ver que usted hizo al fin algo para evitar entre nosotros un estallido semejante. Lo que hubo en usted anoche es algo que carece de importancia, según creo, ya que las reservas inflamables databan de poco tiempo y su blindaje era relativamente delgado. Solamente me deslumbró un poco el brillo de su cólera. No se moleste usted, se lo ruego, porque haya escrito cólera. Usted la sometió al rigor de sus buenas maneras, pero su cólera alcanzó a resplandecer un instante. Nada grave, por supuesto, pero que me da idea de lo peligroso que hubiera sido conservar intacta la mecha. Después usted manifestó su alivio en varias frases balsámicas. Me ofreció también una dosis de algunas gotas de un lenitivo de su fabricación, y tal vez por ser ésta muy precipitada, no pudieron surtir el efecto necesario. De todas maneras, ha sabido estimarlas como un producto hecho a base de cordialidad y yo aprecio mucho su auténtico sabor.

No vaya usted a contestarme tomando al pie de la letra las cosas que me he permitido decirle. También yo tuve, anoche, algunas frases que en contraposición con las suyas deban haber resultado ácidas o amargas. Espero que usted no guarde de ellas ninguna salpicadura. Le prometo poner en mis cartas futuras todo lo que pueda de ingenio. Lo más importante es que usted me escriba luego, pues han quedado dentro de usted muchas asociaciones de arrayán, que por ser venenosas, podrían intoxicarle.

Esta carta es algo más que un testimonio de amistad. Al releerla ahora, han transcurrido muchos años, casi medio siglo, y lo más curioso es que Antonio y yo seguimos siendo los mismos. Salvo nuestras canas y arrugas, siento que nuestro espíritu sigue igual de alerta, como cuando en aquellos años jugábamos con las palabras, como cuando inventamos el "idioma copto", que consistía en introducir una letra "p" dentro de una palabra. Decíamos, por ejemplo, "le voy a conptar un cuenpto", "me voy a poner el sapco", "usted es un sapop", "soy un escriptor". Afortunadamente, nuestra lengua se enriquecía con palabras naturales, como la palabra "suscriptor".

LA REVISTA *PAN*

A propósito de los inicios de nuestra amistad y de la revista de literatura *Pan*, que ambos editamos en Guadalajara, Antonio Alatorre ha escrito y dicho muchas cosas que considero apropiadas para ilustrar esta época de mi vida. A manera de ejemplos, me permití glosar los textos y las entrevistas en que Antonio alude a ciertas personas y hechos que considero importantes de mencionar en estas memorias.

Creo que el texto de Antonio que sintetiza de mejor manera esta época, es el que escribió para la presentación de la edición facsimilar de *Pan*, publicada por el Fondo de Cultura Económica, en su colección Revistas Literarias Mexicanas Modernas, fundada y dirigida por José Luis Martínez, a quien en estas memorias nombro como "el decano" de mis amigos, ya que juntos cursamos el tercer año de primaria en el colegio Renacimiento de Zapotlán.

Otras fuentes son: el diálogo que sostuvimos en el 40 aniversario de El Colegio de México, reproducido en mi libro *Obras de Juan José Arreola* (Fondo de Cultura Económica, 1995), y la entrevista: "Miradas de la memoria", que se publicó en *Los Universitarios*, número 87 de 1996.

En esos textos, Antonio ha dejado testimonio festivo, entusiasta y a veces burlesco de una amistad que ha sido fundamental para mí a lo largo de mi vida. A continuación reproduzco algunos fragmentos de lo dicho y escrito por él:

Colegio Renacimiento de Zapotlán. Primera fila: Rafael Arreola, primero de la izq.; Juan José, tercero de la izq. Segunda fila: José Luis Martínez, tercero de la izq., 1926.

Lo que más claramente me sedujo de Arreola, desde que lo conocí, fue su exaltado amor a las palabras, su gusto por ellas, su regocijo, sus celebraciones. Había palabras que le llenaban la boca y lo dejaban casi en éxtasis. Así la palabra Orso. Así la palabra magenta. Así el verso de Neruda "... y manzanas de olor a simetría".

La revista *Pan* fue en realidad la manera que se nos ocurrió de hacer público nuestro diálogo.

Para mí, la revista *Pan* no es sino un documento de mi relación con Arreola, recuerdo de un breve período (junio a noviembre de 1945) de nuestra amistad, muy personal, tan íntimo casi como una conversación o una carta. A mí me consta que *Pan* fue mero juego, diversión pura. Arreola y yo, cuando la hicimos, andábamos en las nubes. Soñábamos, y era placentera la ilusión de que nuestros sueños iban cuajando en algo concreto. Cada hoja que imprimíamos —que casi personalmente imprimíamos— no era sino eso: ilusión de sueño realizado.

Alguien, malévolo o simplemente chistoso, dijo que le pusimos *Pan* a nuestra revista para que Efraín González Luna, uno de los ideólogos-fundadores del PAN (Partido Acción Nacional), nos la subsidiara. Por supuesto que no. Fue pura coincidencia. En la mente de Arreola, Pan significaba a la vez el alimento casero y el simple y primitivo dios arcádico de los campos y montañas, de las greyes y

No. 1—Junio de 1945 Guadalajara, Jal.

Reflexiones Sobre la Forma

(Fragmento de "La Fenomenología de lo poético", libro en preparación)

Por Arturo RIVAS SAINZ.

PROPOSITO

Hacer una revista literaria en Guadalajara, es tarea que ofrece a sus emprendedores más de un triste presagio.

El ejemplo de las publicaciones que nos han precedido no es ciertamente halagador. Todas ellas, sin contar una sola excepción, tuvieron vida episódica y señaladamente difícil.

Ahora, en lugar de asumir una responsabilidad superior a nuestras fuerzas, plantamos este germen de revista, que sólo alcanzará su mejor desarrollo si a ella concurren nuestros amigos.

Publicando con el mayor decoro posible los originales que nos sean confiados, esperamos que nuestra obra tenga muy pronto el mérito que trata de alcanzar.

EXISTE una especie de "ánimo del paisaje", y no ciertamente en virtud de una proyección sentimental. basta con que se exponga a la contemplación un conjunto de elementos espaciales, para que como una consecuencia, el alma quede saturada por el inefable resultado de su contacto. No es que el contemplador, en una especie de derramamiento subrepticio, se anticipe a su propia aprehensión y que, tratando de captar lo objetivo, se atrape a sí mismo en las cosas. Es, contrariamente, porque la composición de éstas, dibujando con la línea de su contorno más significativo ciertas formas fundamentales, talla la gema del espíritu avizorante con la ineludible influencia de su geometría. No cabe duda el sentimiento es también una cosa geométrica.

Quien lo dude, que explique, si puede, el tránsito de sus afectos y sentimientos cuando, de la serena grandiosidad, maciza y severa, de una arquitectura románica, translada su visión a la delicada, aparentemente endeble orfebrería de la gótica, que parece ascender al cielo como una voluble humareda de encajes.

El que puede seguir sin interrupción la línea que se forma en el contorno, en el perfil o en la superficie de un objeto, y sentir su continuidad en las aristas o planos de las otras cosas, sólo él, puede tener cuenta con la estructura melódica que hay en un conjunto, es decir, en una plástica composición. Sólo él puede conjurar aquella dinámica musical de la sucesión con esta plástica geométrica del orden.

El alma, instrumentada en los ojos, percibe una estructura tectónica, perfectamente estilizable y reductible a líneas, aun en los más alborotados y enredosos mirajes y, según las perdurantes, según las que permanezcan como andamios visuales después de la reducción, aquélla —el alma— se serena, si son horizontales; se alerta, si verticales y se inquieta, si oblicuas e inclinadas. El valor y el volumen no son sino la masa que encarna el esqueleto de una colmenas, independientemente de los refinados olímpicos (el dibujo de Alejandro Rangel Hidalgo capta esa idea de primitivismo helénico).

Efraín González Luna, nacido en Autlán de la Grana, era de la generación de Agustín Yáñez (en su magnífica biblioteca hojeamos alguna vez la colección completa de *Bandera de Provincias*). Era, como su gran amigo José Arriola Adame, un hombre amasado en la cultura francesa —tradujo una de las piezas clave de Claudel, *L'annonce faite à Marie*— y era un interlocutor sumamente respetable. Eso sí: hablábamos sólo de cosas literarias.

Su contribución económica fue vital para nuestra revista. Y para él no fue nada, en comparación del dinero con que por esas mismas fechas ayudaba a la creación de la Orquesta Sinfónica de Guadalajara (cuyos primeros conciertos reseñé yo en *El Occidental*).

Cuando me quedé solo a causa del viaje de Arreola, le pedí a Arturo Rivas Sainz que me acompañara en la "aventura" de la revista, con miedo de que no aceptara. No aceptó, pero acompañó la negativa con su sonrisa de siempre.

Entonces pensé en Juan Rulfo. No porque Rulfo formara parte de nuestro grupo en sentido estricto (él no era *habitué* del café Nápoles), sino por la simple razón de que Arreola y yo fuimos, desde el primer momento, decididos admiradores suyos.

Creo que el original de "Macario", publicado en el número 6, no alcanzó a ser visto por Arreola. Lo que recuerdo es que la presencia de "Macario" en ese número 6 fue lo que me movió a pedirle a Rulfo que me hiciera compañía. Le pregunté pues si aceptaba que su nombre figurara junto al mío, y él sencillamente dijo que sí.

Hasta aquí cito las palabras y el texto de Antonio, para hacer algunas aclaraciones pertinentes, no sin antes transcribir el texto de presentación de la revista de literatura *Pan*, publicado en el número uno, el 1º de junio de 1945, que dice así:

Propósito

Hacer una revista literaria en Guadalajara es una tarea que ofrece a sus emprendedores más de un triste presagio.

El ejemplo de las publicaciones que nos han precedido no es ciertamente halagador. Todas ellas, sin contar con una sola excepción, tuvieron vida episódica y señaladamente difícil.

> Ahora, en lugar de asumir una responsabilidad superior a nuestras fuerzas, plantamos este germen de revista, que sólo alcanzará su mejor desarrollo si a ella concurren nuestros amigos.
>
> Publicando con el mayor decoro posible los originales que nos sean confiados, esperamos que nuestra obra tenga muy pronto el mérito que trata de alcanzar.

A diferencia de *Eos*, *Pan* abrió sus páginas e invitó nuevos colaboradores, ya que mi experiencia editorial con Arturo Rivas Sainz se vio limitada hasta el grado en que desapareció *Eos* por falta de colaboradores y recursos económicos; hubo un momento en que Arturo, que era un modesto profesor de literatura, tuvo que aportar recursos para su edición. Tal como dice Antonio, la aportación de Efraín González Luna fue decisiva para la vida de la revista. Desgraciadamente, mi viaje a París contribuyó a que la revista saliera sólo hasta el número siete. A mi regreso tuve serios problemas económicos que me impidieron establecerme en Guadalajara, y poco tiempo después Antonio y Rulfo se marcharon también a México.

Yo no he sido un hombre capaz de asistir regularmente a una tertulia de café, ni de cantina o restaurante, porque no tengo el don de saber escuchar a los demás. El grupo de Guadalajara, por no decir "capilla literaria", del que yo era asiduo concurrente, frecuentaba el café Nápoles, por esta razón, cuando me conoció Alatorre, yo iba esporádicamente al café. Recuerdo a la mayoría de los asistentes, que se pueden dividir en tres grupos: los habituales, como Arturo Rivas Sainz, Ramón Rubín, Adalberto Navarro Sánchez, Ramón Luquín, Joaquín Ríos... También estaban los pintores Mora Gálvez, Alfonso Mario Medina, José Inés Casillas, y poco tiempo después ya lo frecuentaban Juan Rulfo, Antonio Alatorre y Alfonso de Alba.

El segundo grupo lo formaban algunos amigos de Guadalajara que ocasionalmente se presentaban, como Carlos Enrigue, Ricardo Serrano, Rodríguez Puga y Alejandro Rangel Hidalgo, que es de Colima, pero en ese tiempo andaba por Guadalajara; él hizo el dibujo y el diseño de la cabeza de la revista *Pan* como bien lo mencionó Alatorre.

El tercer grupo de amigos que frecuentaron el Nápoles, era el de los que llegaban de México, como Alí Chumacero, jalisciense de la época en que el cantón de Tepic pertenecía a Jalisco. Los hermanos Quintila y Edmundo Báez, Lupe Marín, Octavio G. Barreda y Juan Noyola Vázquez, colaborador de la revista *Pan*, nacido en San Luis Potosí.

De los colaboradores de la revista me llama especialmente la atención el lugar de origen de varios de nosotros: Juan Rulfo nació en Apulco y lo registraron en Sayula; Antonio Alatorre es de Autlán de la Grana; Arturo Rivas Sainz, de Arandas; el poeta Francisco González León y Alfonso de Alba, de Lagos de Moreno; Adalberto Navarro Sánchez, Ricardo Serrano y Rodríguez Puga, de Guadalajara, y yo, de Zapotlán el Grande. No quiero omitir a Juan Noyola Vázquez, que era de San Luis Potosí, y a Alí Chumacero, que es de Nayarit. Los de Jalisco fuimos una justa y equilibrada representación de nuestro estado, poco frecuente en el medio literario.

En mi breve presentación a la edición facsimilar de *Eos* escribí:

> Eran días felices, desordenados y veloces. La farmacia Rex, lugar breve y estricto, propagó sus fieles adherentes a dos cafés: el Nápoles y el Apolo... Quisiera que todos me ayudaran a recordar a cada uno de los que fueron el *corpus* vivo y operante. ¿Hablábamos, como siempre, de literatura? No, yo creo que más bien hablábamos de libros y de revistas. Las palabras Argentina y Buenos Aires sonaban a plata y oro que llegaban desde lejos, sonando y resonando en prestigiosos nombres editoriales: Espasa-Calpe y Losada, Sur, Sudamericana y Emecé... En el centro de la guerra que abarcó años centrales de nuestra juventud, carecíamos de libros actuales españoles y las librerías de viejo eran el refugio para las espaciosas búsquedas de tesoros aparentemente inagotables. Y sobre todas las cosas, el prestigio de los libros publicados por la *Revista de Occidente* alcanzaba un relieve, un timbre tan prodigioso por algunos de sus títulos como: *La isla de las damas*, los *Cuentos de un soñador* o *El resentimiento en la moral*. La librería Font, superpoblada y flamante, era el escaparate cotidiano de la pesca milagrosa; ella y el depósito aluvional de medio uso inexplicable y giratorio del librero don Fortino Jaime, fueron los polos, las masas continentales que encerraban todo el archipiélago de grandes y pequeños establecimientos donde llegamos a comprar por veinticinco centavos ejemplares intonsos de la *Revista de Occidente*.

Entre todos los gambusinos feroces, sólo Arturo Rivas Sainz, laborioso y paciente, descubría y compraba poco a poco libros capitales y de veras los leía. Después nos iba dando también poco a poco y con severa dulzura los frutos de sus nuevos amores y conocimientos.

Pero se trata de que "íbamos a sacar una revista" y desde entonces la vida en nosotros mismos caminaba de pronto. Había comenzado una especie de cuenta regresiva que debimos iniciar varias veces: "Ya no podremos salir el primero de junio porque ya casi se nos acabaron los treinta y un días de mayo, y no tenemos más textos que el tuyo y el mío. Otra vez la tragedia de "Me lees y te leo".

Un reajuste presupuestal en la imprenta nos obligó a salir el primero de julio porque don Manuel Hernández, su propietario, la imprimía gratuitamente y Arturo ya tenía regalado el papel. Sucedieron luego otra vez y más que nunca los días desordenados y veloces con itinerario invariable y múltiples horarios. ¿Como hacíamos para no perder el trabajo o más bien qué clase de trabajo estábamos haciendo? De mi casa a *El Occidental*, a ver si ya había salido el periódico. Y eran las diez de la mañana. A las once, a casa de Arturo y de allí a la imprenta a recoger galera por galera. Y de allí a la librería Font, no la fueran a cerrar.

Y después de comer, nueva y rápida visita al periódico. Y de allí otra vez a casa de Arturo y a las librerías de viejo que correspondían a tal día de la semana, y a visitar amigos comerciantes y profesionistas, industriales y banqueros, que nos habían prometido un anuncio en forma de ayuda o una ayuda en forma de anuncio. Y que no se haga tarde para estar siquiera una hora con las hermanas Díaz de León y con Carlos Enrigue y a ver con quién más. Mario Medina desde luego. (Confieso que yo iba a otras horas y muchas veces sólo a confesarme con Lupe para que estuviera al día, porque ella llevaba la contabilidad de mis negocios, amores y desventuras.) En días como éstos, ni tiempo había para llegar al café. Nunca he sido hombre de tertulias. Parece mentira, yo que en cualquier parte donde hay cuatro personas "suelto mi yo como un ornitorrinco" (la frase es de Ortega con referencia a Unamuno).

Por fin salió *Eos*, revista de duración tan breve como su nombre griego de alborada indica. Ya verán ustedes el sumario y los textos. Yo no estoy aquí para juzgarlos, porque fui, hasta el número cuatro; autor, editor y lector. Lo mismo que mi amigo inolvidable y recóndito. En el fondo de todo, creo que Arturo inventó la revista y le puso nombre de *Aurora* y publicó varios números, a costa de tiempo y dinero suyos y de más dinero y de más tiempo de otros amigos, sólo para darme a conocer. Porque creyó en mí desde 1943. Y ahora, más en el fondo y en este año en que ha muerto, siento por primera vez que lo he defraudado.

Como ya se ha dicho en páginas anteriores, *Eos* fue el antecedente directo de la revista *Pan*. Volviendo a ésta, Antonio Alatorre publicó en el número 2, de julio de 1945, un bello poema que rememora aquella época y del que hace poco dijo: "Este poema es un homenaje a la amistad con Juan José Arreola".

En homenaje a esa amistad que se mantiene viva, lo transcribo:

AL UNÍSONO

Sobre un tiempo gemelo fincamos
un nido de momentos.
Las horas son como jade o esmalte,
como cosa que se devora sin prisa,
pero ávidamente. Las horas
son pinceladas azules y rojas. Preceptos,
decálogos mudos, terribles, fieramente guardados,
escritos en quién-sabe-qué biblias,
en sabe-Dios-qué códigos.
Hay que ver ciertos lados,
ciertos ángulos sin aristas, invisibles, de ciertos asuntos.
Y hay que ponerse de acuerdo en qué matices,
en qué color de la risa.
Si un sonido raro de un libro,
si el tono de flauta o de viola
de una pequeña palabra...
Palpar una misma nube, blanda como lana.
Cantar una misma frase. Sentir un fastidio
idéntico, una ira correspondiente...
Un solo minuto de descanso, y luego, subir a la montaña
azul de seducciones,
con extraño brillo en las cuatro pupilas ávidas.
Llevar en lo recóndito un mismo desencanto,
y condenar al mundo con una,
con una sola palabra helada y sucia.
Los minutos se cuentan
por estar-con y no estar. Los minutos

se dividen en dos bandos:
minutos de sí, minutos de no. (...Los
ratos de estar-junto, ratos y macizos y dulces,
de gajo mordido y deshecho en los dientes).
Entonces, ¡qué dulce!:
paladear un poema, una tarde, una brizna.
Con perlas redondeadas tejer un idioma.
Gustar el silencio, y lentamente,
lentamente, en silencio, hojear la vida.

Juan Rulfo y yo: la yunta de Jalisco

Arturo Rivas Sainz me presentó a Juan Rulfo en casa de Lupe y Xóchitl Díaz de León. Esto ocurrió entre marzo y abril de 1945. Por medio de amigos comunes, como Ricardo Serrano, Juan se había enterado que Arturo y yo, editores de la revista *Eos*, frecuentábamos la tertulia de la farmacia Rex.

Allí fue donde nos conocimos, luego Juan me visitó en *El Occidental* y me invitó a su oficina de migración de la calle Maestranza casi esquina con Madero.

Fue en mi oficina de *El Occidental* donde Juan me entregó su cuento "Nos han dado la tierra" para publicarlo en la revista *Pan*. Lo leí con verdadera alegría. Hasta entonces sólo conocía el cuento "La vida no es muy seria en sus cosas", que había publicado en México, en la revista *América*, dirigida por Efrén Hernández —a quien conocí un poco más tarde en México— y Marco Antonio Millán.

Juan Rulfo conoció a Efrén Hernández en su librería de la calle Luis González Obregón, contigua a la Secretaría de Educación Pública. A otro ilustre personaje de Zapotlán: Guillermo Jiménez, lo conoció en la Secretaría de Gobernación, en donde Rulfo trabajaba; luego solicitó su cambio a Guadalajara y se vino como jefe de migración.

Juan Rulfo y Juan José Arreola en 1955.

En el edificio de la Suprema Corte de Justicia de Jalisco, Juan tenía una oficina que Franz Kafka le hubiera envidiado. Tal vez también Eugène Ionesco. Lo extraño de todo esto es que Juan combinaba perfectamente con aquel escenario, casi se mimetizaba. La atmósfera que envolvía aquel recinto le daba un aura mágica a nuestras entrevistas, alguna vez le conté a Vicente Leñero que aquello era como un cuadro de Ives Tanguy, aquel que pintó unas muletas en el desierto.

Me viene a la memoria el recuerdo de lo que fue el reparto de tierras en México, el saqueo que hicieron en Zapotlán a los tlayacanques, dueños originales de esas tierras y de los que hablo en mi novela *La feria*. Y luego Juan en su oficina de la Suprema Corte de Justicia escribiendo su cuento "Nos han dado la tierra". Lo que cuenta es cierto. A miles, quizá millones de campesinos, les dieron tierras baldías, páramos de sueños, tierras en las que sólo podían escarbar un agujero para mal morirse. En muchas partes de México eso fue el reparto agrario.

Cómo no recordar a los personajes de "Nos han dado la tierra", Justino y Odilón, que le reclaman al delegado agrario. Ese reclamo sigue, continúa, tiene la misma dimensión del tamaño del despojo al que fueron sometidos los indígenas de México.

"Nos han dado la tierra" me gustó tanto que cuando se lo di a leer a Antonio Alatorre le aseguré: "Éste va a acabar con el cuadro". Luego Antonio lo leyó y me dijo que estaba sorprendido, que no creía que ese personaje tan curioso que yo le había presentado unos meses antes, fuera capaz de escribir ese cuento.

Así fue como "Nos han dado la tierra" se publicó en el número 2 de *Pan*. Desde entonces mantuve una larga amistad con Juan, que a veces se interrumpía y otras veces algunos amigos y enemigos pretendían, sin lograrlo, enemistarnos y distanciarnos, con argumentos dudosos como aquel de que yo era un afrancesado y Juan un nacionalista. Creo que a muchos de los intelectuales que servían al gobierno les gustaba exaltar la obra de Juan para llevar agua al sediento molino de la revolución, al que Juan criticó desde dentro en forma magistral. No hay que olvidar que en este siglo que está por terminar, los revolucionarios mexicanos fomentaron y crearon una burocracia, un arte oficial de Estado que trató, al igual que en la ex Unión Soviética, de exaltar el nacionalismo y la idea de la mexicanidad. Hay que pensar un poco en los novelistas de la Revolución mexicana y un poco también en las artes plásticas, sobre todo en el muralismo mexicano.

Yo estuve descalificado desde el principio, mi literatura no era para las masas, yo era, según la crítica pseudorrevolucionaria, un escritor exquisito y afrancesado, no apto para un país en formación que sólo quería escritores que afianzaran, exaltaran y difundieran los ideales de una revolución a la que Adolfo Gilly definió acertadamente como *La revolución interrumpida*.

Pagué caro no oficiar en los altares de la cultura revolucionaria. Me negaron la entrada a El Colegio Nacional, al igual que a Juan Rulfo. Los intelectuales pensionados por el Estado y los científicos no soportaron mis actitudes críticas. Les molestó que como escritor hiciera un anuncio para las plumas de escribir Parker y otro, donde escribí un poema en prosa para la fábrica de tequila Sauza, y finalmente también les molestó mi aparición fugaz en la película *Fando y Lis*, de Alejandro Jodorowski. Tal vez más de algún recatado científico positivista se molestó porque siempre estuve de parte de la República española y viví en La Habana, Cuba, cuando en 1961 Haydée Santamaría, hermana del comandante Abel Santamaría, héroe de la Revolución cubana, me invitó a impartir un taller de creación literaria en la Casa de las Américas.

La vida de los escritores en México siempre ha sido difícil, hasta después de 1968, mucho tiempo después, hace en realidad muy poco tiempo, el gobierno tuvo que cambiar sus políticas hacia los escritores, artistas e intelectuales que no se alineaban con el gobierno.

Volviendo a Juan Rulfo, diré que nuestra amistad fue muy intensa en los meses previos a mi viaje a París. Él frecuentaba mi casa de Fermín Riestra, y pronto hizo amistad con mi esposa Sara, a la que años después le contó que en una cantina de Tamazula salvó la vida gracias a que les dijo a unos fulanos que él era amigo de Juan Sánchez Torres, hermano de Sara. Juan le tomó sus primeras fotos a mi hija Claudia, cuando apenas tenía cinco meses de edad. Fue el único amigo real que ha tenido mi mujer en toda su vida.

Nuestra amistad creció en las calles de Guadalajara, visitábamos las librerías de viejo y de nuevo, nos reuníamos en el café Nápoles, asistíamos con frecuencia al cine y alguna vez me invitó a su casa a escuchar música clásica, tenía una preciosa tornamesa RCA Victor en su mueble de madera, y muchos discos de pasta, gruesos y relucientes. En ese tiempo, Juan leía novelas de escritores norteamericanos, como John Dos Passos, William Faulkner, Steinbeck y Willa Cather, sobre todo a Faulkner: aquello de Yoknapatawpha, una región, un pueblo imaginario en el suroeste de Estados Unidos, y *Mientras yo agonizo*. Otra actividad que realizamos junto con Antonio Alatorre fueron las largas caminatas por los alrededores de Guadalajara, especialmente los sábados y los domingos.

Dejé de ver a Juan a finales de 1945, año en que me fui a México y luego a París.

Me lo volví a encontrar hasta 1947, cuando me llevó a mi casa de San Borja, en México, su cuento "Anacleto Morones"; en esa ocasión le dije: "Ya la hiciste". Luego, en 1948, fuimos vecinos accidentalmente en la colonia Cuauhtémoc, vivimos en la misma calle de Río Pánuco. Él ya estaba casado con Clarita. En ese tiempo casi no nos tratábamos. Fue hasta que publiqué *Varia invención* y luego *Confabulario*, en el Fondo de Cultura Económica, que nos volvimos a ver y a tratar, siendo ya director del Fondo Arnaldo Orfila Reynal y subdirector Joaquín Díez-Canedo, a quien le comenté acerca de los cuentos de Juan. Joaquín Díez-Canedo y Alí Chumacero saben que yo promoví la publicación de *El llano en llamas* y de *Pedro Páramo*. Muchos años después, en 1988, en París, en el Centro Pompidou, durante una mesa redonda sobre literatura mexicana, Juan se exaltó cuando uno de los presentadores se refirió a mí como el promotor de varias generaciones de escritores jóvenes; en esa ocasión, Juan dijo ante el público: "¡Cómo que jóvenes!, este hombre no nomás nos enseñó a escribir, primero nos enseñó a leer...". Más adelante me referiré a mi relación con escritores de generaciones posteriores a la mía y a la de Juan.

Efectivamente, a Juan, al igual que a Antonio Alatorre y Arturo Rivas Sainz, les recomendé algunas lecturas que fueron capitales para su desarrollo posterior en las letras y en la investigación literaria.

Hasta el día de hoy la obra de Juan no ha sido suficientemente valorada, creo que sigue padeciendo las injusticias de los críticos y de los lectores, que lo han convertido más bien en un mito. La crítica ubica su obra en la corriente histórica que queda de los novelistas de la revolución, con una clara influencia de escritores como Rafael F. Muñoz, Mariano Azuela y Cipriano Campos Alatorre, por citar algunos nombres. Pero sus críticos y lectores más terribles son los extranjeros, que se han permitido relacionar, ligar su estilo literario, con el folclor mexicano. Lo hacen con una mirada exótica, del extranjero que ve a México como un país misterioso. La fascinación de los críticos y lectores norteamericanos, franceses y alemanes, sobre la obra de Rulfo, es una especie de deformación de lo que desde la perspectiva de sus culturas entienden como valores estéticos y filosóficos de lo mexicano, de lo rulfiano.

No, no, a Rulfo hay que ubicarlo en el territorio superior del realismo mágico, más cerca de la poesía que de la realidad. Antonio Alatorre ha dicho que *Pedro Páramo* le parece un hermoso poema, en una ocasión señaló: "Me parece gloriosa, una maravilla. Una vez tuve la idea de que esa novela se imprimiera como una colección de poemas, con tipografía como versos sueltos. Ahí la discontinuidad del texto sería todavía mayor. Serían como relámpagos intuitivos. La idea es loca, pero siento a *Pedro Páramo* más como poema que como novela".

Hace poco en Bellas Artes, dije que Juan Rulfo es un escritor imposible, lo aseveré con la convicción de que la mayoría de los escritores de hoy son posibles, se repiten, escriben por oficio, participan con ganancias en el mercado editorial, que bien manejado se convierte en una industria próspera. ¿Para qué escribir algo inferior a lo que se escribió la semana pasada, el año pasado? En ese sentido se ha perdido el gusto literario por aproximar a la literatura con el arte, con la idea de creación. En mi caso, no escribo para no repetirme, ni para publicar textos inferiores a los que ya publiqué. ¿Qué caso tendría? Estamos llenos de libros que no hacen falta y faltan los autores y los libros capitales para que eso que entendemos como cultura occidental no se pierda en los estrechos laberintos de las computadoras, que en la mayoría de los casos han sido programadas por hombres falibles; tal es el caso de *Deep Blue*, la computadora campeona de ajedrez, y de Internet que, fuera de los usos científicos y académicos útiles para la humanidad, corre el riesgo de convertirse en el basurero de la estupidez humana.

A propósito de libros y lecturas, Juan Rulfo, cuando veía un buen libro, compraba dos ejemplares. Sobre todo cuando viajaba a México, luego al llegar a Guadalajara nos invitaba a su oficina y abría la maleta, y venga a vender y a cambiar libros. Cuando me fui a París, les vendí parte de mis libros a Juan y a Antonio. Esta práctica la seguimos por muchos años, luego apareció Guillermo Rousset Banda, quien llegó a vendernos libros a El Colegio de México y al Fondo de Cultura. Don Alfonso Reyes era uno de sus clientes y Guillermo lo provocaba vendiéndole las primeras ediciones de sus libros que don Alfonso creía ya agotadas y sumamente raras. Guillermo le llegó a decir: "Lo quiere con dedicatoria o sin dedicatoria". Hasta que un día don Alfonso explotó y le prohibió la entrada a su oficina de El Colegio de México.

A mediados de los cincuenta, el Indio Fernández invitó a Juan Rulfo y le propuso que escribiera un guión a partir de una idea que tenía él para hacer una película con Rossana Podestá, que en principio se iba a llamar *Río arriba* y finalmente se llamó *La paloma herida*. Juan le dijo al Indio que él con muchos gusto participaba, pero que le sugería que yo también interviniera en el proyecto, lo que aceptó el Indio de inmediato.

En ese tiempo, Juan nos visitaba todas las semanas en nuestro departamentito de Río Ganges.

A las dos semanas de trabajar en casa del Indio, les presenté mi renuncia. Las razones fueron dos: mi desacuerdo con las ideas del Indio para esa película y el hecho de que nos presionaba para beber la copa de tequila. El asunto se complicó una vez que se me subieron las cucharadas. Me sentí muy mal y ya no regresé. Creo que Juan inició en casa del Indio su carrera de bebedor profesional, yo de plano me rajé por falta de condición física. Perdí una de las pocas fuentes de trabajo que tenía en aquella época, pero conservé la salud. El Indio bebía desde el despertar hasta el despertar, para él no había noche. Lo que vino unos años después, en la época de López Mateos, fue que una mañana que busqué a Juan en su departamento de Río Nazas, arriba de la Librería de Cristal que está junto al Instituto Francés de América Latina, lo encontré tan enfermo que, con la autorización de su esposa Clara, solicité y obtuve el apoyo de Ramón Xirau y Amalia Hernández para internarlo en un sanatorio.

En otro sentido, Juan se preocupó por mí y por Sara cuando ella me devolvió mi libertad para que yo afrontara un compromiso con otra mujer que apareció en mi vida. Juan le decía Chachina a su esposa Clara, por eso Sara le puso Chachino. Fue él quien le dijo a mi esposa que yo andaba en problemas con otra mujer. Sara habló seriamente conmigo y terminó nuestra relación, después de catorce años de matrimonio. Juan fue testigo de mi separación y siempre estuvo del lado de Sara. Con esto quiero decir que mi trato con él siempre fue cercano y fraterno. Respecto a Sara, con la que estoy casado nuevamente, quiero decir que estuvimos separados durante algunos períodos de nuestra ya larga relación, de más de medio siglo. Yo pensé en un momento dado que podría vivir con otra mujer, pero nunca pude concretar ningún proyecto matrimonial, mis relaciones fueron pasajeras e inestables. Sólo una vez me volví a casar con otra mujer, pero el matrimonio duró escasamente un año. Mi vida lejos de Sara se complicó siempre y tuve que

La yunta de Jalisco.

depender de la ayuda de mis hermanos para sobrevivir a las épocas más difíciles de mi existencia.

Como ya he dicho en anteriores páginas, he sido un hombre enfermo de los nervios y eso complicó todas mis relaciones sentimentales, padezco neurosis, tengo desde hace muchos años claustrofobia y agorafobia, he estado bajo tratamiento médico durante algunos años de mi vida. Mi hija Claudia, al darse cuenta de mi situación, me ayudó a salir adelante, y con su amor filial, empeño y perseverancia, volvió a reunir a la familia, así he vivido los últimos veinte años de mi vida al lado de Sara, mis hijos y mis nietos. Lo demás es ya historia, y algo de leyenda. Mi fama de seductor y de donjuán tiene algo de cierto, pero es más bien una ficción literaria, algo que creció cuando las mujeres se dieron cuenta de que yo era alguien en la literatura y la cátedra, en los talleres de literatura y en mis aventuras editoriales. El medio en el que me desarrollé propició formas de vida cercanas a la bohemia, a esa vida extraña que los seres sensibles y creadores tenemos que experimentar a veces, aunque no queramos, aunque luego nos duela y nos cueste hasta la vida. Muchas veces he dicho que dejé de escribir porque la vida me arrolló; sencillamente mi cabeza se llenó de libros, de ajedrez y de mujeres. Conocí el amor y la pasión, pero la culpa siempre estuvo presente, mi formación católica me ayudó a superar las debilidades de la carne y ahora me encuentro más allá del bien y del mal.

Recuerdo que la última vez que platiqué a fondo con Juan Rulfo fue dentro de un avión que volaba sobre la cordillera andina a 20 mil pies de altura. Regresábamos a México desde Buenos Aires, donde los dos asistimos a la Feria del Libro.

Hablamos durante diez horas. Juan me reveló en las alturas muchos aspectos de su alma que yo desconocía.

Llegamos a los cielos de México cuando ya la aurora anunciaba el nuevo día. Volamos toda la noche sobre el cuerpo dormido de América.

Ya en tierra, un automóvil nos condujo hasta la casa de Juan. Cosa rara, subí por el elevador para acompañarlo hasta el interior de su casa. Ese amanecer saludé a su esposa Clara y a su hija Claudia que lo estaban esperando. Me despedí de él y ya no lo volví a ver.

El París de mis presentimientos

Un día, el nombre de París llegó a Zapotlán. Al primero que oí pronunciarlo fue a Juan Cameros, hijo del maestro peluquero Ramón Cameros, amigo de mi padre. La palabra voló por todo el pueblo y llegó a mis pequeños oídos, porque las palabras vuelan como los pájaros.

Era una tarde de octubre, la luz rasera del sol le daba un tono suave a las cosas, sereno. Mi madre nos quiso llevar a la Cruz Blanca para dar un paseo por la orilla del pueblo. Yo tenía cuatro años de edad y mis hermanos un poco mayorcitos, Elena, Cristina y Rafael, caminaban delante de mi madre y yo. Llegamos hasta el final de nuestra calle y comenzamos a subir el cerro donde está la Cruz Blanca. Hay un pequeño bosquecillo, muy apropiado para jugar y ver el pueblo desde arriba, es un mirador natural que sin ser muy alto, permite ver todo el valle y la laguna. Corriendo por la vereda, alcancé a mis hermanos, que ya andaban jugando a las escondidas detrás de los árboles. Poco a poco nos perdimos de las miradas de mi madre, y el crepúsculo nos sorprendió jugando hasta que el sol se ocultó entre las montañas y comenzó a oscurecer. Cuando quisimos volver al lugar donde dejamos a nuestra mamá, ya no dimos con el camino, nos sentimos perdidos y creíamos que estábamos más lejos. Me puse a llorar desconsolado,

Elena, Rafael, Cristina y Juan José. Zapotlán, 1922.

y en eso, como por arte de magia, apareció Juan Cameros, que venía bajando del cerro. Al encontrarnos, Juan se sorprendió y nos preguntó qué andábamos haciendo a esas horas por allí. Le dijimos que estábamos perdidos y que no encontrábamos a nuestra mamá. Juan nos dijo: no se preocupen, yo los llevaré hasta su casa si es necesario, pero su mamá debe de andar por aquí cerquita, vamos a bajar por la vereda y seguramente los ha de estar esperando. Me tomó la mano y les dijo a mis hermanos que lo siguieran, al poco rato de caminar, dimos vuelta por unas peñas y vimos que mi mamá nos andaba buscando con gran agitación, gritando nuestros nombres. Caminamos hacia ella. Cuando estuvimos cerca escuché que Juan Cameros le dijo con una voz como inspirada: "Aquí le traigo a los niños perdidos de París". Esa fue la primera vez que yo escuché a una persona pronunciar la palabra París.

El segundo recuerdo que tengo clavado en la memoria es el de una canción que decía: "A lo lejos de París se oye el rumor...". La cantaba Esmeralda, famosa en los años veinte. Mi primo Carlos me acaba de regalar una grabación en la que viene la misma canción que escuché hace unos setenta y cinco años.

Cuando tenía seis años, mis primos Daniel Zúñiga y José de Jesús Arreola me explicaron que París era una de las capitales más famosas del mundo. Luego escuché que mis tías decían a mis hermanas que los niños venían de París. Más tarde, en la escuela primaria, conocí los nombres y algunos de los textos de escritores como Víctor Hugo y Charles Baudelaire. Por esos tiempos no había familia que no hubiera leído *Los miserables* y *El jorobado de nuestra señora de París*.

Gracias a la suscripción de mi padre a *Revista de Revistas*, leí y vi numerosas fotografías de París, de la Torre Eiffel y de otras ciudades europeas. En esta portentosa revista que llegaba a Zapotlán en los años veinte, leí hermosos artículos de los corresponsales mexicanos que estaban en París en ese entonces, como José Juan Tablada y Arqueles Vela, mi amigo estridentista y maestro de mi hijo Orso. En esos artículos me enteraba de la vida cultural y social de París, en las páginas de esas revistas leí por primera vez los nombres de Marcel Proust y de los más notables escritores de Francia. Otro colaborador destacado era Alejandro Sux, que describía en sus artículos la vida de los poetas, escritores y artistas latinoamericanos que vivieron en esa ciudad desde principios de siglo. Cuando Rubén Darío y Amado Nervo tomaron por asalto la vida cultural de París, acompañados por otros notables personajes y hombres de letras de Latinoamérica y de España, como Enrique Gómez Carrillo, Ventura García Calderón, Leopoldo Lugones, Manuel Ugarte, Alfonso Reyes, Armand Godoy, los ya mencionados José Juan Tablada y Arqueles Vela, y mi ilustre paisano nacido en Zapotlán, Guillermo Jiménez, al que debemos rescatar del olvido, y que vivió muchos años en París gracias a la beca que le dio Venustiano Carranza, a quien Jiménez, en un discurso de bienvenida que pronunció en Zapotlán, llamó "Caballero Azul". Por este discurso Guillermo hizo vida en París, y desde allá siempre estuvo en contacto con mi querido amigo y maestro Alfredo Velasco Cisneros, a quien enviaba cartas y libros maravillosos desde París y Madrid, y que yo pude leer, gracias a la generosidad de don Alfredo, en su preciosa biblioteca de Zapotlán, trágicamente dispersada por su familia política, ya que él y su esposa no tuvieron hijos. Esa falta de paternidad la suplió con creces don Alfredo mediante su vocación de maestro.

Los españoles que compartían con los latinoamericanos radicados en París eran: Botín Polanco, Ramón del Valle-Inclán y el vizconde de Lascano-Tegui. Todo este numeroso contingente, al que habría que agregar otros nombres de mexicanos como el del dibujante y pintor Julio Ruelas y el del escultor Jesús F. Contreras, autor de los hermosos desnudos femeninos realizados en mármol que adornaron por muchos años la alameda central de México: *Malgré Tout* y *Déséspoir*.

París no sería París, ese que amé antes de conocerlo y que estoy convencido de que ya no existe, sin la presencia de esa pléyade de artistas latinoamericanos y españoles que he mencionado y que en cierta manera fui a buscar a un París destruido por la guerra en 1945. No en balde Gabriela Mistral se enojó conmigo en París, cuando me escuchó pronunciar un discurso a nombre de los estudiantes latinoamericanos en la Cité Universitaire, cuando con voz apasionada canté las bellezas del viejo París ante la mirada molesta e irritada de Gabriela, que me amonestó al término de mi discurso por no exaltar en suelo francés los ideales latinoamericanos de lo que su amigo José Vasconcelos proclamó como la "raza cósmica". Respecto a Francia y otros países de Europa, sigo pensando lo mismo que hace cincuenta años. Me duele, por ejemplo, haber sufrido los ataques de los escritores nacionalistas y tradicionales que vieron en mi literatura las huellas del Imperio francés.

Yo creo en la universalidad de la literatura, no en la literatura como expresión de una determinada causa, menos aún de la literatura como representación de un país y una cultura. Creo que Fedor Dostoievski seguirá siendo el más grande escritor de la tierra, porque desde su lejana Rusia, lejana en el tiempo y en la geografía, contó como nadie la trágica historia de la condición humana. Dostoievski ya no es de Rusia, es de los hombres del mundo que se ven en su espejo, y nada más.

Pensé curiosamente en él, porque antes, durante y después de la revolución, los músicos, los pintores, los poetas, los escritores y gran parte de la nobleza de Rusia emigraron a París para hacerlo todavía más grande. Lo mismo hicieron los polacos y los rumanos, fue un momento en que todo el que huyó, pensó y soñó, se refugió en las apretadas calles de París y lo convirtió en la capital del mundo.

He visitado París muchas veces después de mi primera estancia en 1945, pero ya no es ni la sombra de lo que fue, las golondrinas que hicieron verano ya se fueron y no volverán jamás. La guerra es la guerra y no pidió opinión para acabar con el último reducto romántico de la humanidad. No hay que olvidar que son también las gentes las que hacen una ciudad.

En mi casa admirábamos a Nuestra Señora de París, pero como monumento, como catedral. Lo mismo a la Torre Eiffel, que se convirtió en un símbolo de Francia, la veíamos en los libros y las revistas. En mis recuerdos de infancia están las primeras fotografías que vi de los primeros aviones y pilotos que hubo en el mundo, como a Charles Blériot. Automóviles como el Daimler-Benz. Microscopios utilizados por madame Curie y Louis Pasteur. Aparatos eléctricos y toda clase de maquinaria y armamento sofisticado.

Casi todos los inventos y las patentes industriales nos llegaban de París: por ejemplo, el primer aparato proyector para ver cine en casa, el Paté-Baby. La leyenda familiar cuenta con una anécdota fabulosa: en una ocasión mi tío José María, hombre de ciencia, notable como astrónomo y vulcanólogo, desarrolló una teoría sobre las manchas solares y le escribió una carta a su admirada madame Curie, que en realidad se llamaba Marja Sklodowska, su nombre polaco de soltera, y felizmente la carta de mi tío tuvo respuesta; además madame Curie le envió a mi tío José María una pequeña muestra de la piedra mineral de la que se obtiene el radio, la que mi tío conservó toda su vida y donó a su muerte, junto con su biblioteca y su colección arqueológica, a la Universidad de Guadalajara, de la que fue fundador y maestro.

Mi percepción primera de París es de tipo sensual; cuando me enfermé de fiebre en mi niñez, tuve que estar en cama durante muchos días, y mis papás, tíos y hermanos me llevaban toda clase de revistas y catálogos, entre los que recuerdo varios que hablaban de modas y telas francesas, de ropas y artículos diversos para el hogar. Entonces, para mí, la vivencia que redondeó mi idea infantil de París, más que intelectual y cultural, fue una referencia sensual, erótica, porque en estas revistas de modas venían mujeres preciosas de aquella época, de los primeros años veinte, vestidas maravillosamente con llamativos trajes *art-déco* y hermosas pieles de castor, nutria, armiño y zorro azul. Tanto, que uno de mis recuerdos más felices de aquellos días de infancia fue un catálogo que llegó a mi casa de quién sabe dónde, sobre pieles y los animales de pelo que las producen. Junto con las pieles y los abrigos, venían unas preciosas estampas a colores de los animales en su medio ambiente. También llamaron mi atención los rostros de ojos sombreados y las bocas de suaves labios dulces y rojos de las mujeres, con su cabeza adornada con hermosos sombreros de cinta de moño, y los grandes collares de perlas, y las piernas con medias caladas, y sus largas manos finamente guardadas en guantes de piel. Toda la magia y la belleza de las mujeres misteriosas de aquellos almanaques hicieron que mis ojos y mi alma se llenaran de sueños.

En el proyector de cine Paté-Baby, recuerdo que vimos dos películas: *Los miserables* y *La vida de Napoleón Bonaparte*, en nuestra propia casa. La película era pequeñita, medía escasos seis milímetros de ancho, realizada ya en fotografía, en cuadros pequeños.

Poetas como Manuel Gutiérrez Nájera, Luis G. Urbina y Amado Nervo, conocidos y recitados por mi padre, contribuyeron también a través de su poesía a revelarme algunos de los misterios de París.

Mi encuentro con Louis Jouvet

En junio de 1944, la Comédie Française llegó a Guadalajara para presentar en el Teatro Degollado varias obras de su repertorio: *Le médécin malgré lui*, *Le malade imaginaire*, de Molière, *L'annonce faite à Marie*, de Paul Claudel, y *La coupe enchantèe*, de La Fontaine y Champmeslé.

De tan magno acontecimiento me enteré de manera inesperada a través de los anuncios colocados en algunas paredes de las calles más céntricas de la ciudad y en los aparadores de las tiendas más concurridas, como las Fábricas de Francia.

Mi sorpresa fue mayúscula cuando vi el rostro de Louis Jouvet pegado en el escaparate. Le comenté a Antonio Alatorre la increíble noticia y me traté de informar de manera más amplia respecto a los detalles de la visita de una de las compañías teatrales más famosas del mundo.

Resulta que los residentes de la colonia francesa de Guadalajara organizaron de manera un tanto precipitada la visita de Jouvet y de su compañía, ya que venían de realizar uno de los viajes más largos que compañía de teatro alguna haya efectuado. Habían salido de París, en plena ocupación alemana, gracias a las buenas relaciones de Jouvet con las autoridades francesas de París, que apoyaron y tramitaron el salvoconducto a favor de él y su compañía, ante los altos mandos alemanes que ocupaban la ciudad en 1943.

Como todos los franceses, Louis Jouvet tuvo serios problemas con los jefes de la ocupación, ya que en su teatro Athénée, llevó a cabo algunos actos y representaciones que no gustaron a los alemanes, razón por la que Jouvet tuvo que abandonar París en la primera oportunidad; por eso se traslada nada menos que a Portugal, desde donde, después de muchas peripecias logra embarcarse a Sudamérica con toda su compañía, con la idea de retornar a Francia en la primera oportunidad. Recorren Argentina, Chile, Brasil y numerosos países de América, antes de llegar a México, en 1944. Todo esto tenía que pasar para que yo pudiera conocer personalmente al hombre que más he admirado en mi vida.

El día que llegó el tren procedente de México, con Louis Jouvet y todos los miembros de su compañía, me planté a esperarlos en el andén, de manera discreta, un tanto alejado de las personas encargadas de recibir oficialmente a tan célebres personajes del teatro y la cultura francesa. Antonio Alatorre me acompañó a la estación. Sobre estos hechos Antonio escribió unas líneas un tanto burlescas, que transcribo por ser él el único testigo de tan grande acontecimiento para mí. Dice Antonio: "Cuando Jouvet llegó con su *troupe* a Guadalajara, Arreola, pobre de solemnidad, compró un ramo de rosas y fue, sin que nadie se lo pidiera, a recibirlo a la estación. Yo, tímido, me quedé a un lado, pero presencié la escena: Jouvet, resplandeciente, en el estribo del tren; Arreola, en el andén, ofreciendo a dos manos sus rosas e inundando al dios en un mar de bienvenidas; y Jouvet en actitud de recibir la ofrenda, inmóvil como estatua, abriendo tamaños ojos, hechizado por el extrañísimo idioma del adorador".

La verdad es que Antonio no se daba todavía cuenta de la enorme veneración que yo sentía por Jouvet, a quien sólo conocía a través de sus películas, que había visto en repetidas ocasiones desde 1936, primero en Guadalajara y luego en México, así que tenía como diez años de admirarlo. También leí en algunas revistas, artículos sobre aspectos de su vida y su carrera de actor.

Todo mundo sabe que los grandes ídolos de mi juventud fueron los actores del cine francés de la época de Jouvet, entre los que recuerdo están algunas mujeres y hombres que mencionaré aquí

Louis Jouvet y Arletty, en *Hotel del Norte*, 1938.

para dejar testimonio de la admiración que sentí por ellos en los años lejanos de mi juventud. Sus nombres: Louis Jouvet, Jean Louis Barrault, con quien Jouvet me encontró un gran parecido y tengo un retrato donde estamos juntos, Michèlle Morgan, Danielle Darrieux, Arletty, Françoise Rosay, Marguerite Moreno, Harry Bauer, Charles Dullin, Michèlle Simon, Pierre Fresnay y Erich von Stroheim.

Volviendo a Jouvet, ilustre visitante de Guadalajara —a quien por cierto en París le han puesto su nombre a una calle cercana a su Athénée Théatre, que estuvo ubicado en el número 24 de la rue Caumartin—, recuerdo que me apersoné en el Teatro Degollado con la intención de hablar con él, pero me encontré con que había dado órdenes de no dejar pasar a nadie a los ensayos previos a las representaciones. Al comprobar que no era posible entrar, decidí quedarme a esperarlo afuera, para abordarlo en el momento de su salida. Así estuve uno, dos días, hasta que en un momento de suerte, Jouvet salió en mangas de camisa acompañado de una persona a la que despidió y se apresuró a entrar de nuevo al teatro, en ese justo momento lo intercepté. Me quedé frente a él, estábamos parados entre las columnas de la entrada principal, y con la mejor voz que tenía en esos momentos, le hablé en mi francés aprendido en películas. Tal vez Jouvet recordó que yo era el que le había entregado un ramo de rosas en la estación del ferrocarril y por eso me concedió un momento de su atención, no lo sé, pero noté que lo que le decía lo impresionaba: en esa breve charla, Jouvet se dio cuenta de que yo conocía demasiado su vida y sus amores, y también todas sus películas, así que mostró interés en mis palabras y me pidió que pasara a verlo al día siguiente al Hotel del Parque a la hora del desayuno. Así lo hice, y estuve hablando de teatro con él. Le dije que una de mis mayores ilusiones era estudiar teatro en París, le comenté de mis estudios de teatro en México y de mi amistad con algunos escritores y hombres de letras como Xavier Villaurrutia, Rodolfo Usigli y Guillermo Jiménez. Jouvet era un hombre frío, con un trato difícil, le gustaba hacer en la vida real el papel del hombre duro que tantas veces hizo en el cine, tenía un gesto áspero y una voz grave. Logré que me escuchara y se interesara por lo que le decía; cuando nos despedimos me dijo: "En cuanto termine la guerra, que ya está por terminar, yo te apoyo para que te vayas a París a estudiar teatro", y me dio su dirección para que le escribiera cuando terminara la guerra, estábamos a mediados de 1944.

A manera de crónica de la visita de Louis Jouvet a Guadalajara, reproduzco unas notas publicadas por mí en *El Occidental* por considerar que son un testimonio fiel de aquella época.

MIRADOR

El prestigio que Louis Jouvet alcanzó como actor en la escena y la pantalla francesa, le hizo acreedor al llamado que Norteamérica le dirigió en repetidas ocasiones. Pero él no quiso nunca aceptar las ventajas de un contrato en Hollywood, ya que su compañía tendría que disolverse y él se ha impuesto como primera condición mantener la vida del teatro francés que su grupo representa. Renunciando a toda ventaja comercial, Jouvet ha hecho sus viajes transportando íntegramente el material de su teatro, para dar a sus representaciones todo el brillo y la propiedad que ostentaban en los días lejanos en París.

EL ÚLTIMO JUGLAR

Como en los días remotos, Jouvet llega hasta nosotros como un trovador que viene a contarnos algunos pasajes del alma de su país. El teatro ha sido siempre el mejor espejo de la cultura de un pueblo. Vistiendo los ropajes de Arnolfo, los atavíos medievales de Anna Vercors y el estrafalario indumento de Sganarelle, Louis Jouvet, juglar sutil, va a relatarnos algunas de las creaciones más bellas de la literatura francesa.

JOUVET, COMEDIANTE SIN PAR

Le médecin malgré lui. Molière, azotador implacable de los médicos de su época, compuso varias comedias en las que el tema de la medicina se convierte en una de las fuentes más ricas de su mordiente comicidad. De tales piezas son *Le malade imaginaire* y *Le médecin malgré lui*. De esta última han llegado al teatro español dos deformaciones sumamente conocidas en el repertorio de los sainetes: *El médico a palos* y *La curandera a palos*. Aunque la trama y los incidentes se conservan en las dos versiones, el texto se halla constantemente deformado con frecuentes mutilaciones. En su estado original, la obra de Molière aparece como una de las mejor conservadas en los repertorios clásicos, ya que la sorprendente agilidad de sus diálogos, la agudeza del chiste y la velocidad de su acción, le imparten envidiable frescura. Louis Jouvet, con sabias manos de retablista, ha compuesto con la obra de Molière una serie de cuadros donde los personajes y los decorados se mueven con la graciosa precisión de los relojes musicales.

Llevando todavía en el recuerdo la grave figura de Anne Vercors, la estupenda creación de Jouvet en *L'annonce faite à Marie*, vimos aparecer, en un escenario de cortinas, la enorme marioneta de Sganarelle, borracho perdido, que discute y zarandea a su mujer, la frágil y encantadora Martine, animada por Micheline Buire. Nada mejor para apreciar el talento de Jouvet que verle realizar las argucias y picardías del falso curandero. Vestido con la amplísima toga doctoral y tocado con el largo capirote, el gran artista se convierte en un viviente polichinela que nos devuelve el mundo olvidado de la farsa y el guiñol, que nos hace reír con frases y actitudes que inventara el genio agudo y burlesco de Juan Bautista Poquelin para distraer a la sociedad parisiense del siglo XVII.

Habría que mencionar todo el reparto de la obra para hacer un elogio de los artistas que se distinguen al lado de Jouvet. No hay uno solo que no haga de su papel una obra de arte, que no siga e interprete fielmente en todos sus gestos el espíritu de la obra. Para resolver la continuidad en el desarrollo de la pieza, Jouvet ha recurrido a graciosos y antiguos métodos que contribuyen a dar ambiente legítimo a la representación. Los escenarios se transforman a la vista de los espectadores y aparecen los muebles colocados por un mozo vestido a la usanza de la época.

Los tres actos de *Le médecin malgré lui*, se suceden uno tras otro sin interrupción alguna, y dejan en el espíritu una grata y desconocida impresión. Los que por primera vez hemos visto esta clase de teatro, nos damos cuenta de que llevábamos dentro sensaciones inéditas que el arte de Jouvet ha hecho resonar.

El público supo apreciar ampliamente el valor del colorido espectáculo y premió a sus participantes con repetidos aplausos.

La coupe enchantée

Inspirado en dos cuentos antiguos, el argumento de esta comedia es sencillo, gracioso y profundo. La Fontaine, el célebre fabulista, y Champmeslé, un actor del teatro francés, le dieron la forma escénica que nos ha ofrecido Luis Jouvet.

Al alzar el telón, nuevo encuentro con ese arte insuperable de Christian Bérard, tan simple y expresivo, que convierte al escenario en un paraje encantado, propicio al auge de la ficción. Verdadera ciencia de la imaginación en el dibujo de los trajes, cada uno en una estampa de vivo color, de fantasía siempre triunfadora. Louis Jouvet aparece vistiendo uno de los indumentos más extraordinarios que puedan imaginarse, que alcanza y aun sobrepuja la cómica apariencia de Sganarelle. Aquí se llama Josselyn y funge como preceptor de Lelio, el muchacho lleno de presentimientos que ignora la existencia del sexo femenino. Este papel, de sutil contextura, está hábilmente representado por Jacques-Michel Clancy, que ya nos ha dado vivas muestras de su talento. La comedia es toda ligera, divertimiento agradable para el oído y los ojos, y de pronto, agudísima enseñanza para el espíritu. Se halla uno paladeando el melifluo discurso, cuando brota de pronto el amargo sabor de una verdad repentina, inmediata y presente. La copa, reveladora de infidelidades, luce dos abiertas y prolongadas asas, que la convierten en símbolo gracioso y terrible.

Esta noche de teatro correspondió a la alegría desbordada, así como la del sábado anterior a la emoción contenida y profunda. El viernes próximo nos espera *Ondine*, del mago Giraudoux, auxiliado por este gran creador de milagros escénicos que es Louis Jouvet, visitante ilustre de Guadalajara.

L'École des femmes

Habíamos admirado a Louis Jouvet desde su actuación en *Los bajos fondos*, película francesa traída a México en 1936. Desde entonces seguimos su nombre en los repartos de otros filmes y llegaron a nosotros noticias de su persona. Los cuadernos de *La Petite Illustration* nos pusieron al tanto de sus triunfos. Varios artículos de críticos distinguidos revistieron la figura de Jouvet de claro prestigio y aumentaron el aprecio que sentíamos por su arte mesurado y puro. El estreno de *Knock*, *Afitrion 38*, *El Corsario* y *Ondine*, tuvieron resonancia que alcanzó nuestros oídos. Pero sobre todo la noticia de su interpretación de la *Escuela de las mujeres* fue lo que vino a darnos una idea más justa de la valía de Jouvet. Alguna revista mexicana publicó fotografías y dio cuenta del triunfo alcanzado.

En ese tiempo nos parecía sueño irrealizable ver a Louis Jouvet en escena y nos sentíamos dichosos al poder admirar su talento de comediante en las películas.

Desde que vimos en los muros de Guadalajara y en los escaparates de las tiendas el nombre de Louis Jouvet, no hicimos otra cosa que esperar ansiosamente el comienzo de la temporada.

La dificultad impuesta por el idioma redujo de manera considerable el éxito. Sin embargo, nos sentimos satisfechos al comprobar que el público capacitado respondió a esta invitación por completo. Vimos la sala del Degollado elegantemente concurrida y engalanada de bellos atavíos femeninos.

La música de Vittorio Rietti, ligera y fácil, se dejó oír tras la cortina. Luego apareció ante nosotros la decoración de Christian Bérard, de una belleza clara, sencilla y neta. Fondo azul intenso, edificios blancos sensibles al juego de sombras y luces, ingeniosa disposición de paredes, puertas y ventanas que dio al juego escénico una libertad sin límites. En el foro, Louis Jouvet y André Moreau, con los originales atavíos diseñados por Bérard para los personajes de Molière, Arnolphe y Crisalde. De Jouvet no podemos decir otra cosa sino que nos ha revelado lo que nos esforzábamos en imaginar. Su talento de director lo descubrimos en cada incidente y su mérito de comediante, en cada gesto y en cada frase. Su actuación tiene la tranquilidad que con toda la maestría en el oficio Jouvet ha sabido irradiar a todos los actores de su grupo, que se mueven en torno a él con idéntica precisión y seguridad. En la constelación del Athénée Théatre Louis Jouvet, todos los actores brillan con primera magnitud, no se realiza allí el sistema de las figuras eternamente centrales. Imposible distinguir una falta, un pequeño desequilibrio. Todo resulta exacto, medido, y la comedia transcurre sin tropiezos, como un juego lleno de gracia, en el que las figuras se mueven siempre cumpliendo leyes estéticas, expresivas, musicales casi a fuerza de equilibrio.

Todavía seguimos oyendo a Micheline Buire, la intérprete de Inés, la cruel inocente que hace beber al egoísta Arnolfo el inacabable veneno de la desazón amorosa. Vemos la gracia de Monique Melinand en su papel de Jacqueline, creación encantadora. El bobo Alain encarnado por Régis Outin. El galán Toracio hecho admirablemente por el joven actor Jacques-Michel Clancy, dueño de una hermosa y clara dicción. Los cinco actos de la pieza de Molière aparecen divididos en dos partes, constando de tres actos la primera y de dos la segunda. Tenemos que confesar que no habíamos visto nunca una *mise en scène* semejante. Los problemas del texto fueron resueltos en forma prodigiosa y las escenas se suceden ante nosotros con admirable secuencia, ilustradas por expresivas escenas mudas, en las que el movimiento llena las lagunas que entre escena y escena aparecen en el original. El juego de luces, anochecer y amanecer, de la segunda parte nos enseña el profundo conocimiento de Jouvet en el arte de la iluminación.

Al terminar *L'école des femmes*, sentimos dentro de nosotros la satisfacción infinita que acompaña a los mejores goces estéticos. Cumplimos un viejo anhelo personal y conocimos a una de las más grandes figuras del teatro universal. Estamos a la espera de la segunda función de abono, que ostenta el nombre célebre de Paul Claudel. Con toda seguridad *L'annonce faite à Marie* será un acontecimiento inolvidable, tal como ha sido el de *L'école des femmes*.

No quedaríamos contentos sin decir una cosa que nos ha parecido inexplicable, dado el número de personas concurrentes que conoce el idioma francés: los aplausos que la compañía de Louis Jouvet recibió al terminar su actuación, no fueron, ni con mucho, lo que los egregios artistas merecían. ¿Se trata de una falta lamentable de entusiasmo, o es sencillamente un problema de *Je ne comprend pas*?

Hasta aquí los artículos que publiqué en *El Occidental*, y los antecedentes de mi primer encuentro con Louis Jouvet. A manera de complemento he agregado algunos pasajes de carácter epistolar relacionados con el otorgamiento de mi beca, y los preparativos previos a mi viaje a París.

En julio de 1945, recibí una sorprendente carta de Louis Jouvet, en la que me ofrecía todo su apoyo para realizar mi sueño de viajar a París y, entre otras cosas que recuerdo con emoción, me dice:

> *...Je n'ai pas oublié la promesse que je vous ai faite, et je suis toujours dispensé à vous aider si vous le voulez.*
>
> *Écrivez-moi et dites-moi en quelle manière je puis faciliter la réalisation de vos projets.*
>
> *Croyez à mes sentiments d'amitié bien fidèle.*
>
> Louis Jouvet

En contestación a su carta, le escribí el 15 de agosto de 1945, una vez que investigué con mis amigos de México los trámites que tenía que realizar ante la embajada francesa para solicitar una beca de estudios. Con la información en la mano, le escribí de nuevo a

Louis Jouvet para solicitarle que me hiciera el favor de enviarme una carta con una invitación formal, para que yo pidiera apoyo a don Jaime Torres Bodet, don Alfonso Reyes y don Carlos González Peña, a fin de contar con alguna ayuda del gobierno y de las autoridades educativas. Nunca me imaginé que el propio presidente de México, don Emilio Portes Gil, me diera cien pesos de su bolsa para contribuir a los gastos de mi viaje. Muchos años después, en una cena en casa de don Emilio, le recordé aquella escena de nuestro encuentro en Palacio Nacional, y le dio mucho gusto saber que yo era aquel joven que recordaba vagamente en su memoria.

Louis Jouvet me contestó rápidamente, el 29 de agosto, y confirmó su apoyo de manera formal, lo que me dejó libre el camino para preparar mi salida. Presenté al embajador de Francia en México la solicitud de beca, acompañada con algunas cartas de recomendación que transcribo para dar una idea de lo que yo pensaba de Francia en aquellos días, y de lo que pensaban de mí algunos de los más notables escritores de México, que generosamente me ayudaron a salir adelante. También incluyo una carta que le dirigí a mi padre, ya que describe mejor que nada las peripecias que tuve que realizar en aquellos días.

México, D.F., septiembre 27 de 1945
Excelentísimo señor
Maurice Garreau-Dombasle,
Embajador de Francia en México

Excelentísimo señor:

Con todo respeto, vengo a solicitar cerca de V.E. una de las becas que el gobierno francés ha establecido para los jóvenes estudiantes mexicanos. Mi objeto es el de continuar en Francia los estudios de teatro que han constituido la ambición más grande de mi vida.

Mi antiguo deseo de estudiar teatro en París se vio recientemente fortalecido por las alentadoras promesas de monsieur Louis Jouvet, a quien tuve el gusto de conocer en Guadalajara. Las dos cartas de M. Jouvet que tengo el honor de acompañar a V.E., han sido el origen de esta gestión.

En México, he tenido ocasión de hacer algunos estudios de teatro bajo la dirección de los señores Fernando Wagner y Xavier Villaurrutia. Otro de mis profesores ha sido el señor Rodolfo Usigli, quien actualmente forma parte de la Embajada Mexicana en Francia. Fuera de las escuelas oficiales, he actuado en numerosos grupos de aficionados, tanto en México como en mi ciudad natal.

En apoyo de mi solicitud, ofrezco a V.E. las cartas de los señores Alfonso Reyes, Carlos González Peña, José Luis Martínez, Octavio G. Barreda y las de los precitados señores Villaurrutia y Wagner.

Además de la carrera teatral, he venido cultivando una vocación literaria que ha encontrado en la cultura francesa la más rica de sus fuentes. Al final de este expediente me permito presenta a V.E. algunos de mis pequeños trabajos.

Comprendo que me hacen falta méritos para justificar esta petición y me gustaría poder suplirlos con la veneración y el respeto que siempre me ha inspirado vuestro país. Siento la obligación profunda de manifestar aquí, como la mejor de mis razones, mi amor por Francia, que se originó hace mucho tiempo y que cada día encuentra motivos para hacerse más grande.

Tengo el honor de ofrecerme a sus órdenes y de expresarle mi más cumplido respeto.

Juan José Arreola

México, D.F., 22 de septiembre de 1945

Me es grato manifestar que el señor Juan José Arreola fue alumno de la Escuela Teatral del Palacio de Bellas Artes, durante los años de 1937-38, cuya dirección estaba en aquella época a mi cargo. Participó en varias producciones teatrales: *A la cacatúa verde*, de Arthur Schnitzler, *Nuestra Natacha*, de Casona, *Enterrad a los muertos*, de Irving Shaw, *El esposo*, de Bernard Shaw, y otras obras de autores de prestigio. El empeño, talento y seriedad del señor Arreola hicieron sus estudios muy provechosos y espero que una oportunidad para ampliarlos en un ambiente teatral europeo, será de gran estímulo para él.

Fernando Wagner

México, D.F., septiembre de 1945

Me complace certificar por medio de estas líneas que Juan José Arreola trabajó bajo mi dirección, como actor, en algunas representaciones de obras de Chéjov, Vildrac y más. Creo sinceramente que nadie como él, entre los jóvenes mexicanos de su edad, merece estímulo y ayuda para que acabe de desenvolver una vocación decidida y una pasión por el teatro, en medios más propicios.

Xavier Villaurrutia

México, D.F., a 26 de septiembre de 1945

Excmo. Sr. Maurice Garreau-Dombasle

Me es grato apadrinar ante V.E., en nombre propio y de El Colegio de México, cuya Junta de Gobierno presido, la solicitud del señor don Juan José Arreola para obtener una beca francesa destinada a los jóvenes mexicanos que desean perfeccionar alguna especialidad en París. Nos constan las virtudes y merecimientos del interesado.

Alfonso Reyes

México, D.F., septiembre 24 de 1945

Conozco desde hace años al joven Juan José Arreola y no tengo ningún inconveniente en recomendarlo muy especialmente como un positivo talento y como una persona seria, trabajadora y digna de todas las confianzas y estimaciones. Creo en su porvenir artístico y espero lo logre muy pronto.

Octavio G. Barreda

México, D.F., noviembre 8 de 1945

Muy querido papá:

Espero que hayan recibido mi telegrama de ayer y que todos se encuentren bien. Sería verdaderamente imposible contarles todas las angustiosas gestiones que tuve que emprender desde el día de mi salida. Por fortuna tuve en Antonio Alatorre una ayuda indescriptible y de la mayor eficacia. Antonio ha salido este día de México, pues vino a proseguir la tarea de ayudarme en todo. Yo le he recompensado abriéndole camino como mejor he podido. Lo presenté a don Alfonso Reyes, a José Luis Martínez, a Agustín Yáñez y a monsieur Jacques Leguebe. Todos estos señores le han prometido ayuda. M. Leguebe le ha invitado a que presente solicitud para las becas del año entrante. Asimismo, ha recibido otras ofertas para venirse a México.

Creo que todos comprenderán, especialmente Sara —a quien llevo totalmente dentro de mí—, el sacrificio infinito a que me resuelvo para buscar un más alto camino. La actitud de mi mamá durante las últimas horas que pasé con ustedes me da un gran valor para afrontar lo desconocido. Para usted no tengo palabras. ¿Qué decir de todos mis hermanos?

Quiero que sepan una vez más que voy a viajar en las mejores condiciones y que la protección que el gobierno francés nos concede es muy grande, ya que con ello trata de afirmar su rango de nación prócer. M. Leguebe nos ha dicho que este año habrá más de mil estudiantes extranjeros en París. Vamos dieciocho mexicanos y un gran número de latinoamericanos. Saldremos en pequeños grupos, según vaya habiendo plazas en los barcos. Probablemente, haré el viaje a Nueva York en *pullman* y ahí tomaré un barco. Al salir se nos dará dinero apropiado para gastos y en Nueva York seremos hospedados y atendidos por diplomáticos franceses. Por lo pronto, estoy a disposición de la Embajada y pronto sabré si salgo inmediatamente o si contaré con un plazo más largo. Ya les tendré al corriente. Le suplico que me escriba dándome aliento. Hay horas en que sufro particularmente.

La obtención de la beca me ha dado un buen ambiente y he contraído por docenas el compromiso de escribir. Don Alfonso Reyes me ha pedido que lo mantenga al tanto de mis proyectos y adelantos. Me propongo mantener relaciones numerosas para consolidar mi situación. Muy pronto vuelvo a escribirles. En mi próxima carta le pasaré el memorándum necesario para arreglar, oh dolor, mis embrollados asuntos. Aquí estoy luchando por obtener ayuda económica. Ya le daré detalles.

Con todo mi corazón los saludo a todos y deseo pagar un día lo que tan afectuosamente han hecho por mí.

Reciba todo el afecto de su hijo en compañía de mi mamá, hermanos, esposa e hijos. ¿Cómo está Berenice?

Juan José Arreola

Rodolfo Usigli y Octavio Paz en París

Uno de los lugares que más frecuenté, durante mi estancia en París, entre 1945 y 1946, fue la embajada de México. La razón principal de mis visitas era mi amistad con Rodolfo Usigli, quien trabajaba en esa representación como segundo secretario. En una de mis visitas me encontré con Octavio Paz, que era el tercer secretario de la embajada; simpatizamos y sostuvimos largas conversaciones que en más de una ocasión, al estar presente Rodolfo, se convirtieron en acaloradas discusiones. El problema era que Octavio había desairado a muchos republicanos eminentes radicados en París. En algunas de esas discusiones yo manifesté mi adhesión a las ideas republicanas de Usigli, lo que a Octavio le molestaba. Octavio en esos días no sabía que yo tenía ya muchos años de tratar a Rodolfo, primero como maestro y luego como amigo. Personalmente, compartí con Rodolfo muchas de sus ideas estéticas y políticas, creo que hasta el día de hoy sigo creyendo en las mismas ideas estéticas. En ese sentido, considero que siempre he estado alejado de las ideas de Octavio Paz.

Recuerdo que cuando yo llegaba a la embajada, con el primero que me topaba era con Octavio, quien a veces, sentado en su escritorio y sin levantar la vista, me decía: "Allá está Rodolfo, tú vienes a ver a Rodolfo, no te detengas, pasa".

Avenida Champs Élysées, París, 1946.

Por esos días, Octavio me dijo una frase que nunca olvidaré: "Eres tan genial y tan cursi como Ramón López Velarde". Siempre la he considerado un elogio. Mientras Octavio se acercaba a André Breton, yo me perdía en las calles de París, en busca de François Villon. Tal vez por eso él un día me llamó escritor anacrónico. Es cierto, ni mi modo de ser, ni mi obra, pueden ubicarse en el tiempo, nunca he sido ni contemporáneo ni moderno, he sido un escritor que cree simplemente en la literatura como arte, me considero más artista que escritor. Siguiendo esta idea, pienso que mi vida ha sido más la de un artista que la de un escritor, quizá por eso he sido un buen maestro, porque he permitido que todos los jóvenes y los no tan jóvenes se acercaran a mi modesto taller para compartir juntos la armonía de la belleza; yo sólo fui capaz de crear una forma bella, para que una idea más bella viniera a habitarla, como dijera André Gide.

Cuando Octavio me conoció en París en 1945, no tenía por qué saber que yo ya era escritor. Que ya era amigo y conocido de gentes como Xavier Villaurrutia, Alfonso Reyes y Octavio G. Barreda, quien incluso ya me había publicado un cuento en su revista *Letras de México*. Tal vez Octavio pensó que yo era tan sólo un aprendiz de actor, un estudiante de teatro que llegó a París deslumbrado por la Comédie Française.

Años después, en 1949, o tal vez 50, le envié a Octavio a París un ejemplar de mi libro *Varia invención*. En respuesta, me envió una bella tarjeta postal con la reproducción de *La santa faz*, un rostro de Cristo pintado por Georges Rouault, que parece una pintura de los primeros siglos cristianos, en cuyo reverso Octavio escribió:

> Querido amigo: no, *Varia invención* no es un libro pobre, como dices en tu afectuosa dedicatoria, sino muy rico y diverso. Hacía mucho tiempo que no leía nada de México (en prosa) que me diera tanta fe y alegría. Gracias.
>
> Tu amigo, Octavio.

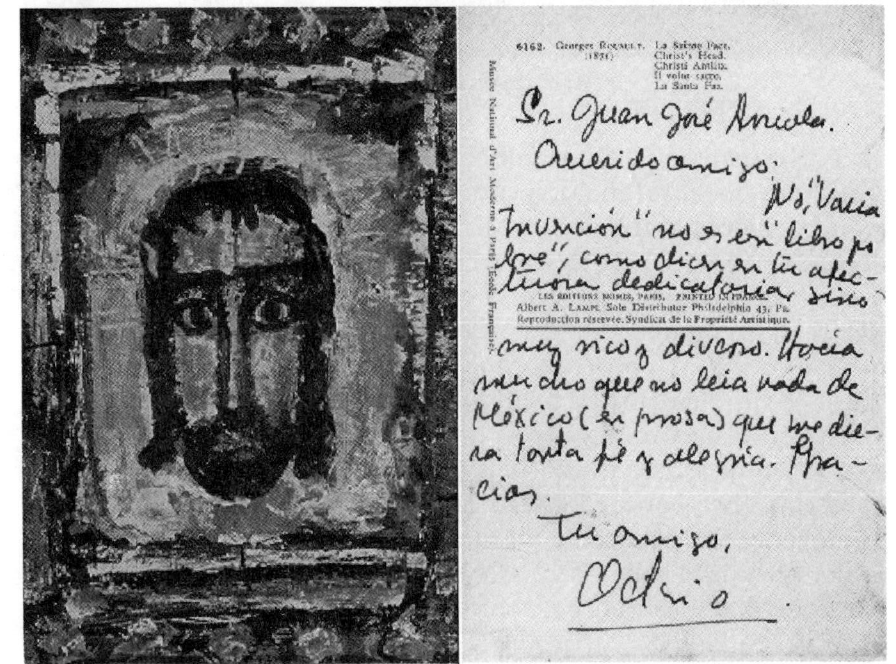

Georges Rouault, *La santa faz*.

Reverso de la tarjeta postal.

Juan de la Cabada me presentó a Octavio Paz en Nueva York, en noviembre de 1945. Para enero del 46, me volví a encontrar con él, como mencioné, en la embajada de México en París.

Cuando nos reencontramos, Octavio me invitó inmediatamente a su departamento, y como le conté que mis maletas se perdieron o fueron robadas en el barco en que llegué a París procedente de Nueva York, y que la ropa que traía puesta era la única que tenía, Octavio me regaló con mucha generosidad un saco, un suéter y 2500 francos. En esa época era imposible comprar ropa en París, por el fin de la guerra, no había nada, hasta los alimentos básicos estaban racionados. Todas las tiendas estaban cerradas. Afortunadamente, logré conservar mi abrigo, si no, no hubiera soportado el invierno tan terrible y cruel. No había calefacción ni nada parecido y por las noches la luz eléctrica era escasa. París estaba terriblemente solo. Alguna vez logré comprar en el mercado negro una tablilla de chocolate y una lata de leche.

Desde el principio, mi amistad con Octavio se convirtió en una lucha, en un altercado, a pesar de todo el afecto con que me recibió en su casa. Ese altercado se debió en gran medida a la presencia permanente de Rodolfo Usigli, sobre todo porque éste era mi maestro. Rodolfo y Octavio me invitaban seguido a un restaurante donde ellos, como miembros del cuerpo diplomático, tenían derecho a que les sirvieran alimentos, cosa que por desgracia yo no aprovechaba debidamente, pues la mayoría de las veces que me invitaron casi no pude comer nada por mis problemas de salud, los cuales se fueron agravando tanto que, al final, fueron la causa principal de mi regreso a México.

En esas condiciones se gestó mi amistad con Octavio. Ahora que estoy recordando esos años pienso mucho en Octavio, porque me he enterado que se encuentra delicado de salud; todo esto me entristece y emociona. Pero volviendo a aquella época, quiero decir que Rodolfo Usigli era un republicano, y Octavio había dejado no nomás de serlo, sino que públicamente se había distanciado de los republicanos y de los comunistas; él, que fue simpatizante del Partido Comunista Mexicano y luego del español, y formó parte de la brigada internacional que visitó el frente de lucha contra los franquistas, escribió el poema "¡No pasarán!", editado en México, tal vez, por Ediciones Simbad. Cómo olvidar aquel año de 1937, en

Madrid y Valencia, cuando se reunieron en el Segundo Congreso de Escritores gentes de la talla de César Vallejo, Nicolás Guillén, Pablo Neruda, José Bergamín, Rafael Alberti, Luis Cernuda y Manuel Altolaguirre. En esos días, César Vallejo publicó *España, aparta de mí este cáliz* y Neruda, dos años después, en el 38, *España en el corazón*, un bello libro editado por el Ejército del Este, en las ediciones literarias del Comisariado, libro impreso por los soldados de la República Española, que también fabricaron el papel para su impresión.

Cómo olvidar que en el Congreso estuvieron presentes, por parte de México, Carlos Pellicer y Octavio Paz. Pero, sobre todo, cómo podría olvidar yo la muerte, el asesinato a manos de los franquistas, de Federico García Lorca en Granada aquel trágico 18 de julio de 1936 cuando comienza la revuelta franquista.

Yo quedé marcado por la muerte de Federico, mi despertar a la conciencia política ocurrió durante el inicio y el final de la guerra civil española. Desde entonces asumí para siempre la causa de la República.

Mi relación con Rodolfo y mi solidaridad con la República Española hicieron que desde su comienzo, mi amistad con Octavio se tornara difícil, había diferencias muy duras de superar. Yo era un joven simpatizante de la República, no socialista ni comunista, pero era lo que se puede llamar un izquierdista republicano. Esta tendencia política fue ampliamente fomentada por Lázaro Cárdenas en México. Cuando llegué a la ciudad de México, en 1937, participé activamente en representaciones teatrales en centros obreros, en sindicatos, como el de electricistas, y en la famosa LEAR, la Liga de Escritores y Artistas Revolucionarios. Mi formación política estuvo relacionada, en un principio, con mis actividades dentro del teatro. Por otra parte, volviendo a la literatura, jamás he sido, ni me ha importado ser, un escritor lo que se dice de vanguardia, estoy muy lejos de las vanguardias, por ejemplo, pienso en Guillaume Apollinaire y no me interesa su poesía de vanguardia, digamos sus caligramas; de su obra prefiero los poemas, como "Bajo el puente Mirabeau corre el Sena...". Pienso también en otro poeta: Louis Aragon, que por cierto contribuyó, digamos, a mi ruptura ideológica con Octavio, y también poética. Aragon en un momento dado formó parte del grupo surrealista de

André Breton, pero luego renegó de ellos y se hizo comunista. Aragon es un gran poeta, escribió versos como lo hicieron los clásicos. Hoy sigo leyendo a Aragon con la misma alegría de los años de mi juventud, y lo mismo me pasó con Neruda, a quien también Octavio negó por sus ideas políticas. Otro caso en el que también siento que tenemos diferencias es el de mi amigo Carlos Pellicer, a quien, junto con Ramón López Velarde, considero entre los poetas más importantes de la literatura mexicana de este siglo que termina.

El cambio ideológico de Octavio coincide con el inicio de su carrera diplomática, cuando trabajaba en el consulado de México en Nueva York. Luego ya en París, de manera más formal, se desempeña con eficacia en el medio diplomático. Octavio se dio cuenta de manera temprana que el comunismo no tenía futuro dentro del mundo occidental. Sea como fuere, Rodolfo Usigli y yo discrepamos de las opiniones de Octavio, sin ser nosotros comunistas. En materia política, siempre me he guiado por unos versos de Víctor Hugo que dicen más o menos así: "Sombría fidelidad por las causas perdidas, sé tú mi fuerza y mi gloria y mi columna de bronce".

Yo he tenido a lo largo de mi vida una especie de fidelidad por las grandes causas perdidas, como la de España cuando la República, y más recientemente por la desaparición de la Unión Soviética.

Otro personaje de Francia que Octavio no reconoció fue nada menos que Paul Claudel, gran poeta católico y hombre de derechas, pero no por eso su poesía y su obra literaria pierden valor. Un caso antagónico de Claudel sería el de Jean-Paul Sartre, a quien Octavio también negaría por sus ideas políticas, así las cosas la cultura occidental se iría quedando sin sus mejores hombres, y los extremos nunca han sido buenos, porque propician lo mismo que combaten.

Claudel, además de declararse franquista, fue un reaccionario total. Siendo un gran poeta, se comportó como un católico terco y necio.

Pasaron muchos años para que Octavio y yo nos volviéramos a encontrar en México, a mediados de los cincuenta. En ese tiempo, él ya era funcionario de la Secretaría de Relaciones Exteriores. Para Octavio fue motivo de desagrado que yo fuera amigo cercano de los poetas españoles que llegaron a México en calidad de exiliados, le molestó saber que yo seguía tratando con gran afecto a gentes como León Felipe. En ese tiempo y unos años después, hasta Carlos Fuentes se alejó de la izquierda para entrar a la órbita de Paz. Recuerdo una escena entre Octavio, Carlos y yo, en la que los dos me dijeron que me había echado en brazos de los comunistas, entonces yo, delante de muchas personas que estaban presentes en el mismo acto, en el Hotel del Prado, le dije a Carlos: "Aquí se acabó toda posibilidad de amistad y trato, ni yo soy comunista ni tú tienes derecho a acusarme". A Octavio le dije: "¿Cómo es posible que tú me estés juzgando desde ese punto de vista?". Luego, los tres tuvimos diferencias más reales por causa de una mujer, a la que los dos pretendían.

Desde que ocurrió esa escena, dejé de tratar a Carlos y sólo nos hemos encontrado en muy pocas ocasiones. En cuanto a Octavio, nuestro trato no sólo se reanudó, sino que a través del tiempo se hizo más fuerte. Por ahí en los setenta, hubo un incidente en el que las partes que intervinieron me expresaron su desacuerdo con Octavio, ya que un grupo de amigos míos, algunos de ellos miembros del Colegio Nacional, curiosamente pertenecientes a otras áreas que no tienen que ver con la de letras, me comentaron que mi candidatura fue rechazada debido a la intervención de un distinguido miembro del Colegio, perteneciente al área de ciencias, y del propio Octavio. Esta situación, desde luego, contribuyó a que mi trato con Octavio se enrareciera, aunque él, después de este incidente, conocido por algunos de los miembros del Colegio Nacional, me siguió tratando con afecto, incluso me dedicó su libro de *Poesías completas*, con un poema manuscrito, y siempre que nos hemos encontrado me trata con el mismo aprecio que me manifestó en París en 1946.

Otro caso extraño en el mundo de los poetas fue el de Ezra Pound. Yo traté a Gerhard Muench, notable músico alemán que llegó a México, a fines de los cincuenta, en compañía de su esposa Vera. Gerhard vivió sus últimos años en Tacámbaro, Michoacán. Lo conocí en condiciones un tanto raras y azarosas, ya que él estaba de visita en la ciudad de México cuando cayó enfermo. Fue a dar a un hospital y lo único que llevaba en la mano era un ejemplar de mi libro *Confabulario*. El médico, al enterarse de que

Oyendo a Juan José Arreola
(Noche del 10 de Septiembre)

Hicieron fuego ludiendo dos palos
secos el uno contra el otro.
Cervantes (Persiles).

Como juega el Tiempo a la orilla del Espacio
como el Espacio juega al borde del Gran Hoyo,
Juan José juega al filo de la noche.
una dos, tres, cuatro, cinco, seis
¡palabras!

y las echa a volar en el lado de allá,
encendidos sistemas solares
que giran, brillan, cantan y desaparecen
como este mundo en el otro
—pero vuelven,
a cualquier hora, esta noche o la otra,
música dormida en el cárcel de la memoria.

Octavio Paz

Gerhard era músico y le gustaba la literatura, le recomendó que cuando estuviera sano me buscara, lo que hizo inmediatamente, no recuerdo cómo, pero por medio de amigos cercanos dio con mi casa de la colonia Cuauhtémoc, en la calle Río Volga. Allí se inició una de las amistades más lúcidas que he tenido en mi vida, Gerhard me reveló a Ernst Jünger, pero también me habló de su mejor amigo de toda la vida: Ezra Pound, a quien conoció en Italia. Juntos compartieron durante muchos años su pasión por la música. Recuerdo que Gerhard Muench y Ezra Pound salvaron durante la segunda guerra mundial 600 partituras de conciertos de Vivaldi, semidestruidas por los bombardeos, y de otros músicos barrocos notables, que fueron rescatadas de la biblioteca de Dresde. Entre los dos se dedicaron a copiar y a restaurar esas joyas, bajo la protección del gobierno de Mussolini. Eso y otras cosas más condenaron a Pound, lo señalaron como fascista. Pero qué gran poeta

Con el músico alemán Gerhard Muench, amigo de Ezra Pound, 1975.

y artista es Pound. Yo aprecio mucho a Giovanni Papini, uno de mis maestros. Creo que a él también lo han acusado de fascista. Sus libros han desaparecido en las librerías. Yo me quedo con su obra y con su arte, lo demás se lo dejo a los historiadores y a los críticos.

Volviendo a Gerhard Muench, creo que él no tuvo la culpa de portar un uniforme nazi, al igual que miles, que millones de jóvenes alemanes que no eligieron por propia voluntad su destino, por eso me parecería cruel pensar que era un nazi y un fascista, amigo de Ezra Pound, otro fascista. Los dos estarían condenados a la fatalidad de la historia, pero no, tanto Muench como Ezra Pound dejaron obras valiosas para la humanidad. Numerosos humanistas y científicos alemanes e italianos emigraron al final de la guerra a otros países de Europa y a Estados Unidos, y nadie puso nunca en duda su talento, su cultura y su calidad humana.

Perseguir, señalar y acusar ha sido uno de los trabajos más duros de los intelectuales de este siglo que termina.

El París de mis sentimientos

En 1945 recibí un París totalmente inventariado, tal como es Francia entera. Víctor Hugo, Honorato de Balzac y Émile Zola hicieron el catálogo más bello de la historia de Francia, el de la sociedad del siglo XIX, que inspiró a Marcel Proust su obra maestra: *En busca del tiempo perdido*.

A finales del siglo XIX, en su última década, Marcel Proust se convirtió en una especie de notario liquidador de un mundo en agonía, es el ejecutor que da fe de la desaparición de una forma de vida, de una sociedad cuya grandeza surge en el siglo de las luces y que muere con el canto del cisne. Por los caminos de la literatura, Proust recrea el mundo del pasado y el de su niñez como si fuera el último testigo, de la misma manera en que el primer hombre cantó por vez primera la historia de la creación del mundo.

Su condición de artista lo hizo trascender su oficio de escritor. A Proust le tocó hacer la liquidación de un mundo al que pertenecieron la mayor parte de sus antepasados, y la señora Weil, su abuela materna, se encargó de prepararlo y educarlo para ese propósito. El padre, Adrien Proust, prestigiado médico higienista, fue el creador de los cordones de sanidad, y la calle principal de Ilier, ciudad de Normandía, donde nacieron y vivieron los Proust, lleva el nombre del ilustre higienista y no el de su hijo Marcel.

Desde niño, Proust escuchó hablar a su abuela sobre la escritora Madame de Sévigné, su adoración y a quien citaba constantemente. Ya maduro como escritor, llegó a tener influencias de esa notable escritora, ya olvidada. Las amistades de su padre y su madre, más las de la señora Weil de Proust, le permitieron ingresar a temprana edad al mundo misterioso de los adultos. Aprendió a observarlos, sobre todo a su propia familia, a su padre, su madre, su abuela y a Francisca, la cocinera de la familia, a quien más tarde convirtió en uno de los personajes más bellos de la literatura francesa. Francisca era una maravillosa mujer que poseía la sabiduría provinciana popular y la sabía ejercer con mesurado arte. Francisca dominaba a la perfección la cocina francesa, la *haute-cuisine*, era una magnífica representante del genio popular. En torno a ella giran una serie de personajes del pueblo imaginario de Cambray, que inventó Proust a partir de Ilier, su lugar natal. Entre otros personajes curiosos que Proust ubica en Cambray está el de la tía Lèonie, una tía enferma de Proust, que se pasó la vida acostada en su cama y asistida por una sirvienta que se hace muy amiga de Francisca. Alrededor de la tía Léonie y de su sirvienta, Marcel Proust logró hacer una de las mejores historias clínicas, sobre esta enferma imaginaria y maniática, parecida a mi prima Lupe Arreola y un poco también a mí mismo. Tanto que hace muchos años yo me comparé con ella en una carta en la que escribí: "Aquí estoy, neurótico y enfermo del estómago como la tía Léonie". A esa mujer le hacía daño todo lo que comía. Siempre tomaba a media tarde un vasito de agua de Vichy, para que le diera caza a los últimos restos de la comida del mediodía que había sido casi nada. La tía Lèonie, Lupe mi prima y yo hemos demostrado a lo largo de nuestra vida que se puede vivir sin comer.

A través de su familia y la de sus tíos, Marcel Proust logró conocer al pueblo de Francia como nadie, en sus distintas categorías, empezando por los de la alta burguesía, ya que los parientes de su madre, de origen judío, estaban dedicados a las finanzas: casas de bolsa, bancos y casas de cambio. Debido a eso, Marcel Proust contó toda su vida con una sólida plataforma socioeconómica. En ese medio aparentemente poco propicio para las letras, inició su carrera de escritor. Primero escribió algunos cuentos y luego la extensa novela a la que le puso varios nombres; recuerdo que antes de ponerle el definitivo, *En busca del tiempo perdido*, la había titulado *Jean Santeulle*.

Me inicié en la lectura de Marcel Proust en la biblioteca de mi amigo y maestro Alfredo Velasco, en Zapotlán. Don Alfredo me lo reveló como un gran escritor, allá a principios de los cuarenta, yo antes había leído algo de su obra en la ciudad de México; ya dije al comienzo de estas memorias que cuando traté de leerlo, en 1937, no pude continuar su lectura.

Guillermo Jiménez le mandó a don Alfredo, desde París, los dos primeros tomos de *En busca del tiempo perdido*, *Por el camino de Swan* y *Un amor de Swan*, que fueron los únicos que hubo durante muchos años, traducidos por Pedro Salinas en su mayor parte y luego terminados por José María Subirón.

Considero que los tres escritores más importantes de este siglo son Marcel Proust, Franz Kafka y James Joyce. Fiodor Mijaíl Dostoievski, a quien sigo releyendo todas las noches, me parece el más grande de toda la historia. Entre los mencionados, considero a Proust el mejor del siglo XX, aunque no nació en él, pero le tocó culminar su obra y morir ya bien entrado este siglo. Víctor Hugo, Honorato de Balzac y Émile Zola hicieron el balance final del siglo XIX, el *giudizzio universale*, como dijo Giovanni Papini. Entre todos ellos: Víctor Hugo, Honorato de Balzac, Émile Zola, Fiodor Mijaíl Dostoievski, Franz Kafka, James Joyce, Marcel Proust y Giovanni Papini, y siglos antes con Miguel de Cervantes Saavedra, quien es menos conocido que don Quijote, y el olvidado Dante Alighieri, crearon tal número de personajes, que ya no faltaría ningún personaje por crear e inventariar en los extensos repertorios de vidas humanas reales, y de vidas humanas inventadas, en ese territorio cada vez menos visitado que conocemos como cultura occidental.

Proust es un legítimo, tal vez el último ejemplar de esa especie conocida en Francia y en todo el mundo como *fin de race*. Es el arquetipo de lo que entendemos como *fin de race*, puesto que a mi avanzada edad no tengo todavía noticia de otro hombre que tenga o haya tenido durante su vida semejanza con la persona y la obra de Marcel Proust, quien poseyó la sabiduría de la Francia de su tiempo.

En literatura no es una exageración la idea de un pasado grandioso, enorme, no se trata de un mito como muchos empiezan a creer, más por ignorancia que por convicción, no es que yo me tuviera que esperar ochenta años para decirlo, desde joven lo supe, me di cuenta exacta de que en el mundo hubo escritores notables a los que comencé a leer desde mi adolescencia, convencido de que el hombre que lee es un hombre que piensa, y si se lee y se piensa, se es capaz de hablar bien, de escribir bien, y todo esto nos sirve para ser mejores, para entender más cabalmente la humana experiencia de nacer, vivir y morir en el mundo.

Así como un nuevo amor trae un nuevo conocimiento, la lectura es capaz de sacarnos el miedo, los temores que angustian al hombre por la falta de conocimiento, de educación y cultura. El problema verdaderamente grave de la humanidad es que no admite comparación con el pasado. Al no querer ni poder compararse con el pasado, la humanidad se ha colocado ante un futuro incierto. Esto lo único que produce en el hombre es angustia y la única terapia que conoce la humanidad es lo que los griegos llamaban el *logos*: la curación del cuerpo y del alma por medio de la palabra escrita y hablada.

A la persona que dude sobre la calidad de los escritores del pasado en relación con los del presente, le recomiendo una fácil operación: que saque papel y pluma y se ponga a hacer una nómina de los escritores que vivieron de 1850 a 1950. Con eso tendríamos para darnos cuenta por qué después de la posguerra todo es otra cosa. Jamás se volverá a reunir la pléyade de escritores que vivieron en esa centuria. ¿Quién sustituirá a los grandes maestros? Nadie lo sabe. Lo único real es que cada vez más nos alejamos del pasado, sin que el presente nos ofrezca una literatura mejor. Del futuro de la literatura sería mejor no hablar. El panorama europeo y latinoamericano es ya desastroso. ¿Para qué escribir? ¿Para qué nos sirve la literatura en el mundo actual?

El desafío de los medios sigue creciendo anárquicamente, mientras el libro de literatura trata de adaptarse a una nueva cultura que lo observa con una mirada deshumanizada, y a veces un tanto despiadada.

En las superpobladas capitales del mundo, un grupo cada vez más minoritario parece convertirse en una secta secreta, y es el único que ha sido capaz de conservar la cultura, y salvarla de las garras de la opresión y la tiranía del poder. Es notable ver en nuestros días cómo la poesía se ha vuelto hermética, y es como una religión atrapada, sitiada por el olvido de los hombres. Los escritores y los poetas son mal vistos por las sociedades modernas y por los hombres enajenados que viven dentro de esas sociedades, que no reconocen, que no respetan el trabajo del espíritu. Pareciera que todo trabajo que no puede ser canjeado, no vale. A esta tragedia habría que agregar problemas más serios, como el desgaste de las palabras, su significado y su pérdida de identidad ante otras formas de lenguaje no significante, pero sí útil para el desarrollo de las nuevas tecnologías. El mercado educativo y el de trabajo sólo ofrecen a los jóvenes la evasión de las computadoras, cuyo consumo, uso y abuso se ha convertido en plaga para la humanidad, y aleja cada hora, cada día, a millares de jóvenes de la lectura.

Después de la primera guerra, y luego con la segunda, los hombres vivieron un desencanto tan grande que no se han podido recuperar, sobre todo moral y espiritualmente. Se trata de un serio problema de descontento casi biológico. Lo mismo en América que en Europa y Asia persiste la idea de que otra guerra parecida a la segunda guerra mundial acabaría con todos y con todo. La segunda guerra mundial acabó casi con todo eso que conocemos como cultura occidental. La participación de los Estados Unidos definió el panorama de sus aliados. Todavía hay países en todos los continentes, incluido el nuestro, que están pagando las consecuencias, no sólo en el plan económico, sino también en el ideológico, el moral y el cultural.

Personalmente, el único modernista en el que creo es Rubén Darío. Su aportación a la lengua española, a la poesía universal, no tiene límites. Gracias a él los países de la América hispánica que describió en su poema épico titulado "Oda a Roosevelt", escrito a principios de este siglo, nos damos cuenta de que los grandes poetas se convierten en visionarios. Darío escribió:

> Eres los Estados Unidos Unidos,
> eres el futuro invasor de la América ingenua
> que tiene sangre indígena,

que aún reza a Jesucristo
y aún habla en español.

¡Qué tremendas suenan hoy sus palabras! Sobre todo cuando los jóvenes se han abandonado a una vida falaz, instalados en no se sabe qué presente y menos en qué futuro. La vida no vale nada cuando se vive de rodillas, ya lo dijo José Martí: "Es mejor morir de pie que vivir de rodillas".

Yo no he vuelto al pasado, vivo en el pasado. El pasado en que yo vivo es un pasado anterior a mi propia existencia, porque ese pasado me sabe más, porque el pan de todos los días ya no me sabe como el de antes, ningún alimento de ahora me sabe mejor que los del pasado, como dijo el poeta "todo ha perdido ya su jerarquía".

Pienso en Guillaume Apollinaire. Pienso en esos soldados europeos que salieron de sus casas y ya no volvieron jamás, que vieron desaparecer pueblos enteros y quedaron sepultados en las trincheras de quién sabe qué guerra. En esos soldados se gestó la humanidad actual. Entre esos soldados desconocidos hubo algunos escritores, como Henri Barbusse, Guillaume Apollinaire y Roland Dorgeles, que vieron y describieron los horrores de la primera guerra. Fueron testigos de cómo la guerra acabó con la idea idílica de la humanidad, con el amor, con el trabajo, con los valores que habían prevalecido en las sociedades europeas. Todo el ahorro de los franceses, los ingleses y alemanes acabó en el pozo sin fondo de la guerra.

Barbusse y Dorgeles se refirieron en sus obras a la vida de las trincheras, a los soldados que quedaron deformes y mutilados. Hombres con sus rostros y manos destruidas por los gases de mostaza, que fue el invento más espantoso de los alemanes, en esa guerra que fue tan sólo un preludio de lo que más tarde ocurriría en Hiroshima. Entonces los hombres perdieron la fe en sí mismos y en el futuro de la humanidad.

Marcel Proust vivió toda la primera guerra mundial encerrado en un estuche de terciopelo. No pudo enlistarse en el ejército por problemas graves de salud. Desde su primera infancia tenía una malformación congénita en el pecho.

Recuerdo que tuvo su primer ataque de asma a los seis años de edad, al volver de una excursión, suceso que narra muy bien

Painter, su mejor biógrafo. Su obra maestra *En busca del tiempo perdido* comprende un largo período de casi cuarenta años, que va desde principios de 1880 a 1920, en el que Proust se lanza a la búsqueda del tiempo perdido, de su propio tiempo y del de toda Francia, y tal vez de una parte importante de la humanidad. Lo maravilloso de la vida es que en un momento determinado todos tratamos de buscar el tiempo que perdimos, yo mismo he tratado de ir en busca de mi tiempo perdido, estas memorias son el rescate de ese hombre que vive ya entre la memoria y el olvido, con un pie más adentro en el olvido, que en la memoria. Quisiera explicarme a mí mismo la tremenda soledad en la que he vivido. Inventé el amor, pero dentro de mí late con fuerza la llama estéril de la soledad.

Admiro a Marcel Proust porque aceptó su soledad y gracias a eso fue capaz de recuperar su tiempo perdido, yo en cambio no acepté mi soledad y perdí mi tiempo y no lo encuentro. La vida me distrajo mucho, las mujeres, el ajedrez y la literatura me alejaron de toda posibilidad de escribir. Estuve solo pero bien acompañado, ese fue mi problema.

Con Marcel Proust ocurrió un milagro que está simbolizado en la anécdota metafórica del panecillo llamado "magdalena", que un día, sin darse cuenta de lo que hacía, mojó Proust, antes de comerlo, en la taza de té que estaba bebiendo. Cuando probó el panecillo remojado en el té, el sabor de la "magdalena" lo transportó a Cambray, el pueblo imaginario de Proust, y ya no lo soltó. A partir del sabor de aquella "magdalena" remojada en té, Proust cogió el hilo y ya no lo soltó, lo siguió día a día en Cambray, en París y en Balbeq, esas tres ciudades descritas en su obra, y a las que siempre viajó acompañado por su madre, su abuela y Francisca, la cocinera de la familia que les hacía sus guisos predilectos. Toda la familia gozaba con las habilidades culinarias de Francisca, quien todos los días practicaba la *haute-cuisine*, y era sabia para conseguir los mejores vinos, aves y carnes de cada región que visitaba la familia en diversas épocas del año. Además, se encargaba de preparar los viajes, tramitar los boletos de tren y de hacer oportunamente las reservaciones en los hoteles, en donde obtenía permisos especiales para cocinarles a sus patrones.

En todo este mundo, Marcel Proust vivió encerrado dentro de su estuche de terciopelo, al que poco a poco acabó de convertir en su propio ataúd. Desde niño fue mimado por la sociedad más aristocrática de Francia, porque las amistades de sus padres pertenecían a la vieja nobleza europea. Ya grande fue amigo de las condesas de la Rochefoucault y de la de Noailles, y de la familia Bibesco, que eran príncipes de Rumania.

Recuerdo que una vez le encargué a mi sastre que me hiciera una réplica exacta de la levita que Marcel Proust llevaba puesta el último día que salió a pasear por París antes de su muerte. También el maestro Lisandro Figueroa me hizo el gusto de hacerme otra levita como la que vestía el príncipe Antonio Bibesco, hermano de Anna, que era una preciosa mujer, y de Emmanuel, primos a su vez de Martha Bibesco, todos miembros de una gran familia de nobles rumanos, a la que pertenecía también el papá de la condesa de Brancobian, que más tarde se convirtió en la condesa de Noailles, al casarse con Mateo de Noailles, escritor y amigo no sólo de Marcel Proust, sino de todos los escritores de la época, como Jean Cocteau. Recuerdo que Mateo de Noailles fue el que financió la primera película nada menos que de Luis Buñuel.

Martha Bibesco y su prima, la princesa de Noailles, fueron mujeres prominentes en la sociedad francesa de la época de Proust. Por eso aparecen como personajes centrales de su obra *En busca del tiempo perdido*.

En aquella época hubo colonias de rumanos, polacos y rusos que emigraron a París desde fines del siglo XIX. Unos trabajaban como meseros, otros eran pintores, escultores, actores, coreógrafos, bailarines, poetas y escritores. Entre ellos también hubo millonarios, como el director de cine ruso Sacha Gordin, quien convivía con poetas menesterosos, paisanos suyos, como Vladimir Mayakovski y Sergei Essenin; con los grandes coreógrafos de ballet, como Leonid Masin, León Bagst, Pavel Chelichef y Nijinski; con pintores como Angelina Beloff, por aquellos años casada con Diego Rivera y autora de una obra pictórica importante. Ya separada de Diego, fue mi vecina en los edificios de Avenida del Ejido, en 1937, donde también vivía Ernesto García Cabral, el Chango Cabral, cuyo departamento lucía muebles de madera diseñados por él y tallados con sus propias manos. Cabral anduvo también por el París de aquellos años locos, y compartió con José Juan Tablada los días y las noches.

El mundo en el que yo creí y sigo creyendo se acabó en 1939, no en 1945. En el 39 se acabó el mundo cultural en el que yo me formé y creía. Todavía sobrevivieron hasta 1945 algunos pocos personajes de la pelea pasada.

En París murieron ya todos los hombres que valían, hasta los que fueron considerados como traidores al final de la ocupación alemana, como Pierre Drieu la Rochelle y Georges Brasillac. En Francia hubo un momento en el que dijeron: si seguimos buscando traidores, vamos a acabar con algunos de nuestros mejores hombres.

Los que más me dieron la idea del cambio, desde un poco antes de terminar la segunda guerra mundial, fueron los actores, los comediantes, mujeres y hombres, como Jean Villard, Gérard Philippe y Danielle Gelan. Hombres que vivieron la guerra desde su adolescencia hasta su primera juventud. Apenas terminada, se manifestó su rechazo a todo lo que tuviera que ver con el pasado. Ya no querían más teatro clásico, tradicional, como el de la Comédie Française, o el teatro del Athénée de Louis Jouvet. Querían renovarlo y transformarlo todo. Cuando llegué a París en el 45, todavía alcancé a ver representaciones de obras clásicas, montadas con todo el esplendor de la tradición clásica. Pero fui testigo de ese cambio de ideas y actitudes a las que mi maestro Jouvet no estaba ajeno. Tenía ideas más avanzadas que las gentes de la vanguardia, ideas nacidas de su enorme trabajo en el teatro y el cine, que eran el mejor fruto de su experiencia como actor y director en todos los escenarios del mundo, Jouvet sabía muy bien cómo debería modernizarse el teatro, desde la perspectiva de la evolución histórica, natural.

La primera vez que lo vi trabajar sobre un escenario, rodeado por los actores de su compañía, me di cuenta de que era un creador, un artista capaz de conjugar las ideas clásicas en una obra como *L'école des femmes*, de Molière, con las nuevas técnicas escénicas de iluminación, escenografía y vestuario aunadas a las de la época del propio Molière, como el cambio de escenografía sin bajar el telón.

En su Athénée Théatre de París, Jouvet dio a conocer a autores de vanguardia, como Jean Giraudoux. Su obra *Ondine*, que lo

Abono para asistir a las representaciones de la Comédie Française. París, 1946.

convirtió en una especie de mago del teatro, fue un milagro escénico que sólo él pudo realizar.

Al reflexionar ahora sobre las ideas de Jouvet, pienso que lo que no hubo en Francia y en otras partes del mundo, al terminar la segunda guerra, fueron hombres capaces de concertar adecuadamente el enlace, el ensamble de los tiempos. Se perdió el desarrollo lineal, la evolución natural de las artes y las cosas, el pensamiento humano quedó roto, destruido por la guerra y no hubo quienes fueran capaces de intentar una restauración total o parcial de la cultura. Los hombres viejos del pasado, cargando todas sus culpas, se tuvieron que enfrentar a los jóvenes de un presente doloroso, mutilado, en el que surgieron el desaliento, la angustia existencial, y también las actitudes extremas de rechazo a las formas de vida de nuestros padres. El existencialismo ya vagaba por las calles de París. Por la falta de mujeres y hombres capaces de unir los tiempos rotos, estamos pagando las consecuencias. Desde entonces para mí ya no hay teatro, ya no hay literatura ni pintura. ¿Quién sustituyó

Con el actor Jean-Louis Barrault.

a Pablo Picasso? ¿Quién sustituyó a Marcel Proust? Creo, junto con el dramaturgo francés Eugène Ionesco, que cuando morimos nos llevamos nuestro mundo. Yo no he muerto, pero llevo dentro de mí los restos, los vestigios de un mundo que desapareció y que nadie será capaz de sustituir, ni Dios que todo lo sabe y puede.

Ya que mencioné a Pablo Picasso, quisiera contar que lo saludé personalmente en una *vernissage* de la exposición "La blusa rumana", que presentó en París Henri Matisse en 1946. A ese *vernissage* asistí por invitación de mi amigo pintor Alejandro Otero, venezolano radicado en París, que era amigo de la ex esposa del poeta Paul Éluard, muy amiga de Picasso, cuyo nombre no recuerdo. Con las tarjetas de recomendación que me dio Louis Jouvet y con las de la señora Éluard, no había actividad cultural a la que no pudiéramos entrar.

Una mañana, Otero me llevó al estudio de Picasso en París. Estaba en la calle de los Padres Agustinos, no he verificado la dirección, pero recuerdo muy bien el lugar: se trataba de un edificio grande, de cinco pisos, casi todo deshabitado, tal vez a consecuencia de la guerra. Una portera muy amable nos dejó pasar con toda la confianza del mundo. Subimos hasta el quinto piso, y luego alguien nos señaló una pequeña escalera que conducía a una especie de buhardilla donde estaba el estudio de Picasso, que era amplio, muy bien ventilado por una gran ventana abierta al centro de la habitación principal, desde la que se veía el río Sena. Desde allí se apreciaba la ciudad de París en todo su esplendor. Picasso no estaba, nadie nos atendió ni nos recibió, las puertas estaban abiertas de par en par, había otras habitaciones en las que vimos un horno para cerámica, materiales, pinturas, objetos de metal, caballetes, todo lo que un artista como él necesitaba para trabajar. También había dibujos y grabados colocados en archiveros de tijera, para láminas de gran tamaño. Había cierto orden y limpieza. Al cabo de un rato, nos sentimos como intrusos. Salimos igual que como habíamos llegado, sin que nadie nos preguntara qué hacíamos allí. Alejandro y yo estábamos sin creer en lo que habíamos visto y estado. Sólo faltó la presencia de Picasso para que esa visita se convirtiera en uno de los recuerdos más gratos de mi vida, sólo comparable a otra historia que me sucedió en París y todavía no puedo creer y es la siguiente.

Una mañana fría de enero de 1946, visité el Museo del Louvre, no había una sola persona, ni en los jardines exteriores ni interiores, los salones estaban vacíos, sólo en uno se podían ver objetos en el suelo, algunos cuadros y esculturas. Un guardia fantasmal estaba tomándose un té y me dejó entrar a ese salón con la indiferencia dudosa de todo buen policía. Sin darme cuenta, llegué hasta donde estaban los objetos que llamaron mi atención, primero me dediqué a ver unas esculturas pequeñas de terracota, muy antiguas. Luego caminé hasta el fondo de la habitación y ¡oh sorpresa! Reclinada sobre el muro, como si fuera una obra de arte cualquiera, estaba nada menos que la Gioconda de Leonardo da Vinci, el cuadro más célebre del mundo. No creyendo en lo que veía, me acerqué tanto que tuve miedo de no sé qué cosa. Después de mirarlo un rato, no pude ceder a la tentación de tomarlo con mis manos, no es un cuadro grande, tenía un marco de proporciones normales. Lo alcé frente a mí como si fuera una mujer amada y sin tocarla le di un largo beso de invierno. Emocionado y temiendo que se me cayera de las manos, me incliné poco a poco hasta dejarlo otra vez en el suelo. Salí disparado a la calle, no sin antes hacerle una serie de obligadas reverencias al policía que estaba, sin lugar a dudas, pensando en cosas más importantes, como qué comida llevaría a su casa ese día. Vivíamos en un París sitiado por el hambre y había racionamiento de alimentos básicos. La gente estaba metida en sus trabajos y en sus casas, pero yo vagaba por París como un alma en pena. Otro día estuve a punto de morir enterrado en la nieve, cuando por ignorancia atravesé un enorme lote baldío totalmente cubierto por la nieve, tratando de llegar por un camino más corto, más rápido, al hospital judío de una pequeña comunidad cercana a París, en donde me iban a sacar unas radiografías. Oh paradoja, camino al hospital estuve a punto de morir.

Alejandro Otero me hizo un bello dibujo, un poco con la influencia de Picasso, el cual todavía conservo.

Louis Jouvet, Pablo Picasso y Jean-Paul Sartre fueron de esos pocos hombres que sí eran capaces de hacer la transición de los tiempos a la que me referí anteriormente. Pienso, por ejemplo, que Jean-Paul Sartre sí logró saltar la altura de la barrera impuesta por la segunda guerra mundial. Sartre era mejor novelista y dramaturgo que filósofo. Su obra *A puerta cerrada* es impresionante, terrible, pero tiene otras mejores, como *El demonio y el buen Dios*, *Las moscas* y *Los prisioneros de Altona*. En estas obras Sartre se convierte en un autor dramático extraordinario.

Otro caso distinto a los anteriores es el de Paul Claudel, a quien considero el poeta más grande de la lengua francesa del presente siglo.

La segunda guerra mundial sorprendió a Claudel en Alemania. Como era diplomático, logró salir de inmediato y trasladarse a París, en donde al llegar se enlistó, se enroló en el ejército y, más tarde, durante la ocupación alemana, se integró a la resistencia. En esos años difíciles, sólo al principio tuvo una flaqueza: creer que el mariscal Pétain se rebelaría contra la ocupación alemana. Claudel creyó en un discurso que escuchó pronunciar a Pétain, incluso le inspiró un poema. Cuando el mariscal falló al no rebelarse contra la ocupación alemana, Claudel publicó de inmediato un desplegado en los periódicos haciendo una réplica a Pétain y a la vez una rectificación pública de su conducta política: "Cuando yo escribí el poema, creí que el mariscal Pétain se había sublevado a la ocupación alemana, pero al darme cuenta de que se sometió a los alemanes, me retracto de todo lo que he dicho y escrito a propósito de él, y continúo del lado de la resistencia francesa".

Paul Claudel fue un católico profundo, en su poesía y en su teatro siempre está presente el aspecto religioso. Su catolicismo le cerró muchas puertas, pero le abrió otras más grandes, como las del cielo. Fue un gran poeta religioso, lírico y dramático, un gran poeta a secas. Gracias a él conocí el teatro de sombras japonés, en el que se inspiró para algunas de las escenografías de sus obras. De su libro *Apostolado* hice una traducción que está publicada, así como de sus *Cien frases para abanico*, que no ha sido publicada desde que la terminé, hace ya más de ocho años.

En una época me interesó mucho el teatro de Claudel, desde que vi en Guadalajara su obra *L'annonce faite à Marie*, presentada por Louis Jouvet, que yo ya conocía gracias a la traducción de Efraín González Luna. Otras obras que formaron parte de mis lecturas habituales fueron *Le soulier de Satin* y *Cristóbal Colón*; también leí con mucha atención sus memorias, en las que narra su vida de viajero y de diplomático en Indochina. Conozco sus amores y desamores, incluso mantuve una relación amorosa con una mujer a través de la obra de Claudel.

Paul Claudel es ya poco leído en el mundo, sufrió ataques por su catolicismo cerrado, ortodoxo. Su lectura es difícil, sobre todo en un mundo como el de ahora, que ya he dicho que no me pertenece. No quiero ser testigo mudo de la destrucción de la cultura occidental, a la que ya el filósofo alemán Oswald Spengler le dedicó un libro magnífico que tituló *La decadencia de Occidente*. Pienso que los mismos bárbaros que llegaron a Roma en el pasado, andan todavía por ahí, un poco dispersos con aspiraciones de volver a juntarse. El poeta griego Constantino Cavafis escribió hace muchos años un bello poema que se titula "Siguen llegando los bárbaros".

Por más que quieran hacerme olvidar, siempre tendré en la memoria muy presente que fue la Iglesia Católica, con todas sus debilidades y fortalezas, la que le dio unidad, pies y sustento al pensamiento europeo y gracias a ella surgieron los nuevos estados que hoy conocemos. Pero lo más importante del pensamiento cristiano es la teología de la esperanza. Porque la esperanza es lo último a lo que puede recurrir el hombre de hoy, que vive en un mundo donde los valores establecidos han sido fuertemente cuestionados por las ideas de modernidad impuestas a los hombres todos los días a través del mensaje monótono y autoritario de los medios de comunicación, en los que a nivel mundial se percibe una tendencia fascista, sobre todo cuando asumen el papel de salvadores y conductores de la humanidad, y transmiten un solo mensaje a las masas, diseñado según los intereses de los grupos de poder de cada país. Eso está creando nuevas formas de conducta en las generaciones más jóvenes, que no tienen nada que ver ya con eso que llamamos cultura occidental.

Por eso hay ya una separación abismal entre padres e hijos, originada en la mala educación que reciben en los medios más conocidos, radio, cine y televisión, que en aras de una libertad de prensa mal entendida no hacen sino difundir los aspectos más negativos de la sociedad, como la violencia, el crimen, los fraudes, la corrupción y la publicidad, por cierto cada vez más agresiva y de mal gusto.

Mientras todo esto pasa, la sociedad se muestra pasiva, atemorizada y enajenada. Su única defensa es apagar la televisión o el radio y dejar de comprar periódicos y revistas.

Libro Tercero

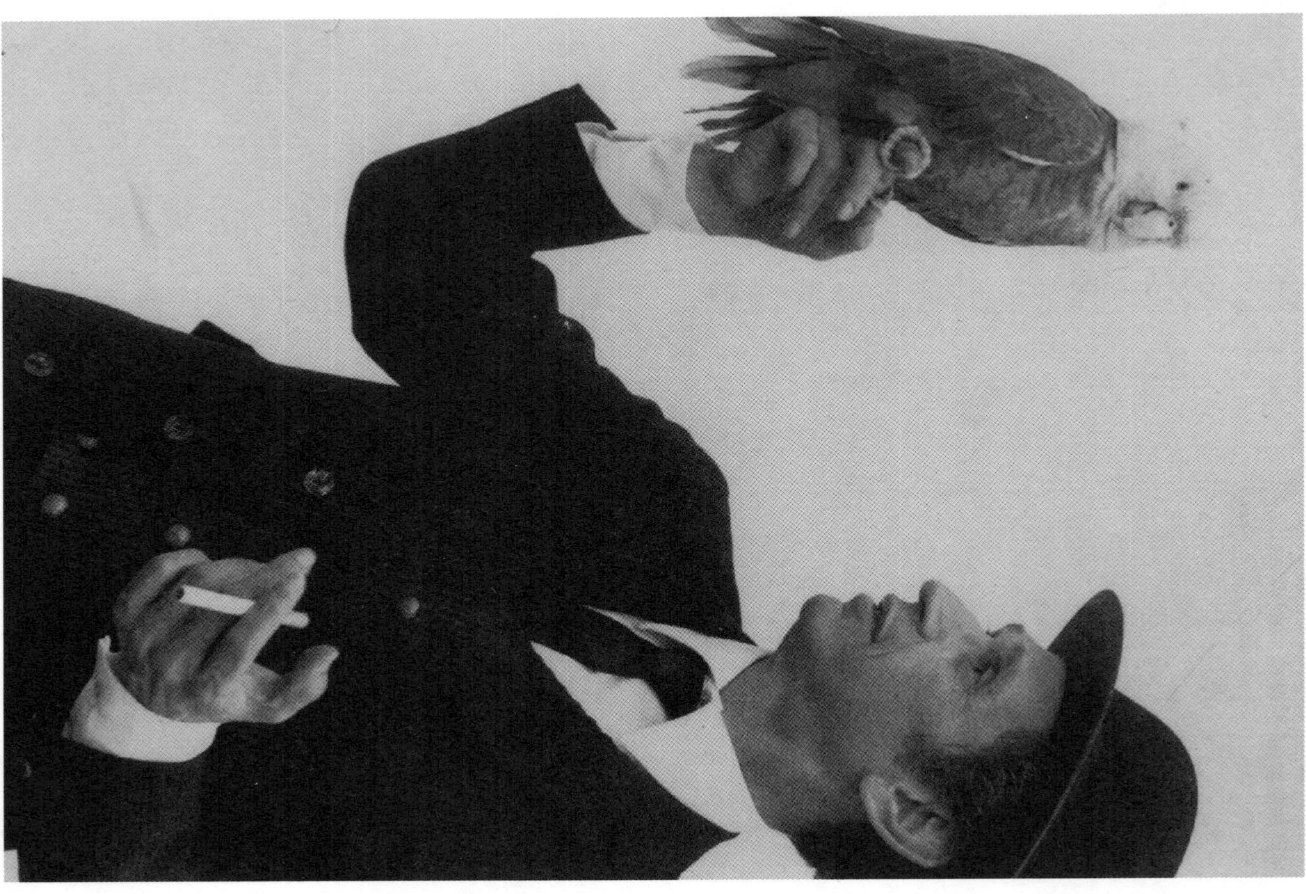

Mis universidades

El Fondo de Cultura Económica

El 2 de mayo de 1946, ingresé al Departamento Técnico del Fondo de Cultura Económica, cuyo director era don Daniel Cosío Villegas. Antonio Alatorre lo convenció para que yo entrara, pues don Daniel insistía en que el carro estaba completo; de hecho, Antonio tuvo que pensarlo hasta el grado de decirle que si no entraba yo, él renunciaría a su honroso puesto, ya que era el único mexicano en dicho departamento. Todos los demás eran españoles trasterrados. Después de pensarlo un rato, don Daniel me dijo: "¿Le parecen bien trescientos pesos al mes?". "Claro que sí", le contesté entusiasmado.

Los miembros del famoso Departamento Técnico eran: Joaquín Díez-Canedo, Julián Calvo, don Sindulfo de la Fuente, Eugenio Imaz y Luis Alaminos, todos ellos españoles, mexicanos nada más estábamos Antonio Alatorre y yo que acababa de entrar, pero que ya tenía cierta obra publicada y apenas hacía un año andaba como becario en París, lo que a todos les llamó la atención. Muy pronto hice amistad con el grupo, me pasaba largos y gratos momentos conversando, al grado que me llamaron la atención por platicador, pero las conversaciones con don Sindulfo eran placenteras e instructivas. Recuerdo cuando nos contó la anécdota de la Yanqui que era una bailarina gitana que él conoció, nacida en una gira de trabajo de su madre —quien también era bailarina de flamenco— por los Estados Unidos.

[De izq. a der.] sentados: Sindulfo de la Fuente y Camila Henríquez Ureña. De pie: Julián Calvo, Luis Alaminos, J.J. Arreola, ?, Natasha Henríquez Lombardo, Joaquín Díez-Canedo, Antonio Alatorre.

Contaba don Sindulfo que allá por los años veinte, asistía a una tertulia en Madrid a la que también iban gentes como don Ramón del Valle-Inclán y el pintor Zuloaga, quienes eran grandes amigos y admiradores de la mamá de la Yanqui; y otro personaje importante en esta historia era Oroz. En una función de baile flamenco, en París, cierto príncipe de la India vio bailar a la Yanqui y se enamoró de ella. Al no verse correspondido, más tarde decidió enviar a Madrid a un representante suyo para que buscara y hablara con la mamá de la Yanqui, cosa que su enviado logró hacer. La madre de la Yanqui pidió el consejo y el apoyo de don Ramón del Valle-Inclán, para afrontar de la mejor manera posible la extraña petición de mano de su hija que le hacía el príncipe de Kapurtala, residente en un país lejano y misterioso, pero prometedora de grandes oportunidades para su hija. Don Ramón consultó con los otros miembros de la tertulia, y entre todos convencieron a la mamá de la Yanqui para que aceptara la propuesta del príncipe.

Para dar el primer paso, se decidió que un miembro de la tertulia, en este caso, el pintor Oroz, se trasladara a la India junto con el enviado del príncipe, para que investigara si todo aquello era verdad y, en su caso, hiciera los arreglos necesarios para convenir la boda y fijar la fecha.

Como al mes de haber partido, Oroz, en compañía del enviado del príncipe, regresó a Madrid con noticias frescas e increíbles de lo que había visto en su viaje y de la inmensa riqueza del príncipe de Kapurtala, quien lo colmó de regalos y para muestra les enseñó un puñado de piedras preciosas, ante lo cual la mamá de la Yanqui quedó muy complacida, y todos, deslumbrados de que fuera cierto lo que sólo conocían a través de la literatura.

Se hicieron los preparativos y finalmente salieron madre e hija, acompañadas por un séquito formado por familiares y amigos de la desposada, y desde luego con el celestino Oroz a la cabeza. La Yanqui se hizo una reina famosa, que fundó hospitales y escuelas por toda la India, fue muy querida y vivió muy feliz. Toda esta historia la contaba don Sindulfo adornándola con detalles y anécdotas memorables. Yo me pasaba mañanas enteras escuchándolo, mientras el trabajo se acumulaba en mi escritorio.

En esta época, el Fondo tenía sus oficinas en una casa porfiriana ubicada en Río Pánuco 63, en el corazón de la colonia Cuauhtémoc.

Mi siguiente paso fue traerme a México a Sara y a nuestra primera hija, Claudia. Rentamos un departamento en las calles de Obrero Mundial esquina con San Borja. En el Fondo trabajé hasta finales de 1948.

El Colegio de México

A principios del 47, don Alfonso Reyes me otorgó una beca en El Colegio de México para realizar un estudio dialectológico, a partir de la reseña del libro *El habla de Babia*, o sea, el bable, que era hablado por los babiecas, habitantes de Babia. Desgraciadamente no me interesó, tal vez si me hubieran dado a escoger un tema de investigación, hubiera tenido éxito, pero el estudio que me encomendó estaba fuera de mis intereses culturales. Al final, pude

Antonio Alatorre (izq.) y J.J. Arreola.

renegociar con don Alfonso un nuevo proyecto de investigación, un poco más real: la formulación de un vocabulario agrícola, ganadero y artesanal del sur de Jalisco, teniendo a Zapotlán el Grande como capital lingüística.

Entre las gentes que recuerdo con afecto y admiración, y que fueron compañeros de todos los días en El Colegio, está Ernesto Mejía Sánchez, nicaragüense notable por sus estudios sobre su paisano Rubén Darío, y poeta como él. Ernesto es autor de una bella antología titulada *Recolección a mediodía* y de otras obras literarias. Pero el aspecto que recuerdo de él casi a diario es su sentido del humor, sus chistes me siguen causando risa. Por ejemplo, en esta época Ernesto hizo varios chistes a propósito de Raimundo Lida, que era como el tutor de los becarios. Decía: "Lida usa un pantalón con manchas de casimir". Se juntaba los pantalones a la altura de las rodillas y decía: "Voy a cruzar la calle con pantalones de Lida". Al bajar de los camiones gritaba: "Baja señora con niño". Organizaba carreras de obstáculos humanos "Colegio de México a Fondo de Cultura", por el Paseo de la Reforma, ante la mirada inquieta de los transeúntes. Ernesto se liberaba jugando y bromeando de las presiones del estudio y la vida diaria.

Otros compañeros y amigos de esta época fueron: José Durán, peruano, Alfredo Sancho, costarricense, y Augusto Monterroso, guatemalteco, y un hondureño, cuyo apellido era Orcuyo, que, al decir de Ernesto, formábamos la corte de los "locos, enanos, negros y niños palaciegos", que es el título de un libro de José Moreno Villa. Recuerdo que un día Moreno Villa hizo un dibujo de mis manos.

Raimundo Lida nos decía: "El drama es que este colegio es de peripatéticos". Luego de pronto agregaba: "Aquí hay un hombre que no es mexicano, que no es español, lo tengo que mencionar como un ente de otro mundo, y se llama Antonio Alatorre, es el único que trabaja, que está ahí".

En mi archivo, a más de otras cosas raras, conservo dos cartas de don Alfonso: la primera, en la que me comunica que se me otorga la beca, y la segunda, en la que me dice: "¿Qué es lo que está pasando realmente con usted?".

Volviendo al Fondo de Cultura, en cierta ocasión hubo un concurso para ponerle nombre a una de las nuevas colecciones que estaba por iniciar; yo propuse Breviarios, y lo gané. Los primeros Breviarios salieron en octubre de 1948.

Sobre esta época de mi vida, Emmanuel Carballo comentó: "Arreola sin El Colegio de México se hubiera quedado en el pastiche imaginativo o en la descripción costumbrista". Es verdad, yo vine a madurar intelectualmente en el Colegio, y al mismo Emmanuel le dije —en la magnífica entrevista que me hizo y que publicó después en *19 protagonistas de la literatura mexicana del siglo XX*—, que el Fondo de Cultura Económica fue mi universidad. Mi trabajo como redactor, traductor y corrector me formó en diversas disciplinas, como la historia, la antropología, la lingüística, la filosofía y el arte. Escribí textos para la cuarta de forros y las solapas de libros tan importantes como *Las grandes culturas de la humanidad*, de Ralph Edmund Turner, y *La historia universal*, de Erich Kahler.

Salí del Fondo de Cultura, entre otras causas, por un error que cometí en la corrección de pruebas del libro sobre los cabildos abiertos de Buenos Aires. Inexplicablemente, aparecieron en el texto como "cabildos blancos". Otra causa, que tal vez era la principal, es que fui acusado de parlanchín y alborotador nada menos que por don Arnaldo Orfila Reynal, quien sustituyó a don Daniel Cosío Villegas en la dirección.

La verdad es que seguí colaborando con el Fondo como traductor, pero hacía el trabajo en mi casa, incluso en Zapotlán, adonde me fui de nuevo a vivir con mi familia y establecí un criadero de pollos.

Desde 1946, don Daniel Cosío Villegas fundó la colección Tezontle, a la que originalmente pensó ponerle Centzontle por aquello de la poesía y el ruiseñor. Pero gracias a una confusión se le quedó el nombre de Tezontle, que resultó mejor.

Los primeros libros que salieron de esta colección son muy raros, y creo que no los han vuelto a reeditar. Recuerdo a algunos autores como León Felipe, Pedro Garfias, Carlos Pellicer, Alfonso Reyes, Max Aub y mi amigo Arturo Rivas Sainz. Precisamente en esta colección publiqué mi primer libro: *Varia invención*, en 1949, cuya portada lleva una viñeta de Juan Soriano. La edición fue de 800 ejemplares y estuvo al cuidado de Roy Bartholomew. El filósofo Jorge Portilla, amigo recordado de aquellos años y autor de *La fenomenología del relajo*, me hizo una recepción en su casa para celebrar la aparición de mi libro. Antonio Alatorre me ayudó a revisar la versión final de los textos y, atinadamente, me sugirió la eliminación de una gran cantidad de comas.

En este libro reuní mis primeros trabajos literarios: "Hizo el bien mientras vivió", "Un pacto con el diablo", "El silencio de Dios" y "El converso". Textos que escribí desde 1941 y que algunos, muy pocos, ya habían sido publicados aisladamente. El libro comprende textos escritos en un lapso de nueve años, del 41 al 49. Arnaldo Orfila y Joaquín Díez-Canedo, apoyaron su publicación. En el 49 yo ya no trabajaba de planta en el Fondo. Fue hasta los años de 50, 51 y 52, cuando volví a colaborar en forma externa, con algunas traducciones. A propósito del Fondo de Cultura Económica, que fuera mi primera casa editorial, me gustaría decir que en sus inicios, más que una empresa comercial, fue un compromiso del gobierno con el pueblo de México. Durante los primeros años de su fundación, su director constitutivo tuvo que afrontar serias dificultades de tipo económico, por lo que más tarde se convino que el Fondo fuera un fideicomiso, con lo que el capital aportado y las subvenciones y donativos venían purificados de todo afán de ganancia, aspecto fundamental en los propósitos fundacionales de la empresa.

Portada con viñeta de Juan Soriano, 1949.

Recuerdo que durante la segunda década de este siglo, los miembros del Ateneo de la Juventud, entre los que estaban Antonio Caso, Vicente Lombardo Toledano, Julio Torri, Alfonso Reyes y Daniel Cosío Villegas, se plantearon, en ese entonces, la posibilidad de crear una editorial cien por ciento mexicana, que fuera la primera en publicar las obras científicas y literarias producidas por mexicanos, ya que la inmensa mayoría de los libros que por esas fechas circulaban en nuestro país provenían de España y Francia. Ahora pienso que la creación del Fondo, en 1934, fue la culminación de esos ideales, se trataba de establecer una industria editorial de carácter estratégico para los intereses de la nación. Sin el libro no había futuro para nuestras universidades ni para las escuelas de educación básica. Quiero reiterar que el Fondo nunca se concibió como una industria necesariamente lucrativa para el gobierno, sino como base de la cimentación educativa y cultural de la nación mexicana. En las últimas décadas, el Fondo ha tenido que enfrentar numerosos embates por parte de los tecnócratas que no llegaron nunca a tiempo al banquete de la cultura.

Cuando José Luis Martínez estuvo como director, trató de devolverle su grandeza perdida y tuvo que luchar denodadamente para restituir y salvar al Fondo de una de sus más grandes crisis.

Mientras no seamos un país con una economía sana, fuerte y estable, el gobierno tendrá que asumir todavía muchas responsabilidades, que no puede ni debe eludir, en el campo de la alimentación, la salud y la educación. No se debe olvidar que el Fondo de Cultura Económica formó parte de los proyectos estratégicos nacionales y es hermano de sangre de la Universidad Nacional Autónoma de México y, por razón natural, de las universidades públicas de todo el país.

Cuando Arnaldo Orfila Reynal tuvo que dejar la dirección del Fondo en manos de Salvador Azuela, por las presiones políticas y económicas que ejerció de manera directa el presidente Gustavo Díaz Ordaz, varios de sus colaboradores, entre ellos Joaquín Díez-Canedo, presentaron su renuncia. Más tarde este último formó su editorial Joaquín Mortiz. Poco tiempo después, por solidaridad, tramité y obtuve legalmente la liberación de mis derechos de autor del Fondo y pasé mis libros a la nueva editorial de mi amigo Joaquín, en la que hoy se siguen editando. Me costó mucho trabajo hacer todo esto, pero en la parte legal conté con la ayuda brillante y decidida de mi amigo Arturo González Cosío, quien logró, con la intervención final de Agustín Yáñez, que yo retirara mis libros del Fondo. Lo increíble de toda esta historia es que Agustín tuvo que tratar mi asunto en acuerdo con Díaz Ordaz, a quien le comentó mi decisión de retirarme del Fondo, ante lo cual Díaz Ordaz no hizo otra cosa que proferir insultos y majaderías en contra de mi persona. Poco tiempo después, durante el movimiento estudiantil de 1968, al que me referiré en la parte final de estas memorias, aparecí mencionado en el periódico *Alarma* y en un libelo escrito por los lacayos de Gustavo Díaz Ordaz.

Desde hace unos años, el Fondo volvió a editar mis obras, lo que me dio mucho gusto, aunque en la última edición de mi obra completa el prólogo escrito por Saúl Yurkievich me pareció más una tesina de trabajo académico, propia de una investigación universitaria, que un prefacio literario para presentar mi obra de cuentista. Creo que esto sorprenderá al lector desprevenido, que encontrará como primer obstáculo de la lectura este texto erudito que de todas maneras agradezco por el tiempo que el talentoso investigador ha dedicado a mi obra.

J. J. Arreola, *Unicornio de ajedrez,* 1952 [tinta].

Alejandro Otero, *Retrato de J. J. Arreola,* 1945 [carbón].

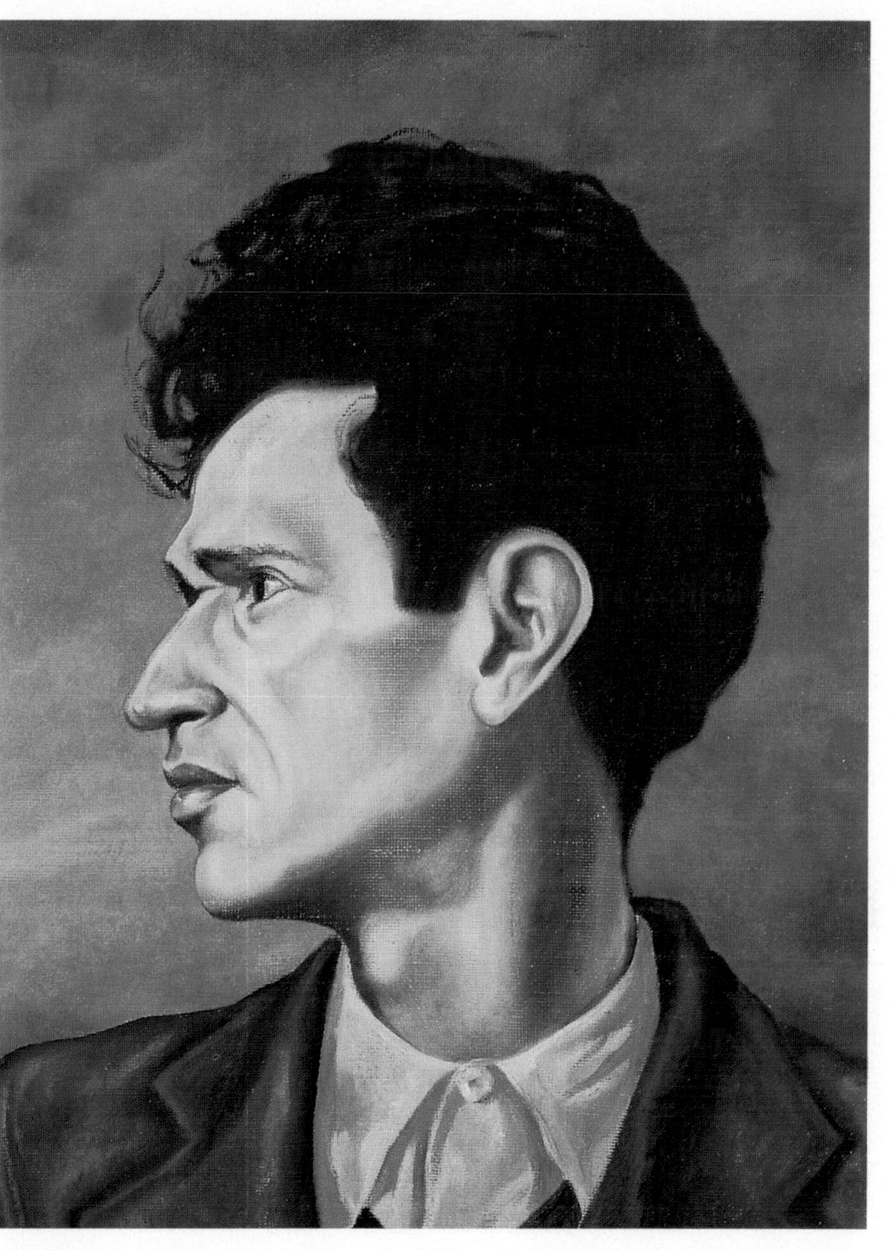

Mario Galindo, *Retrato,* 1951 [óleo].

J. J. Arreola, *Mi juventud,* 1969 [tinta y acuarela].

Julio Vidrio, *Dibujo*, 1952 [lápiz].

J. J. Arreola, *La dama y el unicornio,* 1970 [tinta y acuarela].

Alberto Gironella, *Retrato de J. J. Arreola,* 1954 [lápiz].

J. J. Arreola, *Autorretrato* ("Brindo por la mujer, pero por una"), 1971 [tinta y acuarela].

J. J. Arreola, *Homenaje a Charles Baudelaire,* 1973 [tinta y acuarela].

Carlos Fuentes, *Retrato de J. J. Arreola,* 1954 [lápiz].

Héctor Xavier, *En el Bosque de Chapultepec,* 1958 [punta de plata].

Luis Filcer, *Retrato de J. J. Arreola,* 1962 [carbón].

María Luisa Helguera, *Retrato de J. J. Arreola,* 1981 [técnica mixta].

Roberto Ramírez, *El poeta y su musa,* 1988 [carbón].

Ernesto Tamariz, *Busto de J. J. Arreola,* 1981 [bronce].

Rubén Orozco, *Retrato de J. J. Arreola*, 1988

Viñeta de Federico Cantú para la primera edición de *Confabulario*, 1952.

Volviendo a mi trabajo en el Fondo, deseo precisar los nombres de los títulos de las traducciones del francés que hice para la colección Breviarios: *La isla de Pascua*, de Alfred Métraux, *El cine: su historia y su técnica*, de Georges Sadoul, *El arte teatral*, de Gastón Baty y R. Chavance, y *El arte religioso*, de Emile Male.

En 1952 tenía ya integrado el original de mi libro *Confabulario*, con cuentos escritos entre 1950 y 1952. Se lo presenté a Joaquín Díez-Canedo, quien ya conocía algunos cuentos, con la idea de que los leyera y considerara la posibilidad de editarlo, en su calidad de gerente de producción del Fondo. Pasaron unos meses y Joaquín no me llamaba, por lo que decidí ir a verlo. Recuerdo que cuando entré a su oficina me llamó la atención su escritorio, en el que tenía acumulados alteros de carpetas con obras originales de varios autores. Ante semejante panorama, me quedé en suspenso pensando lo difícil que sería editar mi libro. En eso, Joaquín metió la mano y sacó de abajo de un altero enorme el original de *Confabulario*. Viendo mi cara angustiada, me dijo: "Arreola, tiene usted suerte, su libro se programó originalmente para editarse dentro de un año, pero los responsables de la colección acordaron que los primeros números de la colección, y de manera general toda la colección, se alternara en la medida de lo posible publicando una obra de un escritor consagrado y otra de un autor joven o no conocido. Usted reúne dos características que nos resultan apropiadas: es joven y es poco conocido para el gran público, por eso me es grato comunicarle que *Confabulario* será el número dos de la nueva colección de Letras Mexicanas, puesto que el primer título será de nuestro ilustre Alfonso Reyes, quien nos ha entregado una antología de su obra poética, así que usted irá publicado nada menos que entre Alfonso Reyes y su paisano Enrique González Martínez, ¿qué le parece?". Al escuchar sus palabras quedé conmovido, emocionado, pero también estaba un poco incrédulo de que fuera verdad tanta belleza. La noticia que me dio Joaquín ha sido una de las más importantes de mi vida, desde esas épocas le guardo una enorme gratitud. Por eso cuando dejó el Fondo para iniciar su propia aventura literaria, no dudé en formar parte de su catálogo editorial, en el que, en 1963, publiqué mi primera y única novela: *La feria*. Más tarde, Joaquín publicó todos mis libros por separado en la colección Obras de Juan José Arreola: *Varia invención, Confabulario, Bestiario, La feria* y *Palindroma*. *La feria* salió dentro de la colección El Volador, adornada con unas hermosas viñetas de Vicente Rojo que ayudaron a darle cohesión y movimiento a la obra. Su trabajo es un buen ejemplo de cómo se complementan la obra y el diseño, con lo que se logra una unidad total.

A propósito de la colección Letras Mexicanas, Agustín Yáñez escribió: "... La serie Letras Mexicanas vino a cubrir una deuda del Fondo para con su patria de origen, y ha conseguido encauzar una biblioteca de autores nacionales que, con sólo unos pocos volúmenes iniciales, ocupa ya sobresaliente sitio entre las colecciones semejantes, a partir de la de Agüeros. Junto a los maestros mayores de nuestras letras, tienen cabida los autores más recientes, para quienes la incorporación en esta serie ha sido por sí sola una consagración definitiva. Ideología, postura estética, divergencias de grupo ni otros parecidos motivos confinan las dimensiones de la serie, que busca en el contraste la genuina expresión de México".

Volviendo a *Confabulario*, no quisiera dejar de mencionar que fue Joaquín Díez-Canedo, el que, en casa de los hermanos Pablo y Henrique González Casanova, durante una reunión para despedir a Pablo y a su esposa que viajaban a París, me preguntó si ya tenía terminado el nuevo libro que estaba escribiendo y qué título le iba a poner, le contesté que sí y que se llamaría *Confabulaciones*, o tal vez *Fabulario*; él me dijo inmediatamente: "Por qué no *Confabulario*". Así, se convirtió en padrino de bautizo de mi libro y creo que tuvo muy buena mano, ya que esta obra ha corrido con suerte.

Los Presentes. Dos épocas de mi vida

En 1950 inicié mi trabajo como editor en la ciudad de México, con el apoyo de un grupo de amigos, la mayoría becarios y maestros de El Colegio de México, como Ernesto Mejía Sánchez, Jorge Hernández Campos y Henrique González Casanova, coeditores de la primera serie de *plaquettes* de Los Presentes.

Puse este nombre a la editorial en homenaje al gran tipógrafo y editor jalisciense Ignacio Cumplido, ya que él cada año regalaba a sus clientes y amigos, y también vendía, un almanaque bellamente ilustrado, que se hizo famoso a mediados del siglo XIX y que llamó "Presente amistoso para las señoritas mexicanas".

Mi idea editorial consistió en publicar obras breves escritas por los amigos, con un tiro aproximado de cien a ciento veinte ejemplares, impresos con buena tipografía sobre papel Corsican y forros en Fabriano, que fueran numerados y firmados por cada autor. Los lugares de venta serían el propio Colegio, el Fondo de Cultura y tal vez alguna librería. De hecho, contamos con una lista de suscriptores, quienes por lo general aportaban los recursos para producir cada edición.

Entre los autores figuramos Ernesto Mejía Sánchez, Carlos Pellicer, Rubén Bonifaz Nuño, Jaime García Terrés, Augusto Monterroso, y hubo un número especial dedicado a Sor Juana Inés de la Cruz, que ilustró Juan Soriano. También Ricardo Martínez hizo hermosos dibujos para las viñetas de la portada de *El retorno*, de Mejía Sánchez, y los cuentos "El lay de Aristóteles", "El discípulo", "La canción de Peronelle", "Epitafio para una tumba desconocida", "Apuntes de un rencoroso", que fueron un pequeño anticipo de *Confabulario*, libro que se editó hasta 1952.

Alí Chumacero proyectó la edición de mi *plaquette*, y posiblemente también alguna otra de la serie, lo que no recuerdo es si publicó algo con nosotros. Ernesto apoyó con gran dinamismo tanto la distribución, como el aspecto más difícil, la administración. Por cierto su poema "El retorno" es de una gran belleza formal, que me recuerda nada menos que a José Gorostiza en *Muerte sin fin*. No cabe duda de que Ernesto fue un gran poeta y creo que debemos rescatarlo y dedicarle un libro de obras completas.

A esta breve serie siguió la que edité solo durante algunos años, desde 1954, y que me dio prestigio como editor. Considero importante destacar que por esos años no había en México una editorial con las características de la mía y, desde luego, casi ningún editor que se atreviera a publicar autores desconocidos.

Aunque el Fondo de Cultura inició en 1952 la promoción de autores jóvenes o no conocidos, su visión era totalmente distinta a la mía, además de que era una editorial que ya tenía años de fundada y con un apoyo total del gobierno. La mía era un poco más parecida a las llamadas marginales, que aparecieron en los sesenta y setenta.

Inicié la colección con *Lilus Kikus*, de Elena Poniatowska, a quien yo había conocido en casa de Yuco del Río, adonde fui por invitación de Elena del Río. Luego otra Elena, de apellido Lazo, llevó un día a mi casa de Río Ganges a Elena Poniatowska para que me mostrara algunos de sus trabajos periodísticos. En casa de Yuco del Río me encontré a un grupo de teatro, precisamente Elena del Río quiso que los conociera porque sabía que yo era actor y un poco director. En ese grupo estaban Elena Poniatowska, su hermana Kitzia, Carlos Fuentes y Jaime García Terrés, quienes ensayaban una obra de Federico García Lorca: *Doña Rosita la soltera*. Después, Poniatowska, García Terrés y Fuentes me buscaron para que leyera sus trabajos literarios. No sólo los leí, sino que les edité a Elena y a Carlos su primer libro.

En esa época en que iniciaba un nuevo trabajo editorial, mi casa era como el refugio de las palomas mensajeras, todos iban en busca de mi talento y mi capacidad de creación literaria; todavía no me daba cuenta que mi obra publicada había despertado en otras almas sentimientos de amistad, interés y amor hacia mi persona. Siempre me di, me repartí como mejor pude, con el único afán de crear, de creer, no descansé un solo instante de luchar con el ángel.

Portada con viñeta de Elena Poniatowska, 1954.

Más allá del placer de escribir está el amor, y más allá del amor está la creación. El alma del hombre vive entre dos extremos: Eros y Tanatos, pero olvida la creación.

Recuerdo que a mi casa de Río Ganges, en la hoy vejada colonia Cuauhtémoc, llegaban en racimos los amigos de todos los días: Juan Rulfo, el Chachino; Antonio Souza, el Mosaiquito; Ricardo Martínez de Hoyos, Depresivo; su hermano Jorge, el Mapache.

Nos visitaban también Bambi y Alberto Gironella; de esa época data un retrato mío a lápiz que me hizo Alberto y que ahora anda en exposiciones itinerantes. También asistían a las tertulias Elena Cepeda y su esposo Julio Vidrio, quien fue un dibujante extraordinario; conservo algunos de sus mejores trabajos.

El grupo de amigos que solía visitarnos en la casa de Río Ganges era numeroso, con frecuencia llegaban también Archibaldo Burns, José de la Colina, Tomás Segovia, Mercedes Durán y Emmanuel Carballo, quien, en marzo de 1954, publicó en *Universidad de México* el ensayo "Arreola y Rulfo, cuentistas", con el que nos sorprendió a todos por su temprana madurez de crítico literario. Un poco después publicó otro artículo en la revista *ENI*, "Juan José

Arreola. Un nuevo tipo de cuento", en 1955. Emmanuel me ayudó mucho en el sentido de anunciar que mis cuentos venían de otras corrientes literarias, que eran algo nuevo y distinto a lo que los herederos de la Revolución mexicana nos tenían acostumbrados. Desde luego, sus comentarios influyeron en el ánimo de los dos bandos contrarios de esa época, los rulfistas y los arreolistas, "nacionalistas" los primeros y "universalistas" los segundos. Yo por mi parte me limité a decir que Juan y yo éramos "la yunta de Jalisco", porque los dos nos llamábamos igual, nacimos casi el mismo año y en la misma región de Jalisco.

Otro grupo importante de amigos, pero menos asiduo, fue el de los autores que publiqué en Los Presentes. Entre ellos recuerdo a José Luis Martínez, Leopoldo Zea, Max Aub, José Mancisidor, Mauricio Magdaleno, Ángel Bassols Batalla, José Alvarado, Augusto Lunel y Emilio Carballido. Un caso excepcional en Los Presentes fue la presencia, desde sus inicios, de un grupo de centroamericanos y sudamericanos, que junto con los españoles radicados en México, enriquecieron y le dieron prestigio internacional a la colección: Ernesto Mejía Sánchez, Augusto Monterroso, Raúl Leiva, José Durán, José Luis González, Mauricio de la Selva, Pedro Duno, Mario Puga, Manuel Mejía Valera, Carlos Illescas, Augusto Lunel, Julio Cortázar, que estaba en París, y Gabriel García Márquez, a quien desafortunadamente no pude publicarle su libro por razones que más adelante comentaré, pero que se acercó también a mí. Sin pecar de optimista, creo que Los Presentes fue la única editorial de esa época que contó entre su catálogo con lo más florido del Valle de Anáhuac. Por eso, como un recordatorio oportuno, transcribo un texto que escribí a propósito de mi trabajo al frente de la editorial.

LOS PRESENTES

Creo que a todos nos interesa el porvenir de la literatura mexicana. Y ese porvenir está en manos de los jóvenes. ¿Quiénes son y qué hacen los nuevos escritores de México y América Latina?

Los Presentes tratan de responder a esta pregunta publicando todas las obras que pueden caber dentro de su plan modesto y ambicioso. Junto a los autores noveles aparecen frecuentemente nombres consagrados. Lejos de contradecir su propósito, Los Presentes establecen y aceptan el hecho primario de que todo desarrollo legítimo está basado en la continuidad. El desorden aparente de su catálogo reproduce con natural fidelidad un panorama literario que es en sí mismo diverso y antagónico.

Los Presentes no son una empresa individual; quieren ser una sociedad mutualista y casi anónima, que sólo beneficie a la literatura. No son una capilla ni un cenáculo de amigos predilectos. A esta acusación inicial y desaprensiva respondieron desde un principio y siguen respondiendo hasta la fecha con la discusión, el aplauso y el descontento que ha ocasionado la publicación de un libro determinado entre personas adictas y ajenas a la editorial. Lo cierto es que Los Presentes han venido a remover y animar el ambiente literario de México. Como mediador entusiasta que soy entre manuscritos y libros, expreso aquí mi satisfacción por el éxito de una empresa que puesta en las manos de un hombre como yo, estaba destinada al fracaso. Y del fracaso se han salvado Los Presentes gracias a la ayuda constante y decidida de los autores, de los amigos personales, de los libreros y los lectores de México.

Entre todos los reproches que me han hecho, sólo quiero contestar uno. El que se refiere a mi pasiva liberalidad de editor, a mi falta de criterio selectivo, a mi condición personal de lacayo. Y la respuesta es una aceptación, porque los que tales cosas dicen, cometen una exactitud preciosa: más que un escritor cualquiera, soy un atento y seguro servidor de la joven literatura mexicana. Y en esa calidad, me es muy grato ponerme a las órdenes de todos.

Mayo 29 de 1955.

Quise ser editor desde el principio de mi vida. En Los Presentes logré concretar una vocación editorial, fue una oportunidad magnífica que no pude aprovechar debidamente y que maduró en la colección de libros. En esa época me llegaron todos los originales del mundo, hasta de escritores como Julio Cortázar y Gabriel García Márquez.

La fundación del Centro Mexicano de Escritores por parte de la señora Margaret Sheed, vino a enriquecer notablemente mi vida y mi trabajo de escritor. Por invitación de ella, firmé como testigo el acta notarial de creación del Centro, luego pertenecí al primer grupo de becarios en 1952; mis compañeros de beca fueron Rubén Bonifaz Nuño, Alí Chumacero, Emmanuel Carballo, Sergio Magaña y Herminio Chávez Guerrero.

Con los compañeros y amigos de El Colegio de México tuvimos una especie de taller literario ambulante, ya que nos leíamos unos a otros nuestros textos en diferentes sitios, a veces en el Colegio, en el Fondo de Cultura, en la Facultad de Filosofía y Letras, en el café Kikos, en fin, los puntos de encuentro se convertían en talleres abiertos. Era la época de la tragedia griega-mexicana de los escritores: Me lees y te leo.

Me inicié como maestro de redacción, en el taller que formó la señora Sheed, de manera simultánea a las becas del Centro. Allí se gestó mi vocación de maestro de talleres de redacción. Cada semana, en las instalaciones del Centro, recibía como alumnos a un grupo selecto de aspirantes a becarios, ya que desde la segunda promoción hubo un número elevado de solicitantes, los que en su mayoría se quedaron sin beca. Con mucha sensibilidad, la señora Sheed abrió este taller para capacitar a los futuros becarios.

Otra de mis aspiraciones principales era tener una imprenta, por lo que me di a la tarea de comprar una prensa Heidelberg y montar un pequeño taller para hacer los libros de Los Presentes en mi casa, pero me faltaba mucho equipo y no tenía recursos para adquirirlo. Tenía las prensas y a los prensistas, como el maestro Antolín, José Luis y otro apellidado Garay, pero estábamos parados por falta de tipos. Para formar una nueva página teníamos que

Revisando un ejemplar de la colección Los Presentes, 1954.

Juan José, un amigo, Antonio Arreola y Orso (niño).
Feria del Libro de la Ciudadela, 1954.

deshacer otra, nos faltaba siempre lo principal: la tinta y el papel. Algunos días, los operarios se dedicaban a ayudar a Sara en las tareas del hogar: limpiaban, barrían y hacían los mandados.

Todos los días me la pasaba inventando cómo sacar adelante la editorial, y la única forma posible era que los propios autores pagaran su libro, lo que por fortuna hicieron la mayoría; con esos recursos yo iba sacando los libros de milagro, uno por uno, hasta que completé 60 títulos en dos años. Publiqué autores y títulos que ahora forman parte de la cultura nacional. No sólo editaba sus libros, sino que revisaba, corregía estilo y sugería algunas modificaciones a las obras. Hubo autores como Carlos Fuentes que se pasaron mañanas enteras trabajando sus primeros textos conmigo, en mi casa. Con él tuve una amistad muy hermosa, que decidí dar por terminada cuando me acusó de comunista. Cuando Carlos llegó a mi casa por primera vez, era un activista de la Asociación

En su puesto de Los Presentes, Feria de la Ciudadela, 1954.
Foto de Ricardo Salazar.

Católica de Jóvenes Mexicanos. Su cuento "Chac Mool" me gustó mucho, anunciaba un estilo literario muy personal que aportaba una nueva vitalidad a la literatura mexicana, pero luego sentí que abandonó esa línea y se fue por otros caminos.

Veo con asombro que Carlos publica un libro cada año, al igual que otros escritores de su generación y de otras posteriores a él, pero no encuentro en el panorama de hoy al escritor que sea capaz de sorprendernos con una obra maestra.

Los Presentes fueron recibidos con gran simpatía en el ambiente cultural de mediados de los cincuenta, la gente estaba sorprendida de que una nueva editorial publicara obras de autores jóvenes y desconocidos a una velocidad nunca vista en el medio editorial; mi amiga María Luisa Mendoza, la China, me hizo una bella entrevista, de la que transcribo algunos pasajes para dar una idea del momento:

Julio Vidrio, Antonio Arreola, Juan José y Arnaldo Orfila, 1955.

Juan José Arreola, escritor de talento privilegiado, creador de estilo propio, admirador ardiente de Franz Kafka y Jorge Luis Borges, ha echado abajo el concepto terrible de editor convertido en juez inapelable —estilo Kafka—, déspota, interesado y dueño absoluto de literatos que tenían que suplicarle una sola mirada de atención.

Los Presentes. Sí, nos referimos a ese pie de imprenta que llevan los libros que han salido al mercado. Juan José Arreola está al frente de ellos y con su presencia ha abierto una brecha de alcances insospechados que dejará el campo libre a los nuevos talentos surgentes en la juventud de hoy, valiente y llena de rebeldía. Pero quise saber, quiero que todo el mundo sepa, qué son Los Presentes, por eso fui a ver a Arreola quien con sus cabellos desordenados, su mirada honda y su voz definitiva, me dijo:

Arreola. Los Presentes se proponen en primer lugar hacer los libros más baratos que puedan editarse en México. Editar en las condiciones más favorables para los autores jóvenes las obras que éstos escriban. En México hay una literatura nueva que urge dar a conocer. Las grandes casas editoras, que naturalmente basan su opinión en un cierto criterio comercial, generalmente no pueden satisfacer esta necesidad de la cultura mexicana.

> Los Presentes quieren editar todas las nuevas obras de los valores literarios desconocidos, sin vejaciones de parte del editor, sin esperas humillantes, sin miradas desde las alturas. Que su pensamiento sea leído, escuchado, entendido, admirado o criticado, pero ante todo el mundo de pie como una lucha valiente y joven.
>
> Los Presentes no son una antología de literatos, solamente es una colección de literatura mexicana que reflejará fácilmente el nivel espiritual que prevalece entre nosotros, con sus altas y bajas.
>
> Los Presentes no editan deliberadamente obras de poco valor literario o de carácter político, yo no puedo limitar ni menos aún condicionar el pensamiento de los autores. Los Presentes prefieren pecar por exceso de liberalidad, antes que imponer un criterio restrictivo.
>
> Los Presentes no son un grupo literario, aunque originalmente haya sido un grupo concreto de personas el que participó en la primera etapa de la editorial. Los Presentes están abiertos. Son una puerta para todos los nuevos literatos mexicanos, o para aquellos que siendo extranjeros radiquen en nuestro país. El único propósito que tiene esta editorial mexicana es el de la supervivencia, puede fracasar parcialmente o pasar por etapas críticas —naturalmente de carácter económico—, pero prefiero suspender las actividades editoriales, antes que someter una literatura libre a cualquier coacción de carácter político, económico o estético...
>
> Interrumpí a Arreola, ya que la plática se volvió interminable. Su proyecto reviste la amplitud del profundo aliento que mueve todos los actos de este escritor magnífico. La admiración por su movimiento no tiene límites, su postura reviste toda la gama del pensamiento encauzado a ampliar el espíritu. México necesita de Los Presentes, México, la suave patria de López Velarde, Sor Juana Inés y González Martínez.

Una de las personas que apoyó de manera entusiasta mi actividad de editor fue el librero Manolo Porrúa, no sólo promovía la venta de Los Presentes en su librería de 5 de Mayo, sino que en el momento de la verdad fue mi aval para que yo pudiera adquirir una preciosa máquina de imprimir marca Heidelberg, que siempre había soñado tener. La instalé en el garaje de mi casa de Río Volga, que estaba frente al Centro Mexicano de Escritores. Uno de Los Presentes que imprimí en esa máquina fue el de *Contrapunto de la fe*, del poeta Marco Antonio Montes de Oca, a quien siempre he considerado como el mejor de su generación y de todas las posteriores.

Entre las anécdotas que conservo de esta época, hay una muy curiosa por los personajes que participaron en ella, la cuento ahora con cierta nostalgia de aquel mundo tan rico en personas y en formas de vida más plenas. Se trata de don Alfonso Reyes y de don Artemio de Valle-Arizpe. El primero me entregó el original de su libro *Parentalia*, y yo lo publiqué presto y veloz, pero resultó que al leerlo su autor, ya impreso, descubrió algo que le pareció a todas luces inapropiado de mencionar, y me ordenó que no dejara salir de la imprenta Juan Pablos ningún ejemplar. Ya más tranquilo, don Alfonso, me explicó el problema. Se trataba de sacar un pliego completo del libro y volverlo a imprimir, tarea nada fácil, ya que todos los libros estaban encuadernados. La causa de tal decisión fue que mencionaba a la mamá de un amigo suyo en una forma en que éste de seguro le iba a reclamar, y don Alfonso lo estimaba muchísimo y no lo quería herir involuntariamente. Se trataba de una señora de ilustre familia jalisciense, de Lagos de Moreno, a la que, según palabras de don Alfonso, le gustaba salir todos los días a balconear, a pasar largos ratos sentada en su balcón, costumbre que no era bien vista en aquellos años. Al escribir sobre ella, don Alfonso no se dio cuenta del asunto, pero luego sin duda estuvo seguramente pensándolo largamente y le pareció que su apreciación no era correcta. Creo que esa mujer, de muy joven, llegó a coquetearle al padre de don Alfonso, el ilustre general Bernardo Reyes. Así las cosas, don Alfonso decidió reelaborar el texto y me pidió que lo llevara a la imprenta, donde nos estuvimos hasta la madrugada para dejar todo listo y volver a imprimir el pliego y a reencuadernar los libros. Ahora lamento no haber conservado algún ejemplar de esa edición. Como a los dos días que pasó esto, visité la librería de Manolo para llevarle los primeros ejemplares que salían a la venta del esperado libro de don Alfonso. En la plática con Manolo fui sorprendido por don Artemio de Valle-Arizpe, que alcanzó a escuchar algo a propósito de la edición. Siempre rozagante y bien vestido, don Artemio me preguntó: "¿Dígame, Arreola, qué problemas tuvo el libro de don Alfonso?". "No —dije yo un poco desconcertado, es que tuve problemas en la imprenta". "Pues tenga cuidado, y a propósito ¿cuándo saldrá mi libro *Engañar con la verdad* que le di para la colección?". "Pues mire, yo creo que estará impreso a más tardar el mes entrante". "Muy bien", dijo don

Artemio y agregó: "Pero cuénteme, Arreola, dígame qué pasó con el libro de don Alfonso".

Don Artemio vivía de los chismes, cuando quería saber algo su curiosidad era tenaz. No tuve tiempo de pensarlo, y le conté, de manera parcial y deformada lo que había pasado con don Alfonso, un poco para mantener mi imagen de hombre informado de los asuntos del día en cuestiones literarias, ya que don Artemio iba a ser uno de mis autores y no quería quedar mal con él, así que le conté una historia parecida a la real, pero distinta, sin mencionar los nombres de las personas. Escuchó la historia con mucha curiosidad gozando cada uno de los detalles.

Otro día que me lo encontré, no tenía nada que contarle, y se me ocurrió inventar una historia que con el tiempo se convirtió en realidad. En esa ocasión, le aseguré que el gobierno mexicano le había propuesto a don Alfonso convertir su casa en una "Capilla Alfonsina", para hacerle un gran homenaje en vida. Don Artemio me preguntó admirado: "¿Y será capaz don Alfonso de aceptar semejante homenaje en vida?, ¿no le parece a usted demasiada vanidad?". Yo me quedé callado. Ese día don Artemio creyó en todo lo que le dije. Yo había inventado esa historia con el único fin de satisfacer su afición casi enfermiza por los chismes relacionados con los personajes de esa época de la vida de México.

A propósito de don Alfonso, recuerdo muchas anécdotas curiosas, y las cuento ahora para recordar con alegría y afecto a ese hombre luminoso que fue en mi vida. Nunca he sido solemne, me gusta recordar los aspectos humanos de las personas, ahora algunos escritores mexicanos asumen actitudes a veces soberbias, a veces distantes, como si quisieran convertirse en líderes, en políticos y en no sé cuántas cosas, menos en lo que deberían ser: maestros.

Don Alfonso Reyes, más que el propio Vasconcelos, es el ejemplo del maestro platónico, de ahí nace su amor a Grecia, en el sentido profundo de la *paideia* griega.

Entre otras cosas que hizo por mí, don Alfonso me concedió una beca para que yo ingresara, sin ser universitario ni académico, a El Colegio de México. Antes de entrar a esa institución, lo visité, en compañía de Ernesto Mejía Sánchez, en una oficina que tenía don Alfonso en la calle de Sevilla, que creo fue el primer domicilio que tuvo el Colegio. El caso es que durante esa visita, el teléfono de don Alfonso sonó varias veces, él interrumpía la conversación y contestaba de manera extraña. Ernesto y yo estábamos intrigados, hasta que en un momento dado don Alfonso nos dio una explicación. Nos contó nada menos que antes que él ocupara esa casa, habían vivido allí unas damas de la vida alegre por las que le preguntaban todos los días. Estaba fastidiado, pero también divertido.

Por esas fechas, Ernesto, que fue uno de sus discípulos más destacados, escribió un falso palindroma que circuló entre los becarios del Colegio, que decía: "Don Alfonso no ve el Nobel famoso". Hacía alusión al hecho real de que don Alfonso fue el primer escritor mexicano a quien en más de una oportunidad se le mencionó como candidato a recibir ese premio.

En esta época me atribuyeron a mí la frase: "En tierra de ciegos el tuerto es Reyes", creo que su autor fue Manuel Mejía Valera. A mí me preocupó que se me mencionara y que don Alfonso fuera a creer que yo había dicho esa frase a propósito de él. La verdad es que todos los días se le ocurría algo nuevo a alguien, pues la mayoría de nosotros nos dedicábamos a escribir.

Desde que José Luis Martínez me presentó a don Alfonso en 1945, lo único que recibí de él fueron atenciones y ayudas reales, como la de la beca en El Colegio de México, así como la carta de recomendación con la que me apadrinó ante la embajada francesa para que me dieran la beca de teatro.

Conservo un telegrama que me envió don Alfonso cuando apareció la edición conjunta de *Confabulario* y *Varia invención*, en el que me escribió el mayor elogio que me han hecho como escritor: "No me canso de mirarme en su espejo".

Entre los incidentes extraños que me han ocurrido en la vida, recuerdo uno en que si no es por la oportuna ayuda de don Alfonso hubiera ido a la cárcel. Un sábado al mediodía, sin conducir yo un automóvil, provoqué que chocaran dos taxis en pleno Paseo de la Reforma. Yo iba de pasajero en uno de ellos, y abrí de manera imprudente la portezuela sin ver que al lado de nosotros se acercaba otro automóvil, el cual se impactó contra la puerta que abrí; afortunadamente no me pasó nada, pero los dos automóviles quedaron maltratados. Ante la difícil situación de ir a la comisaría

En su estudio de la calle Río Ganges, colonia Cuauhtemoc, 1953.

en calidad de detenido, convencí a todas las partes de ir a casa de don Alfonso Reyes, propuesta que los taxistas aceptaron para no perder su dinero. Por fortuna encontré a don Alfonso en su casa. Estaba en la parte alta de su biblioteca, en la calle Benjamín Hill. En una esquina del salón, junto a la ventana, tenía su escritorio. Me vio la cara de asustado y me preguntó qué me pasaba. Cariacontecido como estaba, le expliqué lo mejor que pude el accidente. Y él, un poco en broma, me dijo: "Mejor invente otra cosa, don Juan José. Usted no tiene automóvil, ¿cómo es que chocó dos?, si ni siquiera usted maneja". Yo le contesté: "Asómese usted a la ventana para que vea desde ahí los automóviles dañados y a los choferes". Don Alfonso se asomó a la ventana y expresó: "Le voy a hacer un cheque para que lo cobren el lunes, usted no se preocupe, si puede me paga, y si no puede no me paga". Como siempre, salí de su casa reconfortado y feliz de no haber tenido que pasarme unos días detenido en la cárcel.

Por los años de 54, 55, me invitaron a hablar en un programa de radio de "La hora nacional", en el que se le hizo un homenaje a don Alfonso Reyes. Hablé con entusiasmo de su obra, de su poesía, de sus mocedades, pero sobre todo de la labor tan importante que estaba realizando al frente de una nueva institución humanista: El Colegio de México. Don Alfonso quedó tan complacido y conmovido por mis palabras, que a partir de ese día me trató como si yo fuera su hijo; más que un maestro, él se convirtió en un padre para mí.

Recuerdo que un día que yo estaba agobiado por problemas sentimentales y le estaba contando mis cuitas, me dijo una frase terrible: "Yo no quiero que su vida de escritor acabe entre las piernas de las mujeres".

Don Alfonso sabía que en esos momentos yo vivía un drama amoroso que estaba acabando no sólo con mi oficio de escritor, sino conmigo mismo y con mi familia. Ese día me dijo palabras muy duras, pero al final, para consolarme, me reveló uno de sus secretos, me dio la receta de un conjuro que servía para olvidar a una mujer, pero me advirtió que éste sólo se podía hacer una vez en la vida y que no surtiría efecto si lo intentaba más de una ocasión. Me esperé algunos años, hasta que un día decidido a acabar con el recuerdo de una mujer, tomé un papel y una pluma y me puse a hacer el conjuro, y sólo así logré sacar de mi cabeza a esa mujer que yo llevaba dentro del alma.

Al recordar esta época tan plena de mi vida, no quisiera dejar de mencionar aquí, la carta que me envió Julio Cortázar, desde París, el 20 de septiembre de 1954, la cual transcribo íntegramente.

Querido Arreola:

Hace varias semanas Emma me mandó sus dos libros, al abrirlos me encontré con unas dedicatorias que me llenaron de alegría. Pero todo eso es nada al lado de la alegría de leer los cuentos. A toda carrera primero y después despacio, tomándome mi tiempo y sobre todo dándoles a ellos su propio tiempo, el que necesitan para madurar en la sensibilidad del que los lee. Ya habrá observado que uno de los problemas más temibles de los cuentos es que los lectores tienden a leerlos con la misma velocidad con que devoran los capítulos de una novela. Naturalmente, la concentración especial de todo cuento bien logrado se les escapa, porque no es lo mismo estirarse cómodamente en una butaca para ver *Gone With the Wind* que agazaparse, tenso, para los dieciocho minutos terribles de *Un chien andalou*. El resultado es que los cuentos se olvidan (¡cómo si pudiera olvidarse "Bliss", como si pudiera olvidarse "El prodigioso miligramo"!). ¿No deberíamos fundar una escuela para educación de lectores de cuentos? Empezando por quitarles de la cabeza las ideas recibidas que existen desgraciadamente sobre la materia, rehaciéndoles la atención, la percepción y hasta los reflejos. Ya es tiempo de que en las universidades se cree la cátedra de cuentos, como suele haber de la poética. ¡Qué estupendas cosas se podrían enseñar en ella! Por lo demás los primeros colaboradores de la cátedra (como alumnos o profesores) deberían ser los mismos cuentistas. Es curioso que muchos de ellos no han reflexionado jamás sobre el género. No hablo de la reflexión estilística, pues no es imprescindible, sino de esa meditación primaria, en la cual colaboran por partes iguales la inteligencia y el plexo, y que debería mostrarle al cuentista lo riesgoso de su territorio. Su complicada topografía, y la responsabilidad que supone.

El cuento está desprestigiado por los cuentos. ¿Ha visto usted lo que se publica habitualmente en las revistas? Para uno bueno, para un cuento que caiga parado como un gato del cuarto piso, el resto o son recortes de una situación mucho más extensa (las tijeras son la haraganería del escritor, o su incapacidad para seguir adelante), o difusos tratamientos de cualquier tema, bueno o malo; lo que en realidad estropea a estos últimos es siempre la falta de concentración, de "ataque". Y me parece que lo mejor de *Confabulario* y de *Varia invención* nace de que usted posee lo que Rimbaud llamaba *le lieu et la formule*, la manera de agarrar al toro por los cuernos y no, ay, por la cola como tantos otros que fatigan las imprentas de este mundo. Y por eso acabo de leer sus cuentos —y releer los que más me gustan, y después superleerlos, que consiste en leerlos en el recuerdo—, y estoy contento. No por una razón hedónica, o porque me agrade saber que usted es un gran cuentista, sino porque vuelvo a sentirme seguro de que usted, de que yo, y de que otros cuya lista me ahorro porque usted la conoce de sobra, no estamos equivocados en el enfoque del cuento que hemos elegido y por el cual seguimos andando. Los franceses, por ejemplo, se equivocan de medio a medio en su tratamiento del cuento. ¿Cómo decirlo? Juegan al fútbol en vez de torear, someten la materia narrativa a una serie de evoluciones y combinaciones complejas, a largo plazo, es decir aplican la técnica privativa de la novela y que en ella da resultados maravillosos (que lo digan Balzac, Stendhal y Proust). Porque no ven —y esto es capital— que el cuento es una cuestión de lenguaje formando cuerpo con el relato, y entonces escriben sus cuentos exactamente con el mismo lenguaje más o menos discursivo de la novela. Pero dando un paso más abajo, no cuesta ver que ello sucede porque el impulso motor del cuento es novelesco, y ahí está la gran macana como decimos en la Argentina, ahí está la burrada sin perdón, creer que un cuento, que es el diamante puro, puede confundirse con la larga operación de encontrar diamantes, que eso es la novela. No me gustan las fórmulas, pero me parece que aquí tengo razón: un cuento siempre es el vellocino de oro, y la novela es la historia de la búsqueda del vellocino. La novela es una maravilla, pero su técnica malogra el cuento. Todo esto se lo decía yo a Emma en otra carta, pero me gusta repetírselo a usted al correr de la máquina, porque además las pruebas más sólidas son sus cuentos. En sus libros hay cuentos de ensayo (y usted lo previene en *Varia invención*, donde habla de "balbuceo"), donde se ve cómo anda buscando el tono justo, y a veces no lo encuentra y el cuento se queda con una pata en el aire ("El Fraude", por ejemplo, y no sé si usted estará de acuerdo). Pero la casi totalidad de los cuentos de ambos libros dan de lleno en el blanco. Se lo siente desde la primera línea. No se puede decir cómo, es una cuestión de tensiones, de *comunicación*. Yo creo que el blanco debe sentir una cosa así, según la flecha lo alcance en los bordes (2 puntos) y el pleno centro (50 puntos, y a veces uno se gana un pollo). Es fulminante y fatal. Yo empiezo a leer "De balística" —no crea que lo cito por asociación con las flechas y el blanco—, o "El lay de Aristóteles", y se acabó: instantáneamente pasa la corriente, se establece el circuito, y ya se puede caer el mundo encima que no soy capaz de sacar los ojos de la página. Yo creo que detrás de todo esto está ese hecho sencillo (y por eso tan explicable) de que usted es poeta, de que usted no puede ver las cosas más que con los ojos del poeta. Conste que no insinúo que sólo un poeta puede llegar a escribir hermosos cuentos. En rigor el cuento es una especie de parapoesía, una actitud misteriosamente marginal con relación a la poesía, y sin embargo unida a ella por lazos que faltan en la novela (donde la poesía vale apenas como aderezo, y es siempre una lástima por la una y por la otra). ¿Cómo le vienen a usted los cuentos? Yo, que incurro además en la poesía —por lo menos escribo poemas—, no he podido advertir hasta hoy diferencia alguna en mi estado de ánimo cuando hago las dos cosas. Mientras escribo un cuento, estoy sometido a un juego de tensiones que en nada se diferencian de las que me atrapan cuando escribo poemas. La diferencia es sobre todo técnica, porque los "cuentos poéticos" me producen más horror que la fiebre amarilla, y estoy siempre muy atento a que lo que ocurre en mis cuentos proponga al lector una estructura definida, una realidad dada, por irreal que sea para los ojos del lector de periódicos y los seres con-los-pies-en-tierra (¿qué son los pies, qué es la tierra?). Si encuentro en sus cuentos una fraternidad que me emociona y me hace desear ser su amigo, es precisamente esa soberana frescura con que plantea usted sus árboles de palabras. Los planta sin el rodeo del que prepara literariamente su terreno y "crea una atmósfera", como si la atmósfera no debiera ser el cuento mismo, la emanación irresistible de esa cosa que es el cuento. Un Henry James es un gran cuentista, pero sus cuentos son siempre hijos de sus novelas, están sometidos a la misma elaboración circunstancial previa, esa técnica de envolver al lector *antes* de soltarle el meollo del cuento. Cuando usted escribe "El rinoceronte", le basta la primera frase (¡qué perfecta!) para que uno se olvide que está sentado en un sillón en un segundo piso de la rue Mazarine (una linda calle, créame) y que dentro de diez minutos le van a avisar que la comida está pronta. El "extrañamiento", el traspaso al cuento es fulminante. Usted es una hormiga león, si son las hormigas león las que hacen un embudo en la arena para que sus víctimas resbalen al fondo. Cuatro palabras y zas, adentro. Pero vale la pena ser comido por usted.

Como esta carta no es una reseña, no le hablaré en detalle de todo lo que podría surgir de mis lecturas. Pero hay algo que, por ser tan infrecuente en nuestra América, me interesa señalarle. Me gusta su brevedad. Quizá con excepción de "El cuervero", tan sabroso para un argentino que se queda maravillado de los giros, de la plástica de ese idioma que hablan las gentes mexicanas, creo que sus mejores cuentos son precisamente los cortos. Me asombra lo que usted es capaz de conseguir con tan poca materia verbal. "Sinesio de Rodas", por ejemplo —que como otras cosas suyas me hace pensar en Borges, y creo que no es poco decir—, y el conmovedor y hermosísimo "Epitafio", que me trajo a mi François Villon de cuerpo presente, enterito, con toda su dolida humanidad que sigue bailando aquí, cerca de mi casa, en las callejuelas de la Place Maubert, antiguo refugio de truhanes y putas opulentas y sentimentales.

Podría seguir diciéndole tantas cosas, pero no quiero aburrirlo. ¿Nos veremos alguna vez? Si no viene usted por aquí, escríbame algún día que tenga ganas. Yo le iré mandando lo que publique, que será poco porque en Argentina las posibilidades editoriales están cada día peor. En todo caso le mandaré copias a máquina. Y usted también, mándeme sus cosas. Mi mujer, que ha leído sus cuentos con la misma alegría que yo, se une a mí en el gran abrazo que le enviamos, y que usted hará extensivo a Emma, tan buena e inteligente, y a la muy encantadora Anita y a los Alatorre.

Su amigo, Julio Cortázar

La Emma que menciona Julio Cortázar es Emma Susana Esperati Piñeiro Ladrón de Guevara, amiga de Anita Barrenechea, a quien conocí en El Colegio de México. Era paisana de Julio y un buen día partió a los Estados Unidos para dar clases en una universidad. Le propuse a Julio que publicara alguna obra en Los Presentes, y él me envió desde París el original de su libro *Final de juego*, el que publiqué en 1955; es uno de los libros más difíciles de encontrar en esta edición de 500 ejemplares, porque la mayoría los envié a Buenos Aires y a París.

Final de juego es el mejor libro de Cortázar, creo que en él Julio todavía está con el empuje de ser un gran escritor, siento que con sus otras obras se desvía de su camino original por seguir a sus cronopios. *Final de juego* fue el primer libro real de Cortázar, antes de éste había publicado, en Argentina, una edición con un formato muy pequeño de *Bestiario*. Se trataba de una edición de pocos ejemplares, limitada a su círculo de amigos. Raimundo Lida me regaló un ejemplar dedicado por Cortázar. Yo lo conservé muchos años hasta que alguien se lo llevó de mi casa; por ahí debe de andar, si alguien se lo encuentra le agradeceré que me lo devuelva. Esos primeros textos me gustaron, pero en el que Julio se me reveló como un gran escritor fue en *Final de juego*.

Otra anécdota curiosa fue mi encuentro con Gabriel García Márquez, quien en una ocasión platicó conmigo y me entregó un original de un libro de cuentos con la idea de que lo publicara en Los Presentes. Desgraciadamente, para mí no fue posible editarlo, porque en esos momentos yo le estaba traspasando la editorial a Emilio Obregón, cuya librería se encontraba a un costado del cine Alameda. Creo que Emilio se quedó con el original de Gabriel. Lo malo de todo fue que luego Emilio no editó nada durante el tiempo en que tuvo Los Presentes en sus manos, no tenía idea de lo que era el trabajo de editor y por eso un poco más tarde la vende a Pedro Frank de Andrea, quien la retoma y publica muchos títulos más.

Yo publiqué unos sesenta títulos, entre 1954 y 1956, y Pedro Frank de Andrea otros cuarenta, por lo que la colección pasó seguramente de los cien títulos.

El original de García Márquez era un libro de cuentos en cuyo estilo y contenido ya se gestaba lo que después iba a ser su novela *Cien años de soledad*. Ni ésta ni *Pedro Páramo* se escribieron de un tirón.

Tengo el recuerdo de que en alguna ocasión Gabriel me dijo durante una conversación que tuvimos acerca del original que me dio en 1956, que qué bueno que no se lo había publicado; con ello me dio a entender que en aquel entonces todavía no estaba satisfecho con lo que había logrado literariamente. Visto así, Gabriel tenía razón, partiendo de la idea de que en literatura no hay límites de tiempo ni de forma para dar por terminado un cuento, un poema o una novela.

Arreola por Juan Rulfo, 1953.

El tema me parece apasionante. Recuerdo el día en que Juan Rulfo me llevó a mi casa de Río Ganges su texto original de *Pedro Páramo*. Cuando lo leí, me di cuenta de que Juan no se había percatado de que había escrito uno de los libros más bellos de la literatura universal. Lo que a él le preocupaba era precisamente que no le veía forma de novela. La mayor virtud del texto era su desorden y su poesía, que los críticos han llamado "realismo mágico". Yo sólo le propuse un cierto orden para los textos, que eran fragmentos de un todo que estaba ahí, y como amigos, le comenté: "Publícalo así, así es tu libro, ya no te atormentes más".

Entre los escritores de a deveras es muy frecuente y natural que den a leer sus textos para que les hagan comentarios que ayuden a mejorar la obra. Sólo un espíritu malévolo puede pensar que este tipo de relación entre los escritores se da con propósitos malsanos. Si una cualidad tengo yo y la conozco muy bien, es la de saber orientar y ayudar al escritor que tiene dudas sobre su trabajo, me he dado, entregado totalmente a esa tarea durante muchos años de mi vida, porque de manera natural se me dio el don de ser maestro, de transmitir mi experiencia y mi conocimiento a los otros. Para mí sería una tragedia que mi mejor virtud se convirtiera en mi principal defecto. Mi trabajo de escritor nació de mi pasión por las palabras. La mayor parte de mi mejor tiempo, de mi tiempo maduro la dediqué a los otros, no me arrepiento.

El primer título que edité en la colección y editorial de Los Presentes fue el de *Lilus Kikus*, de Elena Poniatowska. Recuerdo que la viñeta de su libro es un dibujo de tres hongos pequeños, que me puse a colorear ejemplar por ejemplar, con una acuarela y unos pinceles.

Como ya mencioné en otras páginas, a Elena la conocí en casa de Yuco del Río, un hombre muy gracioso que tenía en su casa una joya que nunca he olvidado: un ajedrez de marfil cuyas piezas representaban a los personajes de las fábulas de La Fontaine. En casa de Yuco se reunían un grupo de jóvenes actores y escritores, y entre las asistentes más notables estaban Elena y su hermana Kitzia.

En esa época mi vida se llenó de Elenas: Elena Cepeda, Elena Lazo, Elena del Río y Elena Poniatowska. De 1954 a 1956 sostuve con ésta última una relación sentimental que fue muy importante en mi vida y no pudo culminar en matrimonio, ya que la familia de Elena se opuso de manera tajante a nuestra relación. Para que nos dejáramos de ver y de tratar, la mandaron a un convento en Italia. De esa relación nació un precioso niño, que ahora es todo un hombre y se llama Emmanuel. No lo he visto desde hace casi cuarenta años, pero sé que soy su padre biológico. Hubiera querido tratarlo, pero lo difícil de mi vida y las circunstancias que rodearon su nacimiento imposibilitaron que me acercara a Mane, como le dicen sus familiares y amigos. Por allegados he sabido que es un científico eminente, lo cual me colma de orgullo.

Recuerdo que fue precisamente Juan Rulfo, entonces amigo muy cercano de Sara y mío, quien le reveló a ella mi relación con Elena. Al enterarse Sara de la situación, me pidió el divorcio y se marchó a Guadalajara.

Elvira Gascón, Henrique González Casanova y nuestros amigos más cercanos se preocuparon mucho por Sara y por nuestros hijos, actitud que siempre recordaremos con agradecimiento.

Muchos años después me volví a casar con Sara, con quien he sido muy feliz y espero vivir hasta el día de mi muerte. Durante el tiempo en que Sara y yo estuvimos separados, mantuve relaciones con otras dos mujeres importantes en mi vida: Guadalupe Valencia y María Luisa Tavernier. A esta última la conocí a través de un programa de televisión y con ella estuve casado un año y luego nos divorciamos.

En otra parte de estas memorias, hablé de mi incapacidad de vivir con alguna otra mujer que no fuera Sara. Desde mi primera juventud, tuve grandes decepciones amorosas. Sólo he sido feliz con Sara a mi lado, más que mi esposa es mi amiga, mi hermana. Fue Claudia, la mayor de mis hijos, la que se encargó a través del tiempo de volvernos a reunir. Gracias a ella tengo de nuevo a mi familia conmigo. Claudia me apoya en todo y con su ayuda he podido viajar a lugares como Buenos Aires, y platicar con Jorge Luis Borges en su casa, dar conferencias y clases en los Estados Unidos, España y Francia durante los últimos años. Mi hija Claudia siempre me acompaña en mis viajes, incluso ha hecho amistad con personas importantes en mi vida, como María Kodama de Borges, y eso a ella la ha hecho muy feliz.

Carlos Fuentes apareció por mi casa de Río Volga en 1954 y me llevó sus cuentos del libro *Los días enmascarados*, que publiqué en Los Presentes. También fue de los primeros, creo que el segundo título. Su cuento "Chac-mool" me pareció como decimos "un garbanzo de a libra". Es un cuento que refleja algo que está muy dentro de él y que no ha sabido explotar. La ironía en la literatura es un arma muy bella. Lo importante literariamente es que ese cuento tiene otro elemento precioso, el de ir al pasado prehispánico, al mundo mágico de nuestra historia. Yo pensé que él se iba a mantener fiel a ese cuento, pero por desgracia no fue así, es como si alguna vez Carlos se hubiera acercado al misterio de la creación y luego sin darse cuenta lo hubiese abandonado.

En mi opinión lo que ha hecho Carlos después ha sido tratar de seducir, de conquistar a públicos norteamericanos y europeos con el hechizo de lo mexicano. Carlos se ha convertido en una especie de escaparate de "lo mexicano", pero siempre desde la perspectiva de una mirada que ha estado fuera de México. Sus análisis políticos sobre México me parecen poco acertados.

Conservo de aquellos años de amistad un buen recuerdo de Carlos y un retrato expresionista que me hizo y que ahora veo como el testimonio del que fuera mi joven amigo.

Cuando leí el original de su novela *La región más transparente* le dije: "Carlos, tú has encontrado tu camino. Es un camino diferente al mío, a lo que yo entiendo por literatura, pero ya eres todo un profesional, de aquí en adelante yo dejo de existir como tu maestro, porque ya tienes la fuerza para ser tú mismo".

Arreola por Lola Álvarez Bravo, 1954.

Por esta misma época visité a don Artemio de Valle-Arizpe en varias ocasiones, en la última casa que habitó en la calle que hoy lleva su nombre en la ciudad de México.

Desde mi primera visita quedé deslumbrado por su extraordinaria colección de Cristos de marfil chinos y filipinos, que datan de los siglos XVI, XVII y XVIII. Tenía otras preciosas tallas de la Virgen y el niño; la curva natural del colmillo de marfil había servido a los talladores para hacer la figura inclinada.

En las vitrinas del comedor tenía una colección de dulces coloniales de la época de Sor Juana, y en la sala un primoroso bargueño construido con maderas finas como el ébano, e incrustaciones de marfil.

En todos los muros de su casa había obras de pintura colonial, porcelanas de Talavera, manteles de fino encaje, cofrecillos y baúles de distintos tamaños y materiales, y lo mejor de todo, sus libros con olor a perón y a santidad. Todo su hogar era un museo vivo, un homenaje cotidiano a otras formas de vida ya pasada, que él había capturado en las redes invisibles de aquella casa.

En aquel entorno, don Artemio parecía un personaje fugaz escapado de algún cuadro del siglo XVIII. Allí, en ese lugar saturado de presencias, me contó una historia sobre la tumba de Óscar Wilde, que está en el panteón francés del Père Lachaise. Según don Artemio, él vio una vez en México el Cristo realizado nada menos que por Benvenuto Cellini, que estuvo colocado sobre la tumba de Wilde. Lo que él nunca pudo investigar es cómo y quién lo trajo a México. "Sepa Dios", decía, y agregaba: "Tengo la impresión de que ese Cristo anda en México, y de que su poseedor no sabe lo que tiene". Esto me lo contó para recompensarme de todas las historias que le conté en la librería de Manolo Porrúa.

Ernesto vive en Hamburgo 29, vocabulario 12

Cuando volví a México a principios de 1950, antes de instalarme en Río Ganges, viví unos meses alojado en el departamento que tenían Ernesto Mejía Sánchez y José Durán en la colonia Juárez.

Este departamento es importante porque varios amigos nos hacían visitas, que se convertían en largas tertulias. Allí llegaban casi todos los días Augusto Monterroso, Jorge Hernández Campos, Alfredo Sancho, Manuel Mejía Valera y otros compañeros de El Colegio de México.

Ernesto era feliz contestando el teléfono, tenía tres frases hechas para la ocasión, que utilizaba según su estado de ánimo. Eran bromas muy al estilo de él, al contestar la llamada Ernesto decía: "Hamburgo 29, vocabulario 12", otra, "Canta, sirena, canta", y la más común que un día le dijo al propio don Alfonso Reyes: "Decidme niño cómo os llamáis", que es la frase con la que comenzaba el catecismo del padre Ripalda. Ernesto y Tito Monterroso se la pasaban todo el día haciendo chistes, los dos eran muy ingeniosos.

Augusto Monterroso reprodujo literariamente en algunos de sus cuentos las anécdotas que vivimos juntos en esa época. Sin José Durán, el eterno enamorado de la *vedette* Brenda Conde, Tito se hubiera quedado sin la historia de uno de sus cuentos más famosos. Recuerdo que una noche, ya casi de madrugada, llegó José y al entrar al departamento hizo mucho ruido para que yo, que dormía casi a la entrada, me despertara y él pudiera ponerse a platicar conmigo, yo ya conocía esa táctica. Como era natural, desperté de mi sueño y Durán se sentó a los pies de mi cama, y sin mucho preámbulo se puso a contarme sus tragedias amorosas, yo lo escuché un rato y luego me volví a dormir, pero él siguió hablando y se quedó en el mismo lugar, tal vez durmió sentado parte de la noche, pero el caso es que cuando desperté él seguía allí. Me quedé un poco sorprendido y fastidiado. Ya durante el día llegó Ernesto y le platiqué lo que me había pasado con Durán, a quien él había puesto el sobrenombre de Grande por su estatura. Ernesto dijo: "Cuando despertó, todavía estaba Grande ahí"; luego llegó Tito, escuchó la historia y escribió el cuento que todos conocemos. No hay que olvidar que la literatura y la ficción tienen mucho que ver con la vida cotidiana.

Carlos Pellicer

1951

Carlos es el poeta que he leído más, tal vez más que a Ramón López Velarde, pienso que los dos pueden ser llamados con toda justicia poetas nacionales, porque son dos afortunados inventores del lenguaje. Los dos escribieron en un español de México, y más precisamente de ciertas regiones de nuestro país.

Carlos dedicó su primer libro, *Colores en el mar*, que viene a ser un eslabón de la poesía mexicana, "a la muerte del joven poeta Ramón López Velarde".

Sin que nada ni nadie influyera en mí, tuve desde muy joven esa doble predilección poética. Estos dos poetas me acompañarán hasta el día de mi muerte, que espero sea una muerte lúcida, sólo para recordar los versos que me han hecho vivir y revivir continuamente.

Cuando hablo de Carlos Pellicer y de Ramón López Velarde, sostengo lo que he aseverado siempre: todo gran poeta es dialectal.

Antes de Baudelaire se escribió mucho en Francia, desde la época legendaria, desde las canciones de gesta. Pero en Baudelaire su lenguaje, su voz, se vuelven únicas. Lo mismo pasa con Pablo Neruda, otro de mis grandes poetas dialectales.

Cuando Carlos Pellicer escribe: "Agua de Tabasco vengo y agua de Tabasco voy. De agua hermosa en mi abolengo; y es por eso que aquí estoy contento con lo que tengo", yo siento la posesión del lenguaje, su sentido divino, chamánico o si se quiere mayestático. En este poema Pellicer habla como sólo él lo podía hacer. Todos los que lo hemos imitado un poco como poeta, como prosista y como decidor de su poesía, reconocemos a la inspiración como elemento esencial de toda poesía.

Nadie, ningún pintor ha podido hacer un retrato de Frida Kahlo como el que hizo su amigo Carlos Pellicer. Más que un homenaje a su pintura, es un homenaje a su ser. Carlos le dice a Frida: "Un niño ensangrentado sube al cielo...". Creo que los sonetos a Frida Kahlo son una de mis predilecciones de la obra de Carlos. Cada vez que yo me sentía débil o falto de fuerza, releía ese soneto a Frida, en el que le habla de la "anchura maternal" y de "la rosa de los actos nocturnos nochebuenos", o el otro donde le dice: "Siempre estarás sobre la tierra viva...", o "La prodigiosa flor de amores sucesivos...".

Después de los sonetos que Carlos escribió sobre Frida, me parece inútil que alguien quiera decir algo sobre ella, agregar algo.

En los versos de Carlos siento la poesía. Para ser poeta hay que ser dueño de las palabras. Que éstas obedezcan a nuestro dictamen, como si obedecieran la música de un caramillo y acudieran como abejas volando en escuadrones de luz. La poesía es muy sencilla, hay que poner una palabra junto a otra, y que las palabras digan más de lo que representan, o de lo que ellas quisieran decir aisladamente.

Carlos llamaba a las palabras en la noche de la selva, y las palabras acudían a él desnudas.

El "Discurso por las flores" no es otra cosa que un conjuro verbal. Es como si Carlos comenzara a hablar coloquialmente, y de pronto jugara con las palabras, las modulara. Es como si hiciera un acto de malabarismo o un sano ejercicio gimnástico y alimenticio. Después de hablar de todas las flores de México, Carlos nos revela un secreto: "Quiero que nadie sepa que estoy enamorado, de esto hablan y entienden solamente las flores, a decir me acompañe cualquier lirio morado, señoras y señores aquí hemos terminado".

Cuando publiqué *Confabulario*, desde la primera edición puse el epígrafe de Carlos: "Mudo espío, mientras alguien voraz a mí me observa". Me encantó ese verso de Carlos, pero más adelante

José Emilio Pacheco, Rubén Bonifaz Nuño, Carlos Pellicer, Miguel González y J.J. Arreola, 1961.

descubrí que le hizo variantes, y un día le reclamé: "Oye, Carlos, ya me dejaste sin epígrafe mi libro, ¿por qué no me consultaste antes de modificar ese verso?".

Carlos me dio muestras de amistad increíbles desde el día siguiente de conocerlo. Recuerdo que una vez que le presenté a Ulalume González de León, hija de la gran poetisa uruguaya Sara de Ibáñez, ella le dijo a Carlos con sus grandes ojos negros: "¿Usted es Carlos Pellicer?", y él le contestó: "No, señorita, yo soy Benito Juárez".

Como ya mencioné en alguna parte de estas memorias, fue Ernesto Mejía Sánchez, nicaragüense e hijo preclaro del poeta Rubén Darío, quien me presentó con Carlos. Recuerdo que me dijo: "Yo te voy a llevar a la Facultad de Filosofía y Letras, donde Carlos da clases, es en el viejo palacio de Mascarones, si quieres vamos un día y te lo presento en el patio cuando salga de clases".

Puestos de acuerdo, nos fuimos un día a saludar a Carlos, llegamos al hermoso patio de Mascarones y nos pusimos a esperarlo. Al poco rato, Carlos salió de su salón y al reconocer a Ernesto caminó hacia nosotros. Yo lo reconocí porque muchos años antes lo había visto en una conferencia sobre Porfirio Barba Jacob. Cuando Ernesto me lo presentó, yo comencé a hablar como suelo hacerlo ante las personas que admiro. Al escucharme, Carlos se quedó un poco sorprendido por la forma en que le hablé, y me interrumpió: "Perdone, ¿es usted refugiado español?", y agregó: "Solamente un refugiado español puede escribir como usted lo hace". Con esta rara pregunta me paró en seco, ya no pude decirle más.

Al despedirnos, Carlos me dijo: "Aquí lo espero mañana, bajo aquel arco que está en donde desemboca el pasillo, para mostrarle los últimos poemas que acabo de escribir".

Al día siguiente, llegué puntual a la cita y Carlos me puso en las manos un montón de versos escritos en cuadernos y libretas escolares. Sin más ni más me entregó todos los manuscritos de su libro *Práctica de vuelo*, para que, según él, yo los ordenara y los pusiera en limpio. Recuerdo que me dijo muy serio: "Aquí está la chingamusa". Luego de despedirnos me fui a mi casa sin creer todavía en lo que llevaba conmigo. Cuando llegué, le mostré a Ernesto mi tesoro, y se quedó sorprendido de ver tantos originales de Pellicer. Por si las dudas, esa noche hice un inventario detallado de todos los poemas que me entregó. Los puse debajo de mi almohada y me dormí.

Al día siguiente, me puse a ordenarlos y a pasarlos a máquina, con tanta habilidad y pulcritud que quedó un original precioso de su libro *Práctica de vuelo*.

Era el tiempo en que invité a Ernesto Mejía Sánchez, a Henrique González Casanova y a Jorge Hernández Campos a iniciar la primera época de la colección de Los Presentes.

Yo siento desde niño lo que es el soplo de la poesía, de ese viento que ordena las palabras.

En 1951, invité a Carlos Pellicer a visitar Zapotlán y él generosamente aceptó. Fue con motivo de los Juegos Florales, en los que yo concursé con el poema "Oda terrenal a Zapotlán el Grande con un canto para José Clemente", con el que gané la Flor Natural. Carlos conoció a mis padres y a mis hermanos, y estuvo feliz. Le hicimos un homenaje y una comida campestre. Mi hermana me-

Las hermanas de Juan José con el poeta Carlos Pellicer, 1951.

nor, Virginia, concursó también en esos Juegos Florales y se ganó el tercer lugar. Ella se casó luego con Roberto Espinosa, otro poeta amigo y miembro del grupo cultural Arquitrabe, fundado por el maestro Alfredo Velasco Cisneros.

Una de mis mayores alegrías fue poder convencer a las autoridades universitarias para que se hiciera realidad la edición de homenaje a Carlos Pellicer, que con el título de Material poético *(1918-1961)* publicó la Universidad Nacional Autónoma de México en 1962, edición de la que no sólo fui promotor, sino que tuve el gusto de intervenir en su diseño —que por cierto a José Emilio Pacheco le pareció ostentoso y poco práctico—. Retomando las ideas de los grandes libros conmemorativos que conozco, me viene a la memoria, por ejemplo, la primera edición del *Canto general* de Pablo Neruda, y otras magníficas ediciones que he tenido la fortuna de poseer, como alguna ilustrada de Federico García Lorca o de Paul Valéry. Las ediciones conmemorativas suelen ser distintas a las normales y por su diseño y características como tipografía, calidad del papel, encuadernación y cantidad de ejemplares que comprende el tiro, están destinadas a las grandes bibliotecas del

Otro soneto a Juan José Arreola.

Tú que dices las cosas desde el vaso
donde se bebe el día entre diamantes
(Las islas son para vivir errantes,
llenos de desnudez y paso a paso.)

Las manos siempre pones sobre raso
y allí están las palabras fabricantes;
unas que no se ven, otras atlantes;
Pululan las que dejas al acaso.

Es hombre de palabra el que a tu lado
invisible y gentil, con grandes alas
tu sombra guía con amor cuidado.

Estoy atento a lo que tú señalas.
Puede estar el jardín sin ser tocado
si en un instante la Belleza instalas.

Carlos Pellicer

Las Lomas 9 de Mayo de 62.

mundo, a los bibliófilos y a los familiares y amigos del homenajeado, y en última instancia tiene que ver con la calidad del poeta y las posibilidades del editor.

Un detalle curioso de esta edición es que no aparece mi nombre por ninguna parte y sí los de Jesús Arellano y Raúl Leyva en el colofón, así como el de mi amigo Rubén Bonifaz Nuño, nada menos que el director de la Imprenta Universitaria. Creo que la omisión de mi nombre se debió a un error involuntario. Lo malo es que en las reimpresiones que se hicieron posteriormente tampoco apareció. Para consolarme y resarcirme de todo, Carlos me escribió, a manera de dedicatoria, dos hermosos sonetos que han sido para mí el regalo más bello y más íntimo que he recibido en toda mi vida:

OTRO SONETO PARA JUAN JOSÉ ARREOLA

Tú, que dices las cosas desde el vaso
donde se bebe el día entre diamantes:
las islas son para vivir errantes
llenos de desnudez y paso a paso.

Las manos siempre pones sobre raso
y allí están las palabras fabricantes:
unas que no se ven, otras atlantes.
Pululan las que dejas al acaso.

Es hombre de palabra el que a tu lado
invisible y gentil, con grandes alas
tu sombra guía con amor cuidado.

Estoy atento a lo que tú señalas.
Puede estar el jardín sin ser tocado
si en un instante la belleza instalas.

Carlos Pellicer
Las Lomas, 9 de mayo de 62.

AGUSTÍN YÁÑEZ ME SALVA LA VIDA

Entre los hechos memorables que ocurrieron en 1953, está mi reencuentro con Agustín Yáñez cuando era gobernador de Jalisco. Desde su recorrido de campaña para llegar a la gubernatura, cuando visitó Zapotlán, me tocó recibirlo en la plaza mayor, con un discurso a nombre del pueblo de Zapotlán, tan olvidado como todo el sur de Jalisco por aquellos años, en los que todavía no teníamos carretera que nos uniera con Guadalajara. Lejos de conmoverse, don Agustín escuchó mi discurso y al terminar, cuando me acerqué a saludarlo, me dijo: "Yo no le creo nada, si no se arrodilla ante mí".

Yo no lo tomé a broma, e inesperadamente, fingiendo que me había tropezado, di por un momento con las rodillas en el suelo, ante la sorpresa de sus acompañantes.

Agustín tenía un extraño sentido del humor, y a partir de la experiencia de Zapotlán me propuso otras acciones, a sabiendas de que yo no me rajaba. Recuerdo por ejemplo una recepción del 15 de septiembre en el Palacio de Gobierno de Guadalajara. Camino hacia allá, atravesé con mi hermano Antonio la plaza de Armas, que estaba muy concurrida por la verbena, y entre las miles de cosas que se vendían, me compré unos hermosos bigotes y me los puse. Así entré a Palacio, donde algunos guardias me vieron algo raro. Llegamos hasta el Salón de Embajadores, y desde lejos vi a Agustín en un ángulo del salón, rodeado por funcionarios y diplomáticos. Me acerqué lo más que pude y cuando me vio, rápidamente me quité el bigote en señal de saludo, pero luego él me hizo la seña de que me lo dejara y me llamó. Me acerqué hasta donde estaba él, con mi reluciente bigote y una gran sonrisa. Me saludó con afecto y me presentó con los señores que lo acompañaban, entre los que estaba el general que tenía bajo su mando la XV zona militar de Jalisco. Todos me saludaron como si no vieran nada extraño en mi rostro. Luego Agustín me presentó a cada uno de los miembros del cuerpo diplomático acreditado en Guadalajara. Más de algún cónsul me cerró el ojo cuando vio mi extraño bigote, pero yo seguía saludando sin darme por enterado, hasta que los fotógrafos y algunas cámaras de cine tomaron la escena, yo los saludé quitándome el bigote frente a ellos. Creo que José Luis Martínez llamó a los fotógrafos, o tal vez Alfonso de Alba. El caso es que luego me enteré que don Agustín compró todas las fotos y las mandó destruir, el único que conservó una fue José Luis.

Otra broma que me hizo Agustín y que estuvo a punto de acabar mal fue cuando me entregó el Premio Jalisco, en el mismo año de 1953; al acercarme para que me entregara el diploma, Agustín me dijo con voz muy seria: "Si es usted tan macho échese una maroma sobre la mesa". Yo medí las consecuencias del reto y le contesté: "¿Quiere que le eche abajo su numerito?". Se quedó callado y me alejé rápidamente. Me imaginé la escena y luego la foto en la primera plana de los periódicos. Lo que quería Agustín era que yo apareciera ante el público como un loco. Le gustaba provocarme para ver hasta dónde era yo capaz de llegar, sabía que era actor y que no me intimidaba la presencia de la gente.

Agustín me envidiaba porque yo era un hombre libre y él no, cada día su carrera política lo iba alejando de la vida real y de la literatura; en cambio, yo cada día era más libre.

Un grupo de amigos convenció a Agustín de que yo debería formar parte de su equipo de trabajo y dejar el Distrito Federal para venirme a Guadalajara. Agustín tuvo la terrible idea de nombrarme director de la Escuela Correccional para Menores, que era en realidad un centro penitenciario para niños y jóvenes delincuentes, ya que, según me explicó, su plan de gobierno contemplaba el rescate moral y material de esos centros para menores. Creo que su propósito era bueno, pero a mí me pareció una idea descabellada. Todo esto me hace recordar a los grandes pedagogos rusos posteriores a la revolución de octubre que, como Macarenko, fueron fundadores de grandes centros asistenciales para millones de jóvenes que quedaron huérfanos. No niego que tal vez pudiera haber hecho mucho por esos jóvenes, pero por esos años yo estaba dedicado por completo a la literatura y personalmente creo que mi labor con varias generaciones de jóvenes escritores de México me dio la oportunidad de servir a mi patria, desde mi condición de escritor y de maestro universitario.

En el caso de Agustín Yáñez y de otros escritores que se entregaron a las tareas de Estado, ellos tuvieron que interrumpir, abandonar y, algunos, traicionar su condición de escritores para poder cumplir con los compromisos políticos. En la medida en que se convirtieron en intelectuales orgánicos, se fueron alejando de formas de vida en las que la libertad es el primer requisito para entregarse al trabajo creador y fecundo de la literatura.

Un día, por recomendación de José Luis Martínez, Agustín me llevó a mi casa el original de su novela *Las vueltas del tiempo*, con la idea de que yo la leyera antes de que él la publicara. Así lo realicé y, como él me lo había solicitado, le hice algunos comentarios respecto a la estructura de la misma. La historia transcurría durante el entierro de don Plutarco Elías Calles. Finalmente, no recuerdo si Agustín la publicó o no, pero era una novela de contenido político importante y de alguna manera comprometía a su autor con ciertos grupos de poder, lo que perjudicaba su carrera política.

Siendo secretario de Educación Pública, y debido a sus múltiples ocupaciones, Agustín me propuso que me hiciera cargo de dos actividades que a él le importaban mucho y no podía atender: su seminario de creación literaria que impartía en la Facultad de Filosofía y Letras y el taller literario que ofrecía semanalmente a un grupo de amigas escritoras, entre las que estaban Margarita López Portillo, Mercedes Manero, Amalia Guerra y Carmen Galindo.

Las dos tareas que me delegó fueron de mi completo agrado. Mi ingreso a la Facultad de Filosofía y Letras se lo debo a Agustín Yáñez, ya que a partir del seminario que me heredó, inicié mi carrera como maestro de esa escuela, que culminó cuando don Javier Barros Sierra me nombró maestro de tiempo completo por oposición, ya que el reglamento interno de la Facultad de Filosofía y Letras permite el ingreso de un profesor no titulado, como es mi caso que no tengo formación académica, por méritos personales; así reconocieron el valor de mi obra literaria y mi trabajo de años en la difusión cultural universitaria.

Allá por 1955 un grupo de amigos de Zapotlán que sabían que yo tenía cierta amistad con Agustín Yáñez, tuvieron la extravagante idea de lanzarme como candidato a diputado, idea que acepté en principio con el único fin de ayudar a resolver las necesidades más urgentes de mi querido Zapotlán, como la de contar con una carretera digna que uniera a Zapotlán y a los pueblos del sur de Jalisco con Guadalajara. Con estas nobles intenciones en la cabeza, renuncié con mucha pena al empleo que tenía en la Secretaría de Relaciones Exteriores, en donde tenía como jefe a Bernardo Reyes, sobrino de don Alfonso, y que había logrado obtener gracias al apoyo que me brindó Octavio Paz.

Para mi sorpresa, don Agustín me recibió en el Palacio de Gobierno de Guadalajara con una mala noticia: yo no podía ser candidato a la diputación, por no haber un consenso político de carácter regional respecto a mi postulación, ya que había ciertas inconformidades que yo desconocía. Agustín me explicó los riesgos que corría si aceptaba la candidatura, incluso me comentó que mi seguridad personal estaría en peligro y que él no quería que me pasara algo.

Finalmente, me quedé sin trabajo y sin candidatura, y gracias a mi sabio amigo Gutierre Tibón obtuve trabajo como publicista en Casa Delher. Más tardé, recibí una carta de mi padre desde Zapotlán en la que me informaba que el candidato a diputado que entró en mi lugar, un tal Macario Flores, había sido asesinado en un acto de campaña. En ese momento, di gracias a Dios y alejé de mi cabeza toda idea relacionada con la política de mi estado.

Poesía en Voz Alta

1956

Necesitamos ponernos de acuerdo, señoras y señores: no estamos haciendo teatro en el sentido cada vez más anómalo que tiene esta palabra. Deliberadamente, hemos optado por la solución más difícil: la de jugar limpio al antiguo y limpio juego del teatro. Esto quiere decir que no vamos a engañar a nadie, que renunciamos lúcidamente a la mayoría de los recursos técnicos que pervierten y complican el teatro contemporáneo. Lejos de ser nueva, la fórmula adoptada por nosotros se remonta al origen mismo del teatro occidental: el "auto" y el "misterio" hagiográfico y sacramental, la farsa profana que prospera en la comedia del arte de Italia y en el "paso" español. A esto debemos añadir el ejemplo que nos han dado algunas tentativas modernas que se apoyan en ese criterio tradicional, como las realizaciones de Ghéon y Chancerel. En lengua española, nadie como García Lorca se ha preocupado por reanimar el verdadero espíritu del teatro. Por eso le rendimos homenaje y representamos sus obras junto a las de los clásicos porque él recoge y modula con su voz personal una herencia lírica henchida de savia popular.

Estas razones explican con claridad la composición de nuestro programa inicial. A Juan del Encina corresponde la gloria de ser el fundador conocido del teatro español. Escogimos adrede la más primitiva y dura de sus églogas, la más inmóvil y saturada de espíritu religioso, aquella en que los personajes apenas entablan un conato de

"Antigua, recóndita y divertida poesía: Poesía en Voz Alta."

diálogo, y se concentran a declamar sus arias octosilábicas. Escrita hace más de cuatrocientos cincuenta años, es un ejemplo magnífico de poderío verbal que llega hasta nosotros lleno de gracia y lozanía. Fuimos injustos en cierto modo con del Encina, porque la corriente profana que él inauguró llega a su perfección en Diego Sánchez de Badajoz. La farsa de Santa Susana, escrita unos cincuenta años después, es ya "teatro" en el pleno y auténtico sentido de la palabra. Concebida como una apología de la virtud, se enriquece con la agudeza y la sabiduría del espíritu popular, que invade los diálogos en una amplia y saludable corriente. "La boda", escena de *Peribáñez y el comendador de Ocaña*, recoge, en una estampa vertical, uno de los pasajes más ilustres de la lengua dramática de Lope de Vega.

Del tesoro musical de la España clásica, tan valioso como desconocido, Antonio Alatorre y su grupo de cantantes han seleccionado un grupo de composiciones que pretenden despertar el amor del público hacia un legado artístico que también nos corresponde. Debemos señalar con orgullo la circunstancia de que "los Alatorre" no son cantantes profesionales, sino que se ligan estrechamente a nosotros

"El último juglar."

por su condición de aficionados devotos, de fieles ejercitantes de un arte consumado y perfecto, que por primera vez trasciende el círculo de la amistad y la familia.

Para las piezas que forman el teatro breve de García Lorca, hemos seguido el criterio que indudablemente presidió la composición de esas punzantes y poéticas "improvisaciones". Nos hemos limitado, en rigor, a improvisarlas también sobre la escena, afrontando con limpieza el problema de su enigmática desnudez, de su rica y compleja fuerza latente, que combina sin violencia procedimientos diversos, que van de Lope de Rueda a Franz Kafka.

Sinceramente, señoras y señores, creemos que es posible ponernos de acuerdo, si ustedes renuncian también a su habitual condición de expertos y ambiciosos expectadores, y entran al juego con suficiente candor. Juntos podremos recobrar el perdido espíritu del teatro, que no es, en fin de cuentas, más que antigua, recóndita y divertida poesía: poesía en voz alta.*

* Presentación del primer programa de Poesía en Voz Alta, por Juan José Arreola. Universidad Nacional Autónoma de México.

La compañía de teatro Poesía en Voz Alta surge de la propuesta que formuló a las autoridades universitarias la empresaria y actriz de teatro Marilú Elízaga, en ese tiempo propietaria del teatro El Caballito.

El responsable de atender su propuesta fue Rubén Vasconcelos, quien de inmediato aceptó la oferta de la señora Elízaga, que consistía en proporcionarle a la Universidad el teatro de su propiedad, para que los lunes de cada semana se presentara la compañía de teatro universitario.

Rubén Vasconcelos le dio instrucciones a Jaime García Terrés, entonces director de Difusión Cultural, para que tomara cartas en el asunto. Jaime se reunió con Benjamín Orozco, amigo mío muy querido, que se desempeñaba como subdirector, y del que dependíamos todos los que trabajábamos en esa área.

Entre los más cercanos recuerdo a Emmanuel Carballo, Eduardo Lizalde, Ricardo Salazar, excelente fotógrafo, a Paquita Perujo y al grupo de teatro encabezado por Héctor Mendoza, Nancy Cárdenas y Juan José Gurrola.

Fue Henrique González Casanova quien me introdujo a la Dirección de Difusión Cultural y, por consecuencia, a la Universidad, y tuvo tan buena mano que lo que soy se lo debo a Henrique y a la Universidad. Henrique se mostró empeñado en que yo rindiera tributo y fruto a la Universidad, cosa que hice a través de los años, hasta 1968.

La Universidad me recibió en sus brazos como una madre alimenticia; en sus jardines, sus edificios y sus aulas dejé la mejor parte de mi vida, y la Universidad me premió como a uno de sus mejores hijos. Como ya he dicho, me nombró maestro por méritos personales y luego me otorgó el Premio al Mérito Universitario, en 1987.

Joaquín Bernal, Juancho, era el administrador del teatro El Caballito, y de acuerdo con él, Benjamín Orozco estableció el programa de presentaciones de la compañía de teatro universitario.

Recuerdo que Henrique González Casanova se enteró por medio de Rubén Vasconcelos de la propuesta de Marilú Elízaga, y le aconsejó: "Mira, Rubén, el hombre indicado para atender esta propuesta es Juan José Arreola".

Dibujo de Héctor Xavier para Poesía en Voz Alta, 1956.

Rubén Vasconcelos le sugirió a Jaime García Terrés mi nombramiento como coordinador de la compañía y director literario, proposición que Jaime aceptó sin tomar en cuenta cierta oposición que había en el grupo de teatro. Lo primero que hice ya nombrado, fue ponerle a la compañía el nombre de Poesía en Voz Alta. Luego invité a Juan Soriano y a Héctor Xavier, para que se hicieran cargo de la escenografía y los vestuarios.

Para el primer programa seleccioné obras de teatro clásico español e invité a mi amigo Antonio Alatorre y su grupo familiar, integrado por Margit Frenk (soprano), Yolanda Iris Alatorre (contralto), Enrique Alatorre (bajo), María Cristina Alatorre (arpista) y Antonio (tenor y director), quienes interpretaron canciones españolas de la época del Renacimiento. La introducción que leí, vestido de juglar ante el público, la escribió a petición mía el gran poeta y

En Poesía en Voz Alta, 1956.

amigo mío León Felipe. Esta participación de León Felipe me volvió a confrontar con Octavio Paz, como más adelante narraré.

El talento artístico de la compañía, las escenografías, el vestuario, la participación de Antonio Alatorre y su grupo y, finalmente, la selección de piezas se conjugaron poéticamente y se logró un éxito. Tuvimos teatro lleno en varias representaciones y la crítica se mostró benigna con nosotros. Este primer programa abrió el camino a un nuevo teatro universitario, que en ese momento requería que se inyectara de vitalidad. Antes de Poesía en Voz Alta, el teatro universitario se encontraba en el ostracismo.

Pero, desgraciadamente, para el segundo programa fui desplazado de mis dos cargos honoríficos en la compañía, el de director literario y el de coordinador. Para montar el primer programa tuve tanto trabajo, que solicité a Héctor Mendoza que atendiera los ensayos con los actores; como era natural, le delegué una parte de mi trabajo, pero esto dio pie para que se organizara un grupo en mi

Representación de la obra *La hija de Rappaccini*, de Octavio Paz.
Escenografía de Leonora Carrington, 1956.

contra, que encabezó nada menos que Juan Soriano, seguido por Héctor Mendoza y Juan José Gurrola, dos jóvenes actores y directores estos últimos, a quienes les pareció mal que yo presentara teatro clásico. Ellos ya querían entrarle al teatro de vanguardia, y entre Juan Soriano y Jaime García Terrés decidieron que el segundo programa debería incluir una obra de Octavio Paz, *La hija de Rappaccini*.

Como ya referí, entre Octavio Paz y yo hay una amistad distante, pero es una amistad lejana en el tiempo; recuerdo que en 1946 me dedicó un ejemplar de su libro *A la orilla del mundo*, en el que me puso la siguiente dedicatoria: "Para Juan José Arreola con mi afecto verdadero, marzo 13 de 1946", así que desde entonces yo le guardaba un afecto propio de aquellos días de juventud en que mi corazón me llevó hasta París, en donde yo lo traté por primera vez, y por eso, haciendo a un lado mis intereses profesionales en lo

Joaquín McGregor, Tara Parra y Juan José en una escena de la obra *El salón del automóvil*, de Eugène Ionesco, 1956.

que al teatro se refiere, acepté platicar con él, incluso fue a mi casa, durante una semana, para que juntos revisáramos su obra *La hija de Rappaccini* y le ayudara a hacer algunas mejoras, que desde el punto de vista de mi experiencia teatral consideraba que serían de utilidad para el montaje de la obra. Cuando Octavio y yo habíamos terminado de darle a su texto el elemento sustantivo de toda obra de teatro, que es su teatralidad, que para mí quiere decir su posibilidad de representarse en escena, y yo estaba muy contento con nuestro trabajo, Octavio se presentó al día siguiente y me dijo con pena: "He platicado con María Luisa Elío, estupenda actriz, y me ha convencido que tus propuestas fundamentales modifican el sentido que tiene mi obra, y yo no quiero ni puedo traicionar mi idea original...".

Lo que me importa recordar es mi amistad con Octavio, accidentada como ya he dicho, pero importante para mí. Ese día le aclaré a Octavio: "Mira, yo soy actor y dramaturgo y gente de teatro, y soy tu amigo, y para demostrártelo estoy dispuesto a actuar en tu obra", y así fue. La obra, tal como se presentó, fue un fracaso. Recuerdo que Leonora Carrington hizo una primera escenografía a partir de sus mundos oníricos y fantasmales, muy difícil de convertir en una escenografía teatral, y después de que ella misma se percató que era imposible que los personajes se pusieran los trajes que diseñó, aceptó, no sin muchas dificultades, reelaborar el vestuario y la escenografía hasta que, finalmente, se convirtieran en algo teatral. El teatro es teatro o no lo es, el cuento es cuento o no lo es, la poesía es poesía o no lo es. Al final de la representación de la obra, Andrés Henestrosa dijo: "Rapachinguen a su madre".

Todos estos hechos violentaron mi trabajo en Poesía en Voz Alta, y después de una gira poco exitosa en Guadalajara, en donde nos presentamos en el Teatro Degollado, decidí con mucha pena dejar de pertenecer a la compañía. Yo no sé si hoy esta propuesta teatral de Octavio Paz, María Luisa Elío y Leonora Carrington tendría éxito, habría que intentarlo, pero hace más de cuarenta años no fue bien recibida por el público.

Jaime García Terrés fue un hombre valioso, un poeta, pero su labor al frente de Difusión Cultural lo distrajo de su trabajo creador, estuvo ocho años en el puesto, primero con el doctor Nabor Carrillo y luego con su suegro, el eminente cardiólogo Ignacio Chávez. Él me ayudó en lo que pudo y cuando no, también me ayudó.

Durante todo el rectorado de Nabor Carrillo tuve la fortuna de contar con el apoyo de mi amigo Henrique González Casanova, de Rubén Vasconcelos y del doctor Efrén C. del Pozo, así como de los ya mencionados Jaime García Terrés y Benjamín Orozco.

Creo que la compañía Poesía en Voz Alta duró unos cuantos meses, lo que es un hecho es que mi relación con tan hermoso proyecto universitario se alteró a partir de la aparición, en el segundo programa, de María Luisa Elío y Octavio Paz.

Entre las obras que representamos y que no he mencionado están *El salón del automóvil*, de Eugène Ionesco, en la que actué al lado de Tara Parra y de Joaquín MacGregor. También montamos *Los apartes* de Jean Tardieu. En el primer programa se presentaron: *Farsa de la casta Susana*, de Diego Sánchez de Badajoz; "La boda", escena de *Peribáñez y el comendador de Ocaña*, de Lope, y tres obras breves de Federico García Lorca: *La doncella, el marinero y el estudiante*, *El paseo de Buster Keaton* y "Quimera", una escena de la obra *Así que pasen cinco años*.

Cuando dejé Poesía en Voz Alta, Héctor Mendoza y Juan José Gurrola siguieron al frente de la compañía, y lo hicieron bien, creo que retomaron mi idea de volver a ciertos textos clásicos de la literatura en lengua española. Hicieron una bella adaptación de *El libro del buen amor* del Arcipestre de Hita, en lo que vendría a ser el tercer programa de Poesía en Voz Alta, luego en otro presentaron *Las jácaras*, de Francisco de Quevedo y Villegas. Creo que tanto a Juan José como a Héctor les gustó mi propuesta del primer programa y en su propio estilo decidieron continuarla.

En esos años, ninguno de los dos sabía que yo había estudiado teatro con Fernando Wagner, Xavier Villaurrutia y Rodolfo Usigli, y que en París tuve maestros como Louis Jouvet, Jean-Louis Barrault, Pierre Renoir y Jean Le Goff, y que pisé las tablas de la Comedia Francesa. Por si esto fuera poco, había ganado un concurso nacional de teatro, convocado por el Instituto Nacional de Bellas Artes, con mi obra *La hora de todos*. Cuando nos conocimos, ellos eran dos jóvenes estudiantes con mucha ambición y, afortunadamente, con mucho talento, por eso acepto ahora su actitud de ayer, porque me demostraron que sabían también los secretos del teatro, pero sobre todo he visto que le han tenido un gran amor y un magnífico desempeño. Poesía en Voz Alta es uno de los recuerdos más gratos de mi experiencia teatral, que fue muy dura, y aprendí que yo no era capaz de dirigir una empresa de más de tres personas.

No quiero dejar de mencionar en estas memorias a los magníficos actores que colaboraron conmigo en el breve tiempo en que estuve al frente de Poesía en Voz Alta, ellos son y fueron: Nancy Cárdenas, Rosenda Monteros, Tara Parra, Carlos Fernández y Enrique Stopen, aparte de los ya citados, a todos los recuerdo con cariño.

EL EXILIO DE MI EXILIO

Durante unos años frecuenté la casa del matrimonio formado por Elvira Gascón, su esposo Roberto Fernández Balbuena y sus hijas Guadalupe y Cuca, amigas de mis hijas Claudia y Fuensanta.

Elvira y Roberto son dos artistas representativos del exilio español en México. La obra de ella se ha exhibido en numerosas exposiciones, tanto en México como en España. Con Roberto fue algo distinto, tal vez por su carácter reservado. Hace unos años, el Instituto Nacional de Bellas Artes presentó por primera vez la obra de los pintores del exilio en México y me dio mucho gusto ver ahí un retrato al óleo que me hizo Roberto. La obra de él no fue conocida en México, y no es extensa, pero en España ha sido revalorada, descubierta finalmente por la crítica, como una obra que tiene la factura y el acento de lo mejor de la pintura española del período posterior a la guerra civil.

Elvira y Roberto fueron grandes amigos nuestros, lamenté mucho la muerte de él porque se portó como un amigo de toda la vida. Me presentó a todos los escritores y artistas del exilio y en nuestras pláticas me acercó a los grandes maestros de España, como José Ortega y Gasset y Miguel de Unamuno, por citar a dos grandes pensadores de este siglo, también a don Ramón Gómez de la Serna y a otros espíritus alertas del pensamiento español contemporáneo. Sin la amistad de Roberto no hubiera cuajado mi conocimiento de España.

Dibujo de Elvira Gascón, 1954.

De Elvira sólo guardamos buenos recuerdos, sobre todo mi esposa Sara, a quien tanto fortaleció en los momentos tan difíciles que pasamos durante nuestra separación. De Elvira conservo un bello dibujo a línea, de lo mejor que ha hecho ella en su vida y que creo es un retrato mío en el que estoy escribiendo mi cuento *Carta a un zapatero*. Es un dibujo en el que me idealizó poéticamente y que me recuerda mucho una época de Pablo Picasso, que no es poco decir del trabajo artístico de Elvira Gascón. El matrimonio Fernández Balbuena, incluidas desde luego sus hijas Lupita y Cuquita, se convirtieron para nosotros en amigos insustituibles e inolvidables.

El grupo de amigos de Roberto y Elvira era muy numeroso, pero los más asiduos éramos José Luis Martínez, Henrique González Casanova y su esposa Lolita, Juan Rulfo y su esposa Clarita, el norteamericano Bud Fleikon y su esposa salvadoreña Claribel Alegría, el matrimonio Piazza, Andrés Henestrosa, Augusto Monterroso y José Durán. Por la parte española, recuerdo a Rafael Sánchez Ventura, amigo de Federico García Lorca, José Moreno Villa, Manuel Durán, el pintor Climent, Juan Rejano, Emilio Prados, Juan Renaud, Manuel Altolaguirre, Luis Cernuda, Pedro Garfias, José Bergamín y tantos otros que sería imposible recordarlos a todos, también estaba presente el multicitado Ernesto y, desde luego, mi esposa Sara y yo. También asistían otros dos amigos que considero por separado: Joaquín Díez-Canedo y Francisco Giner.

Roberto Fernández Balbuena era lo que yo entiendo como un hombre total. Se formó en el movimiento de la reforma educativa de España, que dirigió y encabezó don Francisco Giner. Roberto era

Joaquín Díez-Canedo, por Lola Álvarez Bravo.

muy amigo de don Francisco, y de Fernando de los Ríos, cuyos hijos se casaron entre sí dando origen a la familia Giner de los Ríos. Francisco Giner de los Ríos fue el papá de Bernardo Giner, sobrino de Joaquín Díez-Canedo.

Don Enrique Díez-Canedo, padre de Joaquín, fue un excelente poeta y traductor de poesía, recuerdo muy especialmente una antología de poesía francesa que tradujo de manera magistral, es una pena que por olvido y omisión ya no se reediten libros como esa antología, y que sigan publicándose pésimas traducciones. Don Enrique Díez-Canedo visitó varias veces México antes de la guerra civil y siempre fue muy bien recibido por gentes como don Alfonso Reyes. Con esto quiero decir que desde antes de la guerra muchos escritores mantenían vínculos importantes con México.

Un caso distinto a todos los que he mencionado fue el de León Felipe, a quien yo creo que muchos de sus paisanos le tenían cierto temor, por ser un hombre radical y de trato difícil. León Felipe había estado en México desde los años veinte, incluso dio clases en la Facultad de Letras de la Universidad. Siempre simpatizó con las causas revolucionarias: durante su larga estancia en México apoyó a diferentes grupos, tanto de España como de México. Por eso muchos de sus paisanos le sacaban la vuelta. Un caso aparte sería el de Rafael Sánchez Ventura, que era muy discreto; sólo una vez me contó que él tuvo alojado a Ernesto Che Guevara en su casa. No recuerdo si fue antes de la Revolución cubana o cuando el Che se fue a Bolivia. Entre los refugiados españoles hubo varios que ayudaron a Fidel Castro, como el comandante Vayo. Otro caso más conocido fue el de Carlos Vidali, conocido en España, en Italia y en México como el comandante Vidali.

Volviendo a don Enrique Díez-Canedo, él se casó con doña Teresa Manteca, y de ese feliz matrimonio nació mi amigo Joaquín Díez-Canedo Manteca y sus hermanos Enrique, María Teresa y María Luisa.

Roberto Fernández Balbuena me decía a propósito de Emilio Prados: "A mí no me gusta hablar con las personas que hablan al infinito. Cuando hablo con él, siento que no es él con quien estoy hablando, aunque esté junto a mí". Roberto me decía que Emilio siempre estaba como ido. Mi amiga Pita Amor hacía una imitación genial de Emilio Prados, eran vecinos en la misma calle de Río Duero. Emilio perteneció a la generación del 27, y se comportaba como si siempre anduviera en la luna.

Una pareja curiosa fue la que formaron el poeta Manuel Altolaguirre y su esposa cubana, cuyo nombre no recuerdo ahora. Ella era riquísima, dueña de varios ingenios azucareros en Cuba, y traía a Manolo viajando por todo el mundo, hasta que creo que los dos murieron en un accidente automovilístico.

Ernesto Mejía Sánchez me llevó a su casa, y como dato curioso recuerdo que allí tenían de asistido a Luis Cernuda, antes de que dejara la ciudad de México por motivos de salud. Ernesto me decía muy convincente: "Hoy no tenemos que comer, vamos a ver a Loca, así le decía a la esposa de Manolo. Ernesto llegó a la conclusión de que ésta era la única palabra capaz de definir a esa mujer. Por su parte, la señora Altolaguirre siempre nos recibía muy bien y nos daba de comer y de beber, y luego se ponía a hablar de las penalidades de Luis Cernuda, y nos decía: "No sean malos, ustedes deberían de ser sus amigos, es una pena que él ande con obreros de la calle y con policías". Al escuchar esto llegaba el momento de despedirnos rápidamente, por eso Ernesto le puso el sobrenombre de Loca.

Por esos años murieron dos Palomas: Paloma Altolaguirre, hija de Manolo, de un primer matrimonio, y Paloma Estrada, en sendos accidentes automovilísticos. Esta última fue hija del ilustre escritor Genaro Estrada.

Al recordar a los españoles de mi exilio, a los trasterrados que llegaron a México, quiero dejar testimonio personal de mi gran admiración por el general Lázaro Cárdenas del Río, porque tuvo uno de los gestos humanos más grandes que ha conocido la humanidad: el de recibir, abrirles las puertas de México a los hijos del éxodo y del llanto, como bien dijo el poeta León Felipe. A los perseguidos, a los derrotados. A cientos de niños, de mujeres y de hombres azotados por la guerra, por los chacales de siempre, usurpadores de la democracia, creadores de ejércitos mercenarios.

Cárdenas no sólo les abrió las puertas, sino que les dio sustento y trabajo, ya que todos llegaron en extrema pobreza. Todos recibieron ayuda desde el momento en que pisaron tierra mexicana en el puerto de Veracruz. Entre los que llegaban venían gentes prominentes en las áreas de las humanidades, las ciencias y la política. En México se organizaron contingentes para ir a recibirlos y darles una cierta cantidad de dinero para gastos de mano, y se les trasladó a la ciudad de México, donde ya tenían alojamientos preparados para ello. Recuerdo que varias familias de refugiados se instalaron en los departamentos de Avenida del Ejido, en donde viví recién llegado a México, entre 1937 y 1940. A Elvira Gascón y a Roberto Fernández Balbuena yo personalmente los instalé y les entregué su contrato. Esto fue antes de que se casaran en la Catedral Metropolitana. Ellos se conocieron en Francia, poco antes de salir para México.

No hay que olvidar los nombres de José Gaos, Wenceslao Roses, Joaquín Díez Canedo, Eugenio Imaz, Ramón Xirau, Luis Buñuel, Germán Robles, Francisco Giner, Enrique Díez-Canedo, José Bergamín, León Felipe, Emilio Prados, Pedro Garfias, Juan Rejano, José Moreno Villa, Sindulfo de la Fuente, Vicente Rojo, Tomás Segovia, Rafael Segovia, Luis Alaminos, y los ya mencionados Rafael Sánchez Ventura y Roberto Fernández Balbuena.

En México, gentes como Narciso Bassols y José Ángel Ceniceros le dijeron a Cárdenas: "Abra usted las puertas a los intelectuales españoles que se quedaron sin patria, y están recluidos en Francia en albergues indignos de ellos. Francia los dejó pasar por su frontera, pero no tiene en estos momentos otra manera de ayudarlos, pues se está preparando para una guerra". Eran años muy difíciles para Francia, ya había estallado la segunda guerra mundial, y a los refugiados españoles sólo les esperaba el horror de una guerra todavía peor que la sufrida por ellos durante años. En ese escenario, su futuro era cruel.

Lázaro Cárdenas supo escuchar las voces que se alzaron por todo México pidiendo auxilio para los refugiados españoles, y mandó tres o cuatro barcos a Francia para transportar a todos los refugiados que se quisieran venir a México.

Lo que a muchos mexicanos y españoles no les queda claro todavía es que Adolfo Hitler y Benito Mussolini estaban atrás de Francisco Franco. Es lamentable que cuando se hace el análisis de la guerra civil española se quede siempre la cosa entre "comunistas", "republicanos" y "franquistas", como si no fuéramos capaces de darnos cuenta de que detrás de Franco estuvieron siempre los intereses más abyectos de Alemania e Italia. Ante estas evidencias monstruosas me parece una tontería seguir hablando y tachando a la mayor parte del pueblo español de "comunista".

Recuerdo el caso de Antonio Machado, que murió poco tiempo después de cruzar la frontera, en el pequeño pueblo de Colliure. Luego murió su madre. Los hijos de España, de la España en que yo creo, caminaron muchos días y muchas noches para entrar a territorio francés, venían de todas partes de España, y por la región de Huesca atravesaron los Pirineos. Con todo lo difícil que fue la estancia de los refugiados en los albergues, creo que el gesto de Francia fue formidable.

El exilio español en México significó mucho para mi formación personal, me enriqueció de tal manera que puedo decir sin temor a equivocarme que sin el trato cotidiano que tuve con los artistas, filósofos, poetas y hombres de la industria editorial, yo no sería el hombre que soy, sobre todo en el terreno intelectual. Tuve la gran fortuna de entrar a su mundo y me topé de manos a boca con una pléyade de hombres que jamás se volverá a reunir en México.

En El Colegio de México me encontré con los intelectuales del exilio de más prestigio que, gracias a don Alfonso Reyes, se convirtieron en mis maestros, allí nos daban clases Eduardo Nicol, Wenceslao Roses, Eugenio Imaz y José Gaos. Todos ellos me dieron clases de sabiduría y de humanidad, me enseñaron a leer libros de historia y filosofía, y más tarde con amigos como Roberto y Joaquín enriquecí mis gustos literarios. Joaquín Díez-Canedo era de los jóvenes del grupo, pero lo querían mucho por el recuerdo de

El poeta León Felipe, litografía de Vlady, 1953.

su padre. Quiero recordar al lector desprevenido que Enrique Díez-Canedo, Francisco Giner y José Ortega y Gasset ya eran famosos en Madrid allá por 1900.

Don Francisco Giner fue querido y admirado por poetas como Antonio Machado y Juan Ramón Jiménez. También fue fundador de la nueva Universidad de Madrid y de la Escuela Libre de Enseñanza, y responsable de llevar a cabo la más grande reforma educativa de España. Entre otros cargos fue el fundador de la Ciudad Universitaria de Madrid, donde se alojaron estudiantes como Federico García Lorca y Rafael Alberti.

Relato todo esto porque el espíritu reformador y transformador de esos grandes hombres llegó a México en el alma de todos lo que he mencionado y pronto se reflejó en la vida cultural y universitaria de México, en la industria editorial, en la que destacaron hombres como Rafael Jiménez Siles, fundador de las Librerías de Cristal, en compañía de don Martín Luis Guzmán.

El exilio español participó del cambio de México, contribuyó a darle empuje no sólo en el terreno espiritual, sino también en las ciencias y en la industria.

La llegada de los españoles a México fue una especie de renovación de una parte importante de la sociedad mexicana, particularmente en la ciudad de México.

Un dato curioso es que los refugiados cuando llegaron a México lo que más traían entre sus pertenencias eran libros, y con ellos, reunidos por Rafael Jiménez Siles, se fundó la librería de la Pérgola de la Alameda de la ciudad de México.

Es tan notable descubrir cómo surgió un México nuevo durante el gobierno de Lázaro Cárdenas, gracias a una amplia movilización de la sociedad civil, de los sindicatos y los centros de enseñanza. Sobre todo hubo la sensación —a mí me tocó vivirlo— de que todos éramos tomados en cuenta, y que los obreros y campesinos tenían voz y voto en las decisiones políticas y económicas. La expropiación petrolera fue la punta, pero no la base, de la pirámide. Esta última estuvo representada por el pueblo de México levantado en almas. Fue el momento en que Vicente Lombardo Toledano estableció la Confederación de Trabajadores de México. Eran días de cambio y agitación. La segunda guerra mundial estaba en su apogeo, y México comenzó a crecer de manera dramática.

Arreola por Roberto Fernández Balbuena.

Los Cuadernos del Unicornio

A finales de 1958 retomé mi actividad de editor. Sentí que era un momento propicio para echar a andar una nueva editorial que se llamaría Cuadernos del Unicornio. Durante muchas tardes, Héctor Xavier y yo recorrimos juntos el zoológico de Chapultepec, para que los animales nos vieran a nosotros. Nos quedábamos parados largo rato ante las jaulas, y por algunos instantes creíamos que estábamos en las selvas africanas. Fue cuando Héctor realizó los maravillosos dibujos de *Punta de plata* y yo escribí los textos de mi *Bestiario*.

Héctor ejecutó sus dibujos de animales con la técnica que utilizaron los pintores del Renacimiento italiano: la punta de plata.

Por esos días, me regaló un precioso dibujo que era la cabeza de un unicornio. Fue ese unicornio con su cuerno alargado el que me inspiró para hacer los cuadernos, el diseño de las portadas.

El libro *Punta de plata* fue editado por la Universidad Nacional Autónoma de México, y salió de las prensas en diciembre de 1958. Me hice cargo del diseño y el cuidado de la edición. Hice una carpeta de artista para guardar los 24 dibujos y los textos. Casi nadie recuerda esta publicación puesto que fue limitada a 500 ejemplares. Estuvo agotada durante más de treinta años.

Portada de Mario Miranda.

En 1993, la Universidad volvió a hacer una edición facsimilar, pero también limitada a un tiro de mil ejemplares. Hace poco, Alianza publicó este libro en su colección de Libros de Bolsillo, en un formato pequeñito. Los textos de *Bestiario* están incluidos en todas mis obras, pero no sus dibujos originales.

Desde 1943, cuando publiqué "Hizo el bien mientras vivió", yo ya tenía la idea del unicornio, pero Mario Miranda me dibujó nada más un caballito de perfil. Fue hasta *Varia invención*, en 1949, que Juan Soriano me hizo una viñeta de un unicornio para la portada. Más tarde, Federico Cantú realizó un hermoso grabado de un caballo para la portada de la primera edición de *Confabulario*.

Tenía mucho tiempo de esperar un unicornio como el que me dibujó Héctor Xavier, por eso diseñé un tipo de *plaquette* con un formato alargado, para que cupiera el cuerno del unicornio.

En ese año de 1958 me invitaron a dar una conferencia sobre el poeta argentino Leopoldo Lugones; allí me presentaron a Beatriz Espejo. Estuvimos conversando y le comenté sobre mi proyecto editorial, me dijo que ella escribía y que le gustaría que leyera sus textos para ver si se los publicaba. El caso fue que *La otra hermana*, una selección de textos breves, se convirtió en el número uno de la serie. Admiradora y discípula de Julio Torri, Beatriz tenía una natural inclinación por el texto breve, y por esa forma ya casi olvidada: el poema en prosa. Su opúsculo fue muy bien recibido y pronto otros autores se presentaron en mi casa de la calle de Varsovia, en la que tenía instalado un club de ajedrez, y un poco más tarde en la de Río Elba 32, donde se estableció el domicilio formal de Los Cuadernos del Unicornio. A la vuelta de mi casa estaba el taller de imprenta de Manuel Casas, patrocinador de los jóvenes escritores que llegaban a mí. Entre los autores que publiqué recuerdo a Eduardo Lizalde, Vicente Leñero, Fernando del Paso, Sergio Pitol, José Emilio Pacheco, Tita Valencia, Gelsen Gas, y otros no tan jóvenes como Elías Nandino, Rubén Bonifaz Nuño, Carlos Illescas y Luis Antonio Camargo, gran amigo de esa época, que tuvo una relación sentimental con Pita Amor.

Al mismo tiempo que la colección de los cuadernos, inicié la serie de Libros del Unicornio, que se dividió en dos colecciones: los libros de literatura y los de ensayo. En los primeros edité obras de Héctor Azar, Carlos Solórzano, Marcel Schwob, Olivia Zúñiga, Francisco Monterde, Mariano Sánchez Ventura, Manuel Mejía Valera y Gelsen Gas. De este último recuerdo todos los títulos de sus libros: *Desmolde*, *Inconfórmula y Proseo* y *Residuario*. También le publiqué a Guillermo Rouset Banda sus primeras traducciones de Pound. En la colección de ensayos sólo recuerdo dos títulos: el del filósofo Emilio Uranga, cuyo título creo que era *Nostalgia de Shakespeare* y otro de un abogado amigo mío que se llama Fernando Zertuche Muñoz, no recuerdo el título de su libro pero era un ensayo de carácter histórico. Tengo la idea de que en esta serie le publiqué otro ensayo a Miguel González Avelar.

Quiero rendirle aquí un reconocimiento especial a un gran artista plástico, al amigo de toda la familia: Gelsen Gas, quien ha realizado una obra pictórica que ya se encuentra en los museos más importantes de México y del extranjero. Es el autor de una cabeza mía, en bronce, que por su belleza me parece mejor que la que traigo puesta. A él lo recordamos siempre, ya que los días que pasamos juntos en el Club Deportivo Bahía fueron de luminosa alegría, cuando la ciudad de México era más humana y redonda.

Los libros *Cuaderno de estampas*, de Francisco Monterde, y el de Mariano Sánchez Ventura, llevaban una cubierta, que a base de un tratamiento especial logré que se pareciera al pergamino. Mariano es hijo de nuestro querido e inolvidable Rafael Sánchez Ventura, condiscípulo de Federico García Lorca en el Liceo de Granada.

La imagen mítica que yo tenía del unicornio fue volviéndose realidad gracias a Ernesto Mejía Sánchez, quien al cruzar la famosa

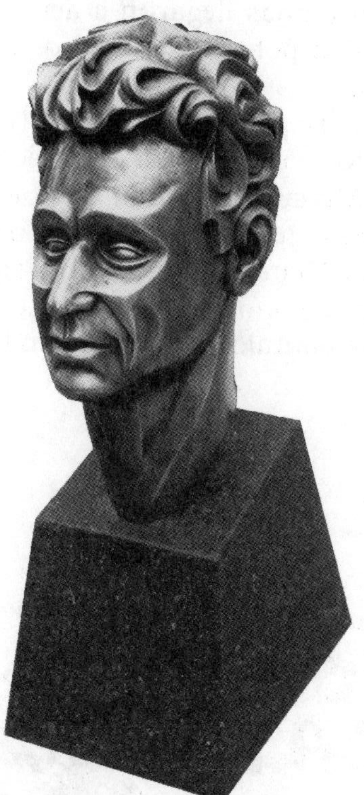

Juan José en bronce, por Gelsen Gas, 1962.

Glorieta del Caballito, frente a la Lotería Nacional, hacía la broma de atravesarla juntándose los pantalones con la mano a la altura de las rodillas, simulando los pantalones que usaba Raimundo Lida en El Colegio de México. Ernesto hacía unas carreras en el mejor estilo de Charles Chaplin, que asombraban a los transeúntes que pasaban por esa peligrosa glorieta.

De acuerdo con la idea de Ernesto, pero mejorándola estéticamente, se me ocurrió crear el salto del unicornio, o danza para cruzar las calles. Se trataba de realizar pequeños saltos diagonales, como los del caballo de ajedrez, pero con el brazo izquierdo levantado sobre la frente, el puño cerrado y el dedo índice orientado al cielo simulando un cuerno de unicornio. Hacerlo en plena calle resultaba placentero, sobre todo cuando el público era femenino; la danza, urbana y todo, se convertía en una especie de cortejo amoroso, algunas personas llegaron a arrojarnos unas monedas, que a pesar de nuestra pobreza dejábamos en el asfalto para que otros las recogieran.

Ernesto, cada que se presentaba la oportunidad, me gritaba en plena calle: "Flaquito, haz la danza del unicornio". Luego inventé la estatua viva del Mercurio de Juan de Bolonia, inspirado en los versos de Rubén Darío, que dicen: "Y como un efebo que fuese una niña, mostraba una Diana su mármol desnudo". Con la danza ritual del unicornio, y con la estatua viva del Mercurio logré que Ernesto olvidara los pantalones de Raimundo Lida, que eran una vejación para todos.

La Casa del Lago

Edificada por Porfirio Díaz, una vieja mansión del más puro estilo neoclásico, se yergue tranquila sobre las ondas del lago de Chapultepec. En otro tiempo, su salón principal albergó a los más notables personajes de la época porfiriana que asistían a los fastuosos bailes organizados por José Ives Limantour, fundador del Automóvil Club de México.

Mucho tiempo después, cuando la casa pasó a formar parte del patrimonio universitario, el eminente doctor Isaac Ochoterena, estudioso de la flora y la fauna del bosque de Chapultepec, solicitó permiso a la Universidad para establecer en la casa el Instituto de Biología de la Universidad, proyecto que fue aprobado y que tuvo ahí su domicilio hasta 1954.

A la muerte del doctor Isaac Ochoterena, la casa estuvo abandonada muchos años, incluso desde antes de que el Instituto de Biología cerrara sus puertas definitivamente.

La naturaleza feraz se fue adueñando de los jardines y las habitaciones de la casa, hasta convertirla en un páramo que inspiraba la imaginación de los visitantes. Nadie se explicaba qué hacía esa casa abandonada en uno de los lugares más bellos del bosque.

Llegó un día en que el regente de la ciudad, Ernesto P. Uruchurtu se intrigó también por el abandono de esa propiedad, y descubrió que su dueña era la Universidad, por lo que decidió hacerle un atento llamado al rector de la misma, doctor Nabor Carrillo, para informarle que era necesario que tomara cartas en el asunto, y que

La Casa del Lago.

en caso de que no hubiera interés de su parte, correrían el riesgo de que esa propiedad pasara al Departamento del Distrito Federal.

El rector convocó al doctor Efrén C. del Pozo y a sus colaboradores más cercanos, con la idea de plantearles el problema y solicitarles a todos que le hicieran algunas propuestas para darle el mejor uso y destino a esa instalación universitaria.

Recuerdo que en la reunión con el rector Nabor Carrillo estuvieron presentes Henrique González Casanova, Rubén Vasconcelos y Jaime García Terrés, entre otros funcionarios, y desde luego el doctor Efrén C. del Pozo, su secretario general. La mayoría coincidió en que ese lugar privilegiado se convirtiera en un centro de difusión cultural universitaria. Tomando ese primer acuerdo, Henrique González Casanova y Rubén Vasconcelos me propusieron ante el rector como candidato a ocupar el puesto de director. Todos estuvieron de acuerdo en mi nombramiento.

El rector me mandó llamar y tuvimos una primera reunión, en la que me propuso que me hiciera cargo del proyecto, con la condición de que aceptara que durante el primer año la Universidad sólo me apoyaría con los mínimos recursos, ya que su mayor esfuerzo se concentraría en la restauración de la casa, por parte del personal de mantenimiento. En esas condiciones tan limitadas, le pedí que aprobara dos nombramientos: el de Miguel González Avelar y el de mi secretaria Guadalupe de León. Luego me mandaron dos auxiliares, el señor Pablo Linares y un ayudante de nombre Javier, de quien no recuerdo su apellido. Lo primero que hicimos todos fue ponernos a limpiar y acondicionar una de las habitaciones de la casa como oficina. Poco a poco nos fueron llegando refuerzos de distintas dependencias universitarias. En una ocasión visité una enorme bodega donde se guardaban muebles que por viejos habían sido dados de baja. La verdad es que resultaron los más apropiados para la casa, había sillones, mesas, archiveros y libreros de madera de encino, de los años veinte y treinta, que ayudaron a darle a la casa una decoración que iba de acuerdo con su arquitectura.

Mi amigo Benjamín Orozco me ayudó mandándome un buen lote de libros, con los que los sábados y los domingos mi hija Claudia montaba una pequeña biblioteca al aire libre. La gente escogía el libro que le agradaba y se iba a sentar a una silla o simplemente se echaba sobre el pasto a leerlo.

Como yo acababa de desmontar un club de ajedrez que tenía en la calle de Varsovia, me quedé con muchas mesas, sillas y ajedreces, que trasladé a La Casa, así que los primeros domingos que abrimos las puertas, los visitantes se encontraban con los libros y las mesas de ajedrez.

Yo le propuse al rector una serie de actividades sencillas, que se irían realizando los sábados y los domingos; pero se me estaba olvidando lo principal, que la casa se llamaría simple y sencillamente como lo que era: La Casa del Lago, y a todos les gustó el nombre. Ahora recuerdo que yo le puse el nombre a la serie de discos Voz Viva de México y de ahí surgió Voz Viva de América.

Cuando recibí formalmente las instalaciones de La Casa, hice un primer recorrido y todo era desolación, me costó trabajo entrar a los sótanos, donde los antiguos moradores dejaron abandonados a su suerte los restos de un antiguo laboratorio de biología. Todo aquel siniestro lugar olía a formol, y grandes frascos de vidrio guardaban criaturas de formas extrañas, conservadas en sustan-

Cuando era director de la Casa del Lago, 1959.
Foto de Ricardo Salazar.

cias de colores azules, verdes y amarillos. Esos seres monstruosos tenían muchos años de estar allí, entre fierros enmohecidos y telarañas. Aquello parecía un museo del horror, uno se quedaba impresionado de la atmósfera que se había quedado atrapada en ese lugar. Nada más faltaba que se nos apareciera allí el monstruo del lago de Chapultepec.

Tal vez andaba por ahí entre nosotros meneando la cola y no nos dimos cuenta. Estos sótanos fueron la última parte de La Casa que se arregló, a todos los trabajadores les daba miedo pasar por ahí.

Para el otoño de 1958 ya contábamos con un público asiduo y considerable, sobre todo teníamos dos actividades que gustaban mucho: la de la Compañía de Títeres de don Roberto Lago, para la que adaptamos un sitio especial en el edificio anexo, y la de los recitales al aire libre, en los que me acompañaban un grupo de amigos, entre los que había algunos actores. El grupo estaba formado por Gastón Melo, Martha Verduzco, Enrique Lizalde, Elda Peralta, Carlos Bracho, Eduardo Lizalde, Luis Antonio Camargo, y ocasionalmente, Rosenda Monteros y María Teresa Rivas.

Fue el primer grupo de poesía coral que hubo en México, en toda mi experiencia teatral y personal no recuerdo otro. Varios años más tarde hubo un grupo muy bueno: "Los Mascarones", creo que lo dirigió Mariano Leyva, y colaboraron con él algunos de mis alumnos de la Escuela de Teatro del INBA.

El grupo de poesía coral de La Casa del Lago constituyó todo un acontecimiento para los que participamos en él, que éramos y somos devotos de la poesía, como Eduardo Lizalde (a quien siempre le he envidiado esa maravillosa voz de bajo profundo). En especial a Eduardo y a mí nos ha gustado mucho leer la poesía en voz alta, gozamos mucho esa experiencia de compartir con la gente nuestra afición.

Foto: Ricardo Salazar, 1959.

Para 1959, los recitales ya los hacíamos en el salón principal, y hubo gente que llegaba desde dos horas antes de que comenzara la función. Recitábamos poesías de Pablo Neruda, Federico García Lorca, Nicolás Guillén, Francisco de Quevedo, César Vallejo, Lope de Vega, Gonzalo de Berceo, Carlos Pellicer, Ramón López Velarde, Xavier Villaurrutia y de todos los poetas importantes del pasado y del presente.

La inauguración formal de La Casa la hicimos el 15 de septiembre de 1959, durante ese día hubo diversas actividades desde la mañana hasta ya entrada la noche. Por la mañana inauguramos, con la presencia del rector y de los funcionarios universitarios, una de las exposiciones más importantes, que considero fue única en su género, de obras de artistas famosos que estaban en colecciones particulares, por ejemplo: una cabeza de Cristo, de Alberto Durero, que pertenecía a la colección de Nicolás González Jáuregui; un óleo de El Greco, pintado en el taller de Tintoreto, propiedad de los hermanos Gutierre y Carleto Tibón, un José de Ribera, El Españoleto, que podría estar ahora en el Museo del Prado. El cuadro más valioso de la exposición era el retrato de la célebre dama doña Cristina de Gonzaga, ejecutado nada menos que por Pisanello. Entre los coleccionistas que nos prestaron sus cuadros, aparte de los ya mencionados, estaban también Eduardo Suárez y Rodolfo Stavenhagen.

La gente que visitó la exposición no creía lo que estaba viendo, por primera vez se realizaba una muestra exclusiva de obras de coleccionistas mexicanos que nunca se habían exhibido en público y que sólo mi amigo José Gual, director del Museo de San Carlos, era capaz de organizar en esa época; el mismo Gual no conocía algunas de las obras que se expusieron.

Por la noche, La Casa estuvo iluminada en todo su esplendor, y preparamos un espectáculo que cautivó a cientos de personas que estaban paradas alrededor del lago mayor. Lanzamos una panga, que era en realidad una gran tarima muy bien armada, hasta el centro del lago. Sobre ella iban un mariachi y un grupo de ballet folclórico. Los músicos comenzaron a tocar y los bailarines a bailar y aquello se convirtió en un gran espectáculo, era la primera vez que se bailaba sobre las tranquilas aguas del lago; por si fuera poco, lanzamos luces de bengala sobre los bailarines. Todo fue maravilloso, yo estaba muy contento de haber logrado entretener y recibir dentro de La Casa del Lago al público que asistió a esa gran verbena popular.

El primero de junio de 1960, el presidente Adolfo López Mateos inauguró en La Casa del Lago una exposición de pintura y de modelismo naval con motivo del Día de la Marina. Durante su visita, recorrió las instalaciones y platicó largo rato conmigo; yo no lo había vuelto a ver desde su gira de campaña; él se mostró interesado en saber si estaba contento con mi trabajo al frente de La Casa, y cuando se despidió de mí, me preguntó por Orso, quería despedirse de él antes de subir a su Mercedes negro.

Los tres años que estuve como director de La Casa del Lago fueron de una intensa actividad que ahora recuerdo con envidia. Todos los días recibía personas que me visitaban tanto en mi trabajo como en mi propia casa de Río Elba. Había dos grupos: el de los ajedrecistas y el de los escritores. Algunos se mezclaban, como Eduardo Lizalde, que era recitador, jugador de ajedrez y poeta, algunas veces hasta cantó en mi casa. Su hermano Luis, gran ajedrecista, se convirtió en uno de mis mejores amigos, con él compartí muchos años de vida y ajedrez; lamenté mucho su muerte prematura, pero él ya no quería vivir. Martín Reyes Vayssade, ajedrecista y escritor, andaba siempre dedicado a tareas políticas, creo que una vez le ayudamos a salir de la cárcel. Carlos Bracho, actor y escritor. Carlos Payán, hombre de ideas y periodista. José Emilio Pacheco, poeta enamorado de Lilian Porter. Homero Aridjis, recién llegado de Michoacán, con su libro de poemas *La musa roja*. Gelsen Gas, pintor y poeta, dedicado al fisicoculturismo y a las "semitas". Rubén Broido, vendiendo los Cuadernos del Unicornio. El ajedrecista Galicia, coyote del "metropoliantro". Fernando Villanueva, más conocido como El Conde de Lautréamont, librero empedernido. Las bellas del grupo: Beatriz Espejo, Fanny Slomiansky, Yuriria Yturriaga y Fanny Sbirsky. Los autores fugaces, Fernando del Paso y Tita Valencia. Miguel González Avelar y Fernando Zertuche, dos jóvenes abogados con aspiraciones de presidentes. Lupita de León, mi asesora financiera, inventó un día que los asistentes a los talleres me tenían que pagar algo. La lista sería interminable, pero siempre he creído que es una lista memorable.

Foto: Ricardo Salazar, 1959.

Luego vendrían los ajedrecistas de planta: Néstor González Jerez, Enrique Basauguren, Alfonso Ferriz Carrasquedo, campeón nacional, Pablo Palomino, Luis Antonio Camargo, Javier Molina y el capitán Fernando Soto Larrea.

A esta lista habría que agregar otros nombres de amigos: Pita Amor, Rafael Sánchez Ventura, Carlos Solórzano, Héctor Azar, Gerhard Muench y su esposa Vera.

De 1958 a 1960, me desempeñé como director de La Casa del Lago, maestro de la Escuela de Teatro del INBA, y del Centro Mexicano de Escritores, conferencista, editor de los Cuadernos del

En su club de ajedrez de la calle de Varsovia, 1957.

Unicornio y en mis ratos libres me dediqué a escribir, a jugar ajedrez y pimpón, y a dirigir un taller de creación literaria en mi casa.

En estos años de mi vida me entregué a los demás, son los años en que más me he dado, realicé una actividad cultural y vital de manera febril.

Esta maravillosa época terminó cuando salió el rector Nabor Carrillo de la Universidad, a principios de 1961. Con el ingreso del doctor Ignacio Chávez a la Rectoría, un grupo reunido en torno a Jaime García Terrés aprovechó la ocasión para darme un golpe de Estado. Jaime se sintió fuertemente apoyado por su suegro, que era el nuevo rector, y yo tuve que dejar el más bello y honroso puesto que tuve en la Universidad.

La estrecha relación entre el gobierno, la Universidad y el partido en el poder fueron creando dentro de la Universidad procedimientos de tipo político parecidos a los implantados por el sistema. La expulsión ignominiosa del propio doctor Ignacio Chávez no fue otra cosa que el resultado de las acciones emprendidas por colaboradores cercanos a Gustavo Díaz Ordaz, quien pocos años más tarde se enfrentó de nuevo con la Universidad, siendo rector don Javier Barros Sierra. La actividad de los grupos políticos universitarios, estudiantes, profesores, empleados y funcionarios, acabó, agotó las posibilidades de que la Universidad se convirtiera en el eje del desarrollo de México.

En sus ya casi cuarenta años de vida, La Casa del Lago sigue esperando una actitud más real de parte de las autoridades universitarias. En el México actual, la cultura ya no puede esperar ni recibir tan poco de tantos.

Haciendo a un lado la parte negativa de mi experiencia en Poesía en Voz Alta, durante mi gestión como director de la Casa del Lago me mantuve alejado de los grupos políticos que rondaban la Dirección de Difusión Cultural, y para desarrollar las principales tareas invité a un gran número de personas ajenas a la burocracia universitaria. Saqué la Universidad a la calle. La palabra Universidad significa también diversidad, unidad en la diversidad, porque creo que la cultura es algo que debe compartir la sociedad con la Universidad y no a la inversa.

La idea de la extensión cultural es peligrosa, ya que da a entender que ésta es la parte que la Universidad es capaz de compartir con la sociedad, pero esto es totalmente falso, ya que la cultura verdadera no es universitaria. Por otra parte, tampoco se puede hablar de una cultura universitaria, porque la mayoría de los universitarios se norman más bien dentro de la cultura de la humanidad y de la sociedad a la que pertenecen.

Es mejor decir difusión cultural que extensión cultural. La Universidad actual está destinada a desaparecer, en la medida en que se ha alejado de la sociedad. Este fenómeno es universal, pero en el caso de México, la Universidad se convirtió en una utopía.

Una señal de alarma es que sean los propios universitarios los que dirijan la cultura universitaria. Otro síntoma grave es que ya el gobierno y el partido en el poder no necesitan de la Universidad como antes para fortalecer su poder político; la impulsaron en tanto les servía como formadora de líderes para retroalimentar las estructuras burocráticas del gobierno y las del partido. En México la revolución sí pasó por la Universidad.

La Universidad ya no garantiza hoy al sistema político su permanencia en el poder, por eso está en crisis, y su futuro económico es incierto, en la medida en que cada día más jóvenes se quedan sin poder ingresar a una Universidad que fue concebida para el pueblo, me refiero naturalmente a la Universidad que surgió después de la "revolución interrumpida".

Coincido con Gabriel Zaid cuando se pregunta de qué nos han servido tantos universitarios en el poder, si de alguna manera todos han fracasado, y muchos de ellos se convirtieron en enemigos de la sociedad, más que en sus protectores. Para que cambie México, lo primero que debe cambiar es la Universidad.

Libro Cuarto

CUBA ES UN SON

Un acontecimiento importante en mi vida ocurrió en 1958. A principios de ese año, acompañé a Adolfo López Mateos a su gira de campaña por Jalisco. Desde finales de 1957, Luis Echeverría Álvarez me llevó a mi casa la invitación para la campaña.

Recuerdo que le conté a Luis que aceptaba la invitación, pero que debido a mi estado de salud yo necesitaba llevar un acompañante, condición que aceptó sin ningún problema, lo que me hizo sentir más tranquilo. Mi acompañante de siempre era mi hermano Antonio, que vivía conmigo desde que se vino a estudiar la preparatoria y luego la universidad. Precisamente en esta última hizo amistad con un grupo de amigos que luego me llevó a presentar a la casa, eran si mal no recuerdo: Miguel González Avelar, Fernando Zertuche Muñoz, Martín Reyes Vayssade y creo que también Sergio García Ramírez, todos ellos publicaban la revista *Medio Siglo* de la Facultad de Derecho, que tuvo varias épocas. Poco tiempo después, estos jóvenes me llevaron a leer sus escritos, cuento, ensayo, e hicimos una amistad en torno a eso y al ajedrez. Cuando uno de ellos, Miguel González Avelar, se enteró de que mi hermano Antonio no me podía acompañar a la campaña de López Mateos, que por cierto fue a la primera que fui invitado por un candidato a la presidencia de la República, me dijo muy amable: "Si usted quiere yo con mucho gusto lo acompaño", me quedé pensando en su oferta y sin pensarlo mucho le dije que se alistara. Todo esto ocurrió previamente a mi ingreso a La Casa del Lago.

Con Adolfo López Mateos, en un acto conmemorativo de la República española en México, 1960.

Ante las formalidades que exige una campaña política, Miguel asumió un papel como de secretario particular, y su desenvolvimiento fue notable en ese medio ajeno a mí, era como si el joven abogado conociera ya los secretos de la alta política. Felizmente, durante la campaña necesité poco de sus servicios y él aprovechó la oportunidad para servir en todo momento a la señora doña Eva Sámano de López Mateos, a quien conoció en uno de los recorridos de la campaña en los que creo recordar viajó a su lado. Miguel sostuvo desde entonces una amistad con la señora López Mateos que duró muchos años, creo que durante algún tiempo fue director de una escuela que era propiedad de ella o cuyo patronato había fundado la señora.

Yo me sentí feliz de recorrer regiones de mi país en las que no había estado nunca, recuerdo que el candidato y yo nos deleitábamos viendo a las muchachas de los Altos con sus trajes charros, todo era fiesta y verbena en aquellos tiempos; algunas noches platiqué con el candidato hasta altas horas de la madrugada y nos tomamos una copa de coñac, mientras hablábamos de poesía y de nuestras experiencias en la radio, ya que como dije al principio de estas memorias, don Adolfo fue un notable orador y locutor en los años treinta.

Lo único que logré después de la gira de campaña es que muchas gentes de Jalisco, y especialmente de mi pueblo, me vieran como amigo del presidente y me pidieran diversos tipos de ayuda, desde favores pequeños hasta grandes tonterías. Yo nunca le he pedido nada a nadie, me refiero a funcionarios y a presidentes, he sido y seguiré siendo una persona totalmente ajena a las cuestiones políticas y administrativas, lo único que me interesa es el bien de mi país.

Cuando los colaboradores de López Mateos se enteraron de que yo había salido de La Casa del Lago, me ofrecieron todo tipo de ayuda, pero yo les comenté algo que los sorprendió, les dije: "Muchas gracias por su apoyo, pero yo me voy a Cuba a atender una invitación que me hizo Haydée Santamaría, directora de la Casa de las Américas".

Al poco tiempo, viajé a Cuba, en compañía de mi familia, para atender un taller de creación literaria. Había visitado la isla el año anterior en calidad de miembro del jurado del Premio de Literatura Casa de las Américas, y a partir de ese viaje hice amistad con las personas de esa institución. Recuerdo que en ese primer viaje saludé a Fidel Castro, y nos invitaron a todos los integrantes del jurado a asistir a un acto cívico en la Plaza de la Liberación, en el que habló Fidel y a mí me sentaron en el *presidium*. Durante el acto se escucharon disparos y todos nos tiramos al suelo; fue un atentado en el que afortunadamente no hubo víctimas, pero sí un gran susto. Los disparos se hicieron desde un automóvil en marcha.

Respecto a mi viaje a Cuba, yo quisiera recordar algunos antecedentes en estas memorias. Desde mediados de los cincuenta, poco antes, frecuentaban mi casa varios escritores centroamericanos y sudamericanos, algunos de ellos eran asilados y otros perseguidos políticos en sus países de origen, como el caso de Ernesto Mejía Sánchez, que fue perseguido por la dictadura de los Somoza, y José Luis González, puertorriqueño, quien me hablaba de Fidel, de Raúl y de Ernesto como si se tratara de unos aventureros que andaban organizando por la ciudad de México y el estado de Veracruz un movimiento armado para liberar a Cuba de las garras de la dictadura batistiana. En ese tiempo, yo lo escuchaba como si me estu-

Durante su estancia en Cuba, 1961.

viera contando una gran novela llena de realismo, por los detalles que José Luis me narraba de manera minuciosa. Un día me dijo: "Supe que quieren conocerte y te van a venir a buscar para que les ayudes, pero ten mucho cuidado con lo que te digo, son aventureros muy peligrosos, los anda buscando la policía". Yo me quedé intrigado por dos razones: la primera era para qué deseaban hablar conmigo si no eran escritores, y la segunda, en qué querían que les ayudara.

Como no tenía respuesta para ninguna de las dos preguntas, me quedé muy tranquilo pensando que las ideas de mi amigo eran pura fantasía.

Lo único cierto es que ellos vivían en ese tiempo en la colonia Cuauhtémoc, y por lo tanto éramos vecinos de colonia. Al único que recuerdo haber visto accidentalmente fue a Fidel Castro comprando carne en la misma carnicería en que a mí me fiaban: La Flor de la Colonia, propiedad de un hombre generoso, Eduardo Guerrero, conocido por mi familia como Lalo, casado con la hija del líder sindicalista Hernán Laborde, y padre de Patricia Guerrero, maestra de mis nietos. Creo que era la época en la que Fidel vivió unos meses en un pequeño hotel ubicado en Río Nilo y Melchor Ocampo, propiedad de un español muy simpático, Manolo Mantecón.

También por esa época, Fidel y sus amigos asistían a un café de la cadena Kikos, ubicado en la glorieta de Melchor Ocampo. De este tiempo recuerdo una anécdota muy curiosa. Una tarde de 1954 o de 1955, un fotógrafo ambulante les tomó unas fotos a mis hijos y a unos amiguitos de ellos, que andaban jugando en uno de los prados del Paseo de la Reforma, ubicado entre el tramo que va de lo que era lo glorieta de Río Misisipi y el monumento al Ángel de la Independencia, esas fotos las llevó después el fotógrafo a mi casa, son tamaño postal, en blanco y negro. Yo compré todas las fotos, y estuve platicando con el fotógrafo, recuerdo a un hombre de estatura normal, de cabello negro y de ojos tristes, de tez blanca y más bien delgado, que luego un amigo me dijo que era el Che, que andaba por la colonia Cuauhtémoc ganándose la vida como fotógrafo ambulante en toda esa zona y en el Bosque de Chapultepec. Yo nunca he podido confirmar estos hechos, pero sí sé que el Che anduvo de fotógrafo ambulante y vivió por ahí.

La presencia de los revolucionarios llegó a sentirse en la vida cotidiana de la colonia Cuauhtémoc, y entre los amigos que frecuentaban mi casa había muchos rumores. Fue la época en la que comenzaron a aparecer algunos agentes de la CIA, que se presentaban como escritores o estudiosos de la literatura y de la historia de México. Todos estos rumores fueron confirmados más tarde por dos hechos: La detención de Fidel Castro y de su grupo de amigos, su traslado a la Ciudad de México, a unas oficinas que estaban frente al monumento de la Revolución, y su rescate encabezado por el general Lázaro Cárdenas, y luego su posterior desembarco en 1956 en una playa de Cuba.

Todos estos hechos, contemporáneos a los mejores años de mi vida, le dieron un sentido de profundidad a mi pensamiento político y por qué no decirlo, también un sentimiento de heroicidad. Uno está acostumbrado a que la vida pase frente a uno, pasivamente, pero yo en esos años no era pasivo, nunca lo he sido. Cuando traté a los refugiados españoles comprendí que hay que luchar por lo que uno cree y siente, la vida no sería vida si uno no está un día dispuesto a darlo todo por cambiar el mundo, cuando éste ya no nos satisface, por eso hoy, a mis ochenta años de edad, lo único que quiero es morir, porque el mundo que me rodea no me satisface, desde hace años que el mundo terminó para mí, en 1940.

La gente ha olvidado muchas cosas, no sé si por cobardía o comodidad y por interés, pero estoy convencido de que los hombres pagamos caro nuestro olvido.

El 17 de marzo de 1961, llegué a Cuba, por segunda vez, acompañado por mi esposa Sara y mis hijos Claudia, Fuensanta y Orso. Volamos en un viejo avión Constellation, durante seis horas. En el aeropuerto José Martí de La Habana fuimos recibidos por una noche tibia y perfumada por el olor del tabaco. Un trío como el de Carlos Puebla interpretó algunos sones muy bellos, y luego nos trasladamos al hotel del Instituto Cubano de Amistad con los Pueblos, que era en realidad el Hotel Rosita de Hornedo, ubicado en el Reparto Miramar.

A la semana de haber llegado, me integré a las actividades de la Casa de las Américas y al poco tiempo tuve a mi alrededor a un grupo de escritores, con los que se constituyó el taller de creación literaria.

Pronto hice amistad con el grupo de maestros y colaboradores de Haydée Santamaría, entre los que estaban Edmundo Desnoes y su esposa María Rosa Almendros, Roberto Fernández Retamar, Antón Arrufat, Fausto Massó, Roberto Robayna, Lisandro Otero, Marcia Leiseca y Pusy, una amiga de la que no recuerdo su nombre ni sus apellidos.

Con todos ellos me veía a diario en mi trabajo y algunos nos visitaban en la casa. Entre los miembros del taller literario recuerdo sólo a unos cuantos, a Soler Puig, a Llopis y a José Triana, hermano de una linda muchacha, Lida Triana, que luego me escribió para que la ayudara a venirse a México.

Al mes de haber llegado, el 15 de abril de 1961, que era un sábado, hubo un bombardeo sobre un aeropuerto militar de La Habana, ubicado en Ciudad Libertad. Esa mañana despertamos asustados por el ruido de las bombas y de tres aviones que volaban rasantes sobre nuestro hotel, incluso los micilianos de guardia lograron hacer disparos sobre ellos.

Ese mismo día hubo otros bombardeos sobre los aeropuertos de Santiago y de San Antonio, en el interior del país. Hubo alarma general y, durante una reunión que tuvimos en el hotel, se acordó que las personas que lo desearan podían dormir en los sótanos, en previsión de un nuevo ataque aéreo. El domingo hubo una tensa calma, y el lunes por la mañana muy temprano mi hijo Orso se fue a su escuela, que estaba precisamente en Ciudad Libertad, en una orilla de La Habana. Cuando todo parecía normal, cerca del mediodía, escuchamos un fuerte rumor por todo el hotel de que Cuba estaba siendo invadida por el centro de la isla, todo era confusión, mucha gente se apresuró a salir del hotel rumbo al aeropuerto o al Puerto del Morro, con la idea de treparse en lo primero que encontrara. Mi esposa Sara, mis hijas y yo nos quedamos a esperar el regreso de Orso, que se nos hizo eterno, llegó ya entrada la noche y nos contó que no lo dejaron salir de la escuela hasta que Pusy mandó a su amiga Marcia Leiseca, que trabajaba con Armando Hart en el Ministerio de Educación, cercano a la escuela de Orso, para que lo recogiera de manera oficial y lo llevara con nosotros.

Un hecho histórico, digno de ser recordado, es que el domingo 16 de abril, durante el entierro de las víctimas del bombardeo del sábado, Fidel en su discurso luctuoso, anunció oficialmente que la Revolución cubana se declaraba ante el mundo como una revolución socialista, la primera de América. A partir de ese momento, todo cambió en Cuba, para muchos cubanos las cosas cambiaron tanto como no se imaginaban. Lo que pasó es que Fidel no tuvo tiempo, como decimos, de "montar en su caballo", ya que creía que los Estados Unidos apoyarían militarmente la invasión y que él no podría salir solo adelante, sin la ayuda de los países socialistas; la invasión en este sentido tuvo un costo muy alto para los cubanos y para los Estados Unidos, nunca se imaginaron que la invasión provocaría un cambio tan extremo; Estados Unidos, al apoyar al grupo invasor, nunca pensó que Cuba se convertiría en un vecino incómodo.

La parte que no ha quedado clara del asesinato del presidente John F. Kennedy, podría estar relacionada con el hecho de que para los Estados Unidos significó una derrota militar el que a unos kilómetros de sus fronteras un país estableciera una base militar cuyo potencial hasta el día de hoy sigue siendo un secreto, aun después de la famosa guerra de los misiles, en la que los barcos rusos desafiaron a los guardacostas norteamericanos.

En el Hotel Rosita de Hornedo se hospedaban también otros mexicanos: el singular periodista viajero José Natividad Rosales, reportero de la revista *Siempre!*, enviado especialmente para cubrir la información relacionada con la invasión de Bahía de Cochinos, ubicada en Playa Girón. También andaba por ahí Eraclio Zepeda, en ese entonces joven revolucionario y eterno estudiante que viajó por todos los países socialistas al igual que muchos otros latinoamericanos, que gozaron del apoyo y de la simpatía de esos países. Recuerdo que una tarde por poco matan a mi hijo Orso y a Laco durante una extraña balacera que ocurrió en el *lobby* del hotel del Instituto Cubano de Amistad con los Pueblos, cuando platicaban con unos amigos. Uno de ellos perdió un ojo y otros quedaron heridos, pero no de gravedad; a Orso, que tenía diez años, le ayudó su baja estatura, nada más le dejaron una pierna entumida por el impacto de una bala calibre M1 que se estrelló contra el piso de mármol muy cerca de su pie. Nunca supimos qué pasó, las versiones fueron vagas y todo mundo aceptó que a unos guardias se les habían ido algunos tiros por accidente.

La verdad es que mi hijo se familiarizó con las armas de aquella época y conoció de cerca los rifles Fal, las ametralladoras checas, los cañones navales y las ametralladoras antiaéreas conocidas como "cuatro bocas", que estaban instaladas por toda la playa. Se hizo amigo de los milicianos y lo dejaban ver a través de los catalejos los portaviones norteamericanos que estuvieron muchos días parados frente a La Habana, pero en aguas internacionales.

Del Hotel Rosita de Hornedo nos cambiamos a un departamento que estaba en el Vedado, exactamente a la vuelta de una de las grandes cafeterías de La Habana, El Carmelo, famosa por sus mantecados. La entrada a El Carmelo era muy grata, se quedaba uno embriagado con el aroma a tabaco que impregnaba todo el salón. Yo iba a comprar pan de ajo y de cebolla y algunas latas de chorizo de cantimpalo, que cada dos o tres meses traía al puerto de El Morro un hermoso barco, el carguero español Covadonga, que era de color blanco y negro.

Posteriormente a los días de la invasión, comenzó a escasear casi todo. Sara cocinaba con la exquisita manteca que venía de regalo en las latas de chorizo; para nosotros era un manjar cocinar con aquella manteca que era aprovechada gota por gota. Cuando eso se acabó, porque tenía que llegar ese día, no nos quedó más remedio que entrarle a la manteca rusa, que traía de cabeza a todas las amas de casa cubanas. Pronto el sabor de la comida cubana cambió por la manteca rusa: el fricasé de pollo, los chatinos, los *petit-pois* y el boniato ya no eran lo mismo. El único refresco que se podía tomar era la Materba. Había un anuncio muy cruel que decía: "Todos en Cuba toman Materba, Materba fría es bien digestiva". Otro anuncio de la radio era: "Ese buchito de las tres de la tarde, que sea café Pilón". Todos los días Sara escuchaba las canciones de Barbarito Díez. Cuando ya Orso no pudo ir a Ciudad Libertad, lo mandé a tomar un "cursillo" con una vieja mulata que cocinaba y planchaba la ropa al mismo tiempo que les daba clases a unos niños.

Sara se llenó de pánico cuando se enteró de que no había jabón. Tuvimos que peinar todas las tiendas de la zona en busca de uno, no importaba su costo, lo que queríamos era tener jabón.

Mientras eso pasaba, nos enteramos que varios de nuestros amigos habían tomado la decisión de salir de Cuba, cada caso se comentaba entre el círculo de amigos como si la persona se hubiera muerto, decían compungidos: "¿Cómo es posible que fulano de tal se haya ido a refugiar a tal embajada?".

Volviendo a los días posteriores a la victoria de las milicias cubanas sobre los invasores, noticia que corrió por toda la isla, Fidel visitó el Instituto Cubano de Amistad con los Pueblos y nos agradeció el apoyo que un grupo de invitados especiales del gobierno cubano le dimos, durante la invasión, cuando a través de Radio Habana Cuba hicimos un llamado a nuestros pueblos a defender la Revolución cubana.

Ese día, desde que Fidel bajó de su automóvil, un Impala color verde olivo, mi hijo Orso se acercó a saludarlo y Fidel le acarició la cabeza. Orso le dio una moneda de México, que Fidel guardó en su bolsillo. Caminaron juntos hasta el salón principal del hotel, donde se improvisó un pequeño estrado, con mesas, para que Fidel se subiera y desde ahí pronunciara un discurso.

Al término de éste todos cantamos la Internacional. Fue un momento muy emotivo, en el que todos nos comprometimos a defender a Cuba. En ese discurso Fidel habló mucho y muy bien del apoyo de México.

Pasados los días de gran agitación, seguí trabajando con los miembros del taller de creación literaria sin imaginarme que muy pronto entraría en conflicto con algunos creadores que yo llamaría ahora radicales o extremistas de la revolución. No hay que olvidar que en toda revolución, desde la francesa, hay radicales y extremistas.

Recuerdo que mi regreso de Cuba, en cierta medida mi alejamiento de la Revolución cubana, no del pueblo de Cuba, se originó en un debate sobre el nuevo cine cubano, al que fui invitado por Haydée Santamaría, directora de la Casa de las Américas, un poco con la idea de aportar algunas opiniones de mi experiencia personal que ayudaran a enriquecer el diálogo. En esas circunstancias, cuando terminó de proyectarse un cortometraje sobre Fidel y la revolución, los responsables de la filmación, el director y el camarógrafo, recibieron una serie de críticas sobre la forma en que se presentaban los hechos. Desde ese momento, una parte de los invitados se puso en contra de los realizadores y otra a su favor. La discusión creció de tono y en algún momento yo intervine tratando de calmar los ánimos. La verdad es que por primera vez escuché que querían hacer un nuevo cine, un nuevo arte, una nueva literatura, un arte socialista, comunista, renegando de toda la historia, tal vez de la historia de ellos nada más, pero olvidando la realidad del mundo en que vivían, creo que eso le ha pasado mucho a la Revolución cubana, el hecho de ser Cuba una isla la alejó de la realidad, y el hecho de no tener fronteras más que con el mar, la hizo caer en la utopía de un mundo feliz, yo creo que se llegó a la idea de que era capaz de construir desde un tornillo hasta un submarino atómico, pero a casi cuarenta años de revolución no ha sido posible en términos reales —incluyendo el bloqueo económico de los Estados Unidos y la desaparición de la Unión Soviética—, que Cuba sea autosuficiente en la producción de algunos productos básicos. Es indudable que en medicina y en otros campos de investigación científica supera a muchos países latinoamericanos, pero Cuba sigue padeciendo hasta el día de hoy la falta de muchos bienes de consumo que, sin ser suntuosos, son de primera necesidad.

Después de esa reunión con cineastas y escritores cubanos, ya no me sentí a gusto con mi trabajo en Casa de las Américas, me di cuenta de que mi estancia en Cuba ya no tenía sentido, puesto que poco a poco los intelectuales del Partido Comunista se irían adueñando de todo.

Nunca en la vida he puesto mi literatura al servicio de una causa política, en América Latina hubo un momento en que hasta escritores reaccionarios y derechistas, como Mario Vargas Llosa, se colocaron dentro de ese movimiento artificialmente inventado por casas editoras de España, que dieron en llamar el "*boom* latinoamericano". Supuestamente, los escritores etiquetados bajo este movimiento eran todos de izquierda, por ejemplo: Carlos Fuentes y Gabriel García Márquez. Era una época en que la presencia de las guerrillas en varios países latinoamericanos se volvió un hecho común, cotidiano. Se pensaba mucho, yo creo que demasiado, en la responsabilidad de los intelectuales como parte del proceso revolucionario. Ni mi persona ni mi literatura tenían cabida dentro de esa idea renovadora. Los críticos revolucionarios me juzgaron igual que los que en México me llamaron afrancesado y extranjerizante.

Curiosamente, cuando publico mi novela *La feria*, en 1963, Rosario Castellanos y Fernando Benítez escribieron algunos comentarios críticos en el sentido en que yo me había alejado de mi estilo, digamos universal, para acercarme a la realidad del México indígena, cosa que a Fernando Benítez le gustó mucho. La novela *La feria* fue muy bien recibida por todos aquellos que me juzgaban incapaz de escribir sobre temas del México indígena y sobre los problemas de la tenencia, la propiedad de las tierras indígenas y de nuestro país, que en mi opinión no pudo resolver la tan llevada y traída reforma agraria.

Recuerdo que en el atrio de la iglesia de Zapotlán fueron quemados varios ejemplares de *La feria*, acto patrocinado por algunos caciques de la región, ya que en la novela hablo del despojo de tierras que les hicieron a los dueños originales del valle de Zapotlán: los tlayacanques.

Volviendo a Cuba, quisiera dejar testimonio de mi último encuentro con Fidel Castro, durante una recepción que organizó la embajada de Cuba en México, no recuerdo el motivo de la visita de

Fidel, pero el caso es que Gabriel García Márquez me llevó ante Fidel y le dijo: "Te presento a Juan José Arreola, que es el escritor que más me gusta, después de mí". En ese momento cerca de Fidel estaba Carlos Rafael Rodríguez, a quien yo ya conocía de muchos años atrás. Yo sé que no era fácil que Fidel se acordara de mí, digamos que habían pasado más de veinte años desde mi estancia en Cuba, pero de todos modos sentí raro que me lo presentara Gabriel, quien seguramente tampoco sabía que yo viví en La Habana en 1961. Fue una presentación extraña. Sin duda, Fidel ha saludado a miles, tal vez millones de personas, y creo que cuando saluda ya no sabe si él mismo es Fidel Castro, sobre todo el de la Sierra Maestra.

LA REVISTA *MESTER*

¿Y la Literatura? No he tenido tiempo de ejercerla. Pero he dedicado todas mis horas libres para amarla. Amo el lenguaje por sobre todas las cosas y venero a los que mediante la palabra han manifestado el espíritu: desde Isaías a Franz Kafka. Desconfío de casi toda la literatura contemporánea. Vivo rodeado por sombras clásicas y benévolas que protegen mi sueño de escritor. Pero también por los jóvenes que harán la nueva literatura mexicana: en ellos delego la tarea que no pude realizar. Para facilitarla, les cuento todos los días lo que he aprendido en las pocas horas en que mi palabra ha estado gobernada por el otro. Lo que oí, un solo instante, a través de la zarza ardiente.*

Como ya he referido en páginas anteriores, mi labor de promotor de talleres tuvo su origen en el Centro Mexicano de Escritores, cuando la señora Margaret Sheed me encargó que atendiera a un grupo de aspirantes a becarios que no habían logrado ser aceptados en la tercera promoción que llevó a cabo el Centro allá por 1954.

En este año inicié, solo, la segunda época de la colección Los Presentes. En esa época recibía en mi casa a muchos escritores y de manera individual trabajé con ellos revisando y corrigiendo sus

* Fragmento del texto de presentación del programa de mano de las conferencias "Dicha y desdicha de la literatura castellana en América" y "Los años de mi vida y mis horas de escritor", impartidas en la Universidad de Indiana en Bloomington, el 12 y el 15 de abril de 1966.

Juan José Arreola, Felipe García Beraza, Juan Rulfo, Margaret Sheed y Francisco Monterde, en el Centro Mexicano de Escritores, 1963.

textos. No tenía propiamente un taller en mi casa, pero hacía un trabajo similar al del Centro Mexicano de Escritores.

Continuando con la idea anterior, en 1958 fundé en mi casa de Río Elba 32 un nuevo taller de literatura, al que también ya me referí en su momento, al hablar de los Cuadernos y los Libros del Unicornio.

A mi regreso a México, después de estar en Cuba, me reintegré a mi trabajo de asesor literario en el Centro Mexicano de Escritores y retomé mis clases en la Escuela de Teatro del INBA, en donde había dejado como maestro interino a Enrique Lizalde. Durante esta etapa de mi vida me buscaron algunos escritores para mostrarme su trabajo con la idea de que yo les diera mi opinión y los orientara.

En 1963 caí gravemente enfermo: tuve una hemorragia precisamente el día en que fui a ver a mi médico de cabecera, el poeta Elías Nandino, quien entre muchos favores que me hizo fraternalmente, operó a mi hijo Orso de apendicitis. En aquella ocasión, Elías me sacó a flote de una crisis que yo creí mortal, y como a los tres meses el doctor Conrado Zukerman me operó el píloro y el duodeno y me quitó medio estómago. Zukerman me dijo al día siguiente de la operación: "Lo felicito, a partir de ahora usted es un hombre con un estómago nuevo"; la operación fue todo un éxito, pues ya llevo viviendo treinta y cinco años de mi vida con mi nuevo estómago. Lástima que no haya operaciones para quitar los males de la cabeza. Esos ningún psiquiatra me los ha podido quitar.

Durante la convalecencia de mi operación, me puse a ordenar mis papeles y me encontré con algunos textos de carácter biográfico que había escrito desde principios de los cincuenta, los reuní en una carpeta y comencé a leerlos, me gustaron y me puse a ordenarlos. Pronto descubrí que aquellos textos eran parte de una novela cuyo personaje principal era mi padre, y el pueblo de Zapotlán giraba en torno a él, sobre todo aquellos personajes tan singulares que conocí siendo niño y que se me quedaron grabados para siempre, más por sus defectos que por sus virtudes, algunos de ellos fueron caciques que explotaron y despojaron de sus tierras a los tlayacanques. Creo que *La feria* es una novela oral, en la que se escuchan las voces de todo un pueblo y, como ya he dicho, la voz de mi padre es el hilo conductor. Desde que James Joyce escribió *Ulises* quedó demostrado que no hay recetas para escribir una novela, sobre todo cuando se piensa en la novela tradicional del siglo XIX que tenía una estructura y una trama lógicas. Pero no, los recursos literarios que tenga cada quien, que posea cada quien, sobre todo el que la escribe, son los que determinan el estilo, el carácter de una novela.

Nunca tuve la idea de escribir una novela tradicional, ni lo pensé ni me hubiera interesado hacerlo. En ese sentido *La feria* es distinta a todas las novelas que se han escrito en México. Sobre todo porque representa el habla popular de una región geográfica de nuestro país: el sur de Jalisco donde yo nací. Siempre me ha cautivado la manera de ser y de hablar de las gentes del Zapotlán que vive en mi memoria, digamos el de 1950 para atrás.

Cuando escribí la novela tuve oportunidad de hablar con Juan Tepano, primera vara tlayacanque, autoridad principal de los indígenas de Zapotlán, quien de viva voz me contó las luchas de sus antepasados por recuperar sus tierras en el valle de Zapotlán. También consulté algunos textos relacionados con la historia de Jalisco. Todo esto contribuyó a darle a la novela un sentido social. Cuando juzgué que estaba terminada, se la llevé a Joaquín Díez Canedo y él la publicó en su serie El Volador.

Al concluir este período de convalecencia y de trabajo, me incorporé a mis actividades, en el Centro Mexicano de Escritores y en la Escuela de Teatro del INBA. En el Centro trabajé con gusto en una de sus mejores etapas, junto con Juan Rulfo y don Francisco

Federico Álvarez, Carlos Barral, Carlos Fuentes, Juan José Arreola, José Emilio Pacheco y Vicente Rojo, en la casa de Joaquín Díez-Canedo, 1963. Foto de Ricardo Salazar.

Monterde, quienes tuvimos la satisfacción de tener de becarios a escritores como Fernando del Paso, Salvador Elizondo y Jaime Sabines. Cuando Jaime escribió su poema a su padre, el mayor Sabines, Salvador su novela *Farabeuf* y Fernando su primera y magnífica novela *José Trigo*, que como todos los libros importantes que se escriben en México, estuvo olvidada por los lectores y los críticos durante largo tiempo.

A principios de 1964 me invitaron a dar una charla al Instituto Nacional de la Juventud Mexicana, el Injuve, en la que, entre otras cosas, un grupo de jóvenes que se interesaban por la literatura me pidieron que les diera algunas pláticas. En esa ocasión conocí a Horacio Juván, quien tuvo algo que ver con el inicio de un taller literario en el Instituto, que impartí en una casa ubicada en la colonia Cuauhtémoc que le prestaban al Injuve y a la que recuerdo haber ido tres o cuatro veces nada más, ya que las clases se suspendieron por falta de un espacio adecuado para reunirnos. Este taller fue el origen del taller de *Mester*. En el Instituto conocí a un grupo de jóvenes escritores, entre los que estaban Elsa Cross, a quien creo yo invité, Jorge Arturo Ojeda, Andrés González Pagés, el propio César Horacio Juván y otros más que no recuerdo.

Cuando ese taller se suspendió, invité a estos últimos a mi casa, un día a la semana, para continuar con las sesiones. Luego se agregaron algunos alumnos de la Escuela de Teatro, como Alejandro Aura, José Agustín, Gerardo de la Torre y su novia, que era la hermana de José Agustín. No recuerdo que fueran alumnos regulares, pero todos los días andaban por ahí pastoreando ovejas.

Luego fueron llegando otros jóvenes que venían del Instituto Politécnico Nacional, como Leopoldo Ayala, su novia Kristin Bendixen, y Jorge Ayala Blanco.

De manera espontánea se incorporaron nuevos miembros, algunos querían ser aspirantes a becarios del Centro Mexicano de Escritores, otros eran estudiantes de letras en la Universidad Nacional Autónoma de México, y los más no pertenecían a ninguna escuela ni universidad: simplemente les gustaba escribir, como sería el caso de Rafael Rodríguez Castañeda (maestro normalista), José Carlos Becerra, quien venía de Tabasco, Juan Tovar, Guillermo Fernández, de Guadalajara, Federico Campbell, de Tijuana, Tita Valencia y Elsa Cross, de la colonia Anzures, Selma Ferretis y Martín Hernández, hijo de mi amigo Efrén Hernández, autor del bello relato: "Tachas", que fue amigo de Juan Rulfo e influyó mucho en él, sobre todo en su etapa de formación como escritor. Con Martín Hernández jugaba a diario al ajedrez en esta época de mi vida, al igual que con Enrique Palos Báez, al que finalmente le dediqué un cuento sobre el ajedrez que titulé "El rey negro".

Al taller de *Mester* asistieron, durante sus cuatro años de vida, alrededor de cincuenta aspirantes a escritores, algunos lograron serlo y otros no, pero gozaron y vivieron horas felices al intentarlo.

Los miembros del taller publicaron la revista *Mester*, cuyo primer número apareció en mayo de 1964. Durante su primer año de vida tuvo una periodicidad trimestral, que luego fue perdiendo debido a la falta de recursos oportunos. Se publicaron doce números, el último salió en 1967. Pienso que no es mala idea hacer una edición facsimilar de los doce números, ya que sería una buena muestra de lo que escribían los jóvenes en esos años. El principal promotor de la revista fue Jorge Arturo Ojeda, quien, entre otras tareas, se hizo cargo de la edición y el cuidado de siete números, del seis al doce.

Revista del taller literario, 1964-67.

Al mismo tiempo que la revista se publicaron dos libros y dos *plaquettes*: *La tumba*, de José Agustín, *La puerta de los clavos*, de Eduardo Rodríguez Solís, *Visitaciones*, de Guillermo Fernández, y *Oscura palabra*, de José Carlos Becerra, creo que también salió una *plaquette* de Arturo Guzmán. No hubo más libros por la sencilla razón de que no había dineros, pero ganas sí.

El apoyo del célebre impresor de las calles de Río Lerma, don Manuel Casas, hizo posible nuestra labor editorial, así como la publicación de Los Cuadernos del Unicornio.

Entre mis papeles guardo algunos que se refieren a los gastos de la revista y a los ingresos por ventas, así como una curiosa lista elaborada por Lupita de León, en la que aparecen los nombres de las personas que aportaban una cuota como pago a mi trabajo de responsable del taller; en otra listita, los nombres de los que no pagaban nada y eran considerados como becarios sin que ellos lo supieran. Algunos talleristas, en lugar de llevarme cada semana una botellita de vino, se bebían a escondidas mi vino, según su propia confesión.

En cuanto al trabajo literario de cada uno de los miembros, yo los trataba a todos por igual, con excepción de algunos que durante el período que duró el taller, que fue largo, trabajaron más, como por ejemplo José Agustín, Elsa Cross, Jorge Arturo Ojeda y René Avilés Fabila.

Como es natural, sentí una mayor simpatía por aquellos miembros del taller con los que tenía cierta afinidad, sobre todo en gustos y estilos literarios, así como en la lectura de mis autores preferidos, como sería el caso de Tita Valencia, con quien mantuve una relación sentimental que duró algunos años y que surgió de nuestro trato literario. Tita tiene una cultura maravillosa, además de ser una estupenda pianista. Ha sido una de las mujeres más completas y redondas que he conocido. El encuentro que Tita y yo tuvimos en París le dio a ese viaje un sentido de trascendencia que he valorado mucho, sobre todo ahora en mi vejez. José Luis Domínguez, mi psiquiatra de aquellos años, me hizo comprender mi incapacidad y masoquismo en el trato con la mujer. Pareciera que cada mujer en la que yo ponía los ojos estaba destinada a hacerme infeliz.

Pero volviendo un momento a los miembros del taller de *Mester*, tengo la impresión de que entre ellos había un interés serio por la cultura, con esto quiero decir que la formación de un escritor es fundamental a la hora de la verdad: en el momento de escribir. Ahora los jóvenes se olvidan mucho de formarse, ya no es suficiente tener un título, porque éste no es prueba suficiente de que se posee una cultura. Para escribir hay que leer mucho, hay que vivir mucho, hay que llevar o tratar de llevar una vida congruente entre el oficio de escritor y nuestra manera de vivir. Hay que ser auténticos, y eso en nuestros días cuesta mucho trabajo. A veces ser auténtico es casi ser un suicida.

Para ser un artista, para crear algo que valga la pena, hay que sufrir mucho interiormente, hay que vivir muchas noches la angustia, sólo así nacerán las palabras iluminadas. Desconfío de toda literatura que nazca o que haya nacido de la felicidad. Comparto con Baudelaire, con Poe, con Dostoievski, todo el horror que hay en la humanidad, toda su miseria. El hombre no es, no puede ser esa criatura falaz que gran parte de las sociedades humanas quieren que sea. Ese hombre falaz ya ha dado muestras de que lo único que es capaz de hacer es acabar consigo mismo y con la humanidad.

Al taller de *Mester* llegaron un grupo de estudiantes universitarios, entre los que recuerdo a Hugo Hiriart, Elva Macías, Mari Zacarías, Irene Prieto, Reyna, Antonio Leal, que era muy buen poeta y se perdió, el ya mencionado René Avilés Fabila y Víctor Villela, fino poeta autor de *Paisaje desde una hora* y *Palabras para convencer*. Recuerdo que cuando el ejército tomó la Universidad, a Víctor le dieron un balazo de rifle M1 en una pierna y por poco la pierde.

París me recibió con amor

En febrero de 1966 recibí una invitación del profesor Merle E. Simmons para dar unas conferencias sobre literatura mexicana y latinoamericana en la Universidad de Indiana.

Yo estaba en esos momentos en una buena etapa de mi vida, gracias a mi psiquiatra José Luis Domínguez, papá de mi joven amigo Cristopher Domínguez, quien, entre otras cosas, me apoyó totalmente para que yo viajara a los Estados Unidos. José Luis influyó en mi decisión de aceptar la invitación, y me dio orientaciones precisas para enfrentar allá cualquier crisis que se pudiera presentar, así como recetas de medicamentos en inglés y nombres y direcciones de doctores a los que yo podía recurrir si fuera necesario, pero sobre todo José Luis me apoyó con un tratamiento a base de Compensol 80, un medicamento que me ayudó a hacer el viaje.

Tomada la decisión de hacer el viaje, que era la más difícil, surgió un segundo problema: la obtención de la visa norteamericana para mi hijo Orso y para mí. Yo estaba con la idea de que no nos la iban a dar, ya que por amigos cercanos supe que en la embajada americana estaban aplicando serias restricciones a las personas que habían estado recientemente en Cuba y en los países socialistas.

A muchas de esas personas les habían negado la visa y la entrada a Estados Unidos. Tomando en cuenta estas dificultades, me puse en contacto con el agregado cultural de la embajada, quien me recibió y dio curso a mi solicitud de visa de manera especial y diligente, y me trató de una forma amable y cordial.

Resueltos los problemas básicos del viaje, me entró otra preocupación: ni Orso ni yo hablábamos inglés y nuestro viaje se había ampliado a dos meses, debido a que Merle Simmons le propuso mi visita a otros colegas suyos de varias universidades de la Unión Americana, para que yo hiciera un recorrido por todas ellas. Antes de salir de México, ya tenía el compromiso de visitar ocho universidades establecidas en por lo menos seis estados. Ante esa perspectiva de trabajo, decidí invitar como acompañante y traductor a Jorge Arturo Ojeda, quien de muy buena gana aceptó. Jorge Arturo, además de ser un amigo de todos los días, estaba por concluir sus estudios de letras en la Facultad de Filosofía y Letras de la Universidad Nacional Autónoma de México, y, entre otras cualidades, hablaba un francés y un inglés perfectos. Afortunadamente, los papás de Jorge Arturo lo animaron y apoyaron para hacer el viaje con nosotros. En ese tiempo era un muchacho en la plenitud de sus facultades y creo que, si lo hubiera querido, podría haber hecho una brillante carrera en los Estados Unidos. Hace poco, Jorge Arturo publicó unas cartas que le escribió a sus padres durante este viaje, que para mí fue muy importante y que le agradezco que me haya acompañado. Orso, Jorge Arturo y yo viajamos durante dos meses, recorrimos miles de kilómetros por aire, y creo que tenemos el récord Guinnes de más conferencias impartidas en cuarenta y cinco días, los otros quince los pasamos en París disfrutando los beneficios de mi trabajo.

Todo fue perfecto desde nuestra salida de México. Entre tantos aeropuertos y aviones sólo perdimos un vuelo. Jorge Arturo se desapareció por unos momentos, y yo tuve que hablarle en francés a una hermosa joven, que no sólo me contestó en francés, sino que establecimos un diálogo sobre literatura francesa; esa joven nos arregló los boletos para salir en el próximo vuelo.

De México partimos en un hermoso avión de American Air Lines, atendido por unas azafatas que eran unas muñecas y que presagiaban todo lo bueno que íbamos a ver en los Estados Unidos.

Recuerdo que al subir al avión tuve que abrir mi pequeño portafolios, el cual causó sorpresa a la tripulación por su sospechoso contenido; yo lo había convertido en una pequeña farmacia portátil, estaba lleno de frascos y de sobres con pastillas para todas las enfermedades posibles de un viajero como yo, reconozco que no todos los días se suben a los aviones personas como yo, pero en fin, eso no es lo importante de mi relato, sino lo que ocurrió después.

En el vuelo a la ciudad de Chicago, el avión hizo escala en San Antonio, lugar en el que realizamos los trámites de aduana, y en Dallas. Yo iba dispuesto a afrontar cualquier problema que se presentara. Cuando llegamos al aeropuerto de Chicago, íbamos apenas entrando a uno de sus grandes pasillos y escuchamos por los altavoces: "Mr. Arreola please, Mr. Arreola please, favor de presentarse en el área de información". Me quedé anonadado, les dije a Orso y a Jorge Arturo: "Ya ven, ustedes no me creían, estoy seguro que nos van a regresar".

Sorprendido y desconcertado, me presenté en la oficina de información, donde un hombre maduro, alto y sonriente avanzó hacia mí con intención de abrazarme; se me hizo conocido, pero de momento no lo reconocí bien: era Henry Romero, un ex alumno mío que había estado en alguna de las primeras clases que impartí en la Universidad. Recuperado de mi sorpresa, contesté su saludo y él me dijo: "El profesor Carlos Ortigosa me informó que usted pasaría a esta hora por aquí y que estaría en el aeropuerto unas dos horas para continuar su viaje a Bloomington, y me pidió que viniera a esperarlo. Quiero invitarlos a comer o a dar un paseo por los suburbios de Chicago, aquí hay buenos restaurantes italianos. Yo no sabía qué decirle, Orso y Jorge Arturo se animaron, y finalmente le dije: "Vamos a dar una vuelta pero no muy lejos, prefiero que luego nos tomemos una copa aquí en el bar del aeropuerto". Salimos y subimos a un precioso Cadillac. Nada más aguanté un paseo como de veinte minutos. Estaba cayendo una ligera nevada y me puso nervioso ver esas avenidas tan grandes y desoladas que estaban a las afueras de la gran ciudad. Volvimos al aeropuerto y nos sentamos a tomar una copa, mientras subíamos a un pequeño avión de construcción francesa, que después de tres escalas y cientos de piruetas aterrizó finalmente en Bloomington,

Indiana, nuestra ciudad de destino. Cuando llegamos ya era de noche y habíamos viajado todo el día.

En este punto, quisiera dejar claro que mi preocupación al ingresar a los Estados Unidos era fundamentada, ya que durante muchos años ese país adoptó una política de franco rechazo contra todas aquellas personas que visitaban y vivían en algún país socialista, pero sobre todo a los que simpatizaban con la Revolución cubana, como era mi caso, y en general con Rusia y los países socialistas. Estoy hablando de una actitud abiertamente hostil, que recordaba la época macartista que se vivió en los Estados Unidos antes, durante y después de la segunda guerra mundial.

Este viaje fue muy importante para mí. He vuelto en varias ocasiones e incluso estuve viviendo varios meses en California. Cuando di clases a un grupo de amigos chicanos de la Universidad de California, en 1972, conocí a José Luis Valdés, que estaba iniciando el teatro campesino, y a algunos líderes chicanos como César Chávez, Reyes López Tijerina y Rodolfo González, que le dieron fondo y forma al movimiento chicano, que estaba en un momento de madurez.

Con Orso y Jorge Arturo, durante poco más de mes y medio, recorrí las universidades y las ciudades de Bloomington y Purdue, Indiana; Urbana, Illinois; Madison, Wisconsin; Los Ángeles, Pomona y Berkeley, en California; Albuquerque, en Nuevo México; Austin, en Texas, y Nueva Brunswick, en Nueva Jersey. Tres años más tarde visité, acompañado por Orso, las universidades de Minnesota en Saint-Paul y la de Michigan en East Lansing.

A los Estados Unidos no había vuelto desde 1945, cuando estuve viviendo casi un mes en Nueva York, en espera de mi salida a Francia.

En este viaje de 1966 conocí a varios amigos que quiero mencionar en estas memorias como reconocimiento a esa etapa de mi vida que cambió la visión que yo tenía de los Estados Unidos, y que considero bueno recordar que uno comete el error, el grave error de juzgar a un país por el gobierno que tiene, y olvidar que el pueblo es otra cosa, que incluso el ciudadano común del pueblo, del país al que muchas veces atacamos con nuestras críticas y comentarios, es un ciudadano, un hombre que lucha contra los intereses del gobierno de su propio país. Ya es hora de que nos demos cuenta de que en México, en los Estados Unidos y en los países de todo el mundo hay hombres que no están de acuerdo con el gobierno que tienen, o que simplemente no les importan los asuntos políticos.

En el contexto de la guerra de Vietnam, que fue una presencia permanente durante nuestro viaje de 1966, quisiera hablar de esos norteamericanos que nos recibieron fraternalmente, con la misma convicción con que se recuerda a un amigo, a un colega que lucha desde su modesta posición de profesor, y trata de cambiar al país en el que vive con el esfuerzo cotidiano de su trabajo.

Es el caso de muchos profesores anónimos que laboran diariamente en los Estados Unidos enseñando el español y atendiendo a miles de niños y de jóvenes inmigrantes, que sin su apoyo estarían relegados a los más duros trabajos de la sociedad. Por eso, en estas memorias quiero rendir un especial homenaje a todos los hispanohablantes que viven en los Estados Unidos, y a mis amigos profesores universitarios que han ayudado a conservar el amor por nuestra lengua en un medio tradicionalmente hostil y difícil.

Recuerdo con afecto a Joe —Joseph Sommers—, en cuya hermosa casa a orillas del Lago Washington, en Seattle, nos recibió y acompañó unos días en nuestro viaje; a mi paisano, que espero se encuentre bien en su "chamizalito", Carlos Ortigosa; a los distinguidos profesores Merle Simmons y Dauwling, así como a Ana María Matute, el doctor Eguídanos y el poeta Willis, con los que convivimos en horas felices. También recuerdo a los profesores Rubia Barcia, de Clermont, a Sánchez Barbudo, de Madison, y a Fernando Alegría, escritor chileno que radicaba en Oakland. Al traductor al inglés de mi libro *Confabulario*, el profesor George Schade, de la Universidad de Austin, que hizo posible la más bella edición de *Confabulario* hasta el día de hoy, y a José Vázquez Amaral, traductor de los *Cantos*, de Ezra Pound, que publicó Joaquín Mortiz en México, y con quien vivimos en su casa de Nueva Brunswick, en Nueva Jersey, muy cerca de Nueva York.

En honor a mi memoria, me gustaría citar dos hechos entre todos los que ya he recordado, pero que no he mencionado. El primero es que en el estado de Illinois, en la Universidad de Urbana, estuve trabajando con Oscar Lewis, el autor de *Los hijos de Sánchez*, y con Rafael Rodríguez Castañeda, ex miembro del taller literario

Mester, exbecario del Centro Mexicano de Escritores, exalumno de la Escuela Nacional para Maestros y otras cuantas cosas más.

El otro dato curioso es simplemente un ejercicio de memoria: asistí con mi hijo Orso y con Jorge Arturo Ojeda a un concierto en el auditorio del Conservatorio de Música de Indiana, en el que actuó como solista el pianista Philippe Entremont, acompañado por la Orquesta Sinfónica de Boston, bajo la batuta de Jean Martinon.

Estando en casa de José Vázquez Amaral, en Nueva Brunswick, en el estado de Nueva Jersey, a veinte minutos de Nueva York, decidí viajar a París. La gira de trabajo por las universidades que me invitaron a impartir charlas me produjo algunos ingresos que al sumarlos, para sorpresa mía, me permitían comprar los boletos de avión para Orso y para mí, y permanecer por lo menos quince días en París. A Jorge Arturo su familia le envió los recursos necesarios, así que muy pronto estuvimos atravesando el Atlántico en un hermoso avión de Air France que voló durante la noche. Al amanecer, Orso se sorprendió con las luces de una aurora nunca vista a 20 mil pies de altura o tal vez más; aquello era un espectáculo divino, casi angélico, que presagiaba toda la belleza que después íbamos a contemplar allá abajo, en nuestra modesta condición de ángeles caídos.

Cuando el avión fue perdiendo altura, descubrimos un territorio que por su armonía y color nos pareció en cierta medida más civilizado, porque toda la tierra parecía labrada, cultivada por una verdadera agricultura que no dejaba espacios sin sembrar. Uno está acostumbrado en América a volar sobre grandes llanuras desoladas, por enormes desiertos que son como tierras de nadie. Pero los países de Europa resultan pequeños comparados con los nuestros, y por eso hacen de cada lugar un vergel, un emporio de riqueza.

Cada pueblo, cada villa que veíamos desde la altura parecía un dibujo, una pintura evocadora de paisajes ya vistos en la página de un libro de la infancia.

Llegamos muy temprano al aeropuerto de Orly. Hacía veintiún años que yo había llegado, en 1945, al sombrío puerto de El Havre, destruido totalmente por la segunda guerra mundial. Así que la visión que recibía ahora era algo totalmente distinto. Al salir del aeropuerto, tomamos un taxi conducido por una señora cuarentona que nos sorprendió con su aspecto. Por un momento dudé en indicarle el camino que queríamos seguir; la conductora se molestó un poco y me preguntó a qué hotel íbamos a llegar, a lo que yo contesté que no sabía porque no teníamos reservado ninguno. Luego de una breve conversación anómala sobre las conveniencias de reservar hotel en París, la convencí de que nos llevara por el centro para buscar un hotel adecuado para nosotros, que no fuera de turistas ni cosa parecida. Creo recordar que ella nos llevó a uno en el que no había habitaciones disponibles, pero allí nos informaron del hotelito del bulevar Saint Germaine que se llama Hotel de la Paix, como a dos cuadras del bulevar Raspail, en cuya esquina se encontraba el restaurante *La Palet*.

El hotel era un típico edificio parisiense de principios de siglo, pequeño, de cuatro pisos, que tenía un elevador de jaulita como esos que aparecen en las películas de Louis Jouvet. A la entrada, junto a la administración, había dos mesas para tomar café. Era un hotel con carácter, el frugal *petit déjeuner*, era todo un poema, y la camarera que lo servía también.

Yo iba con la idea de caminar por París, de recordar algunos lugares como la plaza de los Vosgos, a la que luego fuimos Orso y yo acompañados por Camille y por Rodolfo Nieto, un notable pintor oaxaqueño fallecido prematuramente, que en aquel tiempo radicaba en París. Visitamos su estudio y nos bebimos una botella de vino inteligente.

En las calles de París la primavera impuso sus colores, y como dice el romance español: "Por el mes era de mayo, cuando hace la calor, cuando los enamorados van a servir al amor". Tuve una sensación de alivio y bienestar al contemplar de nuevo la avenida de Les Champs Elysées, no se parecía nada a lo que yo recordaba, era otro París el que me recibía y yo era otro también, este presente era luminoso, caluroso, amoroso. Camille me regaló un libro de versos de Louis Aragon y quedó de pasar por nosotros para llevarnos al día siguiente a Montmartre. Yo no quería que acabara el día, todo estaba de fiesta en mi corazón. Me dormí recordando unos versos de Jacques Prévert que dicen: "Los jóvenes que se aman, se besan a las puertas de la noche...".

Al día siguiente desperté por los toquidos de la recamarera, que nos traía el *petit déjeuner*. El calor de la noche hizo que me despertara un poco atolondrado, pero la sola idea de ver de nuevo a

Camille me reconfortó tanto que cuando menos pensé ya estaba en la puerta del hotel. A Montmartre nos fuimos en el Metro. Desde la salida de la estación pudimos contemplar la gran escalinata que conduce hasta la terraza de la catedral, donde uno puede ver París a cierta altura. Estando allí recordé la voz profunda y grave de Louis Jouvet que me reclamaba por mi decisión de regresarme a México y dejar pendiente una vida que era ya mi vida y que era distinta a la que me iba a encontrar en México, en donde a mi regreso sentí que se me cerraron las puertas y fue cuando mi madre me reprochó que me hubiera regresado a Zapotlán. Se llevó la desilusión más grande de su vida: de sus catorce hijos, yo era su esperanza y su victoria. Victoria se llamaba mi madre, y yo me sentí derrotado por ella. Todavía no sé que me faltó para quedarme para siempre en París, en todo caso podía haber mandado por Sara y por mi hija Claudia, ellas hubieran llegado tarde o temprano. Pero París estaba destrozado en 1945, había hambre y un frío terrible y no había para qué traerlas a ellas a sufrir. Todo y nada es lo mismo, el pasado regresa y cuando pasan los años uno ya no es el mismo, ni las ciudades tampoco. Si me hubiera quedado en París, seguramente hubiera continuado mi carrera de actor y no habría escrito nada, tal vez me hubiera perdido en la fascinación del teatro y del cine. La vanidad del éxito de estar en un escenario es algo que nadie puede conocer si no lo ha vivido, sentido un instante de su vida. Yo soy el actor de mí mismo, inventé mi propio personaje y me moriré con él, yo soy el otro que nunca ha estado contento consigo mismo, soy el que se quedó en el espejo mirándose el rostro y ya no pudo salir de él, he sido para bien o para mal mi propio espectáculo. Recuerdo que una noche tuve una pesadilla, en la que Louis Jouvet todo vestido de negro me decía: "Usted es el hombre más malo que yo he conocido".

Todo pasó por mi cabeza en un instante, cuando volví a la realidad me sentí feliz de estar con Camille y con Orso. Desde entonces he vuelto muchas veces a París, pero, como ya dije, ya no es una fiesta, el mundo ha cambiado y París también.

Recorrimos Saint Germain des Prés, todos los días comíamos en la Maison Calvet, era el único momento del día en que compartíamos civilizadamente entre nosotros y entre algunos parroquianos acostumbrados a visitar el restaurante, que se molestaban un poco por nuestras encendidas conversaciones y nuestra manera de ser. Allí comimos el gallo al vino blanco y tomamos el vino Tavel que no he vuelto a probar, también una mayonesa exquisita y los mejores pasteles de París.

Fui a rezar a Notre Dame de París, y la luz de los vitrales atravesó mi fe. Descubrí en uno de los pasillos el nombre de María Antonieta Rivas Mercado, que está puesto sobre el piso en el mismo lugar en que se suicidó. Salí de Notre Dame con una aureola de luz medieval sobre mi cabeza tonsurada. Caminé y caminamos por el jardín en una mañana en que todo parecía razonable, muy humano, desde el anciano que reposaba bajo la sombra del árbol, hasta el niño que jugaba en la fuente. Era un París distinto al de ahora, en el que me da miedo caminar. En los últimos veinte años los árabes y los orientales ocuparon París de manera silenciosa pero constante, también los franceses de las colonias africanas. A cada paso, un rostro o una túnica blanca o de colores nos anuncian que París ya no es más la capital de los poetas.

Un año cruel

1968

Aquí estoy para iniciar un diálogo. Y aunque en esta hora que pasaremos juntos me corresponde el privilegio de dirigirles primero la palabra, esto no crea entre nosotros ninguna jerarquía. Como universitarios y como hombres estamos obligados a comprender el mundo y el tiempo en que vivimos. Creo que un ideal común nos reúne a todos en este recinto y nos pone previamente de acuerdo. Pero si mis palabras suscitan en ustedes la menor discrepancia, o si cometo errores al pensar en voz alta, les agradeceré que me lo adviertan con toda claridad y con sincera energía.*

Julio González Tejada, director de Servicios Sociales de la Universidad Nacional Autónoma de México, me propuso, como parte de las actividades programadas para 1967, que impartiera una serie de charlas en las escuelas preparatorias y en las facultades de toda la Universidad. En un principio me pareció una idea descabellada, pero cuando Julio me explicó sus propósitos, me convenció. Se trataba de iniciar un diálogo con los jóvenes universitarios, un diálogo que recogiera todas sus inquietudes: las de orden académi-

* "Hombre y mundo". Conferencia en la Facultad de Derecho de la UNAM, el 23 de octubre de 1967.

co, las políticas y las culturales, y se trataba de que el interlocutor, en este caso yo, no fuera un funcionario universitario, ni un profesor tradicional, ni mucho menos un funcionario de alguna dependencia gubernamental. A juicio de Julio González Tejada, yo reunía, por mi formación autodidacta y mi condición de escritor, las cualidades que se requerían para hablar y dialogar con cientos, tal vez miles de jóvenes que en su mayoría no tenían todavía la experiencia de asistir a una conferencia, y que cuando la tenían era negativa, ya que los conferencistas suelen ser terriblemente aburridos. Por eso el ciclo de conferencias que yo impartí contemplaba el debate, la interpelación y la discusión abierta de cualquier tema, se trataba de escuchar la voz de los jóvenes y recoger sus inquietudes, para que la Universidad respondiera de una forma cabal y oportuna a los planteamientos de sus estudiantes.

Don Javier Barros Sierra, en su calidad de rector, sabía muy bien que para resolver añejos problemas que aquejaban a la comunidad universitaria, lo primero que había que hacer era hablar con los jóvenes estudiantes, ya que por estos años había una gran efervescencia estudiantil de carácter político en países como Francia, Alemania, Estados Unidos y en algunos de América Latina donde las luchas políticas y revolucionarias de nuestro continente acercaron a las universidades con los movimientos guerrilleros que en esos momentos había en México, Colombia, Venezuela y Bolivia. El caso del jefe guerrillero colombiano Camilo Torres reveló los vínculos entre Iglesia y guerrilla, que luego serían muy claros en las revoluciones de Nicaragua y El Salvador.

En nuestro país está ocurriendo algo semejante, en el caso de Chiapas, estado en el que la explotación y la pobreza a la que han sido sometidas las comunidades indígenas, así como las condiciones geográficas de la región, han hecho posible que aparezca un movimiento guerrillero inspirado en las ideas del Che Guevara.

Inicié el ciclo de conferencias en febrero del 67, visitando algunas facultades. Recuerdo particularmente una de las primeras, la que impartí en el auditorio de la Facultad de Derecho. El auditorio estaba a su máxima capacidad, con estudiantes sentados en pasillos y escaleras. En ese escenario cerrado tuve que hacer a un lado mis angustias claustrofóbicas para estar lúcido. Cuando estoy frente al público me olvido de todo y me entrego a las palabras.

El auditorio estaba exaltado, había grupos de agitadores tanto de izquierda como de derecha, que tenían interés en saber qué hacía yo ahí. Los más inquisitivos me consideraban un enviado de Rectoría, otros, un agente del gobierno, y los menos, desgraciadamente, sabían que yo era escritor.

El profesor Roberto Bretón se encargó de hacer una breve presentación, en la que aludía a la necesidad de abrir un diálogo entre los universitarios y entre éstos y la sociedad. Concluía la breve presentación diciendo que en mi calidad de escritor yo era un representante de la sociedad y que había sido invitado a dialogar con ellos por ser una persona libre de cualquier compromiso ideológico o partidista.

Durante mi intervención fui cuestionado en repetidas ocasiones por algunos líderes estudiantiles, que insistieron en que yo era un enviado de la Rectoría. Entre los líderes que me interpelaban, tal vez con el propósito de que no terminara mi charla, reconocí a algunos de los que, en 1966, con lujo y ostentación de fuerza habían sacado de la Rectoría al eminente doctor Ignacio Chávez. Desafortunadamente, nada más recuerdo por ahora dos nombres: Espiridión Payán y Miguel Castro Bustos. Por momentos, la situación se tornaba peligrosa, en la medida en que el auditorio se dividía y algunos grupos me mostraban su apoyo. Después de casi dos horas de charla y debate, en las que se habló poco de literatura y mucho de política, logré salir airoso por mis dotes de actor y declamador. Para cerrar mi intervención les recité unos poemas de amor de Pablo Neruda y alguno de Nicolás Guillén, y gracias a la poesía logré salir ileso de aquellas hecatombes de gritos y palabras que presagiaban lo que iba a suceder más tarde, en 1968.

Reconozco que fue una experiencia difícil, dura de superar, pero durante muchos años me alimenté de la fuerza y la vitalidad de esos jóvenes, en el sentido en que me dieron fuerzas para seguir pensando y viviendo. No sé si lo que les dije les sirvió de algo, pero a mí me dio gusto verlos pelear y combatir en los recintos universitarios y en las calles. En 1968 salieron a ganar la calle para no abandonarla nunca más, porque la calle es nuestra y es el último recurso para los que no claudicamos.

De esta época combativa de mi vida guardo gratos recuerdos. Me considero un ser privilegiado por haber tenido la oportunidad

En la Facultad de Filosofía y Letras, 1968.

de convivir y escuchar de viva voz a la generación del 68 que, estoy convencido, abrió los cauces a una nueva democracia representada en los partidos políticos y en las reformas políticas. Me gustaría mucho un gobierno de coalición en México, hasta ese momento y no antes seremos un país democrático; me gustaría verlo antes de morir, tengo ochenta años, ¿será posible?

"Hombre y mundo" fue el título genérico que di a esta serie de conferencias que, creo, fueron más de treinta y que me mantuvieron ocupado la mayor parte del año. Hablé, dialogué, vi los rostros de centenares de jóvenes que me miraban con sorpresa y asombro, otros se reían de mí y me retaban, pero a ninguno ofendí y ninguno me ofendió por lo que me decía. Escuché tantas voces y pronuncié tantas palabras que me quedé vacío de mí, pero lleno de esperanza.

Las quejas que escuché fueron constantes: injusticia, falta de libertades, corrupción, falta de democracia, pobreza, dictadura, opresión, libertad a los presos políticos. ¿Cómo olvidar que Mario Rechy, amigo de Orso, estuvo preso en Lecumberri muchos años? ¿Cómo olvidar que ellos andaban en la calle confundidos entre miles de jóvenes?

¿Cómo entender a un país que estrenó democracia como si se tratara de quitarse los zapatos viejos y ponerse un par de zapatos nuevos, y saliera a caminar con una ingenua sonrisa juvenil en el rostro, ante la mirada impaciente de millones de hombres descalzos?

Es indudable que en 1967 hubo una profunda separación entre universidad y gobierno, algo parecido a lo que está ocurriendo hoy en México, y me lleva a pensar que en la medida en que la universidad ya no le es útil al gobierno ni al partido en el poder para sus fines políticos, el gobierno parece alejarse de la universidad pública, reproduce modelos ajenos a México y fomenta la idea de la universidad privada, de la universidad de paga.

La mayoría de los líderes y los porros estudiantiles de las últimas tres décadas alimentaron con su militancia interesada los cuadros políticos del PRI, porque para los priístas la revolución sí pasó por la universidad. Recuerdo que la mayor aspiración de un joven abogado era titularse para poder obtener un trabajo en el gobierno y una credencial del PRI para poder casarse y formar una familia priísta de hueso colorado.

Durante la década de los sesenta, grupos de izquierda de diversas tendencias: comunistas, espartaquistas, trotskistas, maoistas y antimperialistas, comenzaron a reflejar sus actividades en algunas facultades de la Universidad, sobre todo en las de Filosofía y Letras, Ciencias Políticas y Sociales, Economía y Ciencias.

No olvido aquella tarde de septiembre de 1968, en que en la Facultad de Filosofía y Letras José Revueltas me dijo en tono exaltado: "Tienes que esconderte, te tienen en la lista, vete si es posible de México, la cosa se le ha puesto difícil al gobierno y va a iniciar la represión como última salida". Yo escuché las palabras de Pepe con gran preocupación. Hasta ese momento no me había dado cuenta del posible peligro que corría por haber sido ya señalado y mencionado en algunas listas, y hasta difamado en un periódico de mala muerte. Más tarde, salió un libelo titulado *El móndrigo*, en el que se me mencionó varias veces como instigador del movimiento estudiantil, junto con varios amigos y profesores de la Universidad. Este libelo lo mandó imprimir Díaz Ordaz para avisarnos a todos los que en él aparecíamos que estábamos bajo su vigilancia, es decir, fichados y espiados por las distintas policías del gobierno.

El 18 de septiembre de 1968, algunos miles de soldados tomaron por la fuerza la Universidad violando por segunda vez su autonomía. A pesar de que en todos los medios y los informes se difundió la versión de que no se había disparado un solo tiro durante la toma de la Universidad, yo me enteré y luego comprobé que a Víctor Villela, alumno mío y poeta que ya mencioné, recibió en una de sus piernas un impacto de bala de fusil calibre M1, cuando sin oponer resistencia fue atacado en uno de los pasillos de la facultad.

Siempre tuve afecto y respeto por José Revueltas. Para mí José representa esa especie de tragedia que ha sido la izquierda mexicana marginada y perseguida. Su persona y su vida me dan idea de esa lucha sorda que inició desde su temprana juventud. Hay que recordar que la izquierda siempre fue rechazada, perseguida y satanizada por los regímenes priístas. Obligada a actuar en la clandestinidad. Yo creo que en México falta un auténtico partido de izquierda que contribuya a fortalecer la naciente democracia mexicana. Me refiero, claro, a un partido con las características de los partidos europeos. Creo que la izquierda mexicana bien organizada hubiera logrado por sí sola más votos que los nuevos partidos minoritarios. Con esto quiero decir que a la izquierda mexicana le falta mucho camino por recorrer, y para que en México ocurra el fenómeno de la democracia, es necesario que la izquierda se reagrupe y se fortalezca bajo nuevos nombres y siglas; que se llamara algo así como UNIR, Unión Nacional de Izquierda Revolucionaria, o de Izquierdas Revolucionarias, tomando en cuenta el ejemplo del Partido de la Revolución Democrática, que lleva en su nombre la palabra Revolución, como si en verdad hubiera emprendido una revolución, siguiendo la idea del Partido Revolucionario Institucional, o mejor dicho, de la revolución institucionalizada. Cuando algo se vuelve institucional deja de ser revolucionario. Siempre he creído que el drama de todo revolucionario es no retirarse a tiempo y dejar el poder a los que saben ejercerlo, por aquello de que una cosa es hacer la revolución y otra gobernar. En ese sentido, por ejemplo, el Che Guevara supo negarse a las seducciones del poder, para convertirse en un verdadero revolucionario. Esto me hace pensar que todo revolucionario debe morir o retirarse a tiempo y ceder el poder a los que saben y pueden gobernar. Porque cuando los revolucionarios mexicanos, chinos y rusos tomaron el poder no supieron qué hacer con él y se dedicaron a la penosa tarea de crear burocracias monstruosas, para convertir a países como Rusia en una hermosa y confortable cárcel de lujo; esto último lo dijo el hoy olvidado escritor Giovanni Papini hace más de cincuenta años.

En la Facultad de Filosofía y Letras, 1968.

En el caso de México, creo que para el año 2000 tendremos un gobierno de coalición, en el que lo deseable es que los grupos de avanzada del PRI se integren a ese nuevo gobierno para que los mexicanos entremos, por primera vez, a una nueva vida democrática.

Recuerdo que en 1969 un grupo de reconocidos intelectuales, para mí algunos de ellos ideólogos reales, publicó un documento que por sus ideas y contenido considero de gran valor histórico, ya que en él este grupo de intelectuales expresaba sus inquietudes por el futuro de México, el documento fue publicado con el sugerente título de *México, el dilema del año 2000: democracia o totalitarismo*. Entre los intelectuales que escribieron ese texto, están Pablo González Casanova, Enrique González Pedrero, Porfirio Muñoz Ledo, Víctor Flores Olea, Henrique González Casanova y Horacio Flores de la Peña. Lo importante de este documento es que sus ideas tienen ahora una validez real, ya que México entrará en una serie de crisis parlamentarias que no había vivido nunca.

Para los mexicanos que vivimos ya todo un siglo, esto no es más que el comienzo de una nueva etapa, de un nuevo siglo, que por bien de todos deseo que sea más justo y que esté a la altura de los cambios que se han dado en otros países, por ejemplo en Alemania.

Volviendo al movimiento estudiantil de 1968, quisiera transcribir una breve selección de algunos textos que aparecen en algunos volantes que los estudiantes repartían en las calles de la ciudad de México, lo hago con la idea de dar a conocer el pensamiento y las peticiones que de manera espontánea formularon y defendieron a costa de su propia vida.

Un volante que me entregaron en la avenida San Cosme dice:

> En México se ha totalizado a tal extremo el sistema de opresión política y de centralismo en el ejercicio del poder —desde el nivel de gendarme hasta el de presidente— que una simple lucha por mínimas libertades democráticas (como la de manifestar en las calles y de pedir que sean liberados los presos políticos) confronta al más común de los ciudadanos con todo el aplastante aparato de Estado y su naturaleza de dominio despótico, inexorable y sin aplicación posible.
>
> Septiembre 3 de 1968
> Consejo Nacional de Huelga

En cuanto a las demandas de los estudiantes, cito otro volante en el que las precisan:

> 1. Destitución de los generales Luis Cueto Ramírez y Raúl Mendiolea Cerecero, y del teniente Armando Frías.
> 2. Desaparición del cuerpo represivo denominado Granaderos y no creación de otros semejantes.
> 3. Libertad de los presos políticos.
> 4. Derogación del artículo 145 y 145 bis (delito de disolución social) del Código Penal.
> 5. Indemnización a los familiares de los heridos y muertos del 26 de julio a la fecha.
> 6. Deslindamiento de responsabilidades a las autoridades que motivaron los hechos del día 26 de julio en adelante.

Por la importancia que hoy tiene en México el debate de las ideas políticas, considero oportuno reproducir una parte del documento de respuesta del Consejo Nacional de Huelga al cuarto informe presidencial de Gustavo Díaz Ordaz, que a la letra dice:

> Se quiere tender una cortina de humo que oculte no sólo el contenido real de nuestros propósitos, sino la raíz y razón de los mismos, condicionados por una situación general de imposturas políticas, de ejercicio arbitrario y monopolista del poder, de la negación de las libertades y derechos ciudadanos, de falsificaciones jurídicas que en cualquier país acreditarían al poder judicial como reo de asociación

delictuosa, situación general, condicionante de nuestros objetivos, repetimos, que tiene largos años de experiencia y no se circunscribe tan sólo a la etapa que como jefe del ejecutivo lleva el licenciado Díaz Ordaz al frente de la República.

Otro volante que me entregó en la avenida Paseo de la Reforma una joven mujer de rostro misterioso, dice:

> Al Pueblo de México:
> Sabemos a ciencia cierta que en un momento dado el gobierno puede tratar de acabar con el movimiento en un intento desesperado. Pueden detener, incluso desaparecer a la mayoría de los dirigentes. Pueden ocupar militarmente nuestras escuelas, pueden desatar una campaña más de calumnias y mentiras a través de sus órganos de difusión. Y empezarán otra vez las adhesiones y las alabanzas de los eternos e incondicionales del gobierno en turno. En esas condiciones ¿cuál debe de ser nuestra respuesta?
>
> La represión no debe desorganizarnos, no debe detenernos. Si ya hemos logrado la unidad de todo el estudiantado y del pueblo, una nueva campaña de mentiras no podrá confundirnos. Ahora ya nos conocemos y aunque sea difícil comunicarnos debemos tener confianza de que en un momento dado todos actuaremos: politécnicos, universitarios, normalistas, estudiantes de agricultura; todos los estudiantes y el pueblo tendremos la obligación de reorganizarnos, de nombrar nuevos comités de lucha que continúen la labor combativa, de desarrollar nuevas iniciativas de lucha, de contrarrestar las mentiras de la prensa: que seguramente dirá que los detenidos eran borrachos, pandilleros y drogadictos, agentes de la CIA, y muchas cosas más. Y aun en las condiciones más difíciles actuaremos.
>
> Ante cualquier actitud que asuma el gobierno, ya sea de silencio o de represión, nuestra respuesta es trabajo y más trabajo organizado, más asambleas, más brigadas políticas, más contacto con el pueblo, más mítines, más manifestaciones masivas, más coraje y valor en nuestros actos. Y si respondemos todos en esta dirección estamos seguros que ¡VENCEREMOS!
>
> Consejo Nacional de Huelga

Luego vino la fiesta de las balas, la sangre derramada sobre las pirámides. Los generales sacaron los cuchillos de pedernal y obsidiana que llevaban ocultos en la memoria, iniciaron el macabro

Foto de Félix Torres, 1968.

rito a la sombra de la noche. Un olor de pólvora y de sangre penetró las piedras mojadas.

Sólo quedó el olor del miedo y el silencio, después de la borrachera, los generales de banqueta se fueron a dormir a sus casas con la conciencia tranquila. Y al día siguiente, con sus uniformes de gala inauguraron los juegos olímpicos, mientras que de cada corazón muerto nacía una estrella, menos fugaz que las que llevan los generales en la gorra y el pecho.

Desde entonces esa plaza lleva el nombre de Plaza de las Cuatro Culturas: la prehispánica, la colonial, la moderna y la de los generales que organizaron la matanza para darle gusto a Gustavo Díaz Ordaz, jefe máximo del ejército mexicano, que se cubrió de sangre el 2 de octubre de 1968. Luego el propio Díaz Ordaz inventó la historia de que los militares le querían dar golpe de Estado. El único culpable de ese crimen contra México fue Gustavo Díaz Ordaz, y en la medida en que la nación lo ha demandado, debe ser juzgado por un tribunal civil para que la sociedad mexicana recupere la confianza en las leyes, y para que ningún presidente se atreva a volver a cometer un crimen contra México.

El 3 de octubre un joven que pasaba rápidamente por la calle me entregó un volante mimeografiado, en el que leí los versos que transcribo a continuación:

Malditos todos los que han matado,
malditos todos los que han calumniado:
tú soldado, tú policía

que atravesaste tu bayoneta
por ese pecho joven y anhelante;
tú que sin piedad ni conciencia
truncaste una vida fresca
llena de esperanzas,
eres el principal culpable,
y esto han de recordar:
"La sangre se lava con sangre".
Agosto revolucionario de 1968
(Comité de Lucha. Preparatoria Tacubaya.)

Entre otras actividades que realicé durante 1968, recuerdo una, tal vez la más grata, que consistió en la preparación de una antología de literatura universal, a la que una vez terminada le puse el título de *Lectura en voz alta*. Soñaba ver reunidos en una obra los poemas en prosa y los cuentos que leí de niño en los libros escolares de María Luisa Ross y de Atenógenes Pérez y Soto, entre otros autores notables de textos escolares de los años veinte.

Para reunirlos, busqué durante meses en las librerías de viejo del centro de México y logré hacerme de los que necesitaba para tomar de cada uno de ellos textos de: Anatole France, Marcel Schwob, Máximo Gorki, José Enrique Rodó, Rabindranath Tagore, Leónidas Andreiev y Antonio Médiz Bolio, entre otros muchos autores de la literatura hispanoamericana y universal de todos los tiempos.

Gracias a Emilia Gaytán pude terminar el libro y enviar el original a la imprenta, por eso le agradezco su trabajo en el prólogo, y le dedico el libro a María José, una hermosa niña que no he vuelto a ver desde hace casi treinta años.

En *Lectura en voz alta* están reunidos los textos que despertaron mi vocación por las letras, la mayoría de ellos son pequeños poemas en prosa, algunos son verdaderas obras maestras de la literatura, en ellos descubrí la fuerza de las palabras, que es una fuerza que nace del espíritu. Este libro es mi arte poética porque contiene las ideas, el estilo y el gusto literarios que modelaron mi alma y, por consecuencia, mi literatura; en la obra que he escrito encuentro ecos y reminiscencias claras y profundas de lo que significaron las lecturas de autores anónimos y antiguos de Mesopotamia, Sumeria, Egipto, China y Grecia, así como de los autores considerados como clásicos y, desde luego, los modernos que corresponderían al siglo presente.

1968 fue un año difícil para mí, doloroso e intenso en lo que al amor se refiere: Emilia, Gabriela, Camille, Diana, todas llegaron a refugiarse a mi casa en medio de la desilusión y el desencanto que nos rodeaba, todos sentimos un vacío existencial muy grande, cuyo origen era difícil de entender, puesto que este sentimiento lo mismo se expresaba en algunas ciudades de los Estados Unidos, como San Francisco y Berkeley en el estado de California, donde había un gran descontento por la guerra de Vietnam, que en ciudades de Alemania y Francia, sobre todo en París. Es indudable que a fines de la década de los sesenta hubo un malestar generacional. Cuando la "ola" estudiantil llegó a México, aquí se contaminó de los problemas sociales, políticos y económicos, la protesta significaba una gran oportunidad para los grupos de izquierda que habían sido perseguidos y marginados, por lo que no es extraño que ocurrieran alianzas políticas con grupos obreros y campesinos. Esta capacidad de organización y movilización de masas estudiantiles y populares que se dio de manera espontánea, produjo pánico entre los funcionarios del gobierno y los llevó a refugiarse en la idea de que se trataba de un complot internacional. Lo que vino después ya es conocido de todos, pero hay que repetirlo para que no se nos olvide: tortura, crimen, represión y cárcel fueron las medidas adoptadas por un gobierno sustentado en una dictadura de partido monolítico, igual a los partidos comunistas de Rusia y China. La Siberia mexicana no es el destierro, sino el olvido, la marginación, la exclusión y la burla. Eso lo hemos sentido y experimentado muchos intelectuales mexicanos, desde varias décadas antes del 68, por lo que pienso que ese año no es más que el parteaguas histórico de la lucha entre universidad y gobierno, entre los intelectuales y el gobierno.

En 1968 yo tenía mi domocilio en la calle de Río Hudson, en la colonia Cuauhtémoc, que es la colonia en la que viví más de cuarenta años. Todas sus calles me son familiares, varias de ellas desembocan en el Paseo de la Reforma, que es mi referencia vital, no creo exagerar si digo existencial en mi relación de ciudadano.

Los pocos árboles que quedan, los edificios y las casas son testigos fieles de mi vida en la urbe más poblada del mundo, lo que me produce horror y tristeza, sobre todo cuando pienso en el México que tuve ante mis ojos allá por 1937.

Las casas que habité están llenas de palabras, si pudiera volver a entrar a ellas podría tal vez reconstruir momentos de mi vida ya olvidados; viejos amores, tristezas y alegrías, momentos de extrema pobreza, de soledad, días iluminados por la pasión ardorosa de mi juventud.

Muchas noches me he soñado caminando solo por la colonia Cuauhtémoc, acompañado por Sara y por los niños, por mi hermano Antonio, por mi hermana Berta. Camino al Fondo de Cultura me encuentro con Antonio Alatorre. Pasando por Río Nazas veo a Juan Rulfo asomado a su ventana, su rostro parece amplificado, en blanco y negro, está triste, siempre está triste, excepto cuando sonríe, sentado a un lado del burro de planchar de Sara en nuestro departamento de Río Ganges. Al pasar por Río Duero veo a Pita Amor en su balcón, vestida de manola, tocada con una mantilla de encaje blanco que cae sobre la calle perfumándola toda. Llego a la glorieta de Melchor Ocampo y desde el prado alcanzo a distinguir a Juan Soriano tendiendo unas sábanas color de rosa en la azotea.

Estoy parado en la esquina de Río Nilo y Nazas. Espero la llegada de Hermine, pero Hermine no llega y para matar el tiempo me pongo a hablar con las ramas de los árboles, me voy por las ramas dando saltos de pájaro hasta llegar a mi jaula, soy tan masoquista que todos los días me salgo de mi jaula con la idea de no volver a salirme de ella.

¿Dónde dejé al amor?, ¿dónde el amor se olvidó de mí? Es tarde y el invierno ha tocado mi pecho con su daga de hielo. Siento su filo frío penetrando en mi pecho. Tengo miedo de caer, de mirarme en el espejo, pero a lo que más temo es al invierno de la memoria.

En 1968 salí derrotado de la ciudad de México, quebrado física, moral y económicamente. Mi hermano Antonio me acompañó a Zapotlán. Tomamos el tren una vez más para huir de la ciudad. Esta ciudad tantas veces amada y odiada que me despidió con sus millones de bocas y de manos, sacando de la semilla de sus ruinas una gota de sangre como recuerdo de su amor.

Volví a la casa paterna, hijo pródigo, llegué desnudo, con las manos vacías "como dos conchas huecas de palabras". Acaricié los muros de mi casa y me entregué a una vida en la que los libros y la noche se convirtieron en mis aliados.

Renuncié a seguir viviendo una vida precaria en la ciudad de México, en la que mi noble trabajo de maestro universitario se convirtió en mi peor pecado; cometí faltas a la moral pública. Por faltas a la moral no fui aceptado en El Colegio Nacional. A propósito de esto, recuerdo la broma que dijo Groucho Marx cuando lo invitaron a formar parte de un selecto club de la ciudad de Nueva York: "Yo no puedo ser miembro de un club que acepte a personas como yo".

Alejandro Jodorowski, como ya dije líneas arriba, me invitó a filmar una escena de su película *Fando y Lis*. Esta fue la gota que derramó el vaso, que hizo que un grupo del Colegio votara por mi expulsión.

En Zapotlán, a mil kilómetros del Distrito Federal, las cosas y la vida son diferentes. Los afectos recuperados, la presencia de mis padres y de mis hermanos, me hizo recordar los días de mi infancia y mi juventud. Hoy vuelvo a caminar por sus calles como cuando era niño. En la casa de mis padres dispongo de un gran estudio para trabajar, dibujar y jugar ajedrez.

Instalé mis papeles y mis libros en la casa paterna, hermosa casa en que nací, donde mis padres gozaron de la fortuna de la vida. Media manzana de la cuadra donde se ubica la casa, ha sido compartida por los Arreola y los poderes públicos de Zapotlán. Con los vaivenes del tiempo, sólo queda lo que fue la heredad original de mi padre, que, como conté, estuvo a punto de perderse. No fue suficiente el pago del adeudo, yo tuve que convencer a mis tías las Vázquez para que nos devolvieran la propiedad, alegando lazos de sangre a favor de mi madre.

No contento con el espacio que tenía en la casa de mis padres, me construí una cabaña en las faldas del Cerro de la Barranca del Tecolote, con la ayuda de un joven arquitecto, muerto prematuramente, Joaquín Ponce, hijo de mi amigo Bernardo Ponce. Levanté la casa gracias al apoyo de mis hermanas y de la ferretería de la familia Ríos. En un principio era una modesta cabaña de madera que fue creciendo en la medida de mis posibilidades, así que un día

Los hermanos Arreola: Roberto, Antonio, Librado, Felipe, Juan José, Rafael, Cristina, Victoria, Esperanza, Bertha, Anita y Virginia. Al fondo, la casa en que nacieron todos, en Zapotlán. 1975.

construía un pasillo, otro un salón de juegos, otro una biblioteca y finalmente un salón, con techo y piso de madera, cuyos grandes ventanales diseñé en horas felices.

Durante mi retiro en Zapotlán, pensé varias veces en no volver a la ciudad de México, tenía sentimientos confusos y encontrados que no me dejaban olvidar lo que era mi vida allá, comenzando por mi familia, los amigos cercanos y el recuerdo de Camille que me obsesionaba, sobre todo en las noches silenciosas de mi pueblo.

Para disipar la angustia me puse a dibujar durante las mañanas, en compañía de mi sobrino Octavio Espinosa; poco a poco le fui tomando gusto a los pinceles, recuperé una habilidad que tenía olvidada, y comencé a hacer manchas, rayas y líneas, hasta que de manera misteriosa fueron apareciendo las siluetas y los rostros femeninos; yo era feliz dibujando, me pasé días y semanas entregado por completo a una febril actividad plástica relacionada con el desnudo femenino, sentí que había algo que sólo puede manifestarse de ese modo. Viéndolo bien, mucho del espíritu que se había manifestado en algunos de mis textos se abrió paso de manera plástica. Yo jugué con los colores y las formas porque creo que mucho de mi ser, de mi espíritu, de mis afectos, de mis sueños, de mis temores y de mis obsesiones se reflejó en mis acuarelas y dibujos. Toda mi obra plástica se convirtió en un homenaje a la mujer que siempre he amado.

Abrí los ojos y descubrí a la mujer, la próxima y la prójima verdadera y auténtica, y no a esa especie de persona que queremos poseer completamente, que queremos casi aniquilar en su ser individual. Mis dibujos no son otra cosa que un homenaje gráfico de mi amor a la mujer, a su cuerpo, a su alma, a su ser, a su mundo todo, son dibujos saturados de femineidad percibida por un hombre como yo.

El arquitecto Joaquín Ponce, el escultor Tigelino, los pintores Quiroz, Serna y Aldana Mijares, vieron mi obra y me impulsaron para que hiciera una exposición en la ciudad de México, en la galería Edvard Munch, propiedad del poeta Leopoldo Ayala. Animado por todos ellos me trasladé unos días a México, con el propósito de ver a la familia y montar la exposición, la cual presenté con el título de "Eros cosmogónico" y el lema de unas líneas que dicen: "El cuerpo de la mujer es el que mejor entiende el espíritu del hombre...". La exposición fue todo un éxito, desde el primer día se vendieron casi todas las obras exhibidas. Yo conservo algunos dibujos de esa época y de otras anteriores que me producen un gran gozo cuando los veo y que siento que no fui yo quien los dibujó y coloreó, sino otro que estuvo en mí de visita y se fue.

SEÑALES DE HUMO DESDE ZAPOTLÁN

Regresé a Zapotlán con dineros suficientes para continuar la construcción de mi casa, la cual, por cierto, es una casa distinta a todas las que yo he conocido y habitado.

Al volver a mi pequeña cabaña, me sentí solo, tomé una libreta y me puse a escribir unas notas que transcribo aquí con la idea de ser fiel a la memoria de esos días.

El breve cuaderno dice así:

Septiembre 1º de 1969. Reconquista del desayuno. Aplazamiento de las cartas a Camille, a Orso y a Gabriela. Mi sobrino Pablo Alcaraz me acompañó a comprar una motocicleta Yamaha. De vuelta veo a Judith, hija, y la invito a la casa, me ayuda un poco a ordenar cintas y libros. Llega mi sobrino Octavio y nos ponemos a dibujar. Por la tarde asisto a mi clase en la Escuela Normal Regional, regreso acompañado por mi sobrino Alejandro, quien me da un recado de Margarita, que me cita a las siete en su casa. Salgo en medio de una tormenta. (La nieve ha variado, Elvira.) Juego claro y evidente. Viene a mi casa después de que oímos a Mozart y Ravel, durante su visita sigue la tormenta y se va la luz, la abrazo y la acaricio y me detengo justamente en los límites de donde ya no se puede volver.

Lo único real que yo siento es que a pesar de todo y a pesar de todas, yo sigo solo, pero ella con su presencia me desdice. En las altas horas de la noche leo el *Juicio universal*, de Papini y algunas páginas de Paul Léauteaud.

Septiembre 2. No puedo creerlo: tampoco ahora escribí a Camille ni a nadie. Sucede que me puse a ordenar, a crearme un medio propicio, un rincón para escribir. Necesito aislarlo de todo. Compré focos y un candado. Cuando salí a buscarlos me encontré con mi amigo Fernando Soltero, y lo invité a jugar ajedrez hasta la hora de comer. Luego dormí mi siesta acostumbrada y soñé: Camille anda viajando y piensa enviar a México a su hija para que viva con su familia mientras ella se queda en Nueva Orleans con un señor "muy viejito y muy bueno" para seguir un curso de negocios. Al despertar, siento celos. Salgo cerca de las seis a un hermoso atardecer llovido y lluvioso, pero brillante. Juego ajedrez con Chano en su casa, luego hablo a Margarita a su casa, pero no la encuentro. La he pensado mucho.

Septiembre 3. Escribo por fin a Camille. Por la tarde juego ajedrez.

Jueves 4 de septiembre. Escribo una carta a Gabriela y juego ajedrez.

Viernes 5. Sostengo una larga conversación en el jardín central con mi primo Apolonio Chávez, en la que me cuenta como siempre historias fantásticas de la familia de mi madre. Por la tarde visito a Emilia Vázquez y a Josefina González, la plática es importante por las confidencias, y da como resultado que al llegar a mi casa le escriba otra carta a Gabriela. Mi ajedrez mejora y derroto a Fernando en una bella partida de final teórico. En la noche, como es mi costumbre, leo *La separación de los amantes*, de Igor Caruso, algunas páginas de Léautaud, consulto a Wilhelm Reich y un libro de efemérides.

Sábado 6. Me preparo, en espíritu, para la conferencia que daré hoy por la tarde en Guadalajara, adonde salimos después de comer en casa de Joaquín Ponce. El viaje es tranquilo y me duermo. En la conferencia todo sale bien, hablé ante un público en el que no encontré ni una cara conocida. El maestro Serna me regaló un hermoso cuadro y me llevó a presentarme con un personaje anómalo.

Domingo 7. El director de Bellas Artes de Guadalajara me salió con su domingo siete, a propósito de su participación en el homenaje a José Clemente Orozco.

Lunes 8. Arreglo y limpieza con Gloria. Clase de francés con Gabriela y Margarita, me pasé toda la tarde en la biblioteca: leí el terrible final del *Juicio universal*, de Giovanni Papini, mientras caía una tormenta, luego siguió lloviendo toda la noche.

Martes 9. Sigue la limpieza y el orden. Victoria final de Rod Laver en el torneo de tenis de Forest Hill. Escribo dos cartas, una para Camille y otra para Gabriela, en un tono extraño. Mañana voy a releerlas. Orso me habló por teléfono. Abrigo esperanzas de ya no volver a México.

Por la tarde, mi hermana Berta me invitó a ver una película de Jean-Paul Belmondo, en la que hallé algunas buenas sutilezas humanas y verbales: tipos, actitudes y frases. Salimos a las seis del cine. Más tarde, a las ocho, fui a casa de Margarita a ver otra película sobre Tomás Moro, la fotografía es muy bella y todos los trajes son como los que pintó Holbein, pero todos los personajes transmiten mucha frialdad.

Miércoles 10. Gabriela y Margarita vinieron a su clase de francés, cuando se fueron le escribí una carta a Camille, ya casi dándolo todo por perdido. Por la noche juego ajedrez con Fernando Soltero.

Jueves 11. Estoy angustiado, no he recibido ninguna respuesta a todas las cartas que he enviado. Bagatelas todo el día y pésimo ajedrez. Calló una bellísima, copiosa y rápida tormenta. Para prepararme un poco para mi disertación de mañana en Guadalajara, busco el libro sobre Kandinsky de Marcel Brion, y junto con el de Reich y el del Papa Luna, traigo a la cama, para divertirme la *Encyclopédie des farces*. Hojeándola, doy con que ha ganado otra vez Freud: espléndida serie de artículos sobre la mistificación artística. Sin darme cuenta, me hice de un espléndido material para esa y otras pláticas.

Domingo 14. Le hablé por teléfono a Camille. Larga conversación. Sigue enferma. Anuncia que ya contestó mis cartas. Me tranquilizo y su voz me causa aguda excitación durante el día, que se resuelve por la tarde.

Dibujo el primer cuadro: dos versiones a partir de una figura de Blomaert.

Lunes 15. Llega carta de Camille. Antes de abrirla hablo a Margarita. No está: abro la carta, la leo, es buena, pero es otra mujer la que me escribe, Camille ya no es la misma de antes. Se despide sin besos, pero dos veces me dice: amor. Parece que deben operarla de nuevo. Incertidumbre. Por la tarde tengo la impresión de que todo se acaba entre Camille y yo.

Martes 16. Voy a ver la película de la Olimpiada. Me gusta mucho, pero comienzo a sentirme muy fatigado. Me desvelan las lecturas, sobre todo la *Encyclopédie des farces*.

Miércoles 17. Por la mañana escribo dos partes de una mistificación para M. y O. Me siento satisfecho, pero después de comer caigo en un sueño profundo que culmina a las siete con pesadilla paralizante, cuyos efectos tardan en desaparecer. Le escribo a Camille una carta en contestación a la suya. Visito al doctor Naredo para hacerle una consulta, y me da una receta; ya calmado, leo a él mismo y a Manuel Ponce, varios textos de Lectura en Voz Alta.

Jueves 18. Después de la clase, leo a Margarita lo que escribí ayer. Me sigue gustando, pero no me doy tiempo para proseguir. Juego ajedrez en la noche y durante la partida me acomete una crisis de salud, y tengo que recostarme contra mi voluntad.

Viernes 19. Apenas salgo del baño a mediodía y ya siento síntomas de gripa. Voy a clase de alemán. Al anochecer sufro una hemorragia. Voy a ver al doctor Naredo, que me receta y me previene.

Sábado 20. Buscando unas cintas para grabar, doy con una grabadora de muy buen sonido y la compro, fiada, claro. Hoy le envié dinero a Orso para que liquide el adeudo de Río Hudson.

Hoy 21 de septiembre cumplo cincuenta y un años. Desde la madrugada, mi día comienza mal. Noche febril. Regalo de mis hermanos. Inesperadamente me atreví a esperar que Camille me llamara, cosa que no hizo porque no se acordaba. Más tarde hablé con ella y me pidió que le mandara un proyecto: de Colón a la Luna. Día de incapacidad. De nuevo, incurro al anochecer.

Lunes 22. Trabajo sobre el proyecto de Camille, pero no lo termino. La gripe en auge no me lo permite.

En el Canal 13 de televisión, 1974.

Martes 23. Apogeo gripal, pero termino el texto de Camille y lo pongo en el correo.

Miércoles 24. Día de grabaciones. Necesito escribir, pero me disculpo: estoy verdaderamente enfermo. Por la tarde doy mis primeras clases en la escuela preparatoria. En la noche juego ajedrez con Chano.

Jueves 25. Mañana y tarde juego ajedrez con Fernando Soltero, y seguimos jugando por la noche. Suspendo mis clases por enfermedad. Logro ganarle a Chano, pero vuelvo a perder: sólo consigo descontar un punto de los seis que le debo.

Viernes 26. Sorpresa: me habla Camille, porque no ha recibido mi carta. Quedo feliz. Llega de visita el profesor J. Anaya y me provee coñac, además de una grabadora. Sigo grabando por cierto. Por la tarde Chano viene a jugar. Logro una partida espléndida, pero no me sostengo y sólo descuento otro punto.

Me desvelo leyendo como todas las noches, sobre todo "mistificaciones".

Sábado 27. Entre pequeños quehaceres, idas y venidas se me va la mañana. A mediodía comienzo a escribir y creo que voy por buen camino, pero pronto desbarro. Logro ya buenas grabaciones. Por la tarde juego ajedrez con Vargas Figueroa: 7 a 3 a mi favor. Jugué muy bien, pero todavía cometo descuidos imperdonables. Me vengué luego de Chano y le devolví su seis uno. Ahora él me debe un punto. (Se confirman mis sospechas acerca de que hace trampas. Ahora movió mal un caballo: y ya van cuatro...)

Octubre 3. Una tarde de otoño tocaron a mi puerta, interrumpí mi lectura de *Le soulier de Satin*, de Paul Claudel; me reincorporé lentamente de mi sillón y me dirigí a la puerta para abrirla. Mi sorpresa fue grande: ¡era Camille!, su cabellera estaba nimbada por la luz, parecía una aureola dorada. Su rostro pálido y amarfilado la convirtió en la Venus de Boticelli. Yo caí de rodillas ante ella y besé sus manos musicales. Ella puso una de sus manos sobre mi cabeza, y por un momento nos convertimos en la estatua que soñó Miguel Ángel.

Eva triunfal ante su ángel arrepentido. Isolda con Tristán, Abelardo con Eloísa, Josefina y Napoleón (de petate, como le decimos en Zapotlán a Pancho Villa), Pablo y Virginia con todas sus cursilerías del siglo XIX, Romeo y Julieta, Camille y Juan José en Zapotlán ¿Por qué no decirlo? Por un instante fuimos la estatua y el sueño de la estatua, el tiempo vivo de la carne atrapado en el silencio de la estatua, la roja tersura de la sangre sobre el mármol blanco. Un tiempo frío.

Epílogo

Darme a los demás, ser sincero, enseñar y formar a los que se acercan a mí de buena fe, sin esperar nada a cambio. Eso es lo que soy, lo que fui. El unicornio que buscaba todos los días a su dama en un claro del bosque para verse en su espejo y convertirse en tiempo de la memoria, en ese tiempo en el que ahora escribo mi vida.

Bibliografía de Juan José Arreola

"Hizo el bien mientras vivió". Revista *Eos*, Guadalajara, 1943.

Gunther Stapenhorst. Costa-Amic, México, 1946.

Varia invención. FCE, México, 1949.

Confabulario. Col. Letras Mexicanas núm. 2. FCE, México, 1952.

Bestiario. UNAM, México, 1958.

Confabulario total 1942-1961. FCE, México, 1962.

La feria. Joaquín Mortiz, México, 1963.

Palindroma. Joaquín Mortiz, México, 1971.

Ramón López Velarde, una lectura parcial. Banco del Centro, San Luis Potosí, 1988.

Inventario. Grijalbo, México, 1976.

La palabra educación (ed. por Jorge Arturo Ojeda). Col. SepSetentas núm. 90. SEP-Diana, México, 1979.

Y ahora la mujer... (ed. por Jorge Arturo Ojeda). Editorial Utopía, México, 1975.

Obras. Col. Tierra Firme. FCE, México, 1995.

Narrativa completa. Editorial Alfaguara, México, 1996.

Distinciones recibidas por Juan José Arreola

Premio Jalisco en literatura, 1953.

Hijo Predilecto de Jalisco. Medalla José María Vigil, 1959.

Premio de Teatro del Instituto Nacional de Bellas Artes, 1954.

Premio de literatura Xavier Villaurrutia, 1963.

Condecoración en grado de Oficial de Artes y Letras. Gobierno de Francia, 1976.

Premio Nacional de Periodismo Cultural, 1977.

Premio Nacional de Ciencias y Artes en Lingüística y Literatura, 1979.

Medalla Jorge Luis Borges. Fundación El Libro, XIV Feria Internacional del Libro de Buenos Aires. Argentina, 1986.

Premio Universidad Nacional Autónoma de México en Extensión Cultural, 1987.

Premio Internacional de Literatura Juan Rulfo, 1992.

Doctorado Honoris Causa, Universidad de Colima, 1996.

Premio Internacional de Literatura Alfonso Reyes, 1997.

Creador Emérito, Sistema Nacional de Creadores de Arte, 1998.

El autor agradece a las siguientes personas su apoyo, sin el cual esta obra no hubiera sido posible:

Juan José Arreola
José Luis Martínez Hernández
José Luis Ramírez Cota
Antonio Alatorre
Claudia Gómez Haro
Claudia Arreola Sánchez
Mario del Valle Muñoz
Fernando Villanueva Sánchez
Emmanuel Carballo Villaseñor
Rosana Sánchez de Carballo
Víctor Ortiz Partida

Índice onomástico

ESTA EDICIÓN SE TERMINÓ DE IMPRIMIR
EL 5 DE AGOSTO DE 1998 EN LOS
TALLERES DE FERNÁNDEZ EDITORES,
S.A. DE C.V. EJE 1 PTE. MÉXICO
COYOACÁN No. 321, COL. XOCO,
C.P. 03330 MÉXICO, D.F.